集団認知行動療法の
理論と実践

Cognitive-Behavioral Therapy in Groups

ピーター・J・ビーリング
ランディ・E・マケイブ
マーチン・M・アントニー
［著］

嶋田洋徳・野村和孝・津村秀樹
［監訳］

金子書房

Cognitive-Behavioral Therapy in Groups

by Peter J. Bieling, Randi E. McCabe and Martin M. Antony

Copyright © 2006,2009 by The Guilford Press
A Division of Guilford Publications, Inc.

All Rights Reserved.

Japanese language edition published by arrangement with The Guilford Press,
New York through Tuttle-Mori Agency, Inc., Tokyo

序論

　良いアイデアは，時に，おいしい食事の最中に生まれる。この本のアイデアの種は，数年前の食事中にまかれた。ある日，おきまりの場所である Bronzie の家で，私たち3人は，私たちの共通の問題について愚痴をこぼしていた。私たちは，それぞれ自分のやり方で，認知行動療法（CBT）のグループをクリニックで運営し，学生や若手の治療者の訓練も行っていた。私たちは，それぞれ自分が行っていることから生じる効果を，1滴残らずできるだけ得ようとしていた。しかし，必要な材料が全ては揃っていないと感じていた。ほとんどの人と同様に，私たちは「ハウツー」のプロトコルやマニュアルのコレクションを持っていた。それらは，ほとんどが私たちの使っている臨床経験に由来するテクニックの箇条書きで埋め尽くされており，私たちはそれらにできるだけ沿おうとしていた。しかし，これらのプロトコルは，認知的，行動的技法の実施順序や実行のことは扱っているが，それらと同じくらい実践的で重要に思える問題については明確にされていないことがよくあった。たとえば，集団療法に入れる人をどうやって選ぶか？グループのリーダーはどのような立場を取るべきか？　どのような種類のリーダーシップのスタイルが最も上手くいくか？　毎週わがもの顔に振る舞うグループのメンバーにどう対処すべきか？　全く話さない人がいたらどうするか？　仲良くやっているグループがある一方で，なぜほとんどのメンバーがいなくなるグループがあるのか？　治療者やおそらくグループのメンバーにとってやりがいを感じるグループがある一方で，なぜ深く取り組めない作業になるグループがあるのか？

　私たちの疑問のほとんどは新しいものではなく，他の学問の伝統，すなわちグループ・プロセスの文献で検討されている問題であると気づいた。間違いなく，

この仕事は生粋の CBT の治療者にも，もたらすものがあるのだ。私たちがこの文献にのめり込むほど，その概念は濾過されていった。私たちは，少しずつ，慎重に諸理論をふるいにかけ，学んだことを精製して（それらは深淵であったが），私たち自身，訓練生に与える指示や助言，グループの率い方を最適化する試みの中で，現実世界の行動変容につなげようとした。

　この仕事は，数年間の経験と学習の結果である。その過程で，私たちは，Guilford Press の Jim Nageotte が，新しいことを受け入れることに非常に長けていることに気づいた。彼は，私たちの思考を形にするように促し，私たちが埋めようとしていたギャップをすぐに理解した。最終的な結果がこの本であった。

　この本では，私たちが投げかけた疑問に回答することを試みる。諸技法を用いる典型的な CBT のプロトコルと，グループの文脈でこれらの特定の技法を「翻訳」することに伴う現実世界の困難さの間のギャップを埋めようと試みた。そのために，CBT の中で起こる強力な変化を，グループのメンバーが一緒に考えたり，感じたり，経験したりする時の，メンバー間の相互作用を形式的に記述することによって，この翻訳における課題を例示して説明する。また，集団 CBT のリーダーを務めることの複雑さを正確に評価して，効果を上げるために，グループのリーダーが知って，実践しなければならない諸技術を特定することも試みた。この仕事を通じて，私たちは，CBT グループに見られるプロセスを考慮することは，討議を通じて教えるという技術と同じくらい基本的であると信じるようになった。グループのリーダーが，グループという形式が持つ相互作用性を理解し，学習，変容，成長を最大化するために利用する時だけ，集団 CBT は最大の機能を発揮するのである。

　この種の本は，ここに至るまで支援してくれる偉大なチームなしにはありえない。David Grant の構成技術と編集に深く感謝の意を表する。彼は各章に注意深く目を通してくれた。私たちが招待した著者の方々は素晴らしく，私たちに欠けている領域の専門的知見を提供してくれただけでなく，本書全体の使命の支援をしてくれた。Jim Nageotte は素晴らしいフィードバックをしてくれ，批判にとどまらないピアレビュアーのように，彼自身の観点から優れたアイデアを提供してくれた。このフィードバックによって本書は完成し，提供された重要な臨床的，学問的疑問はこの本を締めくくる手助けとなった。最後に，特定の章にコメントしてくれた Paul Basevitz, Susan Chang, Michele Laliberté, Eli Swartz に感謝の意を表したい。

目　次

第Ⅰ部　認知行動療法グループの一般的理念と実践 ⋯⋯⋯⋯⋯ 1

1 章　認知行動療法グループ—可能性と課題 ———————— 2

2 章　CBT におけるグループ・プロセス
　　　—グループ・ダイナミックスの有効な使用— 26

3 章　CBT グループにおける認知的方略 ———————— 53

4 章　CBT のグループにおける行動的技法 ———————— 87

5 章　CBT グループの基本構造と実施 ————————109

6 章　CBT グループにおける障壁の克服
　　　—グループの構造における課題と問題———————131

第Ⅱ部　特定の障害における認知行動療法グループ ⋯⋯⋯⋯ 151

7 章　パニック症と広場恐怖 ————————152

8 章　強迫症 ————————192

9 章　社交不安症／社交不安障害 ————————233

10 章　抑うつ ————————262

11 章　双極性障害および関連障害群 ————————291

12 章　摂食障害 ————————324

13 章　物質関連障害 ————————362

14 章　パーソナリティ障害 ————————392

15 章　統合失調症 ————————423

第Ⅲ部　併発症と未来の方向性 ································· **449**

16 章　併発症と集団 CBT ————————— 450

17 章　CBT グループ介入のよくある質疑応答集 ————— 470

索引 ——————————————————— 480

Part **1**

第 I 部

認知行動療法グループの 一般的理念と実践

General Principles and Practice of Cognitive-Behavioral Therapy Groups

1章
認知行動療法グループ
可能性と課題

　認知行動療法（CBT）は，抑うつから不安症に至るまで，そして昨今ではパーソナリティ障害や精神病性障害（Beck & Weishaar, 2000）に及ぶ，無数の精神疾患に対する 350 以上の研究において効果がみられている，実証的に認められた心理療法の枠組みである。比較的初期の時代を除いては，認知行動的アプローチは，理論と治療の双方ともにこれまでにない量の研究データを生み出してきた。治療法と精神障害に対する多くの理論的説明のいずれも，広く支持されている（Boeling & Kuylen, 2003; Clark, Beck, & Alford, 1999）。

　もともと，CBT は個人形式の枠組みで記述され実践されたものである。しかし，今では古典的教科書となった Beck, Rush, Shaw, & Emery（1979）によって書かれた抑うつ治療に関する原書の中でも，グループ形式での使用に関する記述がなされている。当時，グループアプローチでの実践の理由は単純であり，1979 年の当時と同様に現在でも適用できる。すなわち，「単純個人治療に比べると，与えられた時間内でより多くの患者が，訓練を受けたプロの治療者から治療を受けることができる」（Hollon & Shaw, 1979, p.328）。治療にかかる時間に関して，グループ治療は，個人治療と比較して 50% 程度以上の効率性を提供することを示した研究もある（N. Morrison, 2001）。また，グループの実践によって，医療制度の全般的な経済的な節約になりうる（N. Morrison, 2001; Scott & Stradling, 1990）。1970 年代終わりに集団認知行動療法が最初に提案された時，効率が良いということは要因の 1 つであったが，その後医療費を考慮することが医療（制度）における最重要事項となった。現在では，限られた財源のために，グループアプローチ以外には，CBT を行うことがほとんど不可能な状況もある。

　臨床家の効率の議論以上に，集団 CBT アプローチの有効性が，1970 年代に始

まった綿密な研究によって実証されてきた。たとえば，抑うつの領域では，HollonやShawらによる初期の小規模研究において，個人CBTを受けた時と同様とまではいかないが，CBTを受けたグループは他の異なる治療法よりもはるかに改善されていることが示された（Beck et al., 1979）。その後行われたメタ分析や，後の総説論文で，高い効果が示され，しかも抑うつに対する集団と個人CBTの間でその効果が同程度高いものであるという（Burlingame, MacKenzie, & Strauss, 2004; Robinson, Berman, & Neimeyer, 1990）。他の臨床領域でいうと，たとえばさまざまな不安症の場合でも，グループアプローチの効果と有効性に関する多くのエビデンスが挙げられている（N. Morrison, 2001）。特定の疾患に対するエビデンスは，後の章で詳しく述べるが，今では，集団CBTの有効性およびその効果は疑う余地がない。

重要なことに，グループワークに適した臨床的状況もあり，その場合，少なくとも概念的には，グループアプローチを用いることによってより良く治療されると思われる臨床的問題もある。社交不安症は典型的な例である。というのも社交不安症は，他人や状況，社会的評価，そして，他者から自分はどのように受け取られているかに対する恐怖心を，集団CBTでのグループ環境のなかで容易に測定できるからである（Heimberg, Salzman, Holt, & Blendell, 1993）。社交不安に対する集団CBTは，さまざまな社会的状況を体験する練習や，ロールプレイを行ったり，グループメンバーに社会的相互作用におけるフィードバックを与えたりするなどの機会を十分に与える。これまでに，社交不安に対する集団CBTの効果を裏づけるデータが多く蓄積されている。

効果と費用対効果（コストパフォーマンス）面からみた，CBTにおけるグループアプローチの成功によって，この治療方法は今後長きにわたり，ますます多くの疾患に用いられることになりそうである。したがって，この方法，特にグループアプローチを洗練させ，発展させ続けることが重要となる。幸いにも，多数のCBTグループに関するプロトコル（手続き）が文献上現在利用可能であり，その多くは慎重に計画された効果研究に基づいている。抑うつ，パニック，肥満，摂食障害といった特定の疾患や，特定の集団での取り組みに対するアプローチの集積が，既に発表されている（e.g., White & Freeman, 2000）。このように，集団CBTの実践例に関する文献は増え続けており，より多くの資料が利用可能となっている。

グループアプローチが，さまざまな疾患に功を奏し利用可能であるにもかかわ

らず，集団 CBT の文献には重大な不備が多くある。CBT のグループプロトコル
が個人の治療方略を基礎とすることから，極めて特殊な CBT 手法の原理や方略
を個人の集まりに適用することを重視しがちであることは無理からぬことである
が，これらの方略が，相互作用し合い発展しているグループで用いられるという
単純な事実が，ほとんど注目されていないのである。中にはグループ様式が，優
れた治療機会を提供することを確実に認識している著者もいる。たとえば，抑う
つ障害と社会不安症に対する CBT のグループアプローチでは，患者は，自分の
犯した認知的誤りよりも他者の誤りをより容易に認識することや，グループの方
が個人療法よりも思考と感情の間にあるつながりを知るための事例をより多く生
じさせるといったことを力説している（Hollon & Shaw, 1979; Heimberg et al.,
1993）。一方，従来の CBT プロトコルは同時に，聴衆がただ一人から一握りほ
どの人数に増加しただけで，集団 CBT も個人 CBT に類似したものであること
を意味している。グループ内のメンバー同士や治療者（ら）との交流を図る方法
について，掘り下げて熟考した CBT のグループアプローチはほとんどない。さ
らに，治療者が二人いる場合，治療者同士，単にグループメンバーとだけでなく，
お互いに協力して行動する可能性がある。最後に，治療を通して「そのグループ」
とメンバー一人一人，個別の相互作用がある。これらの相互作用は全て，単に偶
発的に起こることではなく，大きな影響を与える学習の機会と情報交換の場とな
り，「関係性」の構成要素の本質を明らかに含むもので，従来の CBT プロトコ
ルではほとんど取り組まれていないものである。伝統的な CBT グループアプロー
チは，概して，グループそれ自体が，認知行動療法の方略の知識獲得と使用といっ
た全体の目標に向けて一役買う環境となりうるか，あるいはその効果を損なう環
境となりうるかといった事実を認識することも，活用することもしていない。

　今なお失われず残っているプロトコルを用いるトレーニングを受けた集団療法
家は，集団相互作用の文脈に端を発する深い当惑とジレンマの例を数限りなく抱
え，そして現在利用可能なプロトコルを用いることが大いに困難なこととなって
いる。集団 CBT アプローチの初学者（そして，一部の上級の治療者！）は，次
のような疑問を自らに問うであろう。

・もし，グループの他の全員が理解しているのに，メンバーの一人だけが証拠集
　めの目的について理解していないようなとき，自分はどうしようか。
・もし，一人のグループのメンバーが非積極的な，もしくは悪意さえあるフィー

ドバックを他のメンバーにした場合，どうすべきか。
・もし，メンバー数人が課題を行わないことで，グループ全体として行う課題が
より少なくなるような場合，自分には何ができるか。
・どんな例も全く示さないメンバーにどう関わればよいのか。
・グループのなかの二人が併発症を有しており，他の誰一人として有していない
症状について話し続けているような場合，順調に進めるにはどうしたらよいの
か。
・明らかにうまくやれずについていけていないメンバーに，他のアプローチを示
すべきか。

　明らかに「問題解決作業」の範疇に分類されるこれらの疑問は，集団 CBT プ
ロトコルではほとんど取り組まれていない。より基礎的なレベルにおいてでさえ，
セッションの主な目的を説明するときのグループ討議の最適な用い方や，課題を
振り返る，あるいは割り当てる効率を最大化する方法といった問題は，集団
CBT の文献ではほとんど言及されていない。
　集団療法というものは，複数のクライエントに「同時に」提供する技術以上の
ことであるということを踏まえたときに，はじめてこういった重要な問題に取り
組むことができる。グループ・プロセスの問題は，療法を十分に考え，その成功
を目的としなければならないが，その根底になる，回復への変化をもたらす主要
な作用の基礎は認知行動モデルでなければならない。実際，グループ・プロセス
を考える際，プロセスを強化するために時間と労力を費やすことと，CBT 技法
の教授や実施に焦点を当てることの2つを，二項対立としてとらえたり，あるい
はいずれかを選択させるべきではない。プロセスと手法は，おおよそ直接競合す
ることなく理想的に共存することが可能であり，そうあるべきである。したがっ
て，本書では，CBT 技法の融合について，また認知行動的手法の学習と理解を
促すグループ・プロセスの知識と強化について焦点を当てている。加えて，現実
の文脈に手法を適用させる技術とプロセスの両方をまとめあげながら，問題解決
の指針ならびに，疾患に対する特定のプロトコルを示す。
　興味深いことに，個人 CBT においても，初期の研究では特定の手法や原理に
焦点を当てる傾向が文献にはっきりと見てとることができ，時間経過とともに，
その後，治療同盟や対人的要因にも考慮することで技術を高めること，もしくは
最適化することにますます重きを置くようになってきたという，よく似たパター

ンの発展がみられる。CBT の対人プロセスに関してよく知られた本の中で，Safran & Segal（1990）は，CBT 技法の理論と実践の融合と，それらの技術が伝わるための治療的関係の両方を主張している。この取り組みでは，患者に対する治療者の情動的，行動的，認知的反応だけでなく，患者の対人的スキーマに対する治療者の調和や，患者に対して用いる認知的手法のその時々に応じた試行的側面を強調するなど CBT に数々の特性を加えている。CBT の高い効果を得るための基準として，患者と治療者の間に強い協同的な治療同盟があることと，患者に対して治療者が，内的および外的の両方の反応に配慮することが個人 CBT では重要なことである，ということは，現在では共通の認識として強調されていることである（Beck, 1995）。

　さらに，本書の目的は，グループ・プロセス要因と CBT 手法を統合することである。まさに，個人 CBT において対人的な要因を考慮することは，統合に向けた進化として構築されるべきである，と Safran & Segal（1990）が提唱しているように，本書でも CBT のグループ・プロセスを考慮することは，より洗練された統合的な介入モデルの発展を意味している，と私たちはとらえている。統合によって，前述の質問に対する答えを導きだすことも可能であり，また，それらの統合に重点的に取り組むことは，臨床的な発展や研究課題，そして集団 CBT の「効果的な構成要素」のより深い理解の基礎作りに役立つだろう。

集団心理療法の文献

　統合という課題に取り組み始めるために，私たちはまず，CBT に比べて，長い伝統を有する集団心理療法の文献を参照する。病理の精神力動モデルにその起源を持ち，体験的な（あるいはエンカウンター）グループに焦点を当て，歴史的に研究に対するアンチテーゼとしての存在であった集団心理療法の活動は，科学者—実践家といった CBT の立場と正反対に対抗する存在であるように思われる。そのうえ，そのような包括的なグループの効果についてのデータは不明瞭であるため，グループ・プロセスにおける全ての側面が，認知行動モデルの側面とその効果性と同じように容易に調査ができるわけではない。率直に述べるのであれば，集団 CBT において，十分に証明された技法は介入とみなされており，グループは単にそれらの技法の運搬システムであるが，集団心理療法の文献ではグループ・プロセスそれ自体が介入とみなされている。このような観点の要約として，

Burlingame et al.（2004）は，伝統的なグループアプローチは「グループにおける，対人的，あるいは相互作用的な雰囲気が高い価値を有しており，グループは変化の手段であり，メンバー同士の相互作用が変化の主たる作用機序であるとする信念によって支えられている」と記している（Burlingame et al., 2004, p.647）。集団心理療法を受け継ぐ著者は，技法を越えたグループ・プロセスに重点を置くだけでなく，異なる診断のグループや，グループへの個人の参加と卒業によって構成人数に変化が生じる「オープン」形式のグループを提唱しているようでもある。

　たしかに，グループ・プロセスを軸とする理論的基盤は，まさにCBTモデルとグループアプローチの著しい対比を示すものである。実際に，オープン形式で運営されている集団CBTはほとんどなく，診断の多様さを当然のこととして提唱している経験的に支持されたプロトコルは見当たらない。さらに，それら2つの臨床的流派の間に，容易に明らかとなる違いがあるにもかかわらず，グループ・プロセス要因に関する取り組みは，CBTに対して有用である多くの重要な知識を十分に提供しうる。グループについての文献は，グループの機能に関して熟考した詳細な観点の提供だけではなく，グループが上手く機能していない場合に生じた問題に対して，より高度に発展した解決方略の提供をしさえもする。時として，グループ・プロセスの知識は，理論に基づかずに構築されており，特定の理論というよりも観察的，あるいは帰納的なプロセスに基づいている。たとえば，Yalomのように独創性に富んだ著者は，教訓的な大規模なグループから集中的な小規模の治療グループに及ぶ，多くの異なる質のグループの経験を基に，グループのメンバーに変化のプロセスをもたらしている効果的な成分の抽出を試みている。

　実際，おそらく集団心理療法の領域において最も包括的である観点については，Irvin Yalom（1995）の『グループサイコセラピー—ヤーロムの集団精神療法の手引き』（原題：*The Theory and Practice of Group Psychotherapy*）の中で提案されている。Yalomは，グループが提供する9つの意義ある療法的因子を記述し，これらのそれぞれがどのように育成され，グループ環境に変化をもたらしているのかについて説明している。9つの因子は，(1) 希望をもたらすこと，(2) 普遍性，(3) 情報の伝達，(4) 愛他主義，(5) 初期家族関係の修正的繰り返しと対人学習，(6) 社会適応技術の発達，(7) 模倣行動，(8) 集団凝集性，(9) カタルシス，である。これらの因子のそれぞれは，あらゆる形式の治療的グループのほとんどに多かれ少なかれ存在しており，独特な方法として重要である。さらに，Burlingame et al.（2004）は，補完的な理論モデルを示しており，Irvin Yalom

の取り組みを拡張し，異なる様式に対しても適用可能であり，そして，グループにおいて非常に簡潔で明確なモデルを提示している。グループの効果と機能についての補完する観点の2つを，以下に簡潔に記述した。つづいて，どのようにこれらの要因が集団CBTに関係するのかについて検討し，その後，集団因子の文献とCBTとの統合を試みた。

Yalom のグループの療法的因子

Yalom（1995）は，**希望をもたらすこと**を，集団療法を含む全ての心理療法における必要な成分として記述している。Yalomは，グループアプローチの有効性を直接的に強化すること，およびグループにおいてメンバーの肯定的な結果を強調することが治療者にとって重要であること示唆している。メンバーが提供する「克服」のナラティブ（語り）を含む希望をもたらすことは，アルコホーリクスアノニマスを含む多くの自助グループにおいて重要な構成要素であると考えられている（Yalom, 1995）。

普遍性は，患者が多くの場合に自身の問題が独自のものであり，自分は孤立しているという確信を抱いているにもかかわらず，他者が類似した困難に苦しんでいることを発見することを記述している。個人療法を受けている患者は，自身の障害を他者も経験しているということに気づくことは多くの場合困難になりうる。そのため，この因子は，希望をもたらすことに比べて，より一層グループ特有の因子である。Yalom（1995）は，グループのメンバーが，自身の苦悩について一人ではないということをおそらく最初に認識した時に経験しうるはっきりとした安堵感を説明している。

Yalomによれば，**情報の伝達**が多くのグループの主要な特徴であるとしている。これは，2つの具体的な情報カテゴリーとして，教訓的な指示と直接的なアドバイスにさらに分類可能である。教訓的な指示は，特定の診断や問題の性質，治療計画の詳述，そしてどのように特定の技法が苦悩を緩和しうるかという説明，についての心理教育の形式になりうる。潜在的な水準では，対人プロセスの性質と患者自身の対人的な影響性を学ぶことが生じもする（Yalom, 1995）。変化の主要な資源は，なぜ，そしてどのように問題が続くようになったのかについての患者自身の理解を助けるナラティブ（語り）であり，解釈の供給であると考えられている。治療者あるいは共に取り組む患者から与えられる直接的なアドバイスもまた，患者にとって新しく有益な情報を提供するかもしれない。最も重要な意味

を持つ学習の提供として，Yalom はアドバイスの内容よりもむしろ供給される
プロセスを強調している。

　愛他主義といった対人的因子は，グループのメンバーがグループにおいてお互
いに助け合う機会について記述している。もしグループのメンバーが，他のメン
バーから提供されたアドバイスによって利益を得たのであれば，お互いが利益を
得ているであろう。アドバイスを受けた者は役立つ情報を得る一方で，アドバイ
スを提供した者は他者を助けることが利益となる。グループは，アドバイスを提
供する，あるいは支持や共感や理解を提供するといった他者を助けるための多く
の機会を，頻繁に，自信を無くし追いやられている者に提供する。このようにし
て，グループのメンバーは，自分が有益な貢献が可能であり，そして貢献できる
多くのことを有していることを学ぶ。Yalom はまた，苦しんでいる者をしばし
ば特徴づけている病的な自己没入に対する解毒剤の一種が愛他主義であると説明
をしている（Yalom, 1995）。

　グループは，ピアと「リーダー」を巻き込むため，**初期家族関係の修正的繰り
返しと対人学習の機会**もまた提供されうる（Yalom, 1995）。John Bowlby といっ
た愛着理論家たちの取り組みや，Harry Stack Sullivan の対人関係の強調に基づ
き，グループは各々のメンバーの対人関係様式が浮かび上がる相互作用するるつ
ぼとしての**社会の縮図**を構成すると考えられている。グループは多くの機会を提
供するが，とりわけ問題のある対人関係様式のケースでは，メンバー間の著しい
衝突を引き起こす可能性もあり，グループ全体を混乱させもする。グループのリー
ダーは，このような非機能的なパターンを増幅するよりも，むしろ緩衝するため
の助けとなる役割として重要になる。たとえば，過度の依存は，グループのリー
ダーに対する著しく強い愛着，あるいはリーダーのアドバイスとフィードバック
への信頼として表現されるかもしれない。また，早い段階で疑念を経験した者は，
他のメンバーと有意義な関わりをし始めることに困難を伴うかもしれない。グ
ループの体験の修正的な側面は，他者への対人関係のパターンを客観的に観察可
能なリーダー，およびグループのメンバーの両方から提供される。グループは，
その非機能性を増幅させるような反応ではなく，むしろ，対人関係の機能がより
柔軟で適応的になるためのパターンをメンバー個人に気づかせるような反応をす
べきである。その結果，十分に自覚された水準に対人学習が生じると考えられて
いる。すなわち，メンバー個人が，どのように自分の対人関係の世界が構成され
ているか，そして，自分がそれを変化させる力を持っていることに気づくように

なる。Yalom はまた，感情とこの学習の結果を強調している。感情が気づきと行動変容に作用すれば作用するほど，より強固な経験となる（Yalom, 1995）。また，患者が行動変容を試み，そして新たな行動が以前の非機能的なスタイルと比べて良い結果をもたらすことに気づく時に，彼らの学習した新たなアプローチは，「機能的循環」（Yalom, 1995, p. 43）の一部となり，新たな行動がグループの中外の両方における強みとなる。

　対人関係の基礎的な水準については，ロールプレイなどの直接的なエクササイズによって，あるいは暗黙のうちに，基礎的な社会的スキルの発達を含む**社会適応技術**をグループが提供できる。グループは，さまざまな新しいスキルやアプローチを「試してみる」機会をメンバーに提供可能であり，多くの現実世界における状況とは違い，それらの活動の結果に対して直接的なフィードバックを受け取ることができる。

　伝統的なグループの観点に，Yalom が強調する領域として**模倣行動**がある。この因子は，代理学習，あるいは観察学習のプロセスを同定した Albert Bandura などの社会的学習理論の専門家たちの取り組みに直接基づいている。治療的グループにおいて，グループメンバーは，リーダーと他のメンバーといった潜在的にモデルとなる他者の行動を観察することによって，適切で効果的な対人方略についての重要な情報を得ることができ，学習することができる。

　個人療法において治療同盟が重要であるのと同様に，**集団凝集性**は，あらゆるグループのプロセスや結果における重要な構成要素としてみなされている（Burlingame, Fuhriman, Johnson, 2002; Yalom, 1995）。「凝集性」は，グループと他のメンバーを引きつけるためにメンバーが有する力として操作的に定義されている。凝集性の構成要素は，受容（Acceptance），支持，信頼を含む。理想的には，個人療法における無条件の肯定的配慮と同様に，もっとも私的な感情や思考を開示することを可能とし，グループがそれを理解し，共感するといった利点を理解しうる環境をグループがメンバーに提供する。Yalom（1995）は，出席と，「オープン」のグループにおける人の入れ替わりの少なさとが凝集性の指標であることを示唆している。凝集性は，通常グループ運営において全体にわたる条件として説明され，凝集性の水準はグループ・プロセスのほとんど全ての対人的な側面に影響を及ぼすと考えられている。

　グループの凝集性は，グループ・プロセスのもっとも熟考された観点であり，グループアプローチの提唱者はこの領域の臨床と研究論文との間の乖離を今だに

嘆いてさえいる（Burlingame et al., 2004）。このような凝集性に関する研究の概観では，凝集性が高い水準にあるグループを作り出すための多くの個別の理論と実践を挙げている（Burlingame et al., 2002）。これらの理論には，メンバーがグループの機能と役割に関する情報提供を受けるためのプレグループの準備，早期のセッションにおける高い水準の構造化，対人的要因と臨床的要因のバランスを保つためのグループ内の関係性の考慮，そして，グループの全てのメンバーとその貢献への配慮に関する統制と表出のバランスを備えたリーダーシップ，といった要因が含まれる。そして，凝集性それ自体が，明らかに，全ての状況が望ましくなるに違いない複雑な化学反応と結びつく因子を，複雑かつ動的にグループ化することである（Burlingame et al., 2002）。

　凝集性のように，**カタルシス**はグループにおいて重要な変数であるとみなされているが，特定の条件下で生じる単一の出来事の形式として単純にカテゴリー化することはできない。実質的には，グループのメンバーからリーダーになされる，あるいはお互いになされるあらゆる言語化は，以前にはっきりとは語られることのなかったこと，あるいは部分的にさえ自覚していなかったことを打ち明けて共有するという側面が含まれる可能性がある。しかしながら，カタルシスは必要不可欠であるとみなされることがあるが，ポジティブな結果に対して十分であるとはいえない。すなわち，「からっぽのクローゼットの中で気分を入れ替えることによって永続的な利益を得た者はいまだかつていない」のである（Yalom, 1995, p.81）。そして，同様に重要なこととして，カタルシスが生じた状況における反応は，言うまでもなく特定の状況に即した情報や他の種類のフィードバックを含む可能性がある。それでもなお，Yalom によれば，カタルシスを含まないグループは，変化への適切な条件を提供しそうにないと考えられている。

Burlingame, MacKenzie, & Strauss のグループモデル

　Burlingame, MacKenzie, & Strauss（2004）は，Yalom の取り組みに報告されている枠組みを用いる一方で，グループアプローチの効果性を支持する多くの障害に対して積み重ねられた治療アウトカム研究に報告されている枠組みといった異なる枠組みも用いている。この2元論的アプローチの成果を図 1.1 に示している。解明された重要な「事実」としての治療的アウトカムとともに，Burlingame らは明らかに寄与する要因を多く盛り込んでいる。これらの1つが「形式的変化理論」，言い換えれば治療様式である。CBT の場合，これは，取り組むことにな

る CBT の原理と技法を説明するプロトコルやセッションプランに合致するであろう。この様式は，Burlingame モデルにおいて重要ではあるものの，決して主要な位置を占めるものではない。Burlingame モデルの2つ目の重要な構成要素である小集団プロセスの原理は，Yalom が記述したプロセスとさまざまな点で一致している。基本的には，グループの各個人が「治療的な」文脈に集まった時に，多様な対人関係が動き始める。

他の3つの構成要素は，より特異的ではあるものの，結果に対する強力かつ独特な効果があると考えられている（Burlingame et al., 2004）。1つは患者であり，特定の障害に関することだけではなく，個人的で対人的な特徴に関することでもある。数多くの基礎的な社会的スキルのみならず，他のグループメンバーに対して共感的でいられる個人の能力といった，多様な要因が，特定の治療様式と相互作用する強い潜在性を有していると信じられている（Piper, 1994）。グループの

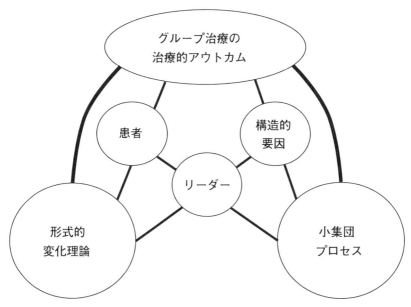

Copyright 2004 by John Wiley & Sons, Inc.

図 1.1 集団心理学の治療的アウトカムに影響を及ぼす力　Burlingame, MacKenzie, & Strauss（2004）より許可を得て転載した。

構造的要因は，グループのポジティブな影響を「説明する」他の構成要素を作り出す。これは，セッションの長さと回数，ミーティングの頻度，グループの規模，治療が行われる場面といった要因を含むものである。また，ここで考慮されるものには，グループの治療者の数，そしてリーダーシップに階層が存在するかどうかといったことも存在している。

　Burlingame モデルの最後の構成要素は，構成要素の結びつきである（Burlingame, 2004）。大部分は，グループにおける経験の全ての側面が，グループリーダー（たち）というたった1つの資源を経由して循環しているように見受けられる。Burlingame モデルでは，リーダーシップのスタイルと実践が，あらゆる点で，グループ場面における形式的な変化の技法のもたらされ方を決定づけるということを指摘している。同様に，リーダーは，グループの期間内におけるその瞬間その瞬間の相互作用の間中ずっと，グループ・プロセスの多くの変数を方向づけたり，方向を変えたりする助けとなる。リーダーが行った対人的なアプローチと，あたたかさ，開放性，共感の水準は，凝集性と効果の結果を予測することが示されており，個人療法における治療同盟の重要性と同等であると考えられている（Burlingame et al., 2002）。

CBT グループにおける伝統的な集団因子の適用可能性

　グループ・プロセスと CBT の両方に明確な焦点を当てている著者はほとんどいないとしても，これまでに記載してきた多くの因子が CBT グループに適用される可能性があり，またすぐに明らかになるであろうと私たちは考えている。もちろん，伝統的なグループ・プロセスの文献と，介入についての CBT モデルとの間にはかなりの相違点もまた存在している。以下に，私たちはまず Yalom が記述したプロセス因子と，それらが典型的な集団 CBT プロトコルに関連，あるいは適合しうるかについて考察している。次に，特定の様式の構成要素を既に含んでいる Burlingame らのモデルについて考察し，グループの構造，リーダーシップ，および患者の選定といったさまざまな側面に対する様式としての CBT を選択することの意義について討議している。

Yalom の因子と CBT グループ

　第1段階として大抵，特定の障害に対する CBT プロトコルは，変化の可能性

を強調したモデルとしての患者の困難に関するモデルを患者たちに示す。多くの
クリニックでは，CBT の効果性についての情報が，書面の資料か，あるいは早
い段階での治療者との話し合いの中で説明されもする。グループの観点からは，
このプロセスは，**希望をもたらすこと**と，**教訓的情報の伝達**の両方と一致する。
参加者は，自身の困難に関するモデルとして，状態の説明と，自身の苦痛を和ら
げる体系立てられた方法の提示との両方を提供される。CBT では伝統的に，心
理教育が変化の方略と結びついている。すなわち，たとえば，抑うつの生物心理
社会的モデルの説明では，1 つのシステムである思考内容を変化させることが情
動，行動，生理を変化しうることを強調する（Greenberger & Padesky, 1995）。
グループの文脈では，グループのなかでもたらされるポジティブな変化の可能性
が一貫して強調されるべきである。希望をもたらすことは，事例（たとえば，同
様の型の介入を用いて類似した問題を克服した他者の説明がなされたもの）の討
議を通しても高められうる。

　CBT において重要な役割を演じるであろうグループ・プロセスの別の観点と
して，**普遍性**が挙げられる。特定の障害を有する個人を一堂に集めることは，顔
見知りになることはいうまでもなく，多くの場合に，ある患者が別の患者に出会
いうる初めての機会となる。これは，たとえば強迫症やパーソナリティ障害といっ
た，あまり一般的でない障害にとっては特にそうである。同様に，彼らの困難の
性質に起因して，この新たなグループ環境をのぞき，自身の内面的な経験につい
て他者と話し合いたがらない人々もいる。社交不安の者は，多くの場合にこのよ
うな孤独感を感じており，多くの精神疾患患者と同様に自身の問題が独特である
と受け止めているということだけではなく，毎日の社会的状況において自身の経
験を共有しそうにはなく，あるいは他者と話す可能性がないということがその背
景にある。CBT のグループワークの初期の段階において，個人は多くの場合に，
今この瞬間，この場所で，他の人が同じ問題を抱え，それらの問題にグループで
取り組むことを選んでいるということへの驚きを率直に表現する。グループのメン
バーが自分自身の困難とその背景についてある程度述べた際に，**普遍性**が高め
られうる。各自の紹介とある程度の自伝的な情報が全員分述べられた後，グルー
プのメンバーは，このように異なる背景の者が同じ種類の問題を抱えうるという
ことに信じられない思いをたいてい表現する。そのような気づきと，グループの
他のメンバーが提供するこの経験に関する帰属の感覚は，より具体的な CBT の
方略を導入するための段階を設定するにあたり大変有用であるように思われ，後

続のセッションで凝集性を支持する環境を作ることに役立つ。

　具体的な CBT 方略，たとえば，思考モニタリングや思考の証拠の検証にグループが一度焦点を当て始めると，他の集団因子が作用し始め，そして，それは学習や変化を後押しするために用いられうる。グループは，新たな方略が導入されるいかなる時でも，メンバーが**愛他主義**を表現する多くの機会を提供しうる。証拠探しの場合，治療者は一般的に，グループメンバーの1つの例を使って，ソクラテス式問答法のアプローチを実演する。治療者は，特定の思考を裏付ける事実と，その思考を支持しない証拠との両方について質問する。グループメンバーは，この探求的なプロセスに参加することを奨励されうるし，奨励されるべきであり，これが愛他主義の段階を整える。このような証拠集めの質問をお互いにしあうことで，グループのメンバーたちは，新たな情報を得ること，もしくは生活におけるできごとや思考を異なった見方で理解することをお互いに助けあうことができる。自身の例について討議されているグループメンバーは，これらの多角的な視点によって明らかに利益を得ている一方で，これらの有益な質問をしているグループメンバーもまた価値のある貢献をお互いにしていると感じるであろう。同様に，他者の質問の有益な影響性を理解することによって，グループメンバーは自分自身に対して同様の役立つ質問をする可能性がより高まる。さらに，グループでは思考記録に関して，治療者がグループメンバーの中からもっとも良い質問を発見することは珍しいことではない。ソクラテス式問答法に寄与する，グループメンバーのこの重要なプロセスは，早い段階のセッションで奨励される必要があり，その理由として，プロセスが提供する愛他的な利益と，幅広いグループ参加によってもたらされる自動思考に対する質問方略の多様性（の獲得）の両方のためである。

　さまざまな行動的方略の討議を通した CBT グループの発展につれ，**社会適応技術**と**模倣行動**はますます重要になる。グループは，新たな行動をお互いに練習する多くの機会をグループメンバーに提供するかもしれない。これらのもっとも明白な適用は対人的行動に関するものである。たとえば，以前は不安が生じた社会的な相互作用に対し**主張的な態度**になるため，あるいは関与するための練習をすることである。より広く言えば，多くの CBT グループでは，グループメンバーにとってさらに詳しく探索する必要があるかもしれない領域での経験と行動計画について討議するであろう。ソクラテス式問答法の提供などで，グループメンバーは，自身の問題に対するより適応的な行動的アプローチの開発のための情報提供

をするように奨励されるべきである。さらに，もし1人のグループメンバーが自己破壊的行動を止めること，非機能的な補償方略への依存を減らすこと，不安低減のエクスポージャーに従事することができたならば，グループの他のメンバーは成功しているモデルを入手するだろう。最適な運営がなされた時に，このようなポジティブな変化の例は，グループの他のメンバーにさらに多くの希望と目標をもたらしうる。お互いの成功を喜ぶこと，あるいはそれらの成功が他の者の進展にどの程度役立つかを知ることをグループメンバーに奨励することは，治療者が考慮すべき重要な課題である。最後に，ホームワーク課題の完成はCBTにおいて非常に重要であることから，ホームワークを扱う重要性と利益に向けてグループを社交的にすることに全体的に焦点を当てる必要がある。メンバーのホームワークの完成がこの治療課題の重要性を強化する多くの機会を提供し，ホームワークの完成を見習いたいとする他のメンバーの願望を後押しする。

　Yalomの分析などの場合，CBTにおける**集団凝集性**は，信頼の感覚とグループの他のメンバーからの支持を結びつける要因である。前述のように，凝集性の構築は，それ自身が複雑な「化学的な」プロセスである。すなわち，特定のCBTアプローチの付加は，いずれその調和の中で考慮されるもう1つの変数である。凝集性は，伝統的にグループを中心にして生じるとみなされていたが，CBTアプローチそれ自体を統合する拡張が可能である。CBTの活発な変化方略への熱意を共有しているグループメンバーと治療者は，お互いを強化しているようである。しかしながら，集団凝集性はCBTグループにおいて多様に変化する成果とプロセスであることは明らかである。凝集性が高い時は，治療の課題をお互いに支援しあうために電話番号をお互いに交換することは，CBTグループのメンバーに珍しいことではない。時として，グループでの治療が終わった後でさえ交流し続けるだろう。これは明らかにグループメンバーをグループに引きつける指標となり，CBTモデルへの「引きつける力」とみなすこともまた重要である。もしグループメンバーがグループの時間外で会ったり話したりすることを選択した場合に，治療者は，このような接触が認知的，行動的方略の使用を促す可能性があり，治療の中で教示した理論が強化される範囲であるとみなしたいと願うかもしれない。同様に重要なこととして，凝集性における信頼や支援の側面は重要な自己開示のための局面を設定する。具体的な疾患カテゴリーのほとんどに，グループに対してはもちろんのこと，これまでに誰にもほとんど開示したことのない「秘密」，あるいは認知–情動的材料を有している者がいるかもしれない。全て

の他のことが同じであるように，凝集性が高ければ高いほど，一般的に，グループメンバーは重要な情動的認知的内容をより開示しやすくなるようである。凝集性の存在は，たとえその開示が他者を混乱させる潜在性を有していたとしても，極めて私的な打ち明け話を受ける可能性をも高める。グループメンバーがお互いに親しみや無条件の敬意を抱いている場合は，治療プロセスを通してよりお互いを受け入れるようである。

　凝集性は低くなる可能性もあり，この傾向は，重要な臨床的目標における進歩の欠如と関連した場合に際立った問題となる。かなり多くのメンバーがドロップアウトして「崩壊した」CBT グループの例がある。高い凝集性のグループと全く同様に，凝集性が欠落する要因は複雑であり，特にグループメンバー同士が直接的に衝突している場合にはそれを変えることは困難かもしれない。たとえば，グループのメンバー構成，リーダーやリーダーシップのスタイルの選択，グループのためのメンバーの準備といった，凝集性を高めるために考慮された手段を注意深く整備することは，グループが早い時期に解散する可能性を減らすであろう。凝集性は，明らかに静的ではない。初期のセッションにおいて凝集性を備えていそうなグループは，複数あるいは全てのメンバーの進展に困難が生じている場合，あるいはグループメンバーが何らかの方法でネガティブな相互作用をしている場合に，凝集性が低まるかもしれない。順調に進め，治療プロトコルと歩調を合わせるためには，問題解決と「中間的」軌道修正がしばしば必要になる。

　Yalom が記述した 2 つの他の集団因子は CBT との関連がより小さいかもしれず，それは主にこれらの因子は理論的な水準における CBT モデルと治療方略と対極にあるためである。第一に，カタルシス単独では，CBT の多くの実践家からは有益であるとはみなされそうにない。確かに，私的で厄介な情動，認知，行動を開示することは，CBT にとって重要である。しかしながら，この開示は，一般的に，これらの問題の変容への第一歩としてのみみなされ，それ自体が目的となるものではない。それゆえ，CBT グループでは，カタルシスがこれらの打ち明け話の最大の目的ではないけれども，個人が私的な情報を公開することに安心し，それが奨励されるような会合を作り上げるべきである。

　CBT とより関連が小さいかもしれない第二の集団因子は，**初期家族関係の修正的繰り返し**である。CBT は主として，多くの問題について，「今ここ」に焦点を当てており，問題ある愛着経験に根ざすものであるとはみなさないため，CBTグループプロトコルではこの領域に焦点を当てるとは思えない。伝統的な集団心

理療法は，養育の回想とメンバーの情動の表出に焦点を当て，これらの経験をお互いに議論するといった初期の発達的経験への「徹底操作」に，より関与する傾向にある。しかしながら，再現とまでは言わないまでも，CBT グループが早期学習に関与する2つのそれほど直接的ではない方法がある。第一に，中核的信念に関するCBT 方略は，それらの信念の起源の検討が含まれる傾向にある。これは，このような経験を再体験する，あるいは解釈するといったことよりもむしろ，これらの信念が，どのように学習されたかについての理解を手助けする目的で実施される。とはいえ，CBT グループは，必要に応じて，早期経験を共有し議論する環境を醸成させるべきである。第二に，状況の真意への信念がCBT において明らかにされるのと全く同様に，これと同じ方略によって，他人に対する問題のある，あるいは自己破壊的である信念の発見をしばしばもたらされる。このような「対人的な」信念やスキーマは，個人の人生における他者との関係性に関してグループ体験にあらわれる傾向にあり，多くの場合にグループメンバーと治療者との相互作用に生じることがある。たとえば，他者を信じることが困難である抑うつ的な患者は，仲間であるグループメンバーや治療者を信じることの難しさを経験するかもしれない。このような信念そのものが治療上のターゲットとなるべきであるが，ある者は他者が自分のことを心から助けたいと意欲的になっているかどうかを疑っているため，このような治療上の経験によって学習が弱められる可能性がある。結果として，患者が，疑念を述べることも無く，情報を伏せたり，自身の学習した方略を実行に移す気にならなかったりするかもしれない。明らかに，それらの信念が共有され，そして他のグループメンバーとの経験を通して「吟味」されうるような環境を作り出すことは，疑念に関する信念を持つ者に対して非常に有用であろう。

　重要なことは，全ての集団CBT 治療がこのような対人的な信念，あるいは中核的な信念に対処するわけではないようである。たとえば，パニック症のような不安の疾患では，プロトコルの構造において対人関係にほとんど焦点を当てないものもあるかもしれない。しかしながら，うつ，社交不安，いくつかのパーソナリティ障害のグループにおいては，他者に対する信念が治療の重要な焦点である。支持的で信頼しあえる治療環境は，参加者が他者に対する自分自身の信念を共有することに役立つであろう。どのようにグループがその者の信念を受け取り，反応するのかということが，非常に重要なことであり，参加者が学習するためのまさしく実際の資源となる。この点において，CBT グループは，対人的な歪みを

修正することを狙いとして重要な距離を進むことが可能な，極めて重要な「ミクロの」社会環境である。

Burlingame らのモデル

　Burlingame らが提唱したアプローチは，Yalom が明確にしていなかった3つの因子を加えた。その因子は，グループの文脈の構造，患者の特徴，そしてリーダーシップである。これらの領域はそれぞれ集団研究の著者によって言及がなされているが，Burlingame モデルでは，研究対象とした時点で，これらの因子を個別のものとして分類しており，考えられる限りにおいて具体的な方法における結果（アウトカム）と関連づけることが可能である（Burlingame et al., 2004）。

　グループの文脈の構造は，必ずしも明確な理論的根拠に基づいているわけではないものの，概して多くの CBT プロトコルに明記されている。多くの共通するテーマが，プロトコルを超えて現れている。第一に，多くの CBT グループが閉じられていることである。すなわちこれは，人々に対して，グループ進行中における参加，あるいはグループからの離脱といったことを標準的に定めていない。この選択には重要な理由があり，主として CBT が，積み重ね的に教えられ，学習されるべきである一連のスキルとされているからである。この選択が，CBT グループがプロセス全てにわたって様式の内容を強調することを明確にする。ミーティングの頻度もまた，もう一つのほぼ定まった因子である。すなわち，多くの CBT グループは，1週につき一度の頻度で，1時間から2時間ほど実施される。さらに，この選択は，1回の持続時間が 60 ～ 120 分を越えるあらゆるセッションの中に最適な学習が生じる可能性はなく，そして，セッションとセッションの間が比較的短い時にのみ学習が生じるという考えを反映している可能性が高い。構造に関係した臨床的および研究的に興味深い，有無を言わせない可能性のある領域は，ブースターグループの提供である。（Burlingame et al., 2004）。一度，治療における重大なフェーズが終了した際に，健康への支援のため，言い方を変えれば，患者の再発防止＊の支援のために，予備的なブースターグループを提供することが望ましいかもしれない。

＊　新たな研究では，うつにおいて，個人療法の継続が安定性をもたらし，再発を防止することが示唆されている（Jarrett et al., 2001; Lenze et al., 2002）。これがグループアプローチにおいても適用されうるかについては，重要な発見になるであろう。

ここで検討する Burlingame モデルの第 2 の因子は，患者の特徴，そして個人差である。確かに，これらの因子は，CBT グループに非常に関係しており，患者の主たる I 軸診断に最も明らかに基づくものである。実際に効果が認められている CBT のプロトコルは，主として単一の診断カテゴリーをターゲットとして設計されており，このようなアプローチの効果性は多くのケースにおいて単一の I 軸疾患を有する者を対象として立証されている。しかしながら，そのようなプロトコルを実際の現場で適用する場合には，著しい I 軸疾患，そして場合によっては II 軸の併発症と不均質性が生じるかもしれない可能性がある。これは，患者の**主要な**疾患に基づくグループ選定を行った状況においてさえ起こりうるケースかもしれない。真の「効果性」といった文脈にこれらを適用することは，用いられる CBT プロトコルのみならず，グループ・プロセスもまた密接に関係する。特定の診断のタイプ，特に II 軸においては，各個人の主たる対人様式，その影響を洞察する能力，および他者に共感的になる能力に対して重要な意味合いを持つであろう。同様に，多数の I 軸疾患を持つ患者もまた，単一の I 軸疾患の患者と比較して，異なる一連の訴え，症状，情動，思考を呈するであろう。それゆえ，グループの治療者はそれらのプロトコルにおける柔軟性の水準と，全ての個人における固有な一連の症状と機能障害に対する働きかけの影響性を考慮する必要がある。診断の不均質性の幅広さは，ほぼ全てのプロトコルをも打ちのめし，10人のさまざまな人々に対して個人 CBT を一度に実施するような集団療法として実に多様な技法を治療者に行使させる。技法やプロセスの観点からすると，明らかに，このような状況は理想的ではない。したがって，私たちは本書において，これらの多くの疑問について明確に検討する。

　I 軸と II 軸疾患にとどまらず，CBT に対する個人の「適合性」についての論点がある。Safran & Segal（1990）は，個人面接における CBT の適合性についてのアプローチを開発し，クライエントと治療様式の適合の水準を決定するための面接を構築した。熟慮された固有な 10 の次元が，多数の広範な要因を構成しており，情動，感情，認知を言い表す能力，CBT の理論的根拠との親和性，積極的な治療に従事したいという願望，そして治療的な関係性を形成する能力が含まれる。この測度の得点は，クライエントと治療者の両者ともに，治療における成功の評価と中程度の相関を示した（Safran & Segal, 1990）。グループの文脈においては類似した因子が有益であるかどうかを考慮することと，可能性として，グループ・プロセスの複数の次元を加えることが重要であるかもしれない。これ

は，特定の者が他のグループメンバーとどのように相互作用し，そして，その者がどのような対人的影響をグループ体験にもたらすのであろうか，といったことである。

　患者に関連する特徴についての他の論点として，患者の動機づけ，あるいはCBTグループにおける変化の可能性があげられる。CBTへの患者の準備は，個人療法において明確に検討されてきており，集団療法においても検討されるかもしれない。個人CBTでは，新たな「準備」アプローチは，変化のトランスセオレティカルモデルと動機づけ面接を基盤としている（Rowa, Bieling, & Segal, 2005）。また，伝統的なグループアプローチでは，グループメンバーに対して，グループの機能とメンバー自身の役割や責任を伝えることが重要であると強調しているが，より講義形式に近いグループではこれらの準備が必要かどうか，あるいは有益かどうかということについて現時点で十分な検討がなされていない。

　最後に，Burlingameモデルでは，リーダーシップを種々の集団因子を結びつけるものとして位置づけている。リーダーシップとそのスタイルの領域では，グループ経験においてリーダーシップが重要であると想定されているにもかかわらず，ほとんどのCBTグループのプロトコルは明確な提案をしていない。提案がなされていない部分として，グループのリーダーの対人的な「スタイル」が個人CBTにおいて行われているアプローチと非常に類似しうると仮定されがちであるといった点があげられる。それゆえ，必要条件として，共感性，協同的経験主義の強調，ソクラテス式問答法を通した誘導による発見を促す能力が含まれているのであろう（Beck, 1995）。しかしながら，このような基本的な必要条件にとどまらず，CBTグループのリーダーは，グループの文脈の独特な特徴に応じた付加的な技術もまた必要であるということを私たちは前提としている。CBTグループの治療者の役割は，明確には作品の一部ではないけれども，行動のコントロールに一役買う者であるという意味でオーケストラの指揮者や映画監督の役割と関連づける者もいる（White, 2000）。実際に，グループのリーダーは，多数の集団因子に敏感になる必要があるため許された時間内に必要な材料を取り扱う必要がある一方で，セッション内のプロセスへの配慮とそれぞれのメンバーの情動とのバランスを取る。そのため，リーダーは，プロセスと技法の両方において困難な決定をしなければいけない場合があるだろう。グループのリーダーは，患者同士の経験間のつながり，特に学習を促すグループの相互作用を考慮する必要がある。ある面で，もっとも良いリーダーシップのスタイルは，健全なグループ・

プロセスに含まれるような技法を念頭において，グループの例題を通して「生（な
ま）」を感じられる技法を実施するためのプロセスを考慮に入れることである。

　多くの点で，CBT グループのリーダーは，より伝統的な集団心理療法のリー
ダーが直面する以上の，さらなる課題に直面する。より伝統的な集団心理療法の
リーダーは，プロセスを強調し，深めることに自身の全てのエネルギーを充てる
ことが可能であるのに対して，CBT のリーダーは，グループの関係性への配慮と，
いくつかの原理と関連する技法を教える必要性とのバランスを取らなければなら
ない。これは，グループの経験を通して多くの困難な決定が必要であり，多くの
場合に譲歩の必要が生じうる。それゆえ，リーダーシップのスタイルが CBT グ
ループを運営する上で重要な変数であることについての疑念はほとんどない。

CBT グループの特徴的な「プロセス」

　伝統的なグループアプローチに CBT を統合しようとするいくつかの試みから
生じる最も明らかな課題の１つは，グループ・プロセスと技法との区別である。
前述の通り，Yalom や他の集団理論家のアプローチは，「プロセス」の考えに支
配されている。しかしながら，グループアプローチにおいてこの概念が重要であ
るにもかかわらず，多くの場合に操作的定義が欠如している。すなわち，プロセ
スの一般的な考えは，ほとんど全てのグループの出来事に付随する傾向にある。
この傾向は，「プロセス」の基礎にある明確な理論的枠組みの範囲を混乱，困惑
させる。一方で，たとえば，教訓的な教育は，プロセスよりも，学習理論に下支
えされた技法を，より好むように見受けられる。他方で，初期家族集団の反復は，
精神病理学の精神力動的なフォーミュレーションに大きく依存しており，それは
多くの場合に「プロセス」の観点としてはあまりに解釈しすぎている。この明瞭
さの欠如は，その他で観察されているような集団理論の系統的な研究課題の進歩
を困難にしている原因であるかもしれない（Burlingame et al., 2004）。

　私たちの目的は，CBT グループに伴う「プロセス」と「技法」を区別するこ
とである。後者は，患者が自身の障害について学ぶための，あるいは自身の行動，
思考，気分についての検証方法を教わるための，一般的に理解されている学習手
段と方略であり，そして認知行動システムを変化するために考案されたいくつか
の方略である。私たちは「プロセス」を，グループメンバー間，グループメンバー
とグループリーダー間の対人相互作用として定義し，２章においてこれらの要因
を明確に説明する。

CBT グループの課題

　これまで，私たちは重要な集団因子と，それらの因子がプロセスと CBT に生じる学習に果たしうる役割に焦点を当ててきている。CBT グループの治療者は，自分が治療する全てのグループは異なっており，グループの機能の「良さ」の程度には明らかに違いがある，ということにも既に同意している。この複雑な判断は，ホームワークの完成率の低さや，前述のように，凝集性の欠如といった，結果変数の進歩の欠如に基づきうる。そのような障壁を打開するグループもある。すなわち，ホームワークの完成が，コンプライアンスの高まりと治療者の問題解決方略の目標としてみなされたり，あるいは，治療者の援助とともに，グループメンバーが不協和を解決し，共通点を見つけたりする。グループに困難が生じた場合，介入の CBT モデルよりもむしろ，たいていは集団因子に原因がある。グループにおいて，治療者（あるいはメンバー）がうまく行っていないと思った時は，どの因子が作用しているのかについて検証すべきである。この識別のプロセスでは，あらためて，CBT 技法それ自体よりもむしろ，グループ・プロセスとの関連がありそうであるとする解決法もあげる可能性がある。

　特定のプロセス変数に加えて，ここで検討されている他の因子，すなわち患者の要因，構造，リーダーシップが原因となり，CBT グループが十分に機能することができない可能性がある。おそらく，特定のグループにおける患者の特徴の混合は，メンバーのお互いを結びつける能力を弱めている。場合によっては，ある面において他者と距離を置いている 1 人のグループメンバーは，その他のメンバーの凝集性形成を妨げうる。構造の因子もまた，CBT スキルの学習を妨げる可能性がある。たとえば，いくらかの大きさに達しているグループ（12 人未満）において，リーダーは，それぞれのグループメンバーに関わりプロトコルの材料を「網羅する」ことを可能にするための難しい決断にすぐに出くわす。そのようなグループは，メンバーとの関わりが不十分になる，そして体験的というよりもむしろ講義形式的になるというリスクがある。最後に，グループのリーダーは，グループがうまくいっていない時に，自身のアプローチを見直す必要があるかもしれない。過度に柔軟性に欠ける，あるいは十分に焦点づけられていないリーダーシップスタイルとなっていないか？　材料を網羅し，グループのメンバーの例題を検証するための効果的な時間の管理をしているか？　CBT グループを運営する時には，これらの因子の全てが考慮されている必要があるのかもしれないし，お

そらくグループメンバーがあがいている，あるいは前進がみられないように思われる時には，なおさら必要である。

結　論

　グループ・プロセスの変数を理解し，働きかけることは，2つの意義深い利点を持ちうる。第一に，これらの要因を促進することは，結果を高め，グループメンバーに対して，さらなる変化，より高い水準の個人内，個人間の学習，そして持続する利益の感覚を与えるかもしれない。これらのグループ・プロセスのモデルを CBT の文脈に持ち込むことは，グループ環境において効果的で最適な働きかけ方についての臨床家の理解をかなり深めるであろうということを，私たちは主張している。第二に，そのような要因への気づきと関心は，グループの文脈において必ず生じる問題の解決のための手助けとなるかもしれない。最適な CBT グループは，具体的な認知的行動的技法を支える重要な情報提供とエクササイズを含む注意深く構成されたプロトコルを含む。しかし，それらの技法は，全ての予想される場面において，グループ・プロセス要因の包括的な理解が組み込まれるべきでもあり，それはグループメンバーにとってのグループ経験の全体に影響を与える技法の提供と絶えず相互作用しているものである。

　本書の残りの部分は，さらに，それらの考えの詳細にわたる探索に充てられている。CBT モデルに根ざして，私たちは，プロセス，患者要因，構造，そしてリーダーシップスタイルを，全般的と特定の疾患の両面で検討する。第1部の残りの章では，私たちは，ほぼ全ての CBT グループに共通しているであろう，包括的な技法，介入，そしてプロセス要因を記述する。第2章では，より明確に CBT におけるグループ・プロセスを探索し，グループのメンバーの体験，学習，そして症状や機能の変化を高めるためのそれらのプロセス変数をどのように整理するかに焦点を当てる。第3章は，認知の異なる水準の重要性，および情動や行動に対する認知プロセスの結果の2つについての教育を患者にするための具体的な認知的方略の概観を提供する。第4章は，行動的方略と，グループの文脈におけるそれらの最良の伝え方と説明の仕方について焦点を当てる。これらの章では，技法はここで紹介されたプロセス変数に統合される基礎としての役割を果たしている。第5章は，具体的なプロトコルで常に説明されているわけではないが，成功するグループの段階を準備するために重要となる課題に焦点を当てる。第6章で

は，成功するグループを運営するための共通の落とし穴と障壁，そしてそれら共通の問題を解決するための方略について述べる。これらの問題は，CBT グループを構成し，導く方法を含んでおり，私たちは運営するグループのタイプと，起こりうるリーダーシップの形態を決定する多くの方法を提示する。

第2部では，CBT グループにおける特定の障害を治療するためのプロトコルと方法を提示し，そのグループタイプ固有の，技法とグループ・プロセスの両方に焦点を当てる。ここで説明される障害の治療は，ある程度の効果性に関するデータが確認されており，CBT で治療される最も一般的な障害を記載している。7 ～ 15 章に含まれているのは，それぞれ，パニック症と広場恐怖症，強迫症，社交不安症，抑うつ障害，双極性障害および関連障害群，摂食障害，物質関連障害，パーソナリティ障害，そして統合失調症である。多くの障害に共通する技法についての章と異なり，第2部の章では，具体的な障害に対する固有の技法と介入に焦点を当てる。加えて，これらの章では特定の疾患にとって最も重要であるグループ・プロセス要因を検討し，問題解決とその最適な結果についての示唆を提供する。

第3部は，CBT のグループワークにおいて考慮される必要のある，2つのさらなる領域に焦点を当てている。I 軸疾患の併発は，多くの専門治療，専門のクリニックでは普通のことである。不運なことに，CBT グループに関して現存するプロトコルは，併発症についてめったに説明していない。第 16 章は，併発症が，CBT 技法の適用とグループ・プロセスの両方に及ぼす影響について述べる。最後に，第 17 章は，集団 CBT の臨床と研究における，いくつかの未解決の問題について述べ，将来の取り組みへのいくつかの方向性を提供する。

2章

CBT におけるグループ・プロセス

グループ・ダイナミックスの有効な使用

　グループ・プロセスは，十分で強固なエビデンスがある。たとえば，PsycINFO で，1872 年から 2003 年の間という条件で「グループ・プロセス」という単語を検索すると，2,102 件の資料がヒットする。にもかかわらず，これらの要因を考慮している CBT の資料はほとんどない。すなわち，「グループ・プロセス」と CBT の検索単語の組み合わせでヒットする論文はたった 3 件であった。このように情報が少ないことを嘆いている者もいる。20 数年前に，Rose, Tolman, & Tallant（1985）は，Behavior Therapist で発表した研究で，CBT のアウトカム研究においてグループ・プロセスが果たす役割を強調した。驚くことではないが，Rose らはグループ・プロセスに十分に注意が払われていないこと，治療効果に対してグループ・プロセスが潜在的な役割を果たすことを発見した。そのおよそ 20 年後に，私たちは本書で，認知行動の枠組みからグループ・プロセスを検討しようとしている。そのために，私たちは「グループ・プロセス」の操作的定義を調査した。一般的な概念は，社会学，社会心理学，ソーシャルワークなどの多くの領域で研究されている。臨床心理学でグループ・プロセスを説明した主要な文献は，『グループサイコセラピー——ヤーロムの集団精神療法の手引き』（原題：*The Theory and Practice of Group Psychotherapy*）であり，1970 年に初版が出版され，1995 年に出版された第 4 版が直近の改定である。

　「プロセス」グループと「構造化された」グループを区別している者もいる。「プロセスグループ」は，グループメンバーの相互作用による変化の「乗り物」としてのグループの機能の観点と，今ここのグループの相互作用に焦点を当てている。認知行動療法のグループのような「構造化された」グループは，セッションで，事前に定めた特定の心理療法的技法を扱うことに焦点を当てている（Burlingame et al., 2004)。このように概念化すれば，構造化されたグループの1つの形であるCBTグループはプロセスグループとは異なる。したがって，プロセスの要因が，認知行動的な枠組みで実施された研究で軽視されていることは驚くべきことではない。

どれがグループでどれがプロセスかは，グループのタイプによると主張している者もいる。この観点によると，グループの形式独自の特徴が，患者の結果に理論的かつ実証的に関連する。さらに，これらの「プロセス」の要因は，治療への特定の理論的アプローチに影響を与えるだけでなく，グループのメンバーにも影響を与えている（Burlingame et al., 2004）。

グループ・プロセスにおいて，CBTグループは自己開示を促進する役割を果たす。Rose et al.（1985）によると，潜在的な治療ターゲットである認知的プロセスに接近させるために，自己開示がグループにとって必要になる。さらに，治療者からだけでなく，グループからフィードバックを受けることで，歪んだ認知が変容したり，より現実的な解釈を強化したりすることに役立つ。したがって，グループ・プロセスは，CBTグループの結果に有意義な影響を与える傾向にある。

以下の例に従って考えてみよう。Williamは不安専門のクリニックで広場恐怖を伴うパニック症のための12セッションのグループ治療を終えた。治療終了後，彼のパニック発作は減少した。しかし，彼はまだかなりの広場恐怖的な回避と予期不安があった。それから1年後，Williamが不安症状で職場を欠勤した時に，かかりつけ医は彼を不安を扱うクリニックに紹介した。不安を扱う新しいクリニックでのアセスメントにおいて，Williamはこれまでの治療体験と，何が役立ち，何が役立たなかったかを尋ねられた。Williamは恐れをありのままに開示することが全くできなかったため，グループから利益を得ることができなかったと言った。グループのメンバーは意識を失うこと，嘔吐すること，心臓発作が起きることを心配していたと彼は言った。彼は腸をコントロールできなくなること，自分が汚れてしまうことを心配していた。彼は最初のアセスメントでもグループでも，全く開示できなかったことが自身の恐れの本質であり，そのことが非常に恥ずかしかったと言った。Williamは治療者から2回目のアセスメントを受け，パニックを持つ人々に共通する恐れのリストを一通り見ることで，初めて自分の心配を話すことができた。この事例では，グループで彼が開示できなかったために，治療者たちがWilliamの恐れの核心に対応できなかったことが明らかである。さらに，彼の開示が少ないことによって，グループ内におけるプロセス要因があ

る程度抑制された。おそらく，William は強い所属感や，他者がこの「物珍しい」恐れを正しく理解してくれるという信頼感がなく，グループのリーダーは William がそういった重大な情報をどの程度言わないでいるかを把握できず，言うように促すことが十分できなかった。これらは技法よりも，もっぱらプロセスに根ざす問題である。

CBT におけるプロセス要因と治療結果を検証した十分な実証的なエビデンスはないが，CBT グループにおいて，グループ・プロセスの要因が治療上の体験にとって重要であると患者が考えていることを示唆するデータがある（Glass & Arnkoff, 2000）。さらに，これらの要因は，患者の改善を予測する（Castonguay, Pincus, Agras, & Hines, 1998）。

グループ・プロセスとは何か？

私たちが文献を調査した限りでは，たいていの研究は，グループの「プロセス」が何かについて明確に言及せずに，「プロセス」の問題と「プロセス」の変数を討議していたため，「グループ・プロセス」の正確な定義を発見することは困難であった。臨床を行っている同僚に対して私たちが行った聞き取り調査では，定義はとらえどころがなく，多くは「グループ・プロセスは，グループの機能と治療結果に影響を及ぼすグループ場面に特有の要因」といった反応であった。それらの「要因」とは何だろうか。A.P. Beck & Lewis（2000）によると，「集団精神療法プロセス」は，グループの発展の変化，グループのメンバーと治療者間の相互作用（サブシステム），グループのメンバー間の相互作用（サブシステム），治療者と共同治療者の相互作用（サブシステム），さらにこれらのサブシステム間の相互作用とグループ全体からの影響についての相互作用を含んだシステムとしてのグループ全体の学問である。このグループ・プロセスの定義は広く，包括的であるが，認知行動的アプローチを構成する要因としての操作的定義には至っていない。

Yalom（1995）はグループのメンバー，治療者，グループそのものの間の「今ここ」の相互作用としてプロセスを定義した。そこで生じているグループのメンバーの今ここの体験を反射する「プロセスの照明」がないなら，このプロセスは弱められる。治療者の役割には 2 つの要素があり，今ここの体験とその体験の内省との両方を促すことである（たとえば，その体験があるグループのメンバーと，

グループの他のメンバー，治療者，全体としてのグループ，グループの課題との
関係性について，どのような情報を私たちに伝えているのか）。この視点は相互
作用的な精神療法のアプローチに基づいており，プロセス指向のグループに役
立っている。しかしながら，CBT モデルでも，この視点はグループ・プロセス
の概念化に適用できる可能性がある。

CBT モデルにおけるグループ・プロセスの理解

1994 年に Satterfield が「単にグループ場面ではなくグループを通した」認知
療法を実行する混合モデルを提示した（p.185）。このモデルは，グループの力が
どのように認知療法の効果性を高めるかに焦点を当てるグループ・ダイナミック
スを，CBT グループアプローチに統合した。Satterfield の混合モデルは，3 つ
のグループ・プロセス変数に焦点を当てている。すなわち，集団凝集性，グルー
プ発展の段階，同形性（isomorphism，異なる水準の同時相互作用：個人，一対，
サブグループ，全体としてのグループ）である。

CBT の枠組みでのグループ・プロセスの概念化は，Satterfield の混合モデル
（1994）とは異なるアプローチを取り，Burlingame らのグループ治療の概念化
（2004）に基づいている。この観点に基づくと，CBT グループの治療結果は，型
通りの CBT 方略群とグループの文脈の小グループ・プロセスによって決まる。
グループのリーダーは，グループ場面での治療を本質的には個人治療として進め
るか，CBT を高める観点からグループ・プロセスの要因を把握して築くことに
よって進めるかについて決定する，非常に重要な役割を果たす。

重大な「要因」をより正確で明確にするグループ・プロセスの定義がある。た
とえば，Burlingame et al.（2004）は，グループの成長，治療上の要因，グルー
プの構造の程度とタイミング，対人関係のフィードバックを含む「グループ・プ
ロセス」を，グループ内の有効な変化の理論的メカニズムとして記述している。
このモデルのなかに，治療者要因（たとえば，リーダーの特徴，グループ・プロ
セスへの注意），患者要因（たとえば，対人関係スキル，共感性），構造的要因（た
とえば，長さ，頻度，場面）が，治療結果に影響するグループ・プロセスと相互
作用すると考えている。

CBT の枠組みにおけるグループ・プロセスの定義

さらに正確に言うと，私たちは包含する変数を操作可能にするための「グループ・プロセス」の定義を提案する。グループ・プロセスはグループ場面内で治療を実施することから生じる一連の要因である。私たちの CBT グループにおけるプロセスの定義について，以下の要因を検討する。

- ・グループのメンバーの症状が互いに与える影響
- ・グループのメンバーのパーソナリティスタイルが互いに与える影響
- ・あるグループのメンバーの改善または悪化が他者に与える影響
- ・グループのメンバーが互いに相互作用する仕方
- ・治療者とグループの間の治療的関係（たとえば，彼らが互いに好感を持ち，信頼するか）
- ・グループのメンバー同士の治療的関係（たとえば，彼らが互いに好意を持ち，信頼するか）
- ・共同治療者間の治療的関係（共同治療者がいるならば）
- ・ドロップアウトと常習的欠席がグループに与える影響
- ・個人変数がグループに与える影響
    - ・患者の期待
    - ・患者の治療への満足感
    - ・結果を予測する患者の変数
    - ・グループ治療に対する患者の適合性
- ・変化のグループメカニズム
    - ・インスピレーション
    - ・一体性
    - ・グループ学習
    - ・自己焦点の転換
    - ・集団凝集性
    - ・グループ場面における情動処理

これらの要因は，治療結果に影響を及ぼす認知行動的介入と相互作用する。プロセスの要因の分類として，これらは包括的でないかもしれない。私たちは CBT グループを実施する臨床上の経験と Yalom と Burlingame の主張を考慮し

て，第1章で概観した影響を抽出しようとしている。

CBTグループ治療におけるグループ・プロセスの使用

　Yalom（1995）によると，グループ治療はグループの形式に特有の変化のメカニズムと関連する。これらの変化のメカニズムもグループ・プロセス要因である。Yalomはグループに特有の「治療上の要因」として，相互依存的で，重なりのある構成概念について述べている。第1章で，CBT場面にYalomの因子を適用し，CBTに基づく介入とほとんど関係ない概念もある一方で，大いに関連している概念もあることを明らかにした。このセッションでは，これまでの作業を反映はするが，CBTの教訓から生じるプロセス要因の新しい分類法を提案し，CBTにおけるプロセスの議論を拡大する。CBTの運用と影響を高めるための介入に活用されるかもしれないグループ・プロセスの変数を検討することが重要である。活動でみられるこの要因の適切な例と見本となる会話を提示し，CBTプロセスのそれぞれの観点を定義する。

楽観主義
　肯定的な期待と回復を通して得られた希望の感情は，より良い治療的結果と関係する。この治療上の要因は集団CBTに特有ではないが，グループ治療場面におけるインスピレーションの源は異なる。クライアントは治療者が提供した情報だけでなく，他のグループのメンバーから情報を受け取り，時間をかけて良くなっていくグループの他のメンバーを観察する。さらに，グループは行動の変化を支持する雰囲気を提供することで，回復への動機づけを高める。回復への肯定的な期待を最大化することと動機づけを高めるCBT方略は，治療の経過中ずっと使われる。アセスメントと開始の段階の間に，治療者はグループアプローチの効果に関する情報（実際のグループのデータや研究の文献から）を提供する。CBTの治療者は，治療結果に関する楽観的態度と肯定的な期待を生み出すために，治療方略の効果に関する本質的な経験的証拠を用いることができる。治療の間，治療者は方略を使うこと，グループに参加すること，直接的に問題に取り組むために，正の強化子を提供することができる。治療者はまたグループのメンバーが改善と進行（たとえば，グループのメンバーが進んでいることを強調するための方法としてエスクポージャーの階層を使用する）に注意を向けるように促し，前に

進んでいることをグループに伝えることによって，グループのメンバーが仲間の
メンバーに肯定的なフィードバックを与えるようにすることができる。時間の経
過とともに，治療の最初の段階で治療者が行ったモデリングを基に，肯定的な
フィードバックが，あるグループのメンバーから他のグループのメンバーに提供
されることが多くなる。たとえば，

治療者：グループのみなさんそれぞれが，この週にエクスポージャーの練習に何
　　　　を計画したのか，一回りして聞きましょう。さらに，みなさんのエクスポー
　　　　ジャーの練習は，エクスポージャーの階層と評価のどのあたりかを私たちに
　　　　教えてください。
トニー：私は街まで運転することを計画しています。それは，私のリスト上では
　　　　3番目です。私の不安の評価は70です。回避の評価は85です。
治療者：あなたがグループを始める直前を振り返ってみると，あなたの評価はど
　　　　のぐらいでしたか？
トニー：私の不安の評価は95で，私の回避は100でした。かなり下がりました。
　　　　私がこのグループに参加する前は，街で全く運転しませんでした。
治療者：トニーが取り組んでいる経過について，みなさんはどう思いますか？
ポリー：素晴らしいと思います。グループのみなさんはすでに変化していて，そ
　　　　れもたった4セッションで変化しました。この治療は私にも効きそうで，私
　　　　も希望が持てます。

　この例で治療者は，トニーの進行を強調するために，エクスポージャーの階層
の評価を，彼と他のグループのメンバー双方に使用している。

一体性
　患者はグループ場面で，自身の問題と，自分自身は孤立していないということ
を実感する。グループのメンバーたちはむしろ，彼らが共通の問題を持つという
まさにその事実のためにグループに加えられている。CBTの治療者は，患者の
症状と体験の関連を引き出すこと，特定の障害を持っていることとそれらに打ち
勝つための彼らの試みに対して自身が抱く感情について，グループのメンバー間
で会話をしてもらうことで，グループのメンバーの一体感の感情を高めることが
できる。たとえば，

治療者：今，一回りして，グループのメンバーのみなさんから症状と体験について聞いたことで，それぞれの人が独特の体験を持っているにもかかわらず，みなさん全員に共通の類似性があることを理解できました。みなさんは，自分たちが聞いたことについて，思ったことや感じたことはありますか？

ロン：私は大きな安堵感を感じます。この不安とたいへん長く戦っていて，このことについては一人であると常に思っていました。

ケイティ：私はみなさん全員が俳優であるような気がすると言わざるをえません。あなたが言っていることが，私が耐えてきたこととあまりにそっくりなので，私が体験してきたことをあなたがここで正確に口にするようにあらかじめ吹き込まれていなかったとは信じ難いからです。

グループ：（静寂）

セラピスト：他の人はどうですか？

ポリー：私はこの場で一人ではないと感じることは良いことだと思います。しかし，私は他の皆さんの心配について聞くことで，私の問題がもっと悪くなるかもしれないと本気で心配しています。

セラピスト：あなたがそのことを共有してくれて嬉しいです，ポリーさん。みなさんが，治療の場で，自分自身の不安に直接的に取り組み始めるにつれて，不安が大きくなったと思うかもしれませんが，私たちのデータでは，グループのメンバーが実際にもっと悪くなるということは非常にまれであるということが分かっています。あなたが話してくれて，話すことは私たちにとって良いことであるという大事なことを話題にできました。

　この例では，今ここのグループのメンバーの思考と感情を確認することによって，彼らに自分が一人ではないという感覚を育ませるだけでなく，それぞれのグループのメンバーに対して，自分のセラピーの進捗が妨げられるかもしれないという疑いを扱う機会を与えることも重要であると理解できる。

グループベースの学習

　グループを通じた学習は，治療者による教授的な手段，グループの他のメンバーから受けるアドバイスとフィードバック，治療者とグループのメンバーの観察学習などのさまざまな経路で生じる。心理教育はCBTの礎であり，体験的で問題

に基づく学習である。CBT の治療者はグループ場面でグループのメンバーを活発に参加させる対話的な方法で，材料を提示すべきである。ホワイトボードをモデルまたは情報を提示するために使用する場合は，CBT の治療者はグループのメンバーに新しい情報を発見させるソクラテス式問答法を使用すべきであり，モデルは彼ら自身に特有の体験に個別化させるための例を提供すべきである。グループの他のメンバーからのアドバイスとフィードバックに関して，CBT の治療者は援助的に，理想的にはグループのメンバー間の誘導による発見を通じて，フィードバックとアドバイスを提供する。CBT の治療者は，治療者とグループのメンバーに支援されたエクスポージャー，ロールプレイ，そしてグループのメンバー間で問題解決の方略とアプローチを共有することによって，グループ場面におけるモデリング行動を勧めることができる。たとえば，

ケイティ：私は今週，あまりよくできませんでした。食料雑貨店に行けましたが，一人では行けませんでした。娘を一緒に連れて行きました。私は店でとても不安になりましたが，不安がおさまるまでそこにとどまることができました。それを一人でできなかったことで，がっかりした気持ちです。

治療者：みなさんは，ケイティの今週の過ごし方についてどう思いますか。

ロン：たとえあなたが娘を連れて行ったとしても，あなたが行ってとどまれたことは，それでも大きな成果ですよ。

ポリー：たとえあなたが不安を感じていてもとどまれたことに賛成です。あなたは自分がしたかったことができなかったというネガティブな面に注目し，あなたが実際にしたことには注目していないように思います。

治療者：ケイティ，皆さんが言っていることについて，あなたはどう思いますか？

ケイティ：そのような視点を持つことは役に立ちます。つまり，私が自分のしたことに注目する必要があることは事実です。私はネガティブな面に注目をしていて，そのことで私は自信がなくなります。自分が今週できていたことについては，より良くなったと感じます。

　この例で治療者は，ケイティに異なる観点を与えるフィードバックを提供するために，グループを利用している。その結果，ケイティはより公平なやり方で自分自身の進捗を評価することを学んでいる。このようにグループを利用することは，学習の強力な方法である。なぜなら，治療者が 1 人で同じポイントを強調し

た場合と比較して，グループはより意味があり，説得力がある「レッスン」の鍵となる材料を提供するからである。

自己焦点の転換

　他のグループのメンバーを助けることができるというメリットは，グループの体験の重要な側面である。さらに，グループは自己から他のグループのメンバーやグループそのものへ視点を転換する雰囲気を持っている。CBTの治療者は，グループのメンバーをサポートすること，再保証を与えること，グループで方略を共有するように促すことで，この転換を促進することができる。ある意味で，他者へのサポートは，はね返って，それぞれの個人に利益をもたらす。たとえば，

トニー：私は今週の仕事にとてもストレスを感じていて，あまりに不安で，自分で計画したエクスポージャーを実施できませんでした。私がそれらを実行していれば，本当に悪い週になるだろうと心配していました。

治療者：すでにストレスを感じていたり良い気分でない時にエクスポージャーをすることについて心配しているということが，他のみなさんにはありましたか。あったとすれば，みなさんはどう対応しますか？

ポリー：私は全てを関係づけてしまうことがあります。エクスポージャーをしようがしまいが，不安を感じるだろうと自分自身に言い聞かせます。少なくともそれをすれば，その後はとても良い気分になることが分かっています。

トニー：確かにそうですね。私は，自分が計画したホームワークをしなかったことで，さらに悪い気分になって，とにかく不安を感じました。

ロン：トニー，あなたがエクスポージャーに取り組むための時間を取るために，仕事のストレスを減らす方法はありますか？　私はホームワークをするためには相当のエネルギーを取っておく必要があることを分かっています。だから，私はグループが終了するまで，他のさまざまなことを再調整しています。

トニー：もっともですね。私もおそらく同じことをする必要があります。

　この例では，トニーがグループのメンバーから利益を得たことが分かるだけでなく，グループのメンバーが仲間のグループのメンバーを助けることができたことによって有効性の感覚を得られていることも分かる。

不適応な関係パターンの修正

　グループでの社会的学習体験によって，初期の体験を通じて生じた不適応的な対人関係のパターンが修正される。Yalom（1995）が述べているように，外の世界で他者と会話するように，グループのメンバーがそれぞれの他者と会話する点で，グループは社会の縮図である。したがって，グループは対人関係の学習のための優れた機会となる。社会適応技術とスキルへの焦点は，社交不安症（社交不安障害）に対する CBT 治療の要素であるが，潜在的にはあらゆるグループに含まれる要素である。CBT の治療者は，対人関係のパターンの気づきとグループのメンバーのスタイルがグループの他のメンバーに与える効果を高めることができる。グループのメンバーと共同治療者の間で進行している相互作用に注目することで，対人関係のパターンが同定できる。そして，治療者はフィードバックを引き出すこと，不適応的な解釈を修正すること，より適応的な，または個人の目標と価値に沿うかもしれない別の振る舞い方を勧める。対人関係はグループ教育と愛他主義を含む他のグループ・プロセス要因を通じて学習される場合がある。さらに，グループのリーダーはグループ場面の修正的な体験を促進するために，特定の CBT 技法（たとえば，エクスポージャー，ロールプレイ，不適応的な評価と中核信念の同定）を活用するかもしれない。

集団凝集性

　Yalom（1995）によれば，集団心理療法における集団凝集性は個人心理療法の治療同盟に相当する。「集団凝集性」はグループでグループのメンバーを支える条件（たとえば，快適さと所属感を感じること，グループを評価すること，他のグループのメンバーによる無条件の受容：Bloch & Crouch, 1985）として定義できるかもしれない。集団凝集性を高めることは，グループ治療者にとって重要な課題である。凝集的グループは，非凝集的グループと比較して，参加の増加，グループのメンバーの受容の増加，自己開示の増加，グループのメンバーの安心感の増加，グループのメンバーの開放性の高まり，および乱れ（たとえば，ドロップアウト，グループ規範の逸脱：Yalom, 1995）に過剰に反応しなくなる，などがみられることが多い。

　CBT グループ治療者は，凝集性を高めるための多くの方略を使用できる。
・グループ選出でグループの均質性を大きくすること

- 持続的な出席を奨励すること
- 受容，共感，援助的なフィードバックのモデリングによって自己開示のための安全な環境を提供すること
- 情報の共有を促すこと
- 複数のグループのメンバーの体験を関連づけること
- 今ここにおけるグループ・プロセスに関心を向けること

グループ場面における情動処理

　グループ場面では，開かれた表現と情動の処理が促進される。グループCBTの治療者は，それぞれのグループセッションのアジェンダと，今ここにおけるグループのメンバーの間の思考および感情の処理とのバランスを取ることによって，グループの目標に沿った表現と感情の処理を促進できる。さらに，今ここにおける処理は，介入の標的となる重要な自動思考，推論，信念，行動を引き出すことに役立つ。

　以下の例では，治療者が認知の歪みの概念を紹介していた時，あるグループのメンバーが自分の前にある紙に落書きをして，上の空でいるような様子であった。他のメンバーは関心を持ち，思いやりを持って接しているようである。上の空でいるメンバーに気づいたメンバーもいるかもしれない。治療者は，グループにおける認知の歪みに関する議論を中断して，起こっていることを処理し，今ここに話題を移した。

治療者：みなさんに例を挙げてもらう前に，私はグループの進み具合をまず調べたいと思います。トニー，私にはあなたが上の空でいるように見えます。何があなたに起こっているか，私たちに教えてもらえますか。

トニー：何も起きていません。

治療者：おやまぁ。私たちが話し合っていることは，あなたに役立つでしょうか？

トニー：えーと，私には役立っていないと感じます。この治療は私の助けにならないと思うので，がっかりしています。それは大変ですし，そもそもどうすればこの不安がなくせるか分かりません。

治療者：どなたか，自分たちの不安に打ち勝つことに失望したことはありますか？

ポリー：（うなずく）

ケイティ：はい，私もときどきそう思います。

治療者：あなたは，希望を持ち続けるために何をしますか，ケイティ？

ケイティ：私は，先入観を持たないようにしています。この治療をやってみることで，失うものがあるでしょうか？　私がやらないなら，どうやってこの不安を取り除くでしょうか？

治療者：トニー，他の皆さんも時折失望を感じていると知ってどうですか？

トニー：ええ，私は自分が普通だと感じました。おそらく，これを試すことができます。ケイティは正しいです。私が失うものは本当にないです。私の生活はこの不安によってすでに破綻しているのですから。

　この例では，治療者はCBTの概念を紹介していたが，今ここで生じているグループのメンバーの治療に対する気持ちを処理することに話題を移している。治療者は，グループの強い情動やグループのあるメンバーの情動に関心を向けることで，その個人にもう一度焦点を合わせて，妥当性を確認するだけでなく，このテーマをグループ全体で探求し，共有した。さらに，取り残され，上の空でいたグループのメンバーは，グループからの十分な理解やサポートを得られていなかったと信じる危険があった。この介入の結果，集団凝集性は高まるだろう。すなわち，グループのメンバーは他のメンバーをサポートする役割を持ち，治療者は方略を教えることだけに興味があるのではく，彼らの情動状態に反応することも習得している。治療者は，グループの上の空でいるメンバーが持つ治療についての自動思考（「治療はうまくいかないだろう」）と未来についての信念（「この不安は決してなくせないだろう」）を引き出すことができた。治療者は「生（なま）」の素材を自分のアジェンダ（「認知の歪み」）の一部として使い，セッションで紹介していた概念を解説している。

　本節では，CBTの観点からグループ治療特有の変化のメカニズムの主な要因をとらえることを試みている。これらを表2.1で要約し，操作的に定義した。この試みが十分か，不足しているかは実証上の問題であって，私たちが望むことは未来の探求に焦点を当てることである。どのような事例でも，グループは焦点を当てる治療上の要因を決めることを目標にする。どのようなグループでも，中心には確かな要因があるかもしれない。作用している要因を同定し，次に，CBTの特定のグループのアジェンダと並行して，これらのプロセスに取り組むことがグループCBTの治療者に委ねられている。

2章　CBT におけるグループ・プロセス―グループ・ダイナミックスの有効な使用

表 2.1　グループ・プロセス要因：CBT の観点からの変化のメカニズム

プロセス要因	説明	治療的技法
楽観主義	グループは動機づけの活性化と同様に，問題に打ち勝つ楽観的，希望的見通しを促進する雰囲気を提供する。	・アプローチの効果性のデータを提供 ・グループの参加に対する正の強化の提供 ・グループのメンバーに他のグループのメンバーに対して正の強化を提供することを促進 ・改善と前進を強調 ・グループのメンバーの体験をポジティブな予期を高めるために使用 ・期待が認知的に転換することを進めるためにグループを活用
一体性	グループは共有された問題の気づきを高め，所属している感覚を与え，孤立感を減らす。	・グループのメンバーの症状と体験を結びつける ・グループメンバーの間で特定の問題を持ち，回復への試みを行っていることについて対話する
グループ学習	グループは多くのことを学習する機会を提供する。	・対話的方法を用いた心理教育の提供 ・グループのメンバーに新しい情報を発見させるためにソクラテス式問答法を使用 ・フィードバックの準備と他のグループのメンバーからのアドバイスを促進 ・多様な視点と解釈の範囲を提供するためにグループを使用 ・治療者とグループのメンバーに援助されたエクスポージャーとロールプレイの活用
自己焦点の転換	グループは他のグループのメンバーを助けること，個人からグループへ注目を転換することを進める。	・グループのメンバーにサポートを提供すること，情報と技法を共有すること，再確認を与えることを促進
不適応な関係パターンの修正	グループは，不適応な人間関係の相互作用の修正的な学習体験を提供する。	・対人関係のパターンへの気づきと他のグループのメンバーへの効果を促進 ・グループの現在の相互作用に着目 ・フィードバックを引き出す ・行動する他の方法を奨励 ・特定の CBT 技法を修正的な体験を促進するために活用，つまり，エクスポージャー，ロールプレイ，解釈と中核信念の同定
グループ凝集性	そのメンバーに対するグループの魅力が認知的変化と行動的変化を促進する。	・持続的な出席とグループへの関与を奨励 ・自己開示のための安全な環境を促進 ・情報を共有することを促進 ・グループメンバーの体験，思考，感覚同士の結び付け ・今ここにおける他のグループ・プロセス要因に参加
グループ場面における情動処理	グループは開かれた表現のための場所と介入のための治療的ターゲットの同定を許容する，情動，思考，行動を通じた作業を提供する。	・即時の感情の表出を奨励 ・特定の思考と活動の方向に関連する感情を検討 ・グループメンバー間の処理を奨励

39

CBT 構造におけるグループ・プロセスへの参加

CBT グループの治療セッションの技法に特異的な構造の中で，これらの同じグループ・プロセス要因を考えることは有用である。これらのセッションの構造は，しばしば次の要素を含む。すなわち，ホームワークの概観，新しい情報の提示，スキル（たとえば，例示，ロールプレイ，エクスポージャー）を実践すること，その週のホームワークを計画することである。

ホームワークの概観

ホームワークの概観は，CBT グループ治療のそれぞれのセッションで，グループのメンバーが自身の体験を以前のセッションで学んだスキルや方略の練習に関連づけるために重要である。これは奨励とポジティブフィードバックを提供し，妨げになっているかもしれない障害や課題の問題解決を行って，CBT の原理を強化する機会になる。

グループ・プロセスを軽視する CBT グループ治療では，ホームワークの概観は，全員を一回りしながら，それぞれのグループのメンバーが今週のホームワークがどのように進んだかを確認していく個人治療のようである。治療者と共同治療者がそれぞれの人に質問するので，一般にグループのメンバーごとに 5 〜 10 分かかる。そのときにグループを見回せば，「ボーっと」したグループのメンバーが紙にいたずら書きをしたり，窓の外を見たり，グループで行っていることから「外れてしまっていたり」しているだろう。そのようなアプローチは，顕在的にも潜在的にもグループのメンバーの一人にスポットライトを当てて，文字通り他の者を全員除外する。次に挙げる 2 つの例をよく考えてほしい。

グループ・プロセスへの注意不足

治療者：どなたか，今週のご自身のホームワークがどのように進んだか私たちに教えていただけますか？

グループ：（静寂）

治療者：ケイティ，どのような状況だったか私たちに教えていただけますか？

ケイティ：確かに今週はかなり良かったです。私はある程度の不安を体験できるように，通常はとどまらない状況でとどまってみる経験をしました。

治療者：それはすばらしいですね！ その状況を 1 つ私たちに伝えられますか？

ケイティ：えーと，私は食料雑貨店へ行き，不安になった時は不安になった場所にとどまりつづけ，飛び出したい気分でしたが，通路を進み続けました。私はカートの代わりにカゴをとりました。たいてい私はカートの方が不安を感じなかったので，本当に緊張しました。

治療者：それはなぜ？

ケイティ：えーと，緊張した時にしっかりつかまれるので，カートの方が安全に感じます。

共同治療者：それは，本当に良いですね，ケイティ。あなたは，本当に自分自身に挑戦したと思います。そして，あなたはいくらかの不安を体験することができましたね。どなたか，次に発表していただけませんか？

グループ・プロセスへの注意

治療者：どなたか，今週のホームワークがどのように進んだか教えてもらえますか？

グループ：（静寂）

治療者：ケイティ，どのように進んだのか，私たちに教えてもらえますか？

ケイティ：今週はかなり良くなったことは確かです。不安を体験できるように，通常はとどまらない状況にとどまろうとする経験をしました。

治療者：（うなずく）

ケイティ：えーと，私は食料雑貨店へ行き，不安になった時に不安になった場所にとどまり続けて，飛び出したい気分でしたが，通路を進み続けました。私はカートの代わりにカゴをとりました。たいていカートの方が不安が小さかったので，私は本当に緊張しました。

治療者：それは，すごいです！　他のみなさんは少し挑戦して，不安を体験しましたか？

ロン：はい，私は外出した時に妻に運転をさせました。私は，たいてい仕切りたくて，運転を管理したいので，このことで少し不安が喚起されました。

治療者：それは素晴らしいですね。ポリー，あなたもうなずいていますね。

ポリー：私はケイティととても似た体験をしました。私は，一人でお店に行きました。私はいつも自分の子どもを連れて行って，その時は不安が少し下がっています。

共同治療者：これは興味深いです，ポリー。あなたとケイティは，いくらかの不

安を体験するために安全行動をなくす実践をしたと思います。ケイティ，あなたがカートなしで店にいた時，何が起きましたか？

ケイティ：えーと，頭がクラクラするような感じがしても，しがみつく物がなかったので，かなり不安を感じました。私は飛び出したいと感じましたが，通路を進み続けました。

治療者：それは，本当にすごいですね。誰か次に教えてもらえませんか？

　これらのアプローチはどちらも，治療者はホームワークと，どのようにその週が過ぎたかを振り返る。前者のアプローチでは，治療者のスタイルは効果的であり，行うべきことはなされている。しかしながら，グループ・プロセスへ注目しておらず，グループに本来備わっている力をまとめられていない。前者の例では，グループのメンバーたちはあるグループのメンバーが話している時に，自分は相互作用の一部ではないためあまり注意を払う必要はなく，特に，グループの治療者とグループの他のメンバーの間の話からは何も学ぶことはないことを学習するようである。後者のアプローチにおいては，治療者はグループのメンバーのお互いの体験を関係づけることで，集団凝集性を築き，類似性を強調している。この場合は，他のグループのメンバーは話に参加し，それに対する興味を保っている。これらの参加者は，ホームワークの振り返りはグループ全体と関係があり，自分に直接質問されていない時でも，自分と他者の類似点と相違点から学べることを時間が経つにつれて学習する。

新しい情報の提示

　それが実際は心理教育的なものであれ，新しい方略やスキルを学ぶための基礎を築くためのものであれ，新しい情報の提示においては，しばしばグループセッションの一部に焦点が当たる。グループ・プロセスへの注意が不十分な CBT グループの治療においては，セッションのこの一部は，しばしば教室で起きることのようにみえる。そのシナリオにおいて，治療者と共同治療者は，黒板を使う教師であり，グループのメンバーは生徒である。通常，治療者は新しい情報を積極的に提示し，グループのメンバーはそれを受動的に受け入れる。その一方，グループ・プロセスに焦点がある時は，治療者と共同治療者はより対話的なスタイルで新たな情報を提示して，グループが求める材料を，グループの間で検討してもらう。次の2つの例を検討してみよう。

グループ・プロセスへの注意不足

治療者：今日，私たちは，自分たちの思考と，それがどのように歪むかについて話し合う予定です。不安を持つ人々は，悪いことが起こる可能性を過大評価し，対処する能力を過小評価することで，自分の思考を歪めているようです。彼らはまた，これらの恐ろしい結果は，彼らが現実よりかなり悪いと思うようです。歪みのこの1つ目のタイプは可能性の過大評価と呼ばれます。歪みの2つ目のタイプは破局的思考と呼ばれます。みなさん，理解できますか？

グループ：（メンバーはうなずいている）

治療者：それでは，誰か，歪みの2つのタイプについて，何か質問あるいは考えがありますか？

グループ：（静寂）

治療者：それではみなさん，自分のホームワークを見て，自分の考えが可能性の過大評価あるいは破局的思考に当てはまる例か確かめましょう。

グループ・プロセスへの注意

治療者：では，今日，私たちは，自分の思考と，それがどのように歪むかについて話す予定です。皆さんは「歪み」という単語について，どのような意味だと思いますか？

トニー：それは，真実を変えることを意味します。

治療者：その通り，私たちは全員，物事を自分のやり方で理解しています。そのため，実際の状況から歪むことがあります。誰かこの例を考えることはできますか？

ポリー：私の家族では，兄（弟）は実際にはしていないのに，自分が家の周りの全ての仕事をしているといつも思っています。彼の思考は，明らかに歪んでいます！（グループメンバーが笑う）

共同治療者：それは素晴らしい例ですね！　それでは，皆さんがはっきりと不安を感じている時について考えてみましょう。どのようにあなたの思考は歪んでいますか？

ロン：私はもし自分が心臓発作になったらどうなる？といったような，「もしかしたら，どうなる」に注目しているようです。もし私の腕のこの痺れが，死ぬ兆候ならどうなるでしょうか？　おそらく，私は病院に行くべきでしょう。

治療者：では，なぜ，それらの思考は歪みなのでしょうか，ロン？

ロン：なぜならば，一度も，何も起こらないけど，私はいつもそう考えているからです。

共同治療者：それは，良い例ですね。ですから，あなた自身の体験に基づくと，悪いことは決して起きていないけど，何度もこういった身体感覚を感じているようです。しかしながら，あなたがそう感じる時はいつも，現実的に何が起きそうかではなく，潜在的な危険に注目しています。

ロン：その通りです。

治療者：他の皆さんは，同様に，自分たちがそうしがちなことに気づきましたか？

グループ：（メンバーがうなずく）

治療者：いいですね，不安な人々が持ちやすい不安の歪みのタイプの名前があります。1つ目は，可能性の過大評価と呼ばれます。どなたか，それを言い当ててみたいですか？

ポリー：えーと，ロンが述べていたことだと思います。悪いことが起きる機会を過大評価すること。私は，自分がそのような経験をしていなくても，外出しようとする時はいつも不安です。

治療者：その通りです。それもまた良い例ですね。不安な人々が持ちやすい歪みの2つ目のタイプは，破局的思考です。誰か，それを言い当てたいですか？

ケイティ：えーと，私は，それはその名の示す通りだと思います。何かが破局的であると考えること。

共同治療者：その通りです。それでは，それは何を意味するでしょうか？

ケイティ：えーと，それが実際よりも悪いと考えること？

治療者：誰か，この例を考えることができますか？

トニー：はい。私は不安な時には，人々はそれに気づくと思うし，そのことが恐ろしいのだろうと思います。

治療者：正しいですね。あなたが不安な時，それは実際に恐ろしく感じ，そして，人々はそのことに気づくかもしれません。しかし，人々が気づいたとして，それは実際に一大事となりますか？

トニー：私がそのことを本当に考える時はないのです。人々が気づくことを心配したとしても，私が不安な時，人々が本当にそれを伝えてくる可能性があるかどうかは確かでさえありません。

2つ目の例においては，グループはグループ・プロセスに注目し，より対話型の方法で新しい材料を提示することによって，受動的に受け入れるのではなく，よりそれに取り組み，情報を学ぶプロセスに参加している。両方のアプローチで，治療者は少なくともいくつかのソクラテス式問答法を用いる。しかしながら，2つ目の例では，質問はより単純であり，制限なく表現されており，その結果，さらに多くの人々に役立つようである。治療者も誘導による発見をうまく行い，多面的な観点から情報を注意深く構築している。2つ目の例の方が，治療者はグループのメンバーの注意を保ち，グループのメンバーが会話に参加する機会を模索している。

スキルとエクスポージャーの実践

グループのメンバーがグループ内で新しいスキル，エクスポージャー，ロールプレイを実践した後，セッションを進める前に，グループで体験したことを全体で理解することは重要である。治療者は，体験したことに対するメンバーの思考と気持ちに注目すべきであり，グループのメンバーの体験を関連づけようとすべきである。これによって集団凝集性が作られ，重要なフィードバックが得られることにもなる。グループがショッピングモールで行ったエクスポージャーから戻った後の治療セッションで起こった次の例を検討してみてほしい。

治療者：皆さんはエクスポージャーをやってみて，どのように感じましたか？

トニー：それについては良い気分です。私は，下り坂でバスに乗ることが不安だったのですが，途中で不安がやわらぎました。

治療者：それは，すばらしい。（グループを見回す）

ロン：私は別の体験をしました。私はショッピングセンターに行くことが不安でしたが，そこに着いた時，実際全く不安ではありませんでした。私の予期不安は，現実よりもかなり悪かったのです。

共同治療者：それは興味深いです。他の人々はそういったことに気づきましたか？

ポリー：はい，ショッピングモールの周りを歩いていた時に，私は実際に不安だったのですが，そこに着く前に考えていたほどではありませんでした。

治療者：あなたは何かありますか，ケイティ？

ケイティ：えーと，私は他の人たちほど，良くできませんでした。私はその時ずっと不安な気持ちでした。

治療者：ケイティが他の人たちほど良くできなかったことについて，他のみなさんはどう考えましたか？

トニー：ケイティ，あなたはただ行っただけでも，良い取り組みをしました。私が2, 3週間前に初めてこれをした時は，私には実際たいへん難しかったです。私たちは全員違う段階にいます。次回はもっと上手く行くと思います。

治療者：すばらしいポイントです。グループでは，他の人の行いを自分と比較するものです。みなさんは違う場所からスタートしていて，違うペースで取り組んでいることを思い出してください。

　この例では，もしグループで活動について話し合わなければ，ケイティは他の人たちより良くなっていないと思って，帰宅しただろう。また，このことは，彼女が途中で辞める危険性を高める可能性がある。さらに，グループのメンバーがケイティに良い取り組みをしていたと伝えることは，治療者が彼女に伝えるよりもはるかに強力である。CBTの練習をグループの文脈で扱うことによって，他のグループのメンバーがフィードバックを与え，互いに助け合い，他の人の体験から学習することができる。

ホームワークの計画

　ホームワークもグループ・プロセスに注意を向けさせることができる。それぞれのメンバーにあちこち歩き回らせて，治療者とメンバーのホームワークを計画させる代わりに，グループのメンバーはありうるホームワークを考え，ありうる問題を解決する手助けをすることに関わらせることができる。これはグループをプロセスに関与させ続けることに役立ち，その可能性に向けて，グループを使ってそれを実現させる。それはまた，他のグループのメンバーが自分の進行状況に関心を持っていると知ることで，彼らが次週グループに戻ってきた時，グループのメンバーの動機づけを高め続ける役割を持つ。

セッション内と治療を通じての治療方略

　以上の例は，グループの治療者がグループ・プロセスにも注意を払いながら，CBTを効果的に実施するために使用することができる多くの介入と方略を明らかにする。グループ体験の効能を最大化するために，CBTグループにおいて注意する必要のあるプロセスのその他の点を以下に挙げる。

・グループのメンバーと治療者の間で「答えを考える時間」のバランスをとること。
・それぞれグループのメンバーがグループから同等に注目されることを保証すること。
・特に，誘導による発見を行っている時に個人に注目することと，一般的なフィードバックをグループから引き出すことの間のバランスをとること。
・セッションを欠席するグループのメンバーに対応すること，これがグループに与えるかもしれない影響を処理すること。
・グループにおける「ドロップアウト」の事実と，それが凝集性の感覚に与える影響を扱うこと。
・共同治療者間の相互作用のバランスをとることと互いの介入を援助すること。
・特定の技術／アジェンダの取り組みと今ここのグループのメンバーの思考／気持ちとのバランスをとること。
・グループにおける進捗に対応すること（メンバーがグループにいることについてどのように感じているか，特に治療が始まる時，どのように治療が進んでいるか，など）
・フィードバックを提供すること，あるいは治療者に持ちかけられた質問に答えることをグループのメンバーに許すこと。
・新しい情報を提示し，グループのメンバーから関係する材料を引き出すためにソクラテス式問答法と対話的な方法を使用すること。

グループ発展の段階

　全てのグループは，はっきりと異なる段階で，時間とともに発展すると信じられている。すなわち，準備，初期の段階，移行の段階，作業の段階，最終段階（Corey, Corey, Callanan, & Russell, 2004）である。準備の段階では，グループリーダーはグループ治療の選択をすることに対する彼らの適切性を検査し，治療の目標を概観し，どのようにグループ治療がそれに取り組むかについての教育を提供し，グループ治療に参加することについての不安を減少し，守秘義務の重要性を討議するために，メンバーと個人的に会う。Corey らは，宿泊設備を利用した短期間のグループ治療のセッション（3 日にわたって 20 時間）を扱った集中性に関する文献におけるグループの発展の段階を討議したが，彼らが述べた段階も CBT グルー

第Ⅰ部　認知行動療法グループの一般的理念と実践

表 2.2　グループ開発の段階と治療者の課題

段階	開発	治療者の課題
1	プレグループの問題： グループの構成	・グループの計画 ・募集 ・スクリーニング ・プレグループミーティング ・グループメンバーの準備
2	初期の段階： オリエンテーションと探求	・グループの構造の設定 ・期待の探索 ・目標の明確化 ・集団凝集性の組み立て（信頼） ・グループメンバーの初期の不安の管理
3	移行の段階： 抵抗の対処	・メンバー自らがグループへの参加に関心を向けるように支援 ・抵抗，不安と葛藤を管理
4	作業の段階： 凝集性と生産性	・グループメンバーに活動的な役割を配分するように移行 ・フィードバックと強化を提供 ・相互作用を促進 ・グループ・プロセスの治療的要因に気づかせ，そして生起に応じてこれらの要因を管理 ・変化への動機づけを援助 ・増加した理解を活動へ転換することを奨励
5	最終段階： 整理統合と終結	・変化を強化 ・グループでの体験を扱う ・さらなる適切な資源を提供 ・治療目標に働きかけ続けることを援助 ・グループにおいて学んだスキルを日常生活の状況に組み込むことを討議 ・引き続きの目標の設定 ・必要があればグループ体験（知識とスキル）の活用のための基盤を設定
6	ポストグループの問題： フォローアップと評価	・進行の確認のためにフォローアップグループを保持 ・壁と進行の問題を同定 ・必要があればさらなる資源を提供 ・グループのアウトカムを評価 ・希望があれば個人のフォローアップを予定

プを展開することを検討するために役立つかもしれない。事実，Corey（2000）は，表 2.2 に示されたように 6 つの段階に関して，グループ発達の観点から行動的グ

ループ治療と合理（論理）情動行動療法を討議している。CBT グループが異なる段階を経るかどうかは実証的な問題であるが，私たちの臨床的体験では，グループが繰り返し可能で，予測可能な順序で時間とともに展開する。次節では，治療者がグループ・プロセスを促進するために使用するかもしれない特定の介入および方略と，CBT の文脈からグループの発展のそれぞれの段階を概観する。

初期の段階

グループでの活動に先立って行われる個人との事前の打ち合わせでは，グループが始まる前にグループとグループ・プロセスについて，将来のメンバーに教育することが推奨される。これはまた，グループリーダーにとっては，将来のメンバーがグループに適切かどうかを確かめる最後の機会である。初期の段階では，グループの固有性が成立する。基準が確立され，メンバーはグループでの体験を理解する。メンバーは知り合い，信頼し，初期の抵抗が生じるかもしれない。後の期間では，先へ進む前に明確にすることが重要である。

抵抗の概念は認知行動療法の枠組みから見ると，操作可能にすることができる（Leahy, 2001）が，精神分析的な理論に根ざしている。抵抗は，患者（治療の論理的根拠を理解できないこと，活動を志向する治療の準備ができていないこと，治療への関与が低いこと），治療者（強力な治療同盟を作れないこと，特定の治療方略を論理的に根拠づけることができないこと，間違った問題への焦点），または，治療方略（患者への不適切な治療方略）と，関係する要因による治療の進捗の妨害（たとえば，不遵守）である。グループ場面で抵抗に取り組むための方略についての詳細を第6章で補う。

初期の段階において，グループリーダーの主な課題は，凝集性（グループ内に信頼を開発する）を築き，グループに構造を与え，治療ターゲットと目標を確立することである（Corey, 2000）。

この段階で，グループ・プロセスに関心を向けさせることと管理するための方略は下記の通りである。

・治療者と共同治療者は，グループにおいて適切に一定の間隔を確保すること。
・紹介を行うこと（たとえば，グループのメンバーを一巡して，彼らの名前，趣味，ペット，お気に入りの旅行をする場所などの彼ら自身のことについて何かを言わせる）。アイスブレイクの練習も役立つかもしれない（たとえば，

グループメンバーが2人1組でペアになり，彼ら自身のことについて何かを共有し，次に，グループが再開した時にグループメンバーに報告する）。

・名前を呼ばなくても，また，一巡しなくても，グループのメンバーが自発的に参加することを奨励すること。

・グループの規範を概観すること（たとえば，参加への期待，出席，逃したセッション，ホームワークの必要条件，秘密が守られること）。

・グループの中にいることについての，グループのメンバーの反応，思考，気持ちを討議すること。

・メンバーがグループにいることについて感じるかもしれない不安，または心細さを普通のこととすること。

・グループのメンバー間の相互作用を奨励すること。

・集団凝集性を奨励するために，グループメンバーの症状を関連づけること。

・メンバーが集団凝集性を発展させるために，特定のグループメンバーの体験と関係づけることができるかを他のメンバーに尋ねること。

・グループのメンバーに彼ら自身のペースで進めることを奨励すること。

・グループのメンバーに指示的になることから，グループでより活動的になることを許容することに移行すること。

移行の段階

移行の段階では，ほんの少しのCBTグループのセッションだけで，グループのメンバーはグループでより快適になっており，グループリーダー，他のグループのメンバー，または，治療と技法についてグループのメンバーから葛藤の発言が生じるかもしれない。グループのメンバーは，自分たちの症状と同様に，自分たちの思考，気持ち，行動にも気づくようになりはじめるかもしれない。彼らは，自分たちの症状が，グループの開始時から悪化しているという心配，あるいは，もしグループリーダー自身がグループが取り組んでいる問題を体験していないなら，グループリーダーは自分たちを助けることができるかという疑念を表現するかもしれない。グループのメンバーは，活動的に治療に取り組めないかもしれない，または，危惧の念も抱くかもしれない。

作業の段階

作業の段階では，グループはグループ内とセッション間の材料に取り組む。こ

れらの中間のセッションも，技法の大半を特徴づける。この段階の間，フィードバック，特に，変化と進捗のためのグループのメンバー間の援助と正の強化を奨励し続けることが重要である。グループリーダーも，未解決の問題とともに，グループのメンバーが出くわしている困難と壁を共有するように促す必要がある。ホームワークは，理想的には，どのようなタイプの取り組みや練習がグループ全体にとって最も有用になりそうかについて，グループからフィードバックを受けながら，協力しあって計画すべきである。グループのメンバーは終了の準備をし，彼らがグループの外で使っている CBT スキルを練習するための動機づけを増やすために，グループのメンバーに時間が経過していることを思い出させることが重要である。

最終段階

　グループの最終段階では，メンバーはグループが終わった時点からどのように進展するかを熟考している。個人治療と同様に，グループが終了することについての思考と気持ちを含む終了の問題を話し合うために，時間に余裕を持たせることは重要である。形式的な「別れの挨拶」のエクササイズや，締めくくることが含まれうる。メンバーがグループから何を得たか（どこに自分たちがいたか，どこに自分たちが今いるか，そして，どこに自分たちは進んでいるか），彼らはどんな壁を克服したか，彼らがどんな目標に取り組み続けるかを概観することに費やす時間を持つべきである。それぞれのグループのメンバーのためにグループの「有効な成分」を共有することは，再発防止と CBT スキルの維持のために重要になるだろう。

潜在的な問題

　グループ治療を実施する時に多くの問題が生じるかもしれない。これらの問題は，CBT のアジェンダだけではなく，グループ・プロセスとグループ介入の治療の有効性も妨げる。以下の問題が生じるかもしれない。

- ・グループ・プロセスに伴う問題（たとえば，サブグループの構成，または非治療的集団文化の出現）
- ・リーダーシップの問題（たとえば，リーダーシップのスタイル，またはスキル）
- ・個人的なグループのメンバーのパーソナリティスタイル，または期待に伴う

問題（たとえば，自己開示の欠如，受動性，絶望）

これらの問題は特定の CBT 介入（グループについての信念を検討すること，グループにおけるそれぞれのグループのメンバーの役割など）を使用することと同様に，グループ・プロセスを管理することによって取り組まれるかもしれない。グループ治療に生じる潜在的な問題と挑戦のより入念な検討は第 6 章で行う。

研究の方向性

集団 CBT の有効性の実証的な文献では，症状の変化の疑問を強調する中で発展している。集団精神療法のプロセスを記述している Beck & Lewis（2000）の原文において，Greenberg の記述では「変化を研究することにおいて，心理療法の研究者の多くは，『変化が起こったか？』という比較的簡単な問いに焦点を当てる傾向にあり，『どのようにして変化が起きるのか』という比較的困難な問いはより熟達した指導者に委ねている」と指摘している。これは，CBT グループの有効性における実証的な文献において確かな事実である。グループ・プロセスの要因がアウトカムに果たしそうな役割が提供され，これらの要因とアウトカムに対するこれらの関連性を検討するために，CBT グループの有効性に関する研究が今後必要になる。Greene（2000）はこの問題について以下のように記述している。すなわち，「最も実証的に研究された集団療法様式（CBT）は，潜在的な治療の媒介物であるグループとして見る，グループを見落としていることが皮肉である」としている。CBT グループにおけるグループ・プロセスの要因操作について研究するために，はじめに CBT の観点からこれらの要因を理解しなければならない。この章はその方向性の最初のステップを提示する。

CBT の枠組みにおけるグループ・プロセスについての私たちの討議が，CBT グループの治療内でこれらの要因が果たす役割に関する多くの必要な研究の刺激となるかもしれないことを希望している。

3章

CBT グループにおける認知的方略

CBT グループにおける認知的方略

　本章では，最も頻繁に使用されるいくつかの認知療法の技法と，それらがグループ場面でどのように適用され，応用されうるのか，について記述する。これらの技法の紹介に加えて，CBT のグループ・プロセスの定義が検討され，（第2章で記述された）そのさまざまな側面をそれぞれの方略の会話例とそれに付随する説明によって伝える。これらの方略の紹介における明らかな1つの課題は，CBT において本質的要素となる認知的技法がいくつあるのか，そして異なる方略をどのように分類するかを決定するための絶対的あるいは正しい唯一の方法はおそらくないということである。CBT について記述したこれまでの著者たちは，ある人々は比較的定められた領域数を使用し（Beck, 1995），他の人々はごまんとある非常に具体的な方略を特徴づける「簡便な」アプローチを使用している（Leahy, 2003; McMullin, 2000）といった異なる説明を選んでいる。さらに考慮しなければいけないことは，認知的方略は，治療される障害ごとに別々に紹介されるということである。実際に第Ⅱ部では，私たちは，さまざまな障害に対する具体的なプロトコルを記述し，それぞれの障害に特有の技法を検討する。ここでは，ほぼ全てのプロトコルにおいて紹介される傾向にある比較的，より広範囲の認知的方略を重視しつつ，これらの認知的方略を説明するためにさまざまな異なる診断のついたグループで生じる可能性の高い会話例を提示する。

　私たちが記述する技法の領域は，より変化に富む特異的な派生，類似性，あるいはソクラテス式問答法のための基礎となるだけではなく区切りとなることも狙いとしている。ここで記述された領域に精通していることは，障害特異的なプロ

トコルの使用に先立って，前提条件となるべきである。さらに，CBT は多様な障害の混成グループにおいて施行されるかもしれないという事実がある。私たちが記述した領域は，ほぼ全ての診断カテゴリーにおいて有用であるかもしれない。

　私たちは，技法を4つの広いカテゴリーにグループ分けした。グループは，(1) 思考と，状況的引き金と，そして抑うつや不安を含むネガティブ感情の惹起との間にある結びつき，(2) 個人の思考に関するより客観的になるための証拠集めと認知の歪みの使用，(3) 実験の使用，(4) 根底にある信念と思い込みの探求の4つである。始めから終りまで，私たちはこれらの領域それぞれの基盤となる認知療法の3つの基本概念（協同的経験主義，ソクラテス式問答法，誘導による発見）にも焦点を当てる（A. Beck & Weishaar, 2000）。グループの様式は，非常に特異的な方法であり，認知的技法それぞれの基本となる原則を変化させる。私たちは次に，グループ・プロセス要因を考慮に入れながら，これらの用語の定義をする。

　協同的経験主義は，治療者と患者が科学的方法を思わせるやり方で，思考と経験を検討するための協力をしたときに達成される。これは，思考についての仮説を案出することと，論理的分析と事実に基づく証拠の収集を通して仮説を検証することを必要とする。重要なこととして，この相互関係は，変化のための技法が率直に少しずつ共有されるので，変化のプロセスをわかりやすく説明するのに役立つ（A. Beck & Weishaar, 2000）。もちろん，グループの中にこの定義の本質的な要素はそのまま残っている。しかしながら，治療者とグループメンバーの相互作用，そしてグループメンバー同士の相互作用を包含するほどに必ず関係性の拡大をしていなければならない。ある面で，グループメンバーはお互いの治療者となり，それは，直接的なアドバイスやフィードバックを提供することというよりはむしろ質問することである。協同的経験主義は，治療者と患者の間だけではなく患者間でも高められる必要があるため，治療者の役割はより複雑にもなる。これは，質問の必要性についての直接的モデリングとフィードバック，そしてより巧妙な社会化の形態が必要となる。同様に，要約を通したプロセスとそのプロセスの繰り返し，すなわち，グループがそのメンバー自身に自分自身の思考の検討を手助けするといった協同的経験主義を治療者が反映する必要がある。これは，グループメンバーがセッション中にメンバー自身によってアプローチを適用する場合に，実証的アプローチの一般化を確実にするために有用である。

　ソクラテス式問答法は，個人内の体験についてより論理的で客観的な結論を導く一連の相互に関連し合った質問であり，全ての認知的技法の共通するテーマで

ある（Beck & Young, 1985）。実際に，自由回答方式の開かれた質問は，恐らく
CBT の最も重大で際立っている特徴の１つである。この質問のプロセスにおけ
る４つの基本的な段階は，（1）問題を特異的に，正確に特徴づけること，（2）思
考，信念，解釈の関連を同定すること，（3）患者にとっての思考の意味を理解す
ること，そして（4）思考の結果とそれらの証拠としての根拠を査定すること，
が記述されている（Beck & Weishaar, 2000）。ソクラテス式問答法の質問は，患
者を治療者の視点（それはもちろん，不可避的に先入観が入っている）に同意さ
せるように誘導すべきではなく，また，だますべきでもないのは確かではあるが，
代替となる観点の検討を質問が刺激すること，および事前に熟考されていない情
報を発見することを意図している。

　個人療法では，臨床医が新しい情報と新しい観点を説明することに役立つであ
ろう質問をするといった課題がある。認知療法家は，質問を考案すること，見込
まれる回答を予測すること，そしてさらに個人にたった今した質問の後にするで
あろう質問を熟考すること，あるいは少なくとも見込まれる回答とそれらが何を
導きうるかを考慮することに，すぐに慣れる可能性がある。しかしながら，この
プロセスはグループにおいてはより一層複雑になる。協同治療者や他の患者を含
む多様な者が，検討対象となる例題をあげている者に質問をすることになる。し
たがって，治療者たちは，自身が用いる質問方略をきちんと維持しなければなら
ないだけでなく，議論を引き起こしうる他者の質問を「オンライン」で処理する
こともしなければならない。治療者はまた，グループメンバーがお互いに尋ねあ
う質問の有用性，あるいは治療的価値を評価しなければならない。これは，困難
であり，さらには不可能な課題のようにさえみえるが，実際のところは多くの一
連の質問は個人療法でさえ非生産的に終わりうる，ということを考慮しておくこ
とが重要である。多様な一連の質問は，有用な情報を発見するために頻繁に用い
られなければならない。そして，例題の持ち時間がはるかに超過しない限りにお
いては，多様な型の質問を使う，あるいは，新しい質問のアプローチを使ってや
り直すことに害はない。それにもかかわらず，治療者の取り組みの重要な構成要
素は，グループメンバーに有用で治療的な質問をお互いにするように教えること
であり，加えて，メンバー自身に有用な質問をする準備をさせることである。こ
れは，容易に徐々に進行してゆくプロセスである。初期のセッションでは，治療
者が多くの質問を尋ねる傾向にある。一方で，グループメンバーは，質問方略を
観察し学習する。少しずつ増えてゆく質問方略は，時に治療者からの「軌道修正」

が入りつつ，グループにゆだねられる。グループメンバーは治療者が検討していなかったかもしれない高度で有用な質問を尋ねることが非常に多く，治療者にとってこれは啓蒙的であり，驚きうることでもある。これは，ソクラテス式問答法の価値と力，そしてグループの個人にもともと備わっている多様な観点の重要性を高めるばかりである。

　多くの認知的技法に共通して背景にある最後の要因は，**誘導による発見**である。ここで，治療者は，思考の意味するものと論理の問題の理解を容易にするために役立ち，また，患者が新しい情報と思考，行為，感情の異なる方法を学ぶ状況を作り出すために役立つ。グループ場面の中で，誘導による発見は，治療者に加え，多角的に起こりうる発見があるという付加的な様相を帯びている。治療者は，権力のかなりの部分を疑いようもなく保持しており，体験と例題を通してグループを誘導する一方で，プロセスにはグループが大きく影響を及ぼしている。たとえば，もし治療者がグループメンバーにさまざまな思考の試験をする実験を行うために役立ちたいと願ったとすると，治療者は，グループメンバーと一緒になってさらなる案を出すであろう。あるいは，修正するであろう基本的なアプローチを示唆するであろう。グループが誘導による発見を手助けする利点は，多くの場合にプロセスをより創造的にすることである。しかしながら，検討される特定の例題に役に立たない，あるいは無効であるグループの提案を傾聴しないという選択肢をリーダーとして治療者は心にとどめておかなくてはならない。グループメンバーはしばしば役立つ示唆をするが，これは全員に共通するものではなく，時折，グループからの示唆の提供が誘導による発見を妨げる可能性がある。そのような困難さは第6章で明確に検討するが，そこではプロセスと技法の要因両方の問題を解決するためのガイドを提案している。

　認知療法の3つの変容段階である，協同的経験主義，ソクラテス式問答法，誘導による発見は，私たちが次に記述する4つの技法のコンテンツ領域にはっきりと現われる。私たちは，それらの4つの認知療法の技法についての私たちの呈示がある程度恣意的であることを認識しており，そしてそれらの技法がここで記述されているように常に正確に呈示されることを意図しているわけではないことを治療者に警告する。それよりむしろ，私たちは治療者に，協同的経験主義，ソクラテス式問答法，誘導による発見を一連の哲学的経験主義や価値としてとらえるように要求するであろう。これらの介入の原理を心に留めることで，治療者は，特定の場合における特定のグループに適用しうる無数の特異的な技法の構成が可

能となる。

認知的技法Ⅰ：思考を状況と感情に結びつける

　この「自分との会話」と出来事におけるそれらの情動反応の結びつきに関して，自動思考を引き出すことと患者を教育することは，多くの場合にグループが検討する最初の領域である。ある場合は，グループメンバーは，自分自身の気分や他の症状を変化させた出来事を記録するための機会と，そして心の中で思ったことや自分に言ったことで思い出したことを記録することを初めて試みるための機会を持つであろう。もしくは，グループメンバーは，変化を望んでいる強いネガティブ感情，不安，あるいは他の症状が生じた最近の状況を思い出すように要求されるかもしれない。

　いずれにしても，グループメンバーは情動状態における「変化」の案に敏感であり，グループメンバーは，その時に何が起こったのか，何を感じ，そして考えたのかを記録する機会を持つことが奨励されるであろう。これは簡単なことのように思われるかもしれず，多くの場合はその通りになる。しかしながら，グループメンバーの中には，気分の変化を同定すること，あるいは思考をはっきりと言葉にすることにかなりの困難さを有する者もいる。最初に個人の心の中で起こったことについての質問をすることによって，あるいは患者の経験と似ている一般的な例を提供することによって，思考を引き出すといった他の方法がある。もう1つの選択肢として，その状況についてもう一度起きたかのように想像してもらう方法もある。このようにして，そのプロセスに最初に多少の困難さを伴うグループメンバーが自身の思考を思い出すことを可能にする。

　思考を記録するこのプロセスは，多くの場合，非機能的思考記録表（Daily Record of Dysfunctional Thoughts: DRDT）と共通することが行われている。この記録表は，多くの異なる個別の型が存在し，たいてい関心のある具体的な障害に合わせて作り変えられる。しかしながら，ほとんど全ての型は，遭遇する状況，情動あるいは症状，そして記録された思考を表すコラムから構成されているであろう。以下の例題において，グループメンバーは，自分の思考を記録するという考え方に敏感になるために，3つのコラムのみの記録を完遂するように求められている。これはある程度練習が必要になる場合がある。すなわち，グループメンバーの中には，自身の内的なもの，それはしばしば，いくぶんか普通でない，そ

して急速に不快にさせるようなネガティブな対話でさえも，記録するという考え方がわかるようになるであろう者もいる。この記録に困難を抱かないグループメンバーでさえ，私たちが「ホット」な思考と称している，最も情動的なものを含むそれらの思考を即座に記録することはあまりない（Greenberger & Padesky, 1995）。グループは，質問したり，会話したりしながら，お互いに思考を記録するための能力を洗練し，思考が「ホット」であること，そしてそれが自分たちの体験に最も重要であることにますます気づいていく。

　以下の例題は，明らかに特異的な環境を含んでいるものの，ほとんどのあらゆるグループ場面に生じるであろう可能性が高い例題であり，特にうつと不安においてその特徴は顕著である。例題は，また，私たちがここで記述している他の技法の検証に役立ち，そしてそれがゆえに，残りの章の中で繰り返し提示される。場面は，グループメンバーが動揺した出来事を初めて記録した時のホームワークの振り返りである。また重要なこととして，ネガティブ思考に関する最初の討議はグループメンバーそれぞれにとって考慮すべき敏感な領域である可能性に治療者が気づく必要があるということである。患者は，自身の思考についての情報を共有するであろうが，それは高い確率で誰にも伝えたことがなく，ましてやごく最近知り始めたばかりの人々がいるグループでは伝えたことがないものである。治療者は，この技法が下記の目的を持つことを説明しており，対話にはそれらがそれぞれ反映されている。

1. 感情に重要な結果をもたらす一連の思考と出来事とを関連づけるように患者に促す。
2. 自分自身の経験する「ホット」な思考をより記録することができるようになるために，全てのメンバーがグループの思考記録を「シェイピング」するための基礎作りをする。
3. 思考が出来事と情動とを関連づけていることを詳細に患者に記述させるために，自分自身（あるいは他人）に尋ねるような質問のモデルとなる。
4. 情動反応を変容するための最初の段階として，個人の思考を理解することが重要であるということを強調する。
5. 自身の私的な思考と情動を共有し，明らかにするための支持的環境として，そして心地良いものとしてグループメンバーがグループを経験できるように，ポジティブなグループ・プロセス，特に一体性，凝集性，そして情動処理を維持する。

治療者：ホワイトボードに書いたロンの例の最初の部分に触れる機会ですので，
　　　　もう少しその部分について詳しく聞いてみましょう。では，みなさん全員で
　　　　このことについて考えてみましょう。その状況はこうでした。あなたの友人
　　　　が，自宅のガレージの扉の修復を手伝ってくれるかという電話をあなたにか
　　　　けてきました。あなたは，彼の家に行きましたが，それは非常に大変な修復
　　　　でした。あなた方はしばらくのあいだそれに取り組みました。その後あなた
　　　　の友人は途中で仕事に出かけてしまいましたが，あなたはそこに残り，何と
　　　　か修復しようと夜中の 12 時を少しまわった頃まで試みました。あなたがそ
　　　　のときに経験した感情は，悲しみと不安であり，それ以降，あなたはずっと
　　　　緊張を感じています。ここまでは確かにその通りですか？
ロン：はい，だいたいその通りです。
治療者：わかりました。それでは，あなたが書いた思考は「これは面倒だ，さす
　　　　がに扉が古すぎる」，「自分はこのために正しいツールを使ったと思う」，そ
　　　　して「自分がこれを修復することができなかったことが信じられない」です
　　　　ね。それは，挫折感を引き起こすことが当然のようですね。他のみなさんは，
　　　　ロンの体験がわかる感じがしますか？
ポリー：私もそう思うと思います。ものごとを失敗して，私がそれを修復できな
　　　　かった時に，自分が挫折感を覚えると思います。
ケイティ：私もよ，ロン。友人が出かけた後でさえもその場にいるなんて，私で
　　　　あればあなたにありがとうって言うと思うわ。あなたが夜中の時間をそのよ
　　　　うに過ごすことが楽しいわけがないですよね。
治療者：わかりました。では，ここで私たちがやりたいことは，思考に焦点を当
　　　　てることだということを忘れないようにしましょう。なお，この後に，私た
　　　　ちはその思考に対してどのように対処するかということに焦点を当てること
　　　　になります。ロン，その他に記録していないかもしれない思考はありますか？
ロン：わかりません。私はケイティの意見を興味深く感じました。私の友人は，
　　　　私が留まりたいと思ったことを，むしろ変わっていると考えたようです。つ
　　　　まり，もう家に帰りなよと彼は私に言ったんです。しかし，私は最後までや
　　　　り遂げるべきだと感じたのです。
治療者：そのことは重要な点かもしれませんね。あなたはなぜ，それをやる「べ
　　　　き」だと思ったのでしょうか？　それをやり遂げるべきだということに関係

するような思考はなんでしょうか？

ロン：えーっと，誰かが助けを求めてきた時には，それは頼まれた人に委ねられており，頼りにされていることだと私は思います。もし，頼まれた人がそれをできなければ，助けを求めた人をがっかりさせてしまうでしょう。だから，私はこのように物を修理することで嬉しい気持ちにさえなります。私はそれをやり遂げるべきです。

治療者：あなたはその時に，今話されたようなことを考えていましたか？

ロン：確かに。そうでした。

治療者：それでは，書き込みましょう。「それは私に委ねられている」つまり，「私はそれをやり遂げることができているべきだ」，そして「もし私ができなかったら，彼をがっかりさせてしまうであろう」といったことが，あなたがその時に抱いているその他の思考のようですね。（思考をボードに書く）

ケイティ：でも，あなたは既にたくさんのことを友人にしています。とても公平とは思えません。

ポリー：彼はあなたのような友人を持って幸運ですよ。そのような方法で私を助けてくれる友人は，私にはそんなにいません。

（沈黙）

治療者：それでは，ロン，興味深いフィードバックがいくつかありましたね。でもここでは，あなたが抱いた思考に再び焦点を当てようと思います。思い出してください。私たち全員の最初のステップは，自分自身の思考を理解することです。後で，私たちは思考について詳細に検討します。

ロン：わかりました。

治療者：ここでは，この新たな思考をリストに加えて，見直してみて，最も自分自身の気分を害するものがどれであるかを教えてください。

（ためらい）

ロン：私が彼をがっかりさせているという考えだと思います。私はやり遂げるまで，そこを離れることができないように感じていました。そしてそれは本当に私に重くのしかかっていました。

治療者：それは確かに困難な思考ですね，それでは，私たちはそのような思考を「ホットな思考」と呼びましょう。（その思考に○をする）それは，最も強い感情をもたらし，しばしばたくさんの他の思考を思い起こさせる思考です。もし，自分がロンのような状況でロンの抱いた「誰かをがっかりさせていた」

とする思考を持ったとしたら，同じように悲しくなったり不幸を感じたりすると思いますか？

ポリー：もちろん，私もそれはとても辛く感じます。あなたも知っているように，誰かが私に関することでがっかりした時のようですね。

ケイティ：それはわかるけど，それでも，私はロンのしたことがとても役立っていたと思っていますよ。

治療者：このことはいずれもみんなにとって重要なポイントですね，皆さん。ここで肝心なことは，最も困惑させ，最も感情を多くもたらし，あるいは実際に私たちがどのように感じて，どのように活動するかを推し進める，私たち自身の思考について，さらに話し合いを始めることです。ホットな思考とは，誰の場合であってもとっても自分の強いネガティブ感情を引き出すであろう思考のことです。次は，他の人の例について考えていきましょう。

　この例題では，治療者は最初に情報の要約をしているが，その後の介入にとって最初に重要な観点となる推進力が，全ての関連する思考がまだ記録されていないであろうという治療者の信念である。治療者はグループに参加し，そこでは記録されていない思考が他にないかどうかをロンに直接尋ねている。実際に，おそらくは他のグループメンバーによって提案された手がかりに基づき，ロンは全く新しい，とにかく一見したところ重要そうなテーマを述べている。ここでは，自分の友人が考えたことに対しての自分自身の感覚，および自分の友人をがっかりさせてはいけないという強い義務感である。その後，グループのメンバーは，いくつかの支持的なフィードバックを提供し，それはある意味で，思考やその多様性の必要性に関して尋ねるものである。このような提言は，必ずしも例題の指摘に関連するとは限らないが，ロンのホットな思考を明らかにしている。一方では，それらが，集団凝集性，一体性，および自己注目の変容を含んでおり，プロセス要因に寄与するという利点を持つ。基本的には，ロン自身が，グループというものはこれらの思考の討議を受け入れてくれることがあることと支持的であることを学び（そしてモデリングを通して他のグループメンバーはそのようにする），そして，グループメンバーが，自分たちはお互いを助けるために役立つ重要な何かを持っていることを学ぶ。一旦，ロンがホットな思考が何であるかについて認めたならば，治療者は，ホットな思考が何であるかということに関するより一般的な心理教育的指摘をすることはもちろんのこと，グループがこの固有の体験と

それに付随する思考と関係しているかどうかについて考えるための確認をする。

　この後に続く例題は，各グループメンバーがホットな思考を捜し出すための取り組みの試みとして用いられるであろう。これはセッション全体で用いられる。そして，ホームワークは，メンバーたちが DRDT に記入し，最もやっかいで困惑する思考を自分自身に尋ねることによって，ホットな思考を自分自身で同定することを含むであろう。

認知的技法Ⅱ：証拠集めと思考の歪みの使用

　グループメンバーが自分自身のつらい「自動思考」を同定することができた時点で，グループはこれらのネガティブな結論を再検討することに焦点を当て始めることが可能となる。ソクラテス式問答法を用いることによって，グループメンバーは自分自身の思考に疑いを持つこと，そして情動的に苦痛に思う状況が含まれる事実に関するより広範囲で客観的な視点を持つことを学ぶ。このやりとりは，通常，多くの情報的な質問と，それから患者自身が自分自身の本来の結果（ホットな思考）とは異なる方法で，新しい情報の統合に役立つ統合的な質問から構成される。このプロセスにおける重要な質問は，個人が他の観点から自分自身の体験について考えること，最初に考えなかった要因を熟考すること，そして実際に起きた事実によって正当化されることのないあらゆる論理的な飛躍を指摘することを，たいていは含んでいる。証拠集めと歪みの検討は，もちろん「ポジティブ思考」を意味しているわけではなく，ましてや患者を罠にかけること，あるいは彼らの思考が誤りであることを証明するために使用される質問でもないことを強調することが大切である。それどころか，その質問は，患者自身がその状況を客観的に，そして防御的にならずに状況をみることを可能にするものである。

　ネガティブ思考が歪んでいるかどうかを決定する最も一般的な方法は，ネガティブ思考の支持，不支持に関する「証拠」を導き出すことである。第一に，ネガティブな結果を支持する解釈や示唆ではないあらゆる事実としての客観的事実をリスト化する必要がある。次に，グループメンバーはもともとの結論と一致しない事実に関する情報を同定するための質問をすることを学ぶ。治療者が尋ねる質問の種類は，状況に応じて変わる。広く定義された，自動思考に反する証拠を集める質問は，たいてい，（1）ネガティブ思考に関連する全ての状況的媒介変数，特に患者のコントロールや責任の外側にあるものをつきとめること，（2）他の人

を「通して」その状況を患者に知覚させることで状況に対する視点の転換を要求すること，そして（3）患者に不完全あるいは根拠のない情報に焦点を向けさせること，である。状況のより完璧な図式がはっきりした時点で，患者は，質問のプロセスを基に全ての証拠を考慮に入れた「バランスのとれた」思考を形成するように求められる。このプロセスは，全ての情報を考慮していたとは限らなかった際に患者に生じていた，その種の認知的なエラー，すなわち歪みを説明するためにたいてい役立つ。通常，グループでは，メンバーの1人から例を取り上げ，治療者とグループメンバーの両方が，例を提供した人に質問をすることが奨励される。加えて，治療者は，グループメンバーがそのような質問を各自，自身の思考のために考えるように，提供されている例題の文脈に限らず役立ちうる質問方略を要約し，明確にする。

　認知的処理，あるいは認知の歪み（Beck et al., 1979）における系統的エラーは，多くの場合にネガティブ思考の基本となる。認知の歪みの存在にはさまざまなリストがあり，種々の歪みがさまざまな種類の障害にみられる。最も一般的な，認知の歪みが以下に含まれている。

・恣意的推論：支持する根拠がないにもかかわらず，あるいは，矛盾する根拠に直面しさえしているにもかかわらず，特定の結論を導き出す。この例は，イライラしている労働者が，ある日，自身の仕事の全てを成し遂げることができたとは限らなかった時に「私はダメな従業員だ」と考えることである。
・選択的注目：他の情報を無視し，文脈から外れた細部に基づき状況を思い描くこと。例としては，10個のポジティブなフィードバックが伴う評価から1個のネガティブなフィードバックを取り出し，そして，悲しんだり，絶望的になる。
・過度の一般化：1つ，あるいは独立したわずかな稀である出来事から一般的なルールを取り出して，過度に広範囲に，関連しない状況にまで適用すること。クラスで規則に従わない子どもに対して困難感を抱いた後，「このクラスの子どもたち全てが無作法だ」と教師が結論づけた。
・拡大解釈と過小評価：実際よりもかなり重要である，あるいはかなり重要でないといったように物事を見ること。デート中の女性が，以前のボーイフレンドが自分から去って行ったことを何気なく話した後に，女性自身が「今，私は失敗してしまった。彼は私に何か悪いところがあると気がついた」と考

えた。

・個人化：原因となる繋がりを支持する根拠が無いにもかかわらず外的事象を自分自身に原因帰属すること。パーティーで、この集まりにそれほど面白い人はいないということを誰かが発言しているのを聞いた女性が、「彼は私について話しているのだわ」と考えた。

・二分思考あるいは白黒思考：2つの極端なことのいずれか1つに体験を分類すること。例えば、完璧な成功か、あるいは全くの失敗かである。家族の夕食を作っている女性が、彼女の料理の1つが完璧にできなかったと感じ、「夕食は台無しだわ」と考えた。

・思考察知（読心術）：このエラーは、ある人が、直接的な証拠が全くないにもかかわらず、自分は他の人が考えていることがわかると信じたときに起こる。女性が週末の計画について友人に電話したら出なかった。そして、その女性は「彼女は私のうつ状況にうんざりして、私のそばに居たくないのだわ」と考えた。

　証拠集めと併せて、グループメンバーにこれらの歪みを教えることは、大いに役立つ。なぜならば、これらの概念が理解された時点で、患者は自分自身の認知エラーへの素早い対応が可能になるからである。患者が「いつもの」認知エラーを同定した時点で、彼らはより効果的に考えを修正することが可能である。

　グループにおけるこれらの認知的方略の使用は、技法を紹介するいつものやり方の後に行われる。治療者は、簡潔でありながら、非常に注意深く、教訓的に概要を提供する。ここでは、個人の思考の周囲の根拠集めの必要性と見込まれる歪みの両方を説明する。次に、例がグループメンバーの中の1人から提供される。治療者は最初にその例題を通して、グループが技法を学ぶプロセスにおけるリーダーシップの役割を担う。次第に、さらなる例題にわたって、グループのリーダーは指導的な役割を減らし、将来の実現可能性を秘めてグループが質問し始めることを助け、必要に応じて質問の軌道修正を図る。最終的には、各グループメンバーが、他人に質問すること、およびグループによって検討された自分自身の具体的な例題を持つことの両方について多数の機会を持つであろう。

　この後に紹介する会話例では、友人のガレージの扉を修理することが出来なかったことに対する反応として、ロンの自動思考が「私次第であり、もし私がそれをできなければ、彼をがっかりさせてしまう」であったことについて、効率化

のため，前述した DRDT を続けている。この会話は，後のセッションにおいて
生じる会話であり，その思考の根拠を集めること，生じる見込みのあるあらゆる
認知の歪みを同定することを目的としている。治療者のここでの目標は，以下の
通りである。

1. ロンが熟考するのに役立つホットな思考に関する証拠を明るみに出す。
2. 再解釈や合理化を与えたり，提供したりする直接的なアドバイスではなく，
   グループがソクラテス式問答法を用いるための手本となり，方向づけをする。
3. そのような質問が自分たち自身の思考にどのように適用可能かということに
   ついての理解をグループメンバーに促す。
4. 認知の歪みが生じているかどうかを同定するためにロンとグループが一緒に
   取り組む。
5. 認知の歪みを同定することが全てのグループメンバーにとって有用であるこ
   とを説明する。
6. ポジティブなグループ・プロセス，特に，グループで学ぶことと自己焦点を
   転換することを含むものを育成し続ける。

　会話は，治療者が証拠集めのプロセスを説明し，それらについての教訓的な指
摘を説明するために「テキスト」の例を使用した歪みの概要を説明した直後から
始まる。

治療者：では，ロンが私たちに説明してくれた，彼の友人のガレージの扉を修理
　　することを数時間やってみて，それを成し遂げることができなかったという
　　状況で，「それは私次第であり，もし私がそれをできなければ，彼をがっか
　　りさせてしまう」という，この思考についてとりあげてみましょう。私たち
　　がちょうど話題にしていた証拠集めのアプローチをここで試してみましょう。
　　ここでの最初のステップは，ロン，あなたが友人をがっかりさせるというあ
　　なたの結論を支持するどのような証拠があるのか自分自身に尋ねることです。
　　証拠は，事実であって，解釈や意見ではないことを念頭に置いてください。
（沈黙）
ロン：ええと，彼は車の出し入れをするために，これを修理する必要があると言っ
　　ていました。そして，私がそれを修理できなかったので，彼は誰かに電話し

て，修理代を支払わなければならなかったのだろうと思います。

治療者：わかりました，それは私たちが書きとめることができるいくつかの情報ですね。もし他の人でこの状況について質問があるならば，その質問がロンの証拠集めに役立つかもしれないので，遠慮なく尋ねてみましょう。

ケイティ：ロン，あなたの友人は自分が落胆しているとあなたに思わせるようなことを何か言いましたか？

ロン：いえ，でも，彼は私が取り組み始める前に，そのことで途方に暮れていると話していました。そして私たちがその夜までに修復できなければそれを修理するために誰かを呼ぶであろうって…。そして彼はそれにはお金を払いたくないと言っていました。

ケイティ：私は，あなたの友人があなたを責めたり，あなたに責任を負わせたりする権利はないだろうと心底思っています。

治療者：少しの間，その点にこだわってみましょう。私は，まだ結論に達しようとしているわけではなく，さしあたって，私たちは証拠集めに役立つロンへの質問について考えるべきであるということだけは覚えていてほしいのです。ケイティ，私はあなたが言おうとしていることはわかりますが，ロンへの質問としてそのことを考えてみましょう。

ケイティ：わかりました。私の意見である質問としては，友人がロンをがっかりさせるようなことを直接ロンに何かを言ったようには思えないということです。合っていますか？（ロンを見ながら）

ロン：そうです，彼はそう言っていません。彼が最後に私に言ったことは，君は家に帰るべきで，そして修理については心配しなくていいということでした。私が朝にそれを引き受けて，そして私が挑戦し続けたことについて彼は感謝していました。

治療者：そう，それは「〜に対する反証」コラムに入るものだと考えられる事実ですね。みなさんどう思いますか，そしてロン，あなたはどう思いますか？

ロン：はい，確かに。彼は私にがっかりしたとは言っていませんでした。

ポリー：私は，それは疑いようのない証拠だと思うってことをとにかく言いたいです。私は，ロンの友人がドアを修理して欲しいと思うこと，私たちの誰しもがそのことにお金を払いたくないことは理解できるけれども，私は，自分を助けようとしてくれた後に，自分の友人を責めるということを想像することができません。

治療者：あなたが言っていることはわかります，ポリー。あなたはそれを聞いて
　　みることができるロンへの質問に変えることはできますか？

ポリー：うーん，私が尋ねようとしていることは，過去にその友人がこのような
　　何かのために君を責めたことがあったのですか？ということだと思います。
　　彼は良い友人であり，あなたに感謝していると思いますか？ そして，彼は
　　ふだん，物事で君に腹を立てますか？ はっきりとわかっているという確信
　　が私には持てません。

治療者：良いスタートですね。ポリー，この友人がロンを責めている，あるいは
　　がっかりさせている前歴があるかということを尋ねているのですか？

ポリー：そうですね。

ロン：とんでもない。私たちはいつでも行ったり来たり親切にしている…。遊び
　　に来て，そして，雨どいの修理か何かを手伝うことを次週彼に頼んでみよう
　　と思います。

治療者：私からの質問は，あなたの友人があなたを助けたとき，その仕事が大変，
　　もしくは上手くいかなかったという時はありましたか？ ということです。

（沈黙）

ロン：一度（笑顔で）。私が木を切り倒して，彼と私が切り株を引き抜こうとし
　　ました。それは失敗したのです。つまり，私たちはどのように対処するかを
　　何も考えていなかったのです。結局，バックホー（長いアームの先にバケッ
　　トを取り付けた切削機）を持った人が来て，それを切り取りました。それは
　　大変な仕事でした。

ケイティ：それじゃ，あなた方2人が自分たちでそれをできなかった時に，あな
　　たは彼に失望しましたか？

ロン：いいえ。その仕事は2人の男には大変すぎました。私たちがダイナマイト
　　でも持っていない限り！

治療者：それでは，この状況において私たちが発見したことは，ガレージの扉が
　　専門業者によって修理される必要がある，ということでよろしいでしょう
　　か？

ロン：そう，あるいはそれが古くなっていたので取り替えるとか。

治療者：つまり，私たちは，たとえドアが壊れたことによってあなたの友人が欲
　　求不満になっていたとしても，実際に彼ががっかりしていることを直接的に
　　あなたに指摘している事実はないということを証拠は示しています。私たち

がわかっていることは，彼があなたの手伝いに「ありがとう」といったこと，あなたたちがお互いに助け合う長い歴史を持ってきたことがわかっていること，そして，あなたたち2人が切り株を取り除くことができなかった時にあなたは彼にがっかりしなかったことです。そして，おそらくこの問題は専門業者の修理を必要としているということです。

ロン：そのことについてそのように聞くと，全てのことがずいぶんと違って見えてきますね。

治療者：それはすばらしい。ここで私たちがこのことからまちがいなく学んだことは，私たちが何でもわかっているはずと考えている状況を私たちは選ぶことができ，次に一歩離れて，違った観点でお互いに質問し合うことができる。私たちが進む上で，これらの質問を自分自身にもできることを覚えておくことが重要なことであり，そして，私たちが状況に対してとても強い感情を抱いている時には，いつでも私たちは自分自身に証拠に関するこのような類の質問をすべきです。

　この例題の証拠集めの一部において，治療者は最初の質問をして，ロンが自分の自動思考についてどのような証拠を持っているのかを引きだしている。対話が示唆しているように，グループメンバーはすぐに割り込む傾向があり，その証拠に重みをつける質問を尋ねるというよりはむしろ，一般的に見込まれる反証や替わりの解釈を指し示しさえする。そのような発言は，確かに支持的で，一体性と凝集性を高め，そして，治療者によって歓迎される必要があり，そのためにはグループ学習が最大限に磨かれている必要もある。とはいえ可能であれば，治療者は，一貫してソクラテス式問答法を創造することを目指し，そこでは，見解をロンに方向づけることのできる質問に変える。ロンの答えを導く質問を治療者が尋ねることと，さらにもっと役立つその他のグループメンバーの関連した「フォローアップ」の質問にも言及する。これは質問する方略の種をまく治療者の一例であり，そのテーマを取り上げることは他のグループメンバーにとってまれなことではない。最後に治療者は起こったことを要約し，グループメンバーが各自の思考に質問することへと向け直し，そして，このような方法で例題からのグループ学習を最大限にする。

　この技法を完遂するために，以下の会話はこの状況に対する思考の歪みの適用

に焦点を当てる。

治療者：今から私たちが以前に配った思考の歪みのリストをもう一度検討することができるかどうか確認してみましょう。そして，私たちが，今まさに，ロンの例のために集めた全ての証拠を見てみましょう。ロン，あなたはその証拠と歪みのリストを検討してみて，それらのどれがここに適用できると思いますか？

（沈黙）

ロン：うーん，どうでしょう。私が今それについてわかっていることは，私は正当ではない結論に飛びついていたということだと思います。

治療者：わかりました，他の方は，その状況に一致するリストの項目がどれか，そしてその状況がどのように一致するのかわかりますか？

ポリー：私は，「読心術」だと思います。なぜなら，ロンは，彼の友人がロンについて考えたことと，起こったことについて，憶測を立てたからです。合っていますか？

治療者：完全な答えはないかもしれませんが，私はあなたとロンが発言したことは，状況が似ているということだと思います。他の人はどう思いますか？

ケイティ：それは読心術だったと私は思います。

ロン：私もです。これがドアを修理することについてではなかったようであることをあなたはわかっている。つまり，それは「彼が」私について考えているということです。私がそれについて考えれば考えるほど，ますます読心術が一致するように思えます。

治療者：わかりました。それはとても重要な部分です。その歪みのリストが，あなたが思考に一種のエラーを起こしたかどうかを把握するために役立つかもしれないということと，あなた自身をより早く理解するために役立つことを思い出してください。

ケイティ：ねえ，私はそのことに関係があるように思います。私は，自分がいつも，特に夫と一緒の時に，読心術をしているように思います。

治療者：これらの歪みを討議することは，時として，自分がかなりよくそのようにしていることに気がつく役に立つでしょう。したがって，あなたがそれに気づいたということは良いことです，ケイティ。次回は，あなたに起こったことをより詳細に話しましょう。

この会話は初めて思考の歪みリストを使用しようとするグループに典型的なものである。ロンは，若干の不確実性を持ち，そして他のグループメンバーは「正確な」回答を説明するのに役立つ案を出す。グループ学習はグループメンバーが総意に向かっている時にはっきりと表れる。同様に注目すべきことは，ほとんど促しがなくても，この討議が，潜在的に有用である例への貢献を他のグループメンバーに生じさせる。

認知的技法Ⅲ：実験

認知の歪みと有用な証拠を同定することとは別に，DRDT は，情報の欠如を指摘する可能性もあり，また，状況が意味することについて答えの無い質問を持つ患者をそのままにする可能性もある。そのような場合には，患者は，実験，基本的に自分自身がネガティブ思考の正確さについて結論に達するために必要となる情報を集めるための計画を行うことが奨励される。認知療法における実験は，協同的経験主義を具体化しており，開かれた態度で質問することを具体化する。多くの実験は，その状況に戻るため，そしてより多くの情報を集めるためのいくつかの形式を伴うが，あらゆる実験の本質は，仮説を試験するための思考と方法に関する仮説を形成することである。例えば，「読心術」を持つグループメンバーがいるグループの会話において状況が説明された時は，グループメンバーがその状況に巻き込まれたことのある他のメンバーに自分の結論を確認するように促されることもある。

説得力のある実験への鍵は，信用でき，そして重要である2つの仮説を作ることであり，そしてそれらのどちらが真か偽であるかが事実によって証明できることである。個人の治療では，しばしば患者の仮説が自分自身の自動思考に関連している。つまり，状況についてのネガティブな結論である。治療者は，多くの場合，少なくとも最初に，その状況についてのよりバランスのとれた公平な観点を示す代替仮説を提案する。それから，治療者と患者は，それぞれの自分たちの発案を「試験」するための簡易な方法論を開発するために共に取り組む。あらゆる探索が実行される前に，表面に出てきやすい情報は何か，その情報は各個人の仮説にとってどのような意味になるであろうかについての討議が行われるべきである。治療者と患者の両方とも自分たちの仮説に愛着を持ちやすいが，両者は自分

たちの観点に影響する明らかな証拠を認めることにコミットする。

　グループ場面において，実験の仮説と方法は，グループ全体のより複雑な方法によって影響を受ける可能性がある。しかしながら，グループメンバーは案を検証するための，今までにない有用な示唆といった点でも貢献できる。会話例において，治療者は以下の目的に焦点を当てている。

1. 患者の仮説とバランスのとれた代替の仮説の明確化
2. それらの案を検証するために，患者だけでなく，他のグループメンバーにとっても説得力がある方法の開発
3. どのように自分自身で実験を使用しうるかをグループメンバーに気づかせることによる学習の最大化
4. 凝集性と自己焦点の転換を含む，グループ要因への焦点づけ

　この会話に先立って，治療者（たち）は，教訓的に，そして事前に計画されたシンプルな例とともに，実験の概念を提示している。会話では，わかりやすさのためにロンが友人に会った状況に焦点を当てる。

治療者：それでは，ロン，あなたが友人と一緒にいる状況に戻り，そして彼のガレージのドアを修理するとしたら，あなたが結論づけたことへの確信は持てないように思えます。あなたの最初の自動思考は，友人があなたにがっかりしたということでした。そして，私たちはそのことについての直接的な証拠をほとんど見つけることができませんでした。それと同時に知りたいことは，それは，あなたをどのような気持ちにしたのかということです。私たちがここで話し合ったような実験を作るための例題としてそれを用いることが可能なのかについて私は考えているのです。

ロン：わかりました。

治療者：それでは，私たちがそれに対して何に取り組むことができるのかを理解し，願わくば私たち全員が一緒に知恵をしぼることができれば，私たちはそれを思いつくことができるでしょう。私たちが述べたように，仮説から取り組みます。あなたのホットな思考から出たあなたの仮説は，「彼は私にがっかりしている」ということだと思います。次の段階は，代替仮説です。何か案はありますか？

ポリー：私は，たぶん彼はあなたにとても感謝していたと思うわ。

ケイティ：私も，たとえ彼がそのドアに不満を持っていたとしても。

治療者：わかりました。その証拠に関係しているように思います。ロン，あなたは「彼はがっかりしていない，彼は感謝している」という代替仮説でいいですか？

ロン：うーん，私はそれを信じることができないけど，それは，他の人が考えていることなのですね。

治療者：そうですか。私たちがこれらの２つの仮説を区別する方法，つまり，言い換えると私たちは２つの相反する案のどちらが本当なのかを検証する方法を考える必要があります。なにか案はありますか？

ケイティ：私は，あなたは彼に直接尋ねることが可能だと思う。彼に電話して，あなたが先日の夜に手伝ったことをどのように思っているのかを尋ねてみてはどうでしょうか？

ロン：もし私がしたことについて彼が感じていたことを何も言わなかったらどうなるのでしょう？

治療者：ふーむ。私は，彼に尋ねることは良いスタートだと思いますが，あなたが知る必要のあることが話題に出てこないようにも思えます。

ポリー：友人があなたにがっかりしているかどうかについて，直接尋ねる必要がない理由はありますか？

治療者：それは核心にせまっていますね。

ロン：彼に尋ねることは可能です。そして，それがおそらく明らかにする唯一の方法なのでしょう。

治療者：わかりました，それではあなたの仮説に従ったならば，彼があなたにがっかりしたと答えるでしょう。代替仮説であれば，彼はあなたに感謝していると答えるであろうと予測します。

ロン：私は，それが真実だとは思います。ただ，たとえ彼が「ありがとう」と，そしてそれが全てであると言ったとした場合にも，彼がそれについて本当はどのように感じていたのかを私に話したくないとしたならば，どのようにすれば私は彼が失望していなかったことを確実に知ることができるのでしょうか？

治療者：それはとても重要なことですね。ロン，そして私たちみんなにとっても有用な点です。あなたの友人に尋ねることは，このことを明らかにするため

の良い方法のように思えるけれども，それはあなたが情報を得るための最も
良い方法であると思える場合にのみ有用なのです。私たちの誰もが実験をし
た場合には，いかなる場合であっても必要となる情報の全ての種類を実際に
入手する方法が必要です。では，この場合，他にどのようにして私たちは彼
が失望しているかどうかを決めることができるでしょうか？

ポリー：もし彼があなたに失望しているのであれば，おそらく彼はあなたのこと
を手伝わなくなるのではないでしょうか。

ケイティ：古いことわざにもあります。行いは言葉より雄弁なり。時折，私は思
います。人々は良いことについては言えるけど，実際にそれについて何か行
おうとする時にはもっといろいろな意味があるということを。

治療者：つまり，もう1つの方法は，彼に何か手伝ってくれるように頼み，彼が
あなたに失望してないと言い，そして彼があなたに進んで手伝うかどうかを
確認することですね。

ロン：それは良いですね。

ポリー：私は，それを適用することでは確信が持てません。もしこれが私なら，
最も大切なことはどのようなことがあったとしても関係性が変わらないこと
だと思います。

ロン：それは私にも当てはまります。私はそのことについて彼に話しかけて，そ
して，次回彼が喜んで私を助けてくれるかどうかを確かめることが重要だと
思います。

治療者：わかりました，そうすると，次は実験になりますね。ステップ1は，ガ
レージの扉に取り組んだ後，彼があなたに困惑し，失望したかどうかを彼に
尋ねること。ステップ2は，彼に何かを手伝ってもらうようにお願いするこ
とです。それら2つの質問に対する彼の反応が，重要なことを私たちに教え
てくれ，あなたの最初の思考が正確であったかどうかを教えてくれるでしょ
う。あらゆる実験は前もって予測を立てる必要があり，だからこそ，私たち
が得たある種の答えやその他の答えが何を意味しているかをみんなが理解す
ることができます。あなたが読心術をしているかどうか不思議に思った時に，
他のみなさんはこの実験は意味があると思いますか？

ポリー：もちろんです。他の人が考えていることを本当に確認できる方法があり，
そして，その方法は尋ねることなのですね。

ケイティ：そして，行動と言葉が合致するかどうかを確かめること。発言よりも

そのことについて私はとにかく知りたいわ。

　この見本の会話では，単純な実験を説明し，引き続き「読心術」観察の確認について他の誰かとともに追求している。これは実験を計画するときの最初の試みとなり，治療者は，仮説の生成と，その実験をより決定づけるための修正可能性についての示唆を先導する。ロンは，友人に直接尋ねるという最初のアプローチが，役立つものの決定的なものではないことを見いだした。このことは，実験の2つ目の種類を加えるさらなるグループの熟考を引き起こす。ここでは，彼ら自身の直感や体験に基づく付加的な示唆を与えるグループメンバーとともに，協同的経験主義がまさに重要性を持ち始める。最後に，この種の認知の歪みの種類と実験方法は多くのグループメンバーに有用である可能性が高いので，治療者は他のグループメンバーをまとめに加える。

認知的技法Ⅳ：根底にある信念と思い込みを明らかにする

　多くの患者において，問題のある状況と思考は繰り返し起こり，そしていくつかの「認知的テーマ」は，多くの思考記録の過程を通して現れる。そのようなテーマは自分自身，他人，そして世界についての患者自身のより深い確固たる信念の指標である。これらの信念は，早期の出来事や学習したことに根ざしていると考えられており，中核信念，またはスキーマと，さまざまに呼ばれる（Beck, 1995; Clark et al., 1999）。早期の学習と，それが患者の信念や現在の問題をどのように引き起こしているのかを理解するプロセスは，DRDT と比較すると，より流動的で制限のないプロセスである。しかしながら，患者に対して自分自身の根底にある信念を理解させる手助けは，厄介な自動思考の多くを生じさせる要因の変化に役立ち，そして自滅的なコーピング方略に替わるものを提供する。

条件つきの思い込み

　信念を同定するために最も一般的な方略の1つは，下向き矢印法である（Greenberger & Padesky, 1995）。このアプローチは自動思考と共に始まるが，証拠集めとともに思考を論駁するというよりはむしろ，患者は，感情の水準を深めること，そして，「この思考が本当だとしたら，それは何を意味するのですか？」というような，質問とともに思考を探索することが奨励される。これは多くの場

合に，根底にある条件つきの思い込みの出現，そして「もし〜であれば…である」という陳述の型を取る認知の水準を導き出す。これらの「ルール」はしばしば，状況と非機能的である情動的結果を特定する。たとえば，自分自身の思考記録が何度も何度も他人をがっかりさせるという懸念を表す患者は，「もし私が自分の周りの全ての人を喜ばすことができなければ，それは恐ろしいことだ」という信念を持つかもしれない。

　概して，これらのルールは，患者がめったにそれらを内省することができないような意識水準に存在する。これらの場合において，患者の困難さが再発するようにみえる「情動的ルール」の種類に気づく治療者は多い。多くの状況が，情動的な反応，および類似したいくつかの特徴と原因を共有するかもしれない。多くの場合に，これは類似したルールがそれらの状況を超えて作動していることを意味する。治療者はこのルールを最初に言語化し，次に，条件つきの思い込みの特異的な言い回しを修正するための協同的な努力を形成する可能性がある。またある時には，患者自身が自身の条件づけられた信念に気づくかもしれない。そして状況に対する自身の情動的，行動的反応を支配すると思われる「ルール」を述べることができる。

　もう1つの有用な概念的問題は，「ポジティブな推論」と「ネガティブな推論」の区別である。ポジティブな推論は，「もし〜であれば…であろう」という陳述であり，陳述における結果の「であろう」が患者の視点からするとポジティブにバランスづけられている。言い換えると，ポジティブな推論は，患者が，もし自分たちがある条件を満たした場合に，ポジティブな結果が得られる場合である。これらの信念の困難さは，その条件がしばしば厳格に定義され，そして維持することが困難であるということである。たとえば，患者は「もし私が自分の仕事においていつも全てを正確にこなしていれば，私はきっと大丈夫だ」という信念を持っているかもしれない。同様に，ネガティブな推論も「もし〜であれば…であろう」という陳述を持つが，この場合は，結果が患者の観点からするとネガティブにバランスづけられている。場合によっては，ネガティブな推論がポジティブな推論の「裏返し」であるようにみえる。以前の例の中でのネガティブな推論のバージョンは「私が自分の仕事でミスをしたら，私はできそこないだ」にあたるかもしれない。ここでの前例（ミス）はネガティブな結果（挫折感）を引き起こす。

　グループ場面において，初めに，条件つきの思い込み，あるいは情動的なルー

ルの概念を教訓的に提示し，そして上記に提示したそれらと類似する例を提供することは有用である。たいてい，信念の検証は，グループメンバーが高い凝集性にあり，そして同様にお互いの困難さについてかなりの知識を持っていることによって，グループセッションを複数回重ねた後に生じるであろう。このように，グループメンバーは，状況に対する情動的反応のお互いの典型的な方法をある程度理解しているため，グループ・プロセスは，信念を明らかにする上でとても重要な役割を果たす。以下の見本の会話において，治療者はロンの例題を基にして，条件つきの思い込みを明らかにするために下向き矢印法を利用している。この対話における治療者の目標は以下の通りである。

1. 特定の自動思考の根底にある情動的ルールを探索する
2. この「もし〜であれば…」という本質と，そのような推論の大多数を説明する
3. 思い込みのネガティブな情動の結果と，それを修正する必要性について討議する
4. 情動的な処理，集団の学習，特に条件づけられた思い込みが対人関係に関する場合であった場合の不適応的な関係のパターンを変容することに焦点を当てる

治療者：そのようなわけで，ロン，私たちがあなたの例に下向き矢印法を試すとしたら，「それは私次第だ。もし私がそれをできなければ私は彼をがっかりさせるだろう」という自動思考から取り組み始めます。私たちはこの思考についての証拠を集められたことがわかりましたが，ここでは，私たちはそれが真実であるとした上で，もう1つの質問をしようと思います。つまり，その思考は何を意味するのでしょうか？ それが真実であるならばどういうことでしょうか？

ロン：私の肩に全てがかかっているようです。私の責任です。

治療者：あなたは，それを修理すること，そして彼をがっかりさせないようにすることに対して責任を感じている。

ロン：そうですね，私はちょうどそんな感じです。人々が私に助けを求める時はいつも，私はノーと言えないように思います。

治療者：わかりました，私たちは目標に向かって着実に進んでいます。忘れない

でください。私たちはあなたが自分自身に持っているルールのようなものを
探しているのです。

ケイティ：ロン，そもそもあなたのせいではないとしても，あなたが全ての責任
を負っているように私には聞こえます。

ロン：わかっています。昔からそうなのです。私は，人々が私に助けを求めた時
に，私は彼らを助けなければならない，または，ひどい気持ち，罪悪感を覚
えるのだと思います。

治療者：最初にこれらのルールに取り掛かることは簡単なことではありません。
つまり，それが，私たちが取り組むプロセスなのです。しかし今回の場合，
そのルールはおよそ「私はいつも他の人を助けなければならない，そしても
しできなければ，私は悪い人間だ」というようなものであるように思います。

ロン：それはまさに私が感じていることです。既に言ったように，この種のルー
ルのようなものが長い間ずっと私と一緒にあったと思います。

治療者：そうですね，今話し合ったことと合わせて，もう少しそのことについて
明らかにしましょう。もし，それがあなたの持つルールであるならば，それ
に伴う問題は何ですか？ 他の人はどう考えるでしょうか？

ポリー：ロンが私たちに早々に示してくれた例題のようですね。それはとても極
端です。

ケイティ：それはやり過ぎのように感じます。あなたが出来る時に人々を助ける
ことは素晴らしいけれど，なんらかの理由でできない時は？ あなたが挑戦
し続ける限り，それは重要なことです。

ロン：えーと，私はこれが多くの罪悪感になることをわかっています。

ポリー：私は人々があなたの寛大さを利用することにもなると思うわ。

ロン：たぶんそうですね。

治療者：わかりました，それでは少しまとめてみましょう。私たちは，もしロン
が常に全ての人を助けないのであれば，ロンが悪い人間であるというネガ
ティブな思い込みを同定したように思います。ロンにとっての意味は，あな
たが誰かを助けない，あるいは助けられない場合はいつであっても，罪悪感
を覚え，自分自身を責めるということです。時折，私たちがこのようなルー
ルの種類を最初にみたとき，それらが問題なのかもしれないということを常
に認識しているとは限らないのです。他の人々，ケイティとポリーは，この
ルールが厳格すぎるように思え，そして変える必要があるかもしれないと

言っています。あなたはどう思いますか，ロン？

ロン：私はそのことについてもっと話がしたいです。私は実際に，今でさえその案について確認している段階だと思います。

　この会話において，もしグループにとって信念を討議するための最初の試みであるならば，治療者はロンの回答を下向き矢印の質問に「かたち」作る助けとなる。グループメンバーはロンにとって，修正のための重要な情報資源を提示するので，グループメンバーは，患者の推論を変容するための潜在的に有用であるいくつかの支持的な陳述を提供する。同様に，ロンが両価性を有していた場合でさえも，仲間であるグループメンバーは，多くの場合に，ロンの条件つきの思い込みが頑固であることを知覚する。

　補償，あるいはコーピング方略は，条件つきの思い込みやルールに関係している。これらのコーピング方略の最終目標は，条件つきの思い込みと直接関係する。これらの方略は，個人が，(1) ポジティブな推論は真実となり，そして (2) ネガティブな推論は偽りとなる，ということを確認するために，個人が選択する行動として論理的に定義できうる。したがって，実際に，これは，患者が感情を制御しようとする試みの中で，患者自身の推論を満足させるであろうあらゆる行動に従事するように動機づけることを意味する。たとえば，常に他の人を助ける必要があるというロンの信念とともに，彼は自分に過度の負荷をかけ，求める人が誰であれ，助けを提供するためにかなり長期にわたって犠牲を払っているかもしれない。多くの場合，鍵となる検討事項は，どのような行動が条件つきの思い込みと関係しているかを決定することであり，そしてそれらの行動が何をすることを目標としているのかを明確に記述することである。

　以下の会話例ではロンの補償方略を明らかにして，それらが適応的かどうかを探索するための討議を行っている。

治療者：それでは，他者を助ける必要性についてのこの信念は，明らかにいくつかの情動的な結果を有しており，多くの信念のように，いくつかの行動を引き起こしもしています。これらの種類の信念は多くの場合に人々を特定の行動へと動機づけます。ロン，あなたの場合，おそらく，私たちは「助ける」状況についてあなたに教えてもらうことで取り組み始めることが可能になります。

ロン：えーと，それは，家族であろうと友人であろうと，私がそういったことに多くの時間を使っているということです。子どもたちが宿題を手伝ってとお願いしてきた時でさえ，どのくらいなら十分なのだろうと。私は，宿題についての説明をして，またやってしまっていることに気づくことさえあります。ときどき，そのことで疲れてしまいます。

治療者：おそらく，私たちはこれをさしあたり「過剰な援助」と呼ぶことができます。その結果どうなるでしょうか？

ポリー：ロン，あなたが自分の子どもをそんなふうに手伝うことにかなり気を使っていること自体は素晴らしいことだと思うし，これが親の役目についての話し合いではないとわかっているけれど，私は気づいたことがあります。本当は，子ども自身が宿題を通して自分で学ばなければいけないということです。もし私が彼らのために何かするならば，私は彼らの世話を全くしないでしょう。私が言っていることはわかりますか？

ロン：わかっています。私の妻は同じことを言います。（一瞬沈黙し，涙を拭う）私はそのことで本当に疲れ果てています。そして心の一部では，私は子どものためにその数学はやるべきではないとわかっているのです。

ケイティ：ロン，全ての人を助けようとするあなたはとても良い人間だと私は思うわ。だけど，そうすることがあなたにとってどういうことなのかを考えてみて。

ロン：意気消沈です。私は流れに逆らって泳いでいるみたいです。

治療者：残念なことですが，それは，条件つきの思い込みやコーピング方略の組み合わせによって生じる結果です。条件つきの思い込みは，しばしば応じることが難しく，そして，それに従うことは，多くの場合に，良い結果というよりもより悪い結果を伴う，相当ひどい結果になります。

ポリー：人々を助けることは悪いことだということですか？ それは価値がないということですか？

治療者：良い質問です。そのようにみえるかもしれません。ロンが取り組める時に人々を助けることは称賛に値しますが，どのようなコストがあるでしょうか？

ポリー：人々を助けることは，あまりに良いこと過ぎるということですか？

ケイティ：もしあなたが抑うつ的だったり疲弊していれば，人々を助けることはできません。

治療者：それは一般的なアプローチですね。どんな行動もそれが厳粛過ぎたり，度を越してそれをすると，問題になりかねないのです。大抵，それらの行動は，私たちが損得勘定のリストとともに探索可能な良い結果と比べて悪い結果になります。そして，それは，別の行動を試みることを私たちに決心させる助けとなります。

　再び，例題は多くのポジティブなグループ要因を説明し，グループメンバーが，修正的であり，支持的である情報を提供する。特に，子育てに関するフィードバックを提供すること，自身の情報を提供すること，そして，同時に仲間であるグループメンバーに支持的に質問することはあるグループメンバーにとって十分な凝集性と居心地の良さがある。条件つきの思い込みとコーピング方略への取り組みに対する次の段階は，代替的な信念とコーピング方略への減少した信頼である。ソクラテス式問答法の中で，よりバランスの取れた，それほど固定されていない信念が頻繁に出現すればするほど，初めのうちはより一層治療者に方向づけが要求されるかもしれない。次の見本の会話は以下に焦点づけられている。

1. より機能的な代替の条件つきの思い込みを同定すること
2. 行動のために新しい条件つきの思い込みの結果を検討すること
3. グループの学習と情動処理を促すこと

治療者：それでは，ロン，私たちはあなたの信念が数多くの問題を引き起こしていることがわかってきました。そして，あなたはそれをあまりに頑なに考えているかもしれません。それでもなんとかなるという代替信念は何だと思いますか？
ロン：私は，人を助けることは重要なことであるとまだ感じていて，私は挑戦することが可能だと思っているけど，全てのことについて結局どうしたら良いのか決めることができません。
治療者：それは素晴らしいスタートです。代替信念は恐らく貴方の今の信念に相反するものではないことを覚えておいてください。なぜなら，相反するものである場合は反対方向で柔軟性に欠けるかもしれないのです。したがって，それはより真ん中にあるものなのです。
ポリー：それじゃあ，ある意味で，人を助けることといった，信念の一部分は同

じままなのですね。

治療者：それは可能です。鍵は，それが柔軟であることと，問題となる結果を生まないことなのです。

ロン：それじゃあ私は自分ができるときは人々を助けるべきだし，自分が負担に感じる時はやらないということですね。

ケイティ：それは，ある意味で，私たちは全てをやるべきだと思い込んでいるということですね。

治療者：多くのバランスのとれた信念はとても合理的です。おそらく私たちが「私が人々をできるだけ多く助けることは合理的です，しかし全ての責任はない」と書くこともありえます。それに関係する行動の種類は何でしょう？それはあらゆるネガティブな結果を導くでしょうか？

ロン：私は自分が出来るときは人々を助けようとまだ思っています，しかし，それがどうにかして解決しなかったとしても自分自身を責めることはありません。

治療者：なるほど。他にご意見は？

ポリー：ロン自身を疲弊させないように信念が役立つと思う？

ロン：もしそのボードに記されたことを信じるのであれば，それは確かだと思います。

治療者：それは素晴らしい。これらの新しい信念に慣れるには，ある程度時間がかかるということ，そして，初めのうちはとても新しくみえるであろうということを忘れないでください。コツはこれらの案を試してみること，そして，あなた自身がどのように感じたかを基準にしてそれらが良い働きをしているかどうかを測定することです。

　この会話は，条件づけられた信念と補償方略への焦点づけを伴う，変化しやすく，ほとんど構造化されないプロセスを説明している。それにもかかわらず，この例とこの信念の体験が全てのグループメンバーの間で共有された体験になることを可能にしている多くのグループ要因と同じように，協同的経験主義，ソクラテス式問答法，そして誘導による発見がはっきりとみてとれる。

中核信念

　たいていのグループが注目する最も深い認知の形式が中核信念である。これら

は，さきほど記述されていた条件つきの思い込みと対処方略の両方を引き起こすであろう，極端な，自己，他者，そして世界の一側面の視点を表している。中核信念は幼少期の体験の結果として形成された，原始的で極端な見方であると考えられている（Clark, Beck, et al., 1999）。これらの信念の内容は各個人によってさまざまであるが，中核信念は世界を理解する方法であり，それらが形作っている環境において「合理的」であろうとすることを強調することが重要である。中核信念を同定するための最も重要な前段階は，治療においてこれらの概念を説明することである。患者は，より深く，そして出来事に対する自分自身の解釈においてより根本で徐々に作用している派生物として，自分自身の自動思考を確認することが奨励される。患者にとって，それらのネガティブな中核信念が偶然やでたらめではなく，むしろ自分自身の体験の理解可能な結果であることを理解することが重要であるため，原理についての早期な学習が提供されるべきでもある。中核信念は，「私はできそこないだ」，「私は愛されない」，あるいは「私は危険が絶えない」といった明白な陳述の形式をしばしばとる。患者は，自身の中核信念に直面したとき，多くの場合にかなりの情動を体験する。すなわち，彼らは，大抵，涙ぐみ，悲しみ，非常に不安になりうる。これは，多くの場合に，かなり際立ったタイプの処理が選択されている兆候である。

　信念を変化させることは，ネガティブな自動思考を変えることに比べて，長い時間がかかり，そして，より多くの努力を必要とするが，自動思考を変化するために用いられる多くの技法（たとえば，歪みの検討，証拠集めなど）は，認知のより深い水準に働きかけるために適用可能である。これらの技法に加えて，他の３つのプロセスが，グループとグループ・プロセスによって促され，中核信念を変化させるために役立つ。第一に，患者は，これらの信念の開発に関するいくつかの語り（ナラティブ）を持つ必要がある。第二に，患者は，自分自身がネガティブであり，潜在的に傷つけるものであることを学んだことを認め，これらの体験をより客観的に，共感的に見る必要がある。第三に，この種の信念がグループ体験の助けとともに「再学習」されうるという希望を生み出すことが重要である。一度患者が中核信念を変容する必要があることを認めると，彼らは自分自身の自動思考に対する代替思考と代替となる条件つきの思い込みに取り組むことと同じように，代替の中核信念を作り出すことが奨励されうる。一度代替思考が同定されると，患者は古い中核信念とより適応的な代替となる中核信念の証拠集めを推奨され，これは，新しいフィルターを通して，患者にその後に生じる自分自身の

体験を確認させること，そして2つの信念のどちらが彼らの今の現実により適しているかを査定させることを促す。

　他の認知的技法と同様に，治療者は中核信念に取り組むための論理性の概観とポイントを説明するための例をまず提供する。次に，治療者は，時に，この討議を進めることが可能な高い水準の情動を含んでいる適切な例を選択する。会話例は，中核信念の討議において必要となる流動性の一部分を示している。すなわち，討議で明らかにすることは，心理教育，感情処理，歴史的な情報の振り返り，そして認知的変化方略の適用の側面である。会話を簡潔にするために，開始点は，ロンがホームワークを通して潜在的な中核信念「私は不適切だ」を同定した場面である。介入の目標は以下の通りである。

1. 中核信念とその歴史的な文脈を同定すること
2. 潜在的な代替信念を同定すること
3. 代替となる中核信念を強めるための方略を開発すること
4. グループの学習と情動処理を促すこと

治療者：ロン，あなたは，自分の中核信念が「私は不適切である」と自身が考えたことを書いていますね。

ロン：はい。それは私が考えることではなく，私が感じるものです。

治療者：わかりました。私たちはそれを例として進めていいですか？　私は，それがあなたやグループにとって非常に役立つと思います。

ロン：いいですよ。

治療者：先週の議論に戻りましょう。中核信念とは通常，幼少期に作られる，私たちが持つかなり極端な信念です。そしてこれらの信念が，自分自身のために持っている多くの他の「ルール」や，心に思い浮かぶ自動思考を実際に動かしているということを思い出してください。今回の場合，ロン，中核信念はどこから来ていると感じますか。

ロン：そうですね。ここで少し話をしたように，私の両親はかなり私に厳しかったのです。彼らは私に非常に期待していましたが，満足にできたことは一度もありませんでした。両親を喜ばせるための方法がなかったのです（話が止まり，苦々しい顔つきのようである）。

治療者：ロン，それは思い出すのが辛いことだと思いますが，私は重要なことだ

と思います。両親が本当に多くのこと，おそらく子どもが完璧であることを期待しているようなロンの状況では，子どもの身にどのようなことが起きたと思いますか？

ケイティ：私は，ただただ，ロンは良い人であると言いたいです。

ロン：ありがとう，それを信じることが私には難しいことなのです。

ケイティ：そうね，その通りだと思いますが，私が同じように言いたかったことは，私たちはみんな，どのように成長したか，何を聞いたかということ全ての生成物であると考えることです。

ポリー：同意するわ。ロン，あなたは，本当に，他人の手助けや世話をする人のようにみえます。

治療者：そうですね。そして，私がちょうど指摘したいこととして，私が聞いている2つのことがあります。1つ目は，本当に高い水準で成長することが，誰かに対してネガティブな信念を発達させることを導くかもしれないとみんなが言っているように思えることです。2つ目は，今日のような出来事，たとえば，ロンへの私たちの理解の仕方が，ロン自身に関するロンの信念と全く同じではないということです。みなさんはそれに賛成ですか？ そしてロン，あなたはそれに対してどのように反応しますか？

ロン：理解はできます。私は，そういった手伝いをするように強いるこの信念が，同時に自分の気分を害しているように感じました。

治療者：それを検討することは，みんなにとって本当に重要ですね。中核信念は，しばしば実際に，重要であることについて私たちに他の信念を持つように強く要求します。それらは，私たちが持つ「もし…ならば〜であろう」の条件つき信念のことです。

ロン：私はそれに取り組んで，それはとても良かったです。それらによって自分自身を判断していることは少ないようです。

治療者：素晴らしい。それらの条件つき信念のために，あなたが試すための代替信念をどのように私たちが発展させたか思い出してください。私たちは，中核信念のために同じ類のことをしなければなりません。ですから今日，あなたの一生の中であなたにとってより現実的で，より公平で，そしてより有用である，あなたが考える中核信念を考え出してください。それについて何かありますか？

ロン：私はホームワークをしている間にそのことについて考えていました。ただ，

答えを持っているかどうかは私にはわかりません。

ポリー：私が思うに，より公平な方法は，自分が適切であると述べることです。それが私には真実であると思います。

ケイティ：私もそう思います。

治療者：ロンさん，それはいい線をいっていそうですか？

ロン：はい，そのような感じになると私は思います。

治療者：わかりました。私たちは後にそれを再び検討することができますが，今のところ，代替となる中核信念が「自分が適切である」ということであろうとしておきましょう。始めのうちは，自分自身に言い聞かせるといった奇妙なことのように思えるかもしれません。私たちが代替となる中核信念についてより多く話す時に，あなた自身の多くにそれが当てはまるでしょう。新たな中核信念に変えることは，初めは奇妙に見えるかもしれませんが，それは時間のかかるプロセスです。しばらくするとその信念はより強くなるでしょう。

ケイティ：わかりました。私たちがこのことについて初めて話した時，私は，あなたもわかっている通り，子どもの頃からやってきたこと，あるいはただ長い間そうであったことのような，習慣を変えることがいかに難しいかについて考え続けていました。

治療者：その通りです。これにするということは，あなたの新しい信念を支持する証拠集めにゆっくり取り組むということですね。私たちが思考やその他の信念にしてきたことは，新しい信念を支持する何か良いことが起きた時に気づくために重要になります。このケースにおいて，私たちは，ロンにとって自分が適応的であるという案を支持する情報を集めるための場所となる，ポジティブな出来事の記録を検討すべきです。

ポリー：どのくらいかかりますか？

治療者：それは数週間か，おそらく1カ月はかかるでしょう。私たちが中核信念に出来るもう1つのことは，それらを連続させることです。「私は不適切である」とボードの端のこのあたりに書いてみて，そしてもう一方の端に「私は適切である」と書いて，それらの間に線を引きましょう。さあ，スペクトラムのこれら2つの終点のどちらかを信じることに関して，自分が今どこにいるのかのロン自身の感覚を表現するために，このライン上のどこかに「X」を記すことを想定して，「不適切」の端を0，そして「適切」の端を100と

します。ロン，あなたは，今日，そのライン上のどこに自分の身を置きますか？

ロン：不適切に近いあたりの 15 くらいだと思います。

治療者：わかりました。その案は，より多くの情報を集めることによって，この「X」を前方へ移動することですね。おそらく，ホームワークと私たちの討議を通して，少なくともあなたはそれが正しいとする疑問のいくつかを持つ地点に向けて，あなたは既に「不適切な」信念にコツコツと取り組んでいます。

ロン：確かに。それが私の取り組みたいものです。

　例題では，セラピストの方向づけを伴うグループ・プロセスを結合することの重要性を解説している。グループメンバーは有用な提案をし，そして，これは，中核信念を変容するための 2 つの異なる方略であるポジティブな出来事の記録と連続体アプローチをさらに包括するためのグループの相互作用を形成するために，治療者からの注意深く方向づけられた質問によってカウンターバランスがとられる（Greenberger & Padesky, 1995）。

結論

　グループで用いられる認知的技法は，精神病理学の認知モデルと，協同的経験主義，誘導による発見，ソクラテス式問答法を含む全ての認知的介入の原理に支えられている。具体的な介入はこれらの構成要素の一片から構築されている。すなわち，実際には，この章のスキルと技法の提示は，決して，治療者が具体的な適用に一致させること，あるいは取り入れることが見込まれる方略を使い果たしてはいない。むしろ，この章は，最も重大な構成要素の概観と，認知的変化を作ることへのいくつかのサンプルとなるアプローチを提供している。グループにおける認知的介入のエッセンスは，伝統的な CBT の原理に留意し，同時にプロセス要因を熟考することである。グループでの理想的な認知的介入は，技法を教えることと，学習を深め，そして豊かにし，全てのグループメンバーにとっての体験を変化させるプロセス要因の活性化とを調和させることである。

4章

CBT のグループにおける行動的技法

　この章では，集団療法における行動的技法の使用を概説する。主要な強調点は
エクスポージャーに基づく方略（たとえば，場面エクスポージャー，ロールプレ
イとシミュレーションによるエクスポージャー，イメージエクスポージャー，症
状エクスポージャー）であるが，本章には，行動的セルフモニタリング，社会的
スキル訓練，問題解決に関する節も含まれる。抑うつに対する行動活性化は第
10章で詳しく扱うので，この章では扱わない。また，リラクセーション訓練
（Bernstein, Borkovec, & Hazlett-Stevens, 2000 を参照のこと）とアクセプタン
ス＆コミットメントセラピーやマインドフルネスに基づく瞑想（Hayes, Follette,
& Linehan, 2004 を参照のこと）といった新しい行動的治療も扱わない。これら
のアプローチの討議は，Antony & Roemer（2003）などで入手できる。本章では，
討議された各方略に対するいくつかの一般的な説明を提供するが，これらの方法
をグループ形式においてどのようにして最適に提供し，施行できるかについて強
調する。

グループにおける行動的治療の遂行上の利点と課題

　全般的にみれば，グループにおける行動的治療の使用を支持する多数のエビデ
ンスが存在する。多数の研究とメタ分析的概観は，特定の障害に対する集団と個
人の治療の効果の差異を概観している（本書の第Ⅱ部を参照のこと）。個人療法
と集団療法のどちらが効果的であるかを示すための一貫したエビデンスはほとん
どなく，両者とも効果があるように思われる。しかしながら，比較研究は治療の
コスト，治療拒否やドロップアウトの割合，治療満足度といった効果性以外の変

数をしばしば無視している。加えて，個人治療よりもグループ治療から大きな利益を得る可能性のある者を予測する要因についてはほとんどわかっていない。グループ形式で行動的治療を実施するコストと利益を比較する実証的な研究は少ないが，臨床的にはグループ治療は個人療法と比較して多くの強みと負担があると思われる。

グループにおいて行動的治療を施行する利点

　グループにおいて行動的治療を実行することの利点のいくつかは，あらゆるグループ治療の利点と類似している。たとえば，グループはクライエントごとの治療者の時間がより少ないため，個人治療より低いコストで行動療法が提供される機会を提供する。加えて，グループ治療は個人治療の文脈においては準備が困難な行動的な練習を可能にする。たとえば，社交不安に対するエクスポージャーのエクササイズは社会的相互作用の機会を必要とし，グループ形式ではそのような機会を設けることが容易である。

　またグループでは，社会的スキル訓練の際，患者が自身のパフォーマンスに対してより広範囲のフィードバックを受け取ることができる。グループはお互いの問題に対する解決方法をブレインストーミングするための空間として，より多くの「頭脳」が存在する。しばしば，治療者もクライエントも気づいていないホームワークの練習をグループのメンバーはお互いに提案する。グループは共有された学習のための機会の提供もする。クライエントは互いに恐怖を示さない行動の手本となり，互いの経験から学習することもできる。たとえば，グループの他のメンバーのエクスポージャーのホームワークについての話を聞くことで，その他のメンバーは翌週の自身のホームワークをどのように計画したらよいかについて，別の考え方をする手助けとなる可能性がある。

　グループ治療はまた，個人治療には存在しないかもしれない相互支援を提供する。グループの一部となることは，クライエントに自身の葛藤が一人ではないということを気づかせる。すなわち，彼らはグループの他のメンバーから得る支援や刺激をしばしば重んじる。治療者からの支援は重要であるが，特定の問題を共有する他者からの支援はグループ治療に特有の特徴がある。エクスポージャーの結果，最終的に自身の恐怖が低減したグループの他のメンバーから話を聞くことは，治療者から得られた類似したメッセージと比較して，信憑性が高いかもしれない。

よりやりがいのあるエクスポージャーを試みるよう互いに後押しすること，あるいは巧妙な回避方略に頼っていることに互いに気づくことは，グループのメンバーにとって珍しいことではない。グループ治療は互いに失望させないように，クライエント間の責任感を促進するかもしれない（仲間からの圧力の一形態）。それは従順でないクライエントとの個人療法において時々起こる「治療者対クライエント」の力動を低減することにも役立つ。最後に，グループで行動的な練習をすることは，個人治療よりも非常に楽しくなることがある。

グループで行動的治療を施行するにあたっての課題

　前述のグループでの行動的治療のいくつかの利点と同様に，グループにおける行動療法の施行のいくつかの主たる不利な点は，あらゆるグループ治療においても生じそうな課題である。たとえば，グループ治療は通常個人治療と比べて予定を調整することがより大きな課題となる。全てのメンバーに都合の良い時間を見つけることは難しい可能性があり，欠席した複数のセッションを追いつくことは難しい場合があるため，ドロップアウトにつながるかもしれない。そのため，可能な時にいつでも，治療者はセッションを欠席しているクライエントに，欠席したセッションの穴埋めのために，次回のミーティングの前に少なくとも数分間会うことを推奨する。

　個人治療と比較して，グループ治療は，ホームワークを振り返ること，コンプライアンスの問題に対処すること，セッション内のエクスポージャーの練習をすること，それぞれのセッションの翌週に行うホームワークの練習を設定することのためのクライエントごとに提供される時間が少ない。加えて，グループ治療は個人治療より安価であるが，全般的に見れば，クライエントにとって多くの時間がかかるかもしれない（通常，グループセッションは2時間かかり，個人セッションはより短い）。最後に，単にいくつかの行動的練習（たとえば，社会的相互作用を含むエクスポージャー）は，グループにおいて実施することがより容易であるのと同様に，その他（たとえば，運転）は個人療法の文脈における練習の方が容易である。

　クライエントたちが動機づけの水準，理解力，あるいは症状のプロフィールが異なるグループでは，「平均的な」メンバーにグループを「合わせる」必要があるかもしれない。結果として，動機づけの乏しさ，グループにおける材料の理解の困難さ，あるいは稀な症状の呈示を伴うクライエントは，個人療法から得られ

る可能性があることと同程度にはグループからは得られないかもしれない。その
ようなクライエントは，グループに数回の個人セッションを加えることによって，
利益を得られるかもしれない。さらに，参加者の中には，グループのメンバーの
前では，彼らが個人療法において話題にしたかもしれない問題（たとえば，性的
関心に関する症状，後悔している過去の経験）を取り上げることに気乗りしない
か，困惑する者もいるかもしれない。最後に，あるグループのメンバー間での肯
定的な経験が他者にとってインスピレーションの源となり得ることと同様に，グ
ループのメンバー間の否定的経験（たとえば，悪いエクスポージャーの経験）が
他のグループのメンバーに否定的に影響しうる。

エクスポージャーに基づく方略

　エクスポージャーは，おそらく恐れを防止するための最も確立された技法であ
る。それぞれの不安症の治療の鍵となる構成要素であり，恐怖や回避が重要な特
徴となっている他の疾患（たとえば，摂食障害，身体醜形障害，身体症状およ
び病気不安症）を治療するときにしばしば用いる。本節では，グループ形式
におけるエクスポージャーに基づく治療を実施するための一般的な方法について
述べる。特定の状態の治療にエクスポージャーを組み込む方略も，本著の第2部
の多くの章で扱われる。エクスポージャーのより詳細な討議は，Rosqvist（2005）
の最近の書籍に見られる。

エクスポージャーのタイプ
「*in vivo*」エクスポージャー

　「*in vivo*」エクスポージャーは，恐れるものや状況に直接的に直面する（すな
わち，イメージの中ではなく，現実の中で行われる）。例としては，運転恐怖を
克服するために運転の練習をすること，社交不安症に対抗するためにパーティー，
会議，その他の社会的集まりに参加すること，神経性無食欲症の体重増加に対す
る恐怖に対抗するために「禁じられた」食物を食べることが含まれる。個人が特
定の物，状況，あるいは活動を恐れている時，「*in vivo*」エクスポージャーは，
最も効果的なエクスポージャーの典型的なアプローチである。状況の恐怖に対す
る「*in vivo*」エクスポージャーをイメージエクスポージャーと比較した研究では，
一般的に状況エクスポージャーが最も効果的であることが明らかにされている

(Emmelkamp & Wessels, 1975)。

　特に，グループのメンバーが異なる種類の物や状況を怖がっている場合には，グループで状況エクスポージャーを実施することは困難になる可能性がある。実際，グループ治療を行う時に，ホームワークを振り返ること，今後のエクスポージャーの計画を立てること，グループミーティング間に実際の「*in vivo*」エクスポージャーを練習することはグループの時間にとって珍しいことではない。これらの場合に，もし彼らに追加の援助あるいは指導が必要なら，クライエントが支えてくれる家族構成員あるいは友人と一緒にエクスポージャーの練習に取り組むことを提案することが有用であるかもしれない。

　グループセッション間のエクスポージャーの練習は重要であるが，グループの時間中にエクスポージャーを実施することは，価値のある経験になりうる。私たちは，可能であればグループでいくつかのエクスポージャーを行うことを推奨する。それを成功させる1つの方法は，グループセッションの一部として，一緒にエクスポージャーの練習ができるように，グループを似た関心を持つ個人から構成される小さいグループに分割することである。グループに複数の治療者がいれば，それぞれの治療者はエクスポージャーの練習中に，数名のグループのメンバーに教える責任を持つことができる。グループ練習が非現実的な場合は（たとえば，運転恐怖の場合），グループのメンバーがグループの時間に個人的にエクスポージャーを練習してもよい。たとえば，強迫症のグループにおいて，他のメンバーが恐ろしい言葉に対するイメージエクスポージャーに取り組む間に（以下のイメージエクスポージャーの節を参照のこと），3人の参加者が汚染エクスポージャーを実施でき，そして1人のクライエントは忘れているかもしれない自分の持ち物を確認せずに部屋を去ることを実践できる。広場恐怖を克服することに焦点を当てたグループにおいて，他のメンバーがスーパーマーケットで一列に立つこと，あるいは高速道路を一人で運転することを練習する間に，数名のメンバーはショッピングモールにいる練習をすることができる。エクスポージャーのグループに分かれる前に，ホームワークを振り返り，練習の計画を立てるために一緒にセッションを始め，練習の後に結果を話し合い，それから新たなホームワークを決めるために再びグループとして集まることはしばしば有用である。2時間のグループセッションにおいて，そのセッションでは，エクスポージャーの練習に1時間を割り当てるべきである。場合によっては，セッション内でエクスポージャーを提供するために，より長いミーティング（たとえば，2時間半）が必要

になるかもしれない。

シミュレーションによるエクスポージャーと行動的ロールプレイ

　シミュレーションによるエクスポージャーは「*in vivo*」エクスポージャーの一形式であり，実際の恐怖場面に近いものの本物ほどではない状況に直面する個人練習である。たとえば，雇用者の役割を演じる治療者もしくは他のグループのメンバーと共に就職面接のロールプレイをすること，聴衆の一部を演じるグループのメンバーと共に発表の練習をすることを含む。写真，ビデオテープ，もしくは三次元のコンピュータシミュレーション（すなわち，バーチャルリアリティ）の刺激に対するエクスポージャーもシミュレーションによるエクスポージャーの例とみなせるかもしれず，主に個人ごとに，多くのタイプの特定の恐怖症（たとえば，血液，針，クモ，ヘビ，そして他の動物の恐怖）を治療するために用いられることが多い（Antony & McCabe, 2005; Antony & Watling, 2006）。シミュレーションによるエクスポージャーもしくはロールプレイは，(1) クライエントがあまりに困難で実際の場面ではエクスポージャーを練習できないことに初めて気づいた時，(2) 実際の場面でエクスポージャーの練習をすることが不都合か，あるいは非現実的である時に有用である。

　シミュレーションによるエクスポージャーは，社交不安症のグループ治療において，セッション内のエクスポージャーの練習のためにしばしば用いられる（Heimberg & Becker, 2002）。練習は通常，グループのメンバーに多様な社会的あるいはパフォーマンスに関連するシナリオのロールプレイをさせることを含む。ある練習では，グループ全体を巻き込むことがある（たとえば，グループのメンバーにパーティーでのカジュアルな世間話に従事するロールプレイをさせること）。また他の練習では，メンバーが自身に関連するエクスポージャーを練習できるように，グループをより小さいグループに分割することを含むかもしれない。たとえば，何人かの他のメンバーが互いの前で食事をする練習をしている間に，グループのメンバー 2 人が就職面接のロールプレイをするかもしれない。

　グループのメンバーの前でロールプレイすることで起こり得る他の不利な点は，それがロールプレイの状況が模倣している実生活の状況と極めてかけ離れているかもしれないということである。集団療法におけるロールプレイの会話には，聴衆という要素が加えられているが，実生活では会話は独立に生じる傾向にある。クライエントは自分が話している人だけでなく，聴衆に対しても良い印象を与え

ようとプレッシャーを感じるかもしれない。同様に，治療グループという守られた状況において生じているため，クライエントは肯定的なパフォーマンスと良いフィードバックをおそらく「過小評価する」かもしれない。それでもなお観察力の鋭い CBT 治療者であれば，観客がいるグループ状況が，傍観する何人かの潜在的な批評家がいない「現実世界」の同じ状況と比べて，実際にはよりプレッシャーになるかもしれないと指摘できる。

イメージエクスポージャー

　イメージエクスポージャーは，想像の中で恐れた刺激に自身を曝すことを含む。このエクスポージャーの形式は，初めて体系的に研究された，エクスポージャーを基礎とした治療法の1つである系統的脱感作の構成要素として初期に紹介されている（Wolpe, 1958）。先に述べたように，一般的に特に状況的な恐怖を治療する場合には，「*in vivo*」エクスポージャーがイメージエクスポージャーより好まれる。しかしながら，イメージエクスポージャーが適しているかもしれない多くの状況がある。第一に，もし個人が自身の思考，イメージ，あるいは衝動を恐れているなら，イメージエクスポージャーが適している。たとえば，悪魔に関係がある思考やイメージを恐れる強迫症のクライエントは，恐怖を引き起こすイメージについて考えること，書くこと，話すことの練習が奨励されるかもしれない（Rowa, Antony, & Swison, 2007）。同様に，イメージエクスポージャーは性的暴力，あるいは他のトラウマに伴って起きるトラウマ記憶を恐れる心的外傷後ストレス障害を呈する人の治療に一般に用いられる（Foa & Rothbaum, 1998）。

　場合によっては，イメージエクスポージャーは外的なもの，あるいは外的状況への恐怖に対して有用でもあるかもしれない。たとえば，もしクライエントが極度の恐怖のために「*in vivo*」エクスポージャーの練習を拒否したならば，イメージエクスポージャーは「*in vivo*」エクスポージャーを試す前の，良い最初のステップになるかもしれない。同様に，標準的な「*in vivo*」エクスポージャーの練習が現実的でない時，あるいは恐れている状況を定期的に作り出すことが不可能な時（たとえば，もしクライエントが自身の来たる結婚式に不安になっているなら，その状況はシミュレーションすることが困難である），イメージエクスポージャーは有用かもしれない。

　イメージエクスポージャーは，(1) クライエントに恐れていた記憶，あるいはイメージをはっきりと言い表させること（e.g., Foa & Rothbaum, 1998），(2) 治

療者に恐れたイメージ，あるいはシナリオの描写をクライエントに読み上げさせること（e.g., Craske, 1999），（3）クライエントに恐れたイメージを無言で思い起こさせることを含むかもしれない。それにもかかわらず，イメージエクスポージャーの過程はとても個人的な経験である。異なるクライエントは，通常，異なるイメージに取り組む必要があるであろうし，グループの多くのクライエントにとっては（すなわち，自身の思考，イメージ，あるいは衝動を恐れていない人たち），イメージエクスポージャーは関係さえないかもしれない。私たちのセンターでは，通常，グループにおけるイメージエクスポージャーの練習は行わない。もしイメージエクスポージャーが複数のグループのメンバーに許されたなら，治療者はグループの時間をいくらか費やして手続きを説明し，複数のクライエントと過程を実演するかもしれない。しかしながら，クライエントはグループセッション間に，ホームワークでイメージエクスポージャーの練習を行うことが期待されている。

症状エクスポージャー

症状エクスポージャー（「内部感覚エクスポージャー」とも呼ばれている）は，感覚がもはや恐ろしいものではなくなるまで，恐れている多様な症状と感覚を誘発するように計画された課題を練習することを含む。状況を恐れるクライエントが恐れている状況に自身を曝すことが勧められるように，そして自身の思考，あるいは記憶を恐れるクライエントが自分にイメージエクスポージャーを使用させることが勧められるのと同じように，自身の不安，あるいはパニックと関連した身体症状を恐れるクライエントは，最初は安全な状況で（たとえば，家で，あるいは治療者のオフィスで），そして最終的には恐れた状況の文脈において，意図的に症状を引き起こすことが勧められるかもしれない。

恐れている症状を引き起こすために，1ダースをはるかに上回るエクササイズが用いられているが，（1）小さなストローを通して3分間呼吸すること（窒息感を引き起こすため），（2）60秒間，過呼吸をすること（息切れ，めまい，心臓のドキドキ，その他の症状を引き起こすため），（3）1分間，椅子で回転させること（めまいを引き起こすため）は最も効果が高い（Antony, Ledley, Liss, & Swinson, 2006）。症状エクスポージャーはしばしばパニック症における実証に基づいた治療の構成要素であった（e.g., Barlow, Gorman, Shear, & Woods, 2000）。加えて，他の不安症における特定の感覚の恐れに対処するために，症状エクスポー

ジャーを含めることは，臨床上有用である場合がある。たとえば，人前で話している時に汗をかくことを恐れる社交不安症者の中には，発表の間，暖かい服を着るように勧められるかもしれない者もいる。どのように症状エクスポージャー方略を実行するかについてのさらなる詳細は，Antony & Swinson（2000a）で述べられている。

　特に，本質的に過度な身体感覚を経験することによる不安と関連するパニック症を治療する際に，症状エクスポージャーは通常，グループ状況で実施することが極めて容易である。一般的に，全てのグループのメンバーは最初に，自身の恐怖の強度と経験が自然に起こり，パニック発作の程度と類似した症状を誘発する課題を同時に試し，彼らが経験したあらゆる症状を日誌に記録する。それぞれの課題の後，メンバーは他のグループのメンバーとの自身の経験の共有も行う。一度，クライエントが自身に最も関連する課題を同定したら（すなわち，典型的なパニック発作の間に経験する症状と類似した症状を作り出すもの），自身の不安が減少するまで，6，7回，関連する課題を繰り返すように勧められる。これは，その課題がもはや恐怖を引き起こさなくなるまで，1日毎に2回繰り返される。通常，練習はホームワークと同様に，グループのセッション間で行われる。

エクスポージャー階層表の作成

　エクスポージャー階層表は個人が恐れ，回避する状況のリストであり，最も恐れている項目が最上部に，より容易な項目が下部に，そして中程度に困難な項目が真ん中に順位づけられる。見本の階層表は，本書の第6章，第7章，第8章に掲載されている。一般的に，エクスポージャー階層表には，10から15項目が含まれる。階層表の項目は，可能な限り詳細かつ記述的であるべきであり，リストのそれぞれの状況における個人の恐怖に影響を及ぼす変数を明確に記述する。たとえば，「ラッシュアワーに一人でバスに乗り，ドアから離れたところに座ること」は，単に「バスに乗ること」より，十分記述的である。

　個人療法においては通常，項目は Mobility Inventory for Agoraphobia（Chambless, Caputo, Jasin, Gracely, & Williams, 1985）あるいは Yale-Brown Obsessive Compulsive Scale（Goodman et al., 1989a, 1989b）といった標準的な質問紙の項目へのクライエントの反応とともに，恐れた状況についての話し合いに基づいて，治療者とクライエントそれぞれが提案する項目から，共同的に作り出される。最初のリストが作り出された後，治療者とクライエントは項目を精緻化し，クライエントの目標

に関連する状況を記述することが十分に詳細であること，治療者とクライエント
にエクスポージャーの練習を実用的に割り当てること，困難さの程度とクライエ
ントが恐れる代表的な状況の範囲を満たしていることを確かめる。

　項目リストが完成したら，クライエントは自身の恐怖の程度（0 = 恐れていな
い，そして 100 = 最大限恐れているとする，0 から 100 点の尺度を使用すること）
と，自分がその状況を回避してしまうと思う程度（0 = 絶対に回避しない，100
= いつも回避する）を 0 から 100 点の尺度を使用して評価する。恐怖と回避の評
価はとても強く関連する傾向にあるため，それぞれの項目に対して単一の恐怖ま
たは回避の評価を代わりに用いることもできる。最終段階はリストを再整理する
ことであり，最も強く恐れていると評価された項目を最上部に，最も恐れが弱い
と評価された項目を最下部に置く。

　私たちのセンターでは，通常，グループが始まる前にそれぞれのクライエント
との個人セッションの間に階層表を作成する。このアプローチの利点は，グルー
プが始まる前にそれぞれのクライエントが丁寧に構成された階層表を持ち，治療
者がそれぞれのクライエントとある程度の個人的な時間を持つ機会を保証するこ
とである。また，個人面接はそれぞれのクライエントにグループについての直前
のあらゆる関心あるいは質問を述べる機会になる。

　グループセッションを 1 回使って，階層表を作成することも可能である。これ
には 2 つの方法がある。すなわち，(1) グループセッションの間に詳細な教示（口
頭と書面の両方）を提供すること，あるいは，(2) クライエントに次のセッショ
ンの前にホームワークとして自分の階層表を作成することを依頼することである。
いくつかの見本の階層表をクライエントの自宅に送付することは，プロセスを促
進するであろう。その後，フィードバックを次のセッションでそれぞれのクライ
エントに提供できる。もう 1 つの方法は，クライエントがグループセッションで
実際に自分の階層表を作成することである。クライエントが自身の階層表に取り
組んでいる間，治療者は質問に答えたり，部屋を動き回ってフィードバックを与
えたりできる。

グループへのエクスポージャーの導入

　以下の対話で，エクスポージャーが役に立ちそうかどうかという疑念を扱うた
めの方略を含め，どのようにグループにエクスポージャーを導入するかについて
解説する。

治療者：どなたか，これまでは皆さんを怖がらせていたけれど，今は苦しみを感じることはない状況や物を考えることができますか？ たとえば，幼少期の暗闇の恐怖，あるいは初めてプールに飛び込むことの恐怖などはどうでしょうか？

リック：私の両親が新たな子犬を家に連れてきたときに怖くなったことを覚えているので，私は子どもの頃に犬を恐れていたと思います。

ジェニファー：子どもの時，明かりをつけないと寝られなかったことを覚えています。暗闇に一人でいるのが怖かったです。

治療者：他の方は？

ナディーン：子どもの頃に恐怖を持っていたものを少しも思い出せませんが，今の私よりも2年前の私は，確かに運転がはるかに怖かったです。実際今は，運転は高速道路を除いては，あまり怖くはありません。

治療者：あなたは運転する恐怖をどうやって乗り越えたのですか？

ナディーン：私の夫が数年間，毎日職場へ車で送ってくれていました。彼の仕事のスケジュールが変わり，もう私を車で送ることができなくなった時，仕事に行くのに自分で運転せざるを得なくなりました。最初はとても難しかったですが，次第になんでもなくなっていきました。

ジェニファー：私は自分の暗闇への恐怖がどうやってなくなったのかわかりません。ただ，だんだん良くなっていったように思えます。ある時期に父が，それ以上電気をつけたままにさせてくれなかったんだろうと思います。

治療者：リックさん，あなたはどうですか？ 犬へのあなたの恐怖をどのように乗り越えたのですか？

リック：かろうじて良くなりました。しばらく新しい子犬の近くにいた後に良くなったと思います。

治療者：3人の皆さん全員が，偶然にも恐怖や恐怖症への全ての効果的な治療の根底にある，おそらく最も重要な原理を見出しました。あらゆる恐怖を克服する最も効果的な方略の1つは，その状況に対する繰り返されたエクスポージャーです。少なくともみなさんのうち3人が，過去にエクスポージャーの効果を体験していました。すなわち，犬，暗闇，運転に対するみなさんの恐怖です。あなたが現在恐れている状況にエクスポージャーの原理を適用した時，あなたの恐怖が低下していることに再び気づくでしょう。みなさんがよ

り多くのエクスポージャーを行えば行うほど，より早く恐怖を克服するようになるのです。

ギータ：過去にエクスポージャーをやってみたことがあります。およそ1カ月前，コンサートに行くよう自分を奮い立たせました。でも，完全にパニックになりました。今，私は無理矢理自分をコンサートに行かせた時よりも，もっともっと怖いんです！

治療者：それは珍しい経験ではありませんよ。全てのエクスポージャーがいつも役立つわけではありません。たとえば，あなたがヘビを恐れているとして，私がヘビを取り出してあなたに投げつけたとしても，あなたの助けにはならないでしょう。そのようなエクスポージャーはおそらく，ヘビ恐怖をさらに悪くするでしょう。リックさん，犬恐怖を克服したあなたの経験に基づくと，その人はどのようにエクスポージャーを通してヘビへの恐怖を克服するかもしれないと思いますか？

リック：そうですね，エクスポージャーはゆっくり，ゆるやかであるべきだと思います。当たり前のことですが。

治療者：その通りです。日常生活において，嫌なものにさらされるエクスポージャーはしばしば予測不可能で，コントロールしきれないこともあります。パニックを感じれば，その人はしばしば逃げますので，さらされる時間が極めて短くなることもありますし，そのことは，たいていは滅多に起こりません。その一方で，効果的なエクスポージャーのコツは，実践が予測通りで，人のコントロール下にあることです。ですから，あなたが終わらせたければいつでも終わらせられますよね。そして長期に，理想的にはあなたの恐怖が低下するまで続けることです。そして，頻繁であることが必要とされます。あまりに間隔が空きすぎたエクスポージャーは，長い目で見ると効果がありそうにありません。これは，あなたのエクスポージャーを確実に最大限に活かすことに役立つものの1つで，これらのガイドラインがリスト化されたハンドアウトです。ここで，ハンドアウトのそれぞれの項目を読む時間を取りましょう（治療者はハンドアウトを配布する）。

効果的なエクスポージャーのガイドライン

　以下のガイドラインは，グループのメンバーがエクスポージャーの練習を計画するのを助けるときに考慮されるべきである。私たちは，エクスポージャーが最

初に導入される時にそれらをグループに概説し，治療の経過において折に触れて
これらの原理をクライエントに思い出させることを勧める。

予測可能性と知覚された統制

　予測可能なエクスポージャーは，予測不可能なエクスポージャーと比べてより
良い結果を導くことが示されてきた（Lopatka, 1989）。可能な限り，エクスポー
ジャーの練習の間に予期されることを，クライエントが知ることを保証すること
は重要である。本質的に予測不可能である練習にとって（たとえば，運転時に，
いかなる瞬間でも道路の他の車が何をするつもりかを正確に知ることは不可能で
ある），起こりうるシナリオを予測すること，そして，自分がエクスポージャー
に先立って，それぞれのシナリオにどのように取り組むか熟慮することは，クラ
イエントにとって有用であるかもしれない。

　コントロール可能性の効果に関する研究（すなわち，エクスポージャーの割合
をクライエントがコントロールする程度と，やむを得ない場合にエクスポー
ジャーを終える能力の程度）は，クライエントによる制御はより良い結果を導く
ということを示しているものもあれば，違いがないことを示しているものもある，
という矛盾した結果をもたらしている（概観のためには，Antony & Swinson,
2000a を参照のこと）。これらの結果を踏まえると，知覚されたコントロール感
の欠如が不安の問題の一因になるということを示す他の研究と同様に（Barlow,
2002），クライエントが実行することに同意していない何かをすることをクライ
エントに決して強いることのないようにすることが一般に推奨される。エクス
ポージャーは，クライエントがプロセスにおいてコントロールの感覚を持った時
に最も効果があると考えられている。

エクスポージャー練習の間隔をとること

　間隔が密であるエクスポージャーセッション（たとえば，毎日）は，より間隔
が空いたエクスポージャーセッション（たとえば，週に１度）よりも効果がある
ことが明らかとなっている（Foa, Jamenson, Turner, & Payne, 1980）。さらに，
エクスポージャーの最後の数セッションの間隔を広げることは，より良い長期的
結果を導くかもしれないが（Tsao & Craske, 2000），他の研究は，後半のセッショ
ンの間隔を広げることは効果がないことを明らかにしている（Lang & Craske,
2000）。CBT のグループが通常，週に一度のみ集まる機会を与えているなら，頻

繁なエクスポージャーを保証する最も良い方法は，セッション間に練習すること
をクライエントに奨励することであるが，ホームワークのコンプライアンスと不
安症に対するCBT後の結果との関係に関する研究が矛盾している（Schmidt &
Woolaway-Bickel, 2000; Woods, Chambless, & Steketee, 2002）ことは注目すべ
きである。

エクスポージャー練習の持続時間

Stern & Marks（1973）は，2時間継続した1回のエクスポージャーセッショ
ンは，午後の間に実施された4回の30分のエクスポージャーと比較して，より
恐怖の低下がもたらされることを示した。理想的には，エクスポージャーは，個
人の恐怖が少なくとも適度な水準まで低下させるために，十分な長さを継続すべ
きである。クライエントが居心地良く感じるまでその状況にとどまることを計画
することが，一般に推奨される。もしエクスポージャーが本質的に短い場合（た
とえば，道順を尋ねることに関する社交不安のエクスポージャー）は，個人の不
安が低下するまで，何度も反復して練習を繰り返すべきである。グループ治療に
おいては，時間的制約のために，1時間以上継続するセッション内エクスポー
ジャーを設定することが困難であるかもしれない。幸運なことに，多くの人にとっ
て不安は極めて早く低下する。さらに，特にもしクライエントが追加したエクス
ポージャーで恐怖の状況に戻ったとしても，短いエクスポージャーは潜在的に効
果が持続するというエビデンスがある（de Silva & Rachman, 1984; Rachman,
Craske, Tallman, & Solyom, 1984）。

段階的エクスポージャー対急激なエクスポージャー

エクスポージャー階層表の項目の進行の最も良い進度に関するエビデンスは矛
盾している。すなわち，ある直接的な比較では，段階的なエクスポージャーと比
較して，より急激なエクスポージャーやフラッディングは，結果にほとんど差が
ないことが明らかとなっており（Everaerd, Rijken, & Emmelkamp, 1973），他の
研究は，急速なエクスポージャーがより段階的なエクスポージャーのスケジュー
ルよりも効果的であることを示している（Fiegenbaum, 1988）。実際には，エク
スポージャーはステップが段階的か，あるいはより急激かどうかにかかわらず，
機能することがあるようである。より小さいステップをとることの利点は，実践
中の不安がそれほど圧倒的でないことである。しかしながら，もしステップが小

さすぎると，進歩はよりゆっくりになり，治療期間とコストが増加する可能性が
あり，クライエントの動機づけの妨げとなりうる（しばしば，即座の改善の自覚
より動機づけられることはない）。一般に，私たちはクライエントが進んでやる
ことと同じくらいの早さでステップを進めることを推奨する。すなわち，もしク
ライエントが，特定の練習が彼らが対処できること以上に難しいと思ったなら，
彼らはいつでもより容易なものを試すことができる。

安全確保行動と儀式行動の妨害

　不安の問題を有する者はしばしば，恐怖から自分自身を守るために意図された
広範囲の行動に従事する。これらは，微妙な回避行動（たとえば，気そらし，赤
面を隠すために必要以上の化粧をすること，あるいは潜在的な汚染源との接触を
避けるために手袋を着用すること），安全物を携行すること（たとえば，パニッ
ク発作に備えて薬を携行すること），アルコール，または薬物を過度に使用する
こと（たとえば，パーティーにおいて不安を抑えるために何杯かのワインを飲ん
でいること），あるいは強迫的な儀式行動に従事すること（たとえば，強迫症に
おける確認，洗浄，あるいは数えること）が含まれるかもしれない。一般に，こ
れらの行動はエクスポージャーの効果を弱め，そしてそれらを取り除くことでし
ばしば改善する結果となる（Craske, Street, & Barlow, 1989; Morgan & Raffle,
1999; Wells et al., 1995）。実際，強迫症の儀式妨害は，一般に治療の基本的な構
成要素と見なされる（本書の第8章を参照のこと）。

エクスポージャーの強度

　通常，エクスポージャーの間に経験する恐怖の強度は，中から高の範囲（たと
えば，70から100の間の評価）で始めることを私たちは推奨するが，利益効果
をもたらすためには身震いさせるような強い経験が必要なわけではない（Foa,
Blau, Prout, & Latimer, 1977）。実際，恐怖の水準が高過ぎる場合には（圧倒さ
れそうになるぐらい），その個人はその状況にとどまりそうにはなく，そして，
さまざまなわずかな回避行動に従事し始めるかもしれない。もちろん，もし恐怖
の水準が低過ぎる場合には，エクスポージャーは全く効果的ではなくなるであろ
う。

文脈と曝露刺激を変化させることの重要性

不安症を有する者は，しばしば対象それ自体を恐れることに加えて，彼らが恐れたものや状況に出くわす環境を恐れる。Gunther, Denniston, & Miller（1998）は，単一の環境のみでのエクスポージャーと比較して，さまざまな文脈でのエクスポージャーの練習を実施することで，治療が終了した後に，クライエントが再び不安を経験しなくなることを示した。それゆえ，クライエントは家，職場，あるいは恐れる状況に遭遇しがちなその他の環境といったさまざまな場所でエクスポージャーを練習することが推奨される。加えて，エクスポージャーの刺激を変化させること（たとえば，たった1つの橋よりも多くの異なる橋の上で運転を練習すること，たった1つのクモの代わりに複数の異なるクモへのエクスポージャーを練習すること）は，長期的なより良い結果と関連することが明らかにされている（Rowe & Craske, 1998）。

恐怖を伴わない行動のモデリング

恐怖が観察学習，あるいはモデリングを通して学習されるのと同様に（Mineka, Davidson, Cook, & Keir, 1984），クライエントは治療者，またはその他の信頼している者がエクスポージャーの経験を共有する，あるいは最初にエクスポージャー課題を実演すると，エクスポージャーがより容易になることにしばしば気づく。たとえば，強迫症のクライエントは自分の治療者が最初に触ることを見た後では，汚染された対象に触ることがより容易であることに気づくかもしれない。モデリングを構成要素として含むエクスポージャーによる治療が，長期的により良い結果が得られることを裏付ける研究がある一方で（e.g., Menzies & Clarke, 1993），エクスポージャーにモデリングを加えることの利益を見出せなかった研究もある（e.g., Nourque & Ladouceur, 1980）。研究結果は一貫していないものの，私たちの経験では，モデリングはしばしばエクスポージャーをベースとした治療の有用な構成要素であり，私たちは可能な時にはそれらを含めることを推奨する。

危険の最小化

不安反応を引き起こすであろうエクスポージャーを練習することは重要であるが，少なくともエクスポージャーの実施中に現実的なリスクが実際に最小限であることを保証することは重要である。クライエントは特定の練習が実際に安全であるかどうかについていつも最良の判断をするとは限らない。エクスポージャー

を計画する前に，不安の問題がない平均的な人はその練習を危険であるとみなすかどうかを自分自身に問いかけることが，クライエントにとって有益であるかもしれない。もし答えが「はい」であるならば，別の練習を試すことがおそらく良い方略である。

グループにおけるエクスポージャーのホームワークの割り当てと振り返り

　それぞれのグループセッションは，通常，ホームワークの振り返りから始まる。それぞれのクライエントは，前週からのホームワークでの自身の経験を交代で述べる。特定のクライエントが話をしている際は，他のグループのメンバーが質問をすること，示唆を与えることでプロセスに参加するように促すべきである。ホームワークはそれぞれのセッションの終わりに，ほとんど同様の方法で割り当てられる。それぞれのクライエントは，次週の自身のためのホームワークの計画を述べる。治療者とグループの他のメンバーはその計画に対して，フィードバックを提供し，最終的に割り当てられるホームワークが変化するかもしれない。治療者はホームワークを次回のセッションでチェックすることができるように，それぞれのクライエントのホームワークの割り当てを記録すべきである。加えて，クライエントは自身が何をすることに同意したかを確実に思い出すことができるように，ホームワークの割り当てを紙に記録するように奨励されるべきである。

行動のセルフモニタリング

　行動的治療の顕著な特徴は，行動日誌における症状の丁寧なモニタリングである。セルフモニタリングはクライエントに自身の行動と情動反応のきっかけおよび結果はもちろんのこと，自身の行動にますます気づけるようになることを助ける。加えて，日誌を全て記入することは，自身の治療セッションの間のみだけではなく，むしろ週の間中ずっと治療に参加し続けることをクライエントに奨励する。最終的に，日誌は治療の間の進歩を記録するために利用可能である。

　通常，日誌でクライエントは特定の状況（たとえば，エクスポージャー練習の間），あるいは1週間の間中ずっと，自身の症状を記録できる。たとえば，神経性過食症の人は生じた排出エピソードと同様に，1週間の自身の食事摂取量を観察することをしばしば求められる。同様に，パニック症を有する人は，それぞれの発作の強度，起こった環境，経験した症状を記録するために，自身のパニック

発作を観察することが通常求められる。パニック発作記録（Barlow & Craske, 2000）は，この目的のためにそれぞれのパニック発作の後にすぐに記入することができるよう，シンプルな形式である（図4.1）。

　グループにおいてモニタリング用紙を使用する時は，用紙をどのように記入するのかをグループのメンバーに教えるために，十分な長さの時間を確保することが重要である。私たちは，クライエントがそれぞれのセッションの開始時に自身のモニタリング記録を提出することを推奨しており（治療セッションの最初の数回の間は特に），治療者がどのように用紙を記入するかについて正確なフィードバックをすることができる。ひとたびクライエントがどのように自身の日誌を適切に記入するかを十分に理解したならば，日誌を提出することはそれほど重要ではない。その代わりに，前週のホームワークでの経験を述べる時に記憶を呼び起こすために，クライエントは日誌を持っておくことができる。

社会的スキル訓練

　社会的スキル訓練（SST：たとえば，コミュニケーション訓練，アサーション

日付 _____　　　　開始時間 _____

きっかけ

予期された _____　　　予期していない _____

恐怖の最大値	0	1	2	3	4	5	6	7	8
	まったくない		弱い		ほどほど		強い		極度の

少なくとも中程度はあらわれた症状をすべてチェックせよ：

呼吸困難	_____	胸痛 / 胸部不快感	_____	死への恐怖	_____
心臓の激しい鼓動	_____	ほてり / 冷え	_____	統制の喪失への恐怖	_____
窒息症状	_____	発汗	_____	/ 発狂への恐怖	
しびれ / チクチク感	_____	非現実感	_____		
震え / 身震い	_____	不安定 / めまい / 脱力	_____		
吐き気 / 腹部の苦痛	_____				

Copyright 2000 by Graywind Publications

図4.1　パニック発作記録　Barlow and Craske（2000）より，出版社である Oxford University Press の許可を得て，改変，再現した。無断複写・転載を禁ず。

4章　CBT のグループにおける行動的技法

表 4.1　社会的スキル訓練における標的行動

カテゴリー	例
非言語的コミュニケーション	・アイコンタクト
	・ボディランゲージ（たとえば，パーソナルスペース，姿勢）
	・顔の表情
会話スキル	・スピーチのトーンと音量
	・会話の始めと終わりの方略
	・閉ざされた質問よりも開かれた質問で尋ねること
プレゼンテーションスキル	・聴衆への説明を読み上げるのを控えること
	・効果的なスライドと視聴覚教材の作成
	・プレゼンテーションにおけるユーモアの使用
	・聴衆の質問に対して防衛的に見えない回答の方略
デートスキル	・他の人を昼食や夕食に誘うこと
	・デートの後にフォローアップする方略
主張スキル	・過度に受け身的，攻撃的に受け取られないように，何かを率直に依頼すること
	・他の人に行動を変えるよう依頼すること
	・不合理な依頼を断ること
葛藤スキル	・口論を鎮めるための方法を学習すること
	・他の人を怒らせてしまうかもしれない状況を解決する方法を学習すること
傾聴スキル	・会話で次に何を話そうか考える代わりに他の人に耳を傾けること
	・発言が不明瞭だった際に説明を求めること

　訓練）は社交不安症，うつ，統合失調症，カップルの苦痛を含む多くの異なる問題への行動的治療の構成要素としてしばしば含まれる。本質的に，そのプロセスは特定の社会的スキルの欠損，あるいは自身が変化させたいであろうコミュニケーションに関連する行動を同定することをクライエントに教えること，そしてその後の治療においてそれらの社会的スキルを直接的に目標とすることが含まれる。SST の目標は，順々に他のポジティブな結果（うまく就職するための面接をすること，他者と仲良くすること，効果的な発表ができるようになること等）を導くかもしれない他者からのポジティブな反応の可能性を高めるために，社会的，そしてパフォーマンス状況におけるクライエントの機能を改善することである。表 4.1 は，SST で取り組まれるかもしれない行動のリストを含む。社会的，そしてコミュニケーションスキルを改善するための詳細な方略は Mckay, Davis, & Fanning（1995）などで入手できる。

　いくつかの点で，SST の合理性を示すことは，個人療法と比べてグループ環

境においてより容易である。個人療法において，彼らが自身の社会的スキルに取り組む必要があるという提案に対して，クライエントは否定的に反応するかもしれない。しかしながら，グループ環境においては，個人的に提案する必要のある特定のクライエントはいないため，これらの方略は，より多くの場合に持ち出されうる。加えて，治療者はクライエントが気づいてさえいない可能性がある社会的スキルの欠損を指摘するよりも，クライエントが取り組みたい社会的行動を同定することから始めることが有用である。治療が進んでから，クライエントが標的として望むかもしれないさらなる行動を提案することは，治療者にとってしばしば有用である。

　SSTはしばしば，エクスポージャーの練習，あるいは行動的なロールプレイの文脈で実施される。変容する特定の行動を同定した後，クライエントは，おそらく治療者やグループの他のメンバーによるモデリングの後に，問題行動をより適応的な行動に置き換える練習をすることが奨励される。たとえば，クライエントは適切なアイコンタクトをすること，あるいは自身の声が次第に消え入るようにならないプレゼンテーションを行うことを教えられるかもしれない。クライエントが自身のパフォーマンスを評価可能にし，グループのメンバーが客観的なフィードバックを提供することができるように，ロールプレイ練習を録画し，テープを再生することがしばしば有用である。

問題解決訓練

　問題解決スキルの不全は，うつの特徴である（Divila, Hammen, Burge, Paley, & Daley, 1995）。加えて，問題解決の障害は，全般不安症（Generalized Anxiety Disorder; GAD）において，重大な特徴でないかもしれないが（Ladouceur, Blais, Freeston, & Dugas, 1998），頻繁な心配は自身の問題解決能力に対する自信の喪失と関連する（Belzer, D'Zurilla, & Maydeu-Olivares, 2002）。問題解決スキルの喪失と（他の状態と同様に）うつや不安の問題が関連している可能性があるため，これらの障害の治療は構成要素として問題解決訓練を含む場合がある（e.g., Brown, O'leary, & Barlow, 2001; Bieling & Antony, 2003）。問題解決訓練は，2種類の問題解決の不全を標的とする（Meichenbaum & Jaremko, 1983）。すなわち，（1）問題を曖昧で，一般的で，破局的な方法で見る傾向と，（2）可能な解決策の認識と実行の失敗である。加えて，治療は時間管理スキルと一般的に

体系化されたスキルといった，関連した問題を標的とするかもしれない。

　問題解決訓練は，5つのステップを含む，問題を解決することへの構造化された段階的なアプローチを用いることをクライエントに教育することが含まれる。

1. 問題の定義　第1のステップは，解決すべき特定の問題を同定することが含まれる。クライエントは曖昧，あるいは一般的な言葉で述べられた問題（たとえば，「私は自分の仕事が嫌いだ」）を，より明確に定義された問題のリスト（たとえば，「私はデザインに関する私の背景を活用できそうな仕事を見つけたい」）に置き換えるよう奨励される。もしクライエントが多数の問題を同定したならば，1つずつ最も重要な問題から始めながら，リストの優先順位をつけること，そしてそれぞれの問題に対処するための問題解決方略を用いることが奨励される。

2. 可能な解決策のブレインストーミング　この段階は，思い浮かんだ解決策をフィルターにかけたり，あら探しをしたり，判断したりすることなく，できる限り問題に対する多くの解決策をクライエントにリスト化させることが含まれる。全ての可能な解決策が（良いものも悪いものも）この段階では記録されるべきである。グループで問題解決を教える時には，グループの全てのクライエントが掲げられた問題に対する可能な解決策を出すように奨励されるべきである。

3. 可能な解決策の評価　この段階では，クライエントは，ステップ2で出されたそれぞれの解決策のメリットとデメリットを評価することを教育される。このプロセスを通して，クライエントは実行することが不可能，あるいは困難な解決策，役に立ちそうにない解決策，あるいは多大な犠牲を払うことでしか実行できない解決策を除外することで，自身のリストの数を減らすことに取り組む。残ったリストは，合理的な選択肢であるような解決策のみであるべきである。

4. 最善の解決策の選択　次にクライエントは，ステップ3で記入された評価をもとに，自身のリストから最善の解決策（あるいは，複数の解決策）を選択すべきである。

5. 解決策の実施　最後のステップは，選択された解決策を実行することが含まれる。解決策を実行する際に，クライエントはさまざまな壁に出くわすかもしれない。もしそうなった場合は，クライエントは途中で生じたあらゆる問

題に打ち勝つために，同様の問題解決アプローチを用いるべきである。

　グループ治療においては，問題解決スキルは通常，教訓的に紹介される。次に，グループ全体は治療者によって提示された1つか2つのサンプルの問題に向き合い，その後にグループのメンバーが自身の生活で経験した実際のいくつかの問題を扱う。その後，クライエントは，自身の日常生活で起こる問題について，1週間を通じて，自身の問題解決スキルを練習するよう奨励されるべきである。

結論

　本章では，グループ形式においてどのように行動的方略を施行するかについての概説を提供している。私たちは，グループにおいて行動的治療を施行することの利点と障壁を討議することから始めた。本章の多くの部分でエクスポージャーベースの治療に焦点を当てている。加えて，他の方略（たとえば，行動のセルフモニタリング，社会的スキル訓練，問題解決）を実施するための示唆を提供した。

5章

CBT グループの基本構造と実施

　集団 CBT の実施は，患者の選定，治療者のスタンスやスタイル，また同様に，セッション内およびセッション間の構造に関連する多くの詳細な説明を含むものである。すなわち，最大限の効果と臨床上の効果性を達成するために，相当なエネルギーを CBT の計画と構成に投入しなければならない。個々との取り組みをグループ形式へと移行する治療者はたいてい，治療時間中に 2 人以上の患者がいる時に導入される多くの要因を発見することに驚く。治療プロトコルの期間にわたって，定期的なミーティングのために，ある時間と場所にグループの人たちを集める必要があることは，容易に達成できる課題のように思えるかもしれないが，実際には同時に多くの特異的な要素を要求する。本章は，このような領域を対象として，あらゆる CBT グループに関する基礎構造についての情報を提供する。あらゆるグループを実施する前に，これらの問題について入念に考えることに時間を費やすことが利益となる。すなわち，構造の問題が十分に計画されない，あるいは予期されない場合において，これらの構成要素が治療の実施を混乱させ，台なしにさえするかもしれない。

　私たちは，CBT グループの構成と構造に重要な，患者の選定，治療者の要因，セッション間の構造，およびセッション内の構造の 4 つの要因について記述する。これらは，グループを実施するにあたって，実際に検討する必要のある全ての関連する領域を表してはいない。いくつかの非常に具体的な検討がさらに重要となる。これらには，物理的な空間，グループの予定を立てること，臨床記録の作成，結果の測定，治療の不遵守または脱落者へのアプローチが含まれるが，ここでは検討しない。これらの問題は，具体的な臨床場面および問題の焦点によって大きく異なるが，それらは今後さらに検討される重要な内容である。参加する人数に

対して小さすぎる（あるいは大きすぎる）部屋，必要となった時の患者用のハンドアウトの不足，セッションに参加しなかった患者へのフォローアップ，患者の予定の問題（たとえば，ある患者は，保育の手配が成立しなかったために，グループからの脱退を余儀なくされる）は全て，治療者と患者に適したグループ経験に著しく影響を与えうる。

患者の選定

　あらゆる精神療法の遂行と同様に，DSM-IV の基準を用いた正確で完全な診断は，あらゆる CBT グループの実施に先立って，有効かつ必要となる可能性が高い。これは，特定の障害のプロトコルが実施される時には当然であるが，より混成のグループ場面においても役立つ。I 軸診断は，グループメンバーが対処し，適切な治療計画を念頭におく必要のありそうな最も差し迫った症状や問題となる領域を治療者が予期することを助ける可能性がある。II 軸診断は，焦点を当てる領域を予期することに加え，治療者が独特な対人関係様式に対して事前に心構えをすることや，パーソナリティ障害の診断がどのようにグループ・プロセスに影響を与える可能性があるのかについて熟考することを助けうる。併発症の問題についてのより明確な検討は第 16 章で提供する。

　I 軸および II 軸の基本的な診断的スクリーニングに加えて，集団適合性の面接は，集団 CBT アプローチが適しているかを確かめるための重要なツールの 1 つとなりうる。適合性の面接は，治療を決定することにおいて役立つ可能性のあるアセスメントを提供するだけでなく，CBT のような短期間で焦点化された治療に対する患者の準備性を高めるといった付加的な利益を持ちうる。このような面接は，プロセスを記述することと現実的な期待を整えることといったグループ経験に患者を適合させる多くの機会を提供しうる。CBT のための適合性アセスメントを完了する過程において，患者は，認知モデルに関する自分自身の適合性についての質問に簡潔に答えることによって，生物-心理-社会の観点において自分の困難を理解するといった点で著しい進展を見せるかもしれない。同時に，もし患者が自分の障害に関して，たとえば生物学的な見方のような異なる考えを持っていた場合に，この面接は，1 つの新しいアプローチを示唆しうる。

　Safran & Segal（1990）によって記述された CBT への適合性に関する面接は，元来，抑うつの個人 CBT のためのスクリーニングの手段として開発されたが，

グループ場面に対しても直接的に適用可能である。この面接では，（1）患者自身が自動思考に気づく能力，（2）患者自身が情動に関する認識と多様な情動状態を弁別する能力，（3）患者が変化に関する責任を受け入れる程度，（4）患者が自ら理解している問題とCBTモデルとの親和性，（5）抑うつが伴った困難の期間，（6）患者が特定の問題への焦点を維持する能力，（7）患者自身の変化可能であるとする楽観性，（8）患者と治療者が初期の治療同盟を結ぶ能力，（9）患者自身が自分の生活において信頼しあえる関係を持つ能力，（10）治療を妨げるかもしれない多様な対人関係上の破壊的なプロセスの程度，を含む10側面が査定される。この測度の得点は，患者と治療者の両者が評定したうつ病治療の効果と中程度の相関を示した（Safran & Segal, 1990）。これらの多様な領域は，おそらく治療の結果を予測する可能性のある少なくとも4つの異なる要因を引き出す領域である。具体的には，治療場面において自分の精神的な経験や「メタ認知」処理に従事する能力を省察できる能力，CBTの原理に関する親和性，慢性化や絶望の程度，そして対人プロセス要因の4つの要因を引きだす。全てのCBTグループのアプローチに最も関連する2組の要因は，対人関係様式と，CBTモデルに関する患者の「適合」である。

　対人関係様式とCBTグループにおける選択基準と除外基準に関する明確な基準に関する正式なアセスメントは，理論的には開発可能である。しかしながら，実際には，現実の適合性のアセスメントは，グループ・プロセスに影響するかもしれない可能性のある全ての対人的要因に関する完全な理解を得るために，時間と資源に関する利益を度外視して行われる傾向にある。その代わりに，グループのために患者を選定する治療者は，患者がグループのリーダーや他の患者と形成するかもしれないある種の関係の代わりとして，面接のプロセスにおいて明示された同盟と関係様式を使用することもありうる。これは，望ましい頻度を超える潜在的な破壊行動（たとえば，逸脱思考，自殺傾向の明らかな表出，再保証に対する極端な窮乏もしくは要求，表出された敵意もしくは不信），あるいはあるべき頻度に満たない肯定的な行動（たとえば，自己開示に従事することができないこと，適切な感情や気分の欠如，感情の起伏の欠如）についての観察を含むかもしれない。交友関係と家族関係の強さは，対人的な相互作用を維持して利益を得る能力に関しての重要な指標のひとつとなりうる。また，重要なあらゆる肯定的な関係を持たない患者，あるいは自分自身が重大な役割として生じた破壊的な関係の経歴を長く持つ患者は，グループもしくはグループ・プロセスに利益をもた

らしそうにはない。

　潜在的なグループメンバーについて，治療者が自分自身に尋ねるのに役立つ質問は以下を含む。

1. この人は，他のグループメンバーとどのような関係を築きたいと思うだろうか？
2. この人のどのような対人的行動が，グループの凝集性やプロセスを支えるだろうか？
3. どのような対人的行動がグループの凝集性やプロセスを台無しにするだろうか？

　同様に，思考記録のワーク，または行動活性化といった一般に用いられる技法を検討することと，他の参加者によって提供された例題と各自の例題について協同的に取り組んでいる他のグループメンバーとどのように患者が相互作用するかを考えることは，有用かもしれない。

　CBT モデルに対する「適合」という点においては，介入のモデルが患者と合致することが理想的である。たとえば，コーピングに関する彼らの「普段の」手段あるいは彼らの問題を扱う場合に，変化を起こすための準備ができており，それを厭わない患者はグループで出てくる提案に，より反応しそうである。自分の困難について生物学的な見方だけを持つ患者，あるいは自分の幼少期についての洞察に焦点を当てることが欠かせないと信じている患者には，CBT グループは十分な役割を果たさないであろう。同様に，自分の問題を自分自身で助けることについての責任をほとんど持たない患者は，CBT グループにおいて成功しないかもしれない。一方で，適合的である患者は，より容易に CBT モデルを理解し，かつそのモデルがどのように自分に適合するかを確かめることに伴う困難がより少ない傾向にある。このような患者は，ほとんど，あるいは全く促さずとも，自分の具体的な問題を面接で説明された汎用モデルに合致させるかもしれない。

　適合性の面接の中で，治療者が思考記録や行動的エクスポージャーなどの見本となる技法を討議することによって，CBT アプローチに対する患者の親和性の程度を理解することが可能である。患者がこれらの手続きを完全に理解するであろうということは仮定できないが，彼らのもっと学びたいという願望，あるいはこれらの介入に対する受け入れの程度は，重要な指標となりうる。より実用的な水準においては，期間，セッションの長さ，グループ・プロセス自体の性質，ホー

ムワークの必要性を含め、グループに期待されることについて患者に知らせることが必要である。そのグループが必要とするものを理解し、それらの期待されることに関与することを表明している患者は、その後の治療においてドロップアウトしなくなる可能性が高いであろう。

患者のデモグラフィック要因

　さらにグループの様式は、診断と適合性に関する変数に加え、年齢、文化、言語、性別を含む患者の他の要因についての検討が必要となる。これらの問題を扱うことについての普遍的なルールはない。すなわち、ある種の問題や場面は、多かれ少なかれそれら自身に不均質性を生じさせるかもしれない。たとえば、大学相談センターにおけるパフォーマンス不安のためのCBTグループは、抑うつ障害の入院患者のためのCBTプログラムと比べると均質なグループが構成されるだろう。これは、グループメンバーの年齢や性別などの特徴が共通していることは望ましいことなのかといった、当然抱くべき質問を生じさせる。多少の制限はあるものの、一般に、私たちは、グループメンバー内の若干の不均質性を許容するだけではなく、実際にその不均質性を選ぶことを推奨する。グループの初期において、不均質性は妨害要因とみなされることがあるかもしれない。たしかに、表面的に多くの共通点を持つ患者同士が、より自然と仲良くなり、「見た目」が似ているグループを同一視するであろう。しかしながら、より不均質なグループにおいては、その他の有益な要因が作用することもある。たとえば、患者は、明らかに異なる立場の人々によって自分自身の問題が共有されることを知る。これは、普遍性といったグループ・プロセスを促進する。その上、各グループメンバーが、質問をする、フィードバックを与える、あるいは例題を提供する場合に、自分自身の経験を提供するため、各グループメンバーは多様な考え方や異なる文化や年齢集団の見識を得るであろう。これは、同じ性別、同じ文化、同じ年代の患者のグループにおいて同じようにはならない。一方で、年齢差が非常に大きい場合には、克服することが困難な隔たりになる可能性がある。実際に、高齢者と若い成人は、グループにおいて異なる種類の介入方略と言葉の使用を必要とする（Thompson et al., 2000）。また、文化的要因やその差異がグループメンバーに基本的価値観の違いといった最も基本的な考え方を関係づけることさえも困難にさせる場合、多少の均一性を目指すことがより望ましいかもしれない。さらに、グ

ループメンバーがグループで選択された言語を話したり理解したりすることに苦しむ場合に，言語が問題となりうる。個人療法では，治療者がこの点に配慮することが可能であり，概念の説明をするために十分な時間を割くことができるため，言語の問題はより容易に克服される。これは，集団療法ではおそらく不可能なことである。

治療者

治療者の準備

　グループを実行するにあたって主たる責任を持つ治療者は，CBT にグループ形式という難しさと複雑さが加わるため，まず個人 CBT についての適切な訓練を受け，かつ事前に集団 CBT に触れておくべきである。無作為化試験，比較試験，および多様なシステムにおける CBT の成功はエビデンスに基づく治療を実施することへの圧力となるため，多様なメンタルヘルスの職業出身の新しい実践家はこのアプローチの訓練を受け続けている。これは，多くの場合に，比較的短いワークショップや自主学習を通して行われている。実際，たいていのグループには特定のプロトコルが与えられているため，そして CBT が容易に学習されるわかりやすいアプローチであるという通説があるため，集団 CBT は学ぶことと実施することが容易であり，訓練が最小限で済むという錯覚を抱かれてしまう可能性がある。私たちは，グループの治療者がグループを指導する前に CBT に関する以前の経験を組み合わせることを推奨する。この点について，理想的には，以下の要素から構成される。

1．CBT モデルと技法に関する講義形式の訓練／教科学習
2．CBT の多様な個人事例に関する直接の（理想的には，何時間にもわたる）スーパービジョン
3．別の治療者が行う CBT グループの観察を目的とした参加
4．コ・リーダーの役割を引き受けること

　これらの要素のそれぞれが異なる種類の知識をもたらすものであり，それらは，最初に治療に対する CBT の方向性の基礎を確立すること，次に体験すること，観察すること，そして最後にグループ・プロセスの問題を扱うことである。注目

すべき点は，ある１つの種類の障害を治療するCBTの訓練をすることは，必ずしも他の障害も治療可能なグループの治療者を訓練しているわけではないということである。たとえば，不安症や抑うつ障害群，あるいは双極性障害および関連障害におけるさまざまな方略の相対的な重みづけは，異なるスキルや経験を必要としており，より専門的な訓練がなければその他の領域に対して十分ではないかもしれない。

治療における治療者のスタンス

CBTグループの治療者に必要な対人関係様式あるいはリーダーシップの特質に関する記述は，比較的少ない。そのような中で，White（2000）は，グループのリーダーに関するいくつかの非常に有用な提案をしている。

1．積極的な参加のモデルとなる
2．個人差への寛容さと開放性のモデルとなる
3．協同作業とソクラテス式問答法を用いる
4．「私たち」という言葉を用いて，体験の普遍性を伝える

本書の会話例において説明のあったこれらの重要な点に加え，その他の重要な構造およびプロセスの要因は，グループの治療者に対して重大な示唆を有している。明らかに，CBTでは講義とプロセスの両方のワークの組み合わせが必要であり，それぞれが独特の様式を必要とする。講義形式の一部（たとえば，自動思考の概念，あるいは曝露階層表の本質を提案すること）は，治療者の話し方／表現技術をかなり利用する。伝達方法は，簡潔で，明確で，直接的でなければならず，また治療者はこれらの課題を完成させるために「メッセージを送り続ける」状態でいる必要があり，その結果としてアジェンダが機会を逃さず完遂される。よりプロセス指向であるセッションの一部（たとえば，自分自身の自動思考を述べさせること，あるいは自分自身の階層表を作成することを患者に促すこと）において，治療者は患者の理解や自己開示を深めるために質問やフィードバックを用いながら，より一層伝統的であり，それほど指示的ではないCBT治療の姿勢をとることが可能である。これは，さらに非言語行動に形を変える。すなわち，講義的に述べる際には，たいていの治療者が立ち上がっており，例題が討議されている時やグループ・プロセスが前面に表れている時には着席している傾向にあ

る。

　ある意味で，治療者は，まるで新しいスキルを教えるコーチやガイドのように行動する。たとえば，ゴルフを教える場合に，コーチがグリップやスタンス，そしてスウィングを中心に，多くの細かい直接的な示唆によって初心者を手助けするのとちょうど同じように，治療者はまず情報やスキルについての「実際的な」フィードバックを提供する。時間が経過し，スキルが発展すると，コーチは後ろに下がり，生徒がコースでプレイしている間は，生徒自身がより独立した決定をするようにして，生徒が有用でない方向へ向かう場合に限って修正するフィードバックを提示する。そのように，CBT グループの治療者は，セッションの間は，後ろに下がり，グループ自身がより治療的な働きをするようにしていく。そういった段階であったとしても，プロゴルファーでさえ，それでもやはりコーチが重要であるのとちょうど同じように，治療者のわずかな示唆がやはり非常に重要となる。

　それゆえ，CBT グループの治療者は以下の一般原則を遵守すべきであり，また，この領域の能力は，それに従って定義されるべきである。

1．CBT グループの治療者は，協同的経験主義，誘導による発見，およびソクラテス式問答法（第3章参照）といった CBT の原理を具体化する。
2．CBT グループの治療者は，プロセス要因（第2章参照）に敏感であり，グループメンバー間の重要な関係を観察し，開放性を奨励し，グループのメンバー間の支持的な（治療的な）フィードバックを奨励する。
3．CBT グループの主治療者は，アジェンダを通して順調にグループを維持し，そして，そのアジェンダから逸れないようにグループを向け直す責任がある。
4．CBT グループの治療者は，グループ学習に伴う集団凝集性のバランスをとるために，あたたかくて，共感的で，指示的なスタイルをとる。
5．CBT グループの治療者は，プロセスと構造におけるあらゆる障壁や問題を観察して，グループの中でこれらの問題を解決することを積極的に試みる（第6章参照）。
6．CBT グループの治療者は，グループの発達段階に敏感になり，グループダイナミクスの進展を尊重し，メンバーがお互いに働きかけるための十分な自律性を有することをグループに認めている。

治療者の数

　ほとんどの実施において，2人の治療者が選ばれ，また，その組み合わせのほとんどは主治療者と共同治療者であることが一般的である。主治療者は，グループ討議を導き，アジェンダやプロセスの問題に応じて重要な決定をするといった，責任におけるより大きな負担を有する。共同治療者は，直接的な責任をほとんど持たないものの，いくつかの材料を担うことは可能であり，また，非常に重要なこととして臨床的なもう1つの「眼と耳」を提供する。主治療者が材料を提示し，例題に取り組むことに従事している間に，共同治療者はグループの相互作用や，主治療者に報告する必要があるかもしれないプロセス要因に注意を向けることができる。

　通常，治療者たちは，各セッションの前に素材それぞれが関与する事柄について討議し，素材とグループメンバーが有するあらゆる潜在的な問題を予測するために短時間のミーティングを行う。同様に重要なこととして，治療者たちは，セッション後の短時間に結果を報告しあうべきである。ここでは，共同治療者と治療者は，技法やプロセスの使用について重要な情報を共有し，また必要なもの全てに対して必要となる修正手段を計画することが可能である。たとえば，共同治療者は，グループの素材に遅れずについていくことに苦労しているグループメンバーにリーダーが気づいていないことを観察しているかもしれない。その後，どのような点が困難となっているのかを判断するために共同治療者が患者に電話でのフォローアップを行うことが決定されるかもしれない。これは，2人の治療者がいることでの2つ目の利益をもたらす。セッションを欠席する患者に電話すること，アセスメント，進行メモ，および終了報告書の仕事量もまた分担可能である。報告しあうことは，ピア・スーパービジョンの形式として有用な可能性があり，それは技法の使用，方略の最適化，あるいはセッションにおける重要な機会を見落としたことがないかについての検証に関するピア・スーパービジョンとなる。

　さらに，CBTグループという文脈における訓練についての提案をしなければならないことが多くある。上級の訓練生は，非常に有効な共同治療者になりうる。また，そのような役割を務めることは，多くの場合に，グループの主治療者になるための最終準備となる。さらに，教授場面においては，特に，グループの参加者／観察者の役割を果たす第3の治療者／訓練生がいることが望ましいかもしれない。この役割は，より柔軟になる傾向にあるだろう。つまり，ある訓練生は，

活動しているモデルを単に観察する必要があるかもしれない一方で，いくつかの素材を型通りに提示することを希望する，あるいは技法の扱いに精通する質問をするかもしれない。訓練生は，準備と治療者の報告の両方に参加し，また，おそらく自分の学習について討議するために主治療者とのさらなるスーパービジョンの時間を必要とするであろう。

　治療者の数と構成に関する検証についての最後の検討事項は，この文脈が，どの程度それぞれの CBT 実践者を 1 つの CBT チームへと変化させるかである。CBT グループに参加する 2 人以上の治療者が，自分たちをチームとしてみなし，またそのように行動することは不可欠である。すなわち，治療者は，グループに対して統一された協力体制とメッセージを常に示すべきである。グループが向かうべき方向性について，2 人の治療者が異なる考えを持つ場合に，それは問題となりうる。たとえば，ソクラテス式問答法において，主治療者および共同治療者は，それぞれが理想とする質問方略について異なる感覚を持つかもしれない。それぞれの治療者は，時折，質問を交代することができるが，治療者たちが互いに否定すること，あるいは否定するようにみえることについて非常に気をつける必要がある。これは，グループに対して非常に混乱させるメッセージを送ることになり，場合によっては，治療者の 1 人，多くの場合は両方に対するグループの敬意が損なわれる可能性がある。私たちは，臨床の問題に対する治療者の 2 人の意見が非常に明白な違いを有していた状況設定に言及している。要するに，それは両者がともに，患者の質問に対する「正しい」情報を持っていると考え，どちらの治療者（両者とも訓練中であった）も主張を譲りたがらなかった状況である。結果として，治療者が専門に関することについて不正確なことを発言した場合よりも，未解決の不一致ははるかに有害な影響を及ぼす。そのような情報は，グループを継続する中で常に修正可能である。しかしながら，治療者間の衝突は，それほど容易に取り消すことができるものではない。同様に，治療者は，あらゆる特定の材料，あるいは例題に対してどの程度の時間を割くかについて，あるいはどの程度強調するのかについても意見が合わない可能性がある。最終的には，セッションそのものの進行の中では，これは常に主治療者の責任とすべきである。グループの方向性についてのあらゆる相違点について，もしくはあらゆる具体的な臨床のシナリオへのアプローチについて治療者が十分な討議をするための適切な討議の場として報告会が位置づけられる。ひとたび十分な討議が行われれば，多くの場合に，2 人の治療者は同様の結論に達するかもしれない。そのような討議

は，グループそのものの進行の中では起こり得ないことは明白である。治療者の違い，特に，かなり反治療的である場合，あるいは控えめにいっても最適でない情報やプロセスが生じていると判断できる場合には，その解決方法として，追加の新しい情報をグループに返すことを必要とする可能性が時折ある。リーダーシップと共同治療者の問題をめぐる具体的な問題解決については，第6章でより詳しく討議される。

グループの構造

グループセッションの構造

　ほとんど全てのCBTグループは，従来のグループアプローチと異なり，クローズドの形式で実施されるであろう。すなわち，グループのメンバーはあらかじめ選ばれ，複数のセッション全てに出席する。この一般原則における1つの潜在的な例外は，患者が比較的短期間に入院したり退院したりするかもしれない入院治療計画であるかもしれない。そのようなグループでは，CBTの原理は単純なものに保たれ，頻繁に繰り返されるため，数日の短い入院であっても，患者はいくつかの基本概念に曝される。

　グループセッションは，90分，あるいは2時間の長さのいずれかである可能性が高い。前者はより効率的になる可能性がある一方で，後者はより多くの時間をもたらす。2時間のグループセッションでは短い休憩が可能だが，90分のセッションでは休憩することは一般的にはない。私たちはいくつかの理由から2時間の長さを提案する。まず，グループを始める際に必要となる柔軟さを可能にするということである。すなわち，グループを始めるために，メンバーが集合すること，あるいは症状チェックリストを完了することといったような追加の時間を取ることが可能である。また，2時間という長さは，討議と例題に可能な限り多くの患者を取り込むためのより多くの機会を与える。この長さはまた，エクスポージャーエクササイズ（第4章を参照）を行うにあたって必要となるかもしれない。最後に，2時間を超えるグループは，治療者と患者の両方にとって長すぎるように思われる。2時間を超える場合には，患者が素材に注意を向ける能力を無理やり引き延ばす可能性がある。

プロトコルの選択

あるプロトコルを選択する際の最も一般的なアプローチは，グループメンバーの主診断，あるいは一次診断を判断することである。このアプローチは，第7～15章に反映されており，パニック症，強迫症，社交不安症，抑うつ障害，双極性障害および関連障害群，摂食障害，物質関連障害，パーソナリティ障害，そして統合失調症への具体的なアプローチについて説明している。これらのプロトコルは，無作為化比較試験のために開発され，したがって，ただ単一の障害に関する相当な特異性を持った傾向にあった。しかしながら，たとえば，併発症（第16章を参照）を伴うメンバーが含まれるグループの場合には，より全般的なプロトコルを作成することもまた可能である。たとえば，地域精神保健場面などの他の臨床応用では，どの技法が実行されるべきかについて治療者が判断する際に考慮すべきさまざまな一次障害を，グループメンバーは有している。この点については，単一の障害のプロトコルの中から特定の技法を選択すること，あるいはより広い範囲の困難に対して特定の技法を適合させることを含むかもしれない。たとえば，あらゆる不安症状は，いくつかの型の統制されたエクスポージャーから利益を得るであろう。そして，その要素は，社交不安症，強迫症，あるいはパニック症の治療から得られるかもしれない。

グループが始まる前に，どのような技法をどの程度の詳細さと深さまで教示するかについての全体計画を描くために，1セッションの計画を立てるべきである。「特化された」プロトコルを作成する際には，素材の流れに特別の注意を払う必要があり，その結果として，論理的で，安定した学習の進行が提供される。ホームワークは，あるセッションで学んだスキルを実行する機会を患者に提供すると同時に，次のセッションにおける新しい学習の基礎として役立てるため，考慮すべき重要な領域の1つである。このプロセスが完了したならば，グループメンバーに配布する素材のパッケージを作成することが有用となる。これは，包括的マニュアルを構成することと同様の正規なものにも，ホームワークシートに含まれる一連の配布資料と同様の非正規なものにもなりうる。このパッケージは，セッションの治療者，日付，回数に関するあらゆる必要な案内情報を含めるべきである。

グループのルール

通常，最初のセッションで扱う重要な出発点は，グループのルールについて討議することである。これらのルールは，守秘義務，出席，ホームワークの遵守，

およびグループに出席できない場合に取り組むこと，などを含む重要な領域を網羅する。配慮されるべき事項として，グループメンバーが参加する最低限のセッション数に関する同意やホームワークの完遂へのコミットメントなどについての概略を説明する治療「契約」もあげられる。さまざまな権限とはわずかに異なるかもしれないが，守秘義務のルールは，個人療法と全く同様に，グループにおいて明確に討議されるべきである。このような守秘義務に対する法的，倫理的な境界は柔軟ではなさそうである一方で，グループメンバーは，自身がグループの中で知ったことを家族と共有しうる，あるいはすべき範囲について討議すべきである。個人療法では，その場におけるあらゆる経験は患者自身のものであり，患者が適当であると思った時にただちに討議可能であるため，このことはめったに問題にならない。しかしながら，グループでは，グループでの経験をグループメンバーそれぞれの生活において他者と討議する場合に，グループメンバーは秘密を共有してしまっているかもしれないし，自分自身と他のグループメンバーとの間の会話についても述べているかもしれない。したがって，グループメンバーのそれぞれの生活における聞き手が，グループ内の他の患者を同定可能な個人情報を受け取る可能性がかなりある。これらの問題はグループによって討議されるべきであり，ある程度一致した意見にまとめるべきである。通常，ここでは，グループについて他人と討議する場合に他の患者の秘話やグループの仲間とのあらゆる討議について遠回しに話すこと，また，最も重要なこととして，特定できる情報（たとえば，グループの仲間の職業上の地位，住宅の場所，婚姻状況など）をグループ外で討議しないことなどの，患者が同意するであろう歩み寄りを伴う。

　グループのルールに関する討議は，介入のモデルやグループの相互作用に期待されるものを紹介し，グループメンバーを社会化させるための優れた時間でもある。メンバーは，プロセスを重視するもの（たとえば，12 ステッププログラム）から学習が唯一の目標である「教科」に似ているものまで，そのグループがどのようなものであるのかについて，広くさまざまな想定と期待を持ってグループに参加する。したがって，グループのルールに関する導入では，CBT グループが教科のような学習に関する要素と体験やグループサポートに関する要素が組み合わさっていることを明確にすべきである。グループのルールは，グループメンバーがお互いにフィードバックを提供しあい，かつお互いに質問をしあうといった要求について明示すべきである。このプロセスはグループの進展に伴い確実に発展するであろうものの，グループメンバーは，リーダーとであったり，リーダーを

通してだけではなく，自分たち自身で相互作用が可能であり，そのようにすべきであるということを初めから築き上げることが有益である。

個人のニーズ

　個々の患者の異なったニーズを扱うことは，あらゆるグループにおいて必要である一方で，グループの中では可能な限り常に臨床上の問題を強調することもまた重要となる。患者への配慮が求められる見本となるシナリオは，患者がグループのセッションを欠席しなければならないが最新の情報から利益を得るであろう場合，あるいは，患者が治療者に対して個人的に話すことを選ぶことが重要であると患者が思っている場合を含む。計画されたものであろうとなかろうと，患者がセッションを欠席する必要がある場合には，共同治療者の1人は少なくとも電話をして，可能であればグループで生じた最新の情報や新しい素材についての要約を提供すべきである。

　グループの中で患者が苦労しているように見える場合には，より複雑な決定をする必要がある。この問題は，特に第6章内の問題解決において検討する。もちろん，その患者や他のグループメンバーのために，個別の治療を提供するために誰かをグループから外す必要が生じる場合がある。これは可能な限り包み隠さず率直に行うことが望ましい。また，患者の中には，時々，グループの文脈において特定の問題を提示することができない，あるいはすべきではないと感じる者がいる。そのような場合に，彼らは治療者と個人的に話をすることを依頼するかもしれないが，治療者がグループの優先事項を覚えてさえいればそれは十分に受け入れ可能である。ほとんどの場合は，直接その問題をグループに提起し，その一連の行動をとることの利点について，患者自身が理解することを援助することが望ましい。

ホームワーク

　グループを開始する前の絶対的な優先事項は，課題のために構造化された計画，宿題の振り返り，および宿題に伴うあらゆる配布資料，ワークシート，およびエクササイズの準備をすることである。ホームワークの割り当てが最後まで残されたままとなった場合，そうでなくとも大雑把か曖昧な場合，遵守の割合は急激に下がる。私たちは，各セッションの始めに，ホームワークが治療者に直接手渡され，治療者はすぐにそれをふり返ることも推奨する。この手続きにはいくつかの

長所がある。第一に、ホームワークが「提出される」ことになっていることに患者が気づいている場合に、それを完成しようとするように患者はより動機づけられる。第二に、各患者の取り組みをふり返るためにグループメンバーがそれぞれどれくらいよく素材を理解しているのかを治療者が直接確認することができる。第三に、ホームワークを検討することによって、治療者はグループの中で用いる例題の予備計画を立てることが可能である。それは患者が症状のリストに回答している間にたいてい行われるが、ホームワークの確認を一旦してしまえば、セッション中にそれを用いるために各患者に返却することが可能である。また、ホームワークのあらゆる例題についてグループで公開して討議する前に、治療者はグループメンバーに彼ら自身の例題を使用する許可を求めるべきである。

例題の選択

　グループの治療者が日々直面する重要な意思決定は、新しい技法を解説するために、あるいは他の治療上の重要な観点をもたらすために、グループ内の使用可能な多くの例題の中から選択することである。たとえば、グループ全体として15の思考記録を完成させた場合に、どの思考記録をさらに詳細に探索し、グループ全体からのフィードバックを受けるべきだろうか。

　検討するにあたり3つの要因が重要となる。第一に、グループメンバーは、自分自身が苦労した例題、あるいは特に有用であることに気づいた例題を持っているかどうかを尋ねられるべきである。これは協同的なアプローチを反映しており、重要であるものの解決していない疑問を持つ例題についての患者の理解を可能にする。

　例題を選択する場合に考慮する第二の要因は、治療者が引き起こしたい討議の裏にある意図である。いくつかの場合では、ポイントをよく説明している、あるいは患者によって完遂され成功した結果が得られているという理由から例題が選ばれる。私たちはこれを「肯定的な例題」と呼ぶ。すなわち、それらは、ある技法がどのようにうまく機能するかのモデルとなる、あるいは、CBTの技法を用いた問題に対して成功した結果を示すために役立つ。「肯定的な例題」は、他のグループメンバーが自身の状況において同じ方略を用いることを奨励するため、そして教えられた方略の利点を強調するために選ばれるべきである。しかしながら、それらがすでに完全に肯定的に解決されている結果を含んでいるという事実のため、それらの例題が必ずしも深い討議に結びつかないことに注意すべきである。私た

ちが「進行中」と呼ぶ2つめの種類の例題として，今のところまだ解決されていない，あるいは患者が行き詰まっている項目を含むものが挙げられる。それらの例題は，より多くの時間がかかり，より難しい可能性がある。しかしながら，それらは，ソクラテス式問答法を使用する技法や他の特定のCBT技法によって作用する重要な側面をグループに明らかに示し，また，凝集性，あるいは共に取り組むというグループの能力を強めてグループ・プロセスを深める傾向にある。進行中の例題は，実施中の治療原理を説明し，良い方向への解決に向かってその患者を促すことに役立つ。例題の3つ目の種類である「移行中の例題」は，未解決であることから，進行中の例題と似ている。しかしながら，移行中の例題は，セッションの中で，その新しい素材が具体的な例題においてどのように適用可能であるかを説明するために選択される。思考記録のホームワークの例に戻ると，セッションの目標が中核的信念について初めて討議することである場合には，治療者は，自動思考よりも，ネガティブな気分や障害を維持しているように思われる信念に関する例題を選ぶかもしれない。適切な移行中の例題は，グループメンバーになぜ新しい方略が教えられているのかを理解させ，また，これらの実施中の新しい技法を，グループメンバーが遭遇した「実際の」状況において説明することを助けるものである。

　考慮すべき第三の要因は，例題の「一般化可能性」である。他の条件が全て同じであるならば，最も有用な討議を引き起こす例題は，多くの，あるいはほとんどのグループメンバーにとって経験が最も共有されそうな例題である。たとえば，抑うつにおいて，自己卑下的なテーマを含む例題は，グループの全てのメンバーと合致しそうである。そのような例題は，グループのただ一人のメンバーの困難に結びつく，特異的な，あるいは複雑なシナリオよりも有用である。

セッション内の構造

　CBTは，一連の治療における各セッションが，合理的で包括的な順序に従うという事実によって，他の多くの治療のアプローチとは容易に区別可能である。各グループセッションの内容が進む時でさえ，セッションの基本構造は，治療者とグループメンバーの両方にとって予測可能である。この構造は，主たる2つの理由のために非常に重要である。まず，CBTの効果性は，主として，治療の中で伝えられたスキルを使用することを患者が学習する程度に基づく。したがって，

CBT は相互作用的な学習の場を作ることを重要視する。また，研究のエビデンスの大部分は，CBT の構成要素，特にホームワークが，治療において「有効な構成要素」として重要であるという考えを支持している。

　学習させようとするならば，このプロセスを促進する最良の手段は何であろうか。2つの極端な方法が，可能性の範囲をおおよそ定義し，一般の教育に対するアプローチを見いだしうる。極端な方法の1つは，暗記学習のように非常に構造化されたものであろう。すなわち，教育ベースの例は，綴りや九九表を教えるドリルになるだろう。もう1つの極端な方法は，本質は学習されるのではなく発見されるといわれる，非常に非構造的で，方向性のない，体験的なアプローチであろう。これらの極端なアプローチには両方とも欠点がある。前者は，おそらく退屈な，機械的でくり返しのものであり，学習ではなく日課として経験される。すなわち，構造化され過ぎた CBT グループは，「講義」としての教科に類似するであろう。一方で，体験的な方法は，非効率的であり，重要な本質を逃すことになるかもしれない。すなわち，体験的な学習に基づく CBT グループは，エンカウンターグループに類似するであろう。私たちが主張するグループ CBT セッションへのアプローチは，これらの2つの極端な方法の中間に相当する。治療者は，それぞれのグループセッションの間と治療のセッションにわたって CBT の重要なスキルと原理が扱われることを保証する。同時に，現実の問題は，あらかじめ計画されない，柔軟な学習を可能にする方法で討議され，統合される。このアプローチは，CBT の誘導的，探索的性質について説明する用語である「誘導による発見」の概念を表す。

　さらに，ここで記述される CBT セッションの構成要素は，個人 CBT の中にもある7つの別個の要素，すなわち，状態チェック，明確化，セッションの橋渡し，アジェンダ，短い要約，セッションの要約，そしてホームワーク，を含んでいる。それぞれ，以下に詳細に記述する。

状態チェック

　これは，通常はセッションの開始時に見受けられ，いくつかの目的がある。第一の目的は，前回のセッションに関連する患者の臨床状態を理解し，何らかの改善が生じたかどうかを判断することである。多くの場合に，これは，グループが始まるのを待つ間に，患者自身が回答する自己報告式の測度を用いて非常に効率的に行われる。また，行動変容が治療の目標の大部分になりうるため，その人の

機能に関するいくつかの情報を集めることも重要となる。第二の目的は，これが，ホームワークとホームワークの体験に関するフィードバックを尋ねる重要な機会ということである。第三の目的は，状態チェックは，グループ中に考慮される必要のある重大な危機や他の出来事が生じていたかどうかを明らかにする可能性があるということである。

　一般的に，これは始めに自発的に発表するメンバー，そして各メンバーを回るような「一回り」を通して遂行される。グループの治療者は，患者が学習し，そして実行していると思われる技法の程度，遵守の水準，進行中のストレッサーや障害，患者が素材に対して抱く疑問を含んでいる1週間の短いふり返りから多くの場合かなりのことを学ぶ。グループの治療者は，概説するために計画した材料に加え，その日のセッションに組み入れることが可能な問題について，メモを取るかもしれない。たとえば，計画されたアジェンダ項目の中の1つが，不安を生じさせる状況の回避や，グループメンバーの述べる回避の意思決定について振り返ることである場合，治療者は，後ほどセッションの中で素材を提示する際に，その例題に戻って言及するかもしれない。これは，グループメンバーに対して，素材をより「生々しく」させ，明確に関連づける。

　状態チェックは，グループメンバーがお互いについて知るための重要な時間でもある。その週の出来事のふり返りは，しばしばグループメンバーがお互いの生活に関する相当な個人情報を与え合い，そしてこれが相互理解と凝集性を深めるために重要になる。この段階に伴う困難は，あまりに多くの時間を取る可能性が高いことである。したがって，2，3分あるいはそれ以下の時間で，彼らのふり返りを提示するように，グループメンバーを社会化させることが重要である。

明確化

　次の検討領域は，前回のセッションと関連し，必要となるあらゆる明確化に関係する。各セッションで多くの情報が提供されるため，グループメンバーは前回のセッションの概念，あるいは重要な点について十分に理解していない場合がある。グループ治療のプロセスにとって，そのような疑問に答える機会を保証することは重要である。すなわち，重要な概念を理解していない患者は，新しい素材およびグループ・プロセスの両方から取り残されるであろう。明確化を行うために，治療者は通常，前回のセッションで扱われた素材に関する質問や，前回のセッションで学習したスキルを実行に移すことが多いホームワークに対して生じる疑

問がないかどうかについて質問する。

橋渡し

　次の構成要素である「橋渡し」は，本質的には，前回のグループセッションの要約であり，そのセッションにおいて行われることに関するいくつかの指示が続く。橋渡しは，セッションの題材を紹介するだけでなく，前回のセッションで学習したことを確認するための機会という点でも重要である。橋渡しは，治療の「ストーリー」を創り上げることに関してとても重要である。それがなければ，セッションはつながりがなく，互いに独立して作用するようにみえるかもしれない。橋渡しは，グループメンバーからのいくつかの例題や，ちょうど今ふり返ったホームワークを含む場合に，特に効果的である。橋渡しは，おそらくほんの1分か2分の比較的短い時間で行われるべきで，前週の要素に関する念入りな計画と振り返りを必要とする。

アジェンダ

　セッションの次の要素であるアジェンダは，セッションのために「計画」を立てることを含む。これはおそらくセッション開始における最も協同的で形式的な部分である。また，治療者は，ここでグループメンバーにセッションについての彼ら自身の優先事項について直接尋ねる。状態チェック，明確化，橋渡しにおいて収集された情報の多くは，グループメンバーのニーズに関するアジェンダの設定の支援をするために用いることができる。治療者は，一般的にホワイトボードにアジェンダを記録しておき，その結果グループメンバーはセッションが向かうところについて行くこと，あるいは予想することが可能にもなる。さらに，ホワイトボード上にアジェンダを残すことは，例題が制限時間を超過する恐れがある場合に，治療者が時間管理の必要性について説明することを助ける可能性がある。

　セッションのための新しい素材の大部分は，治療者が従うプロトコルによって決定され，また，これは協同作業のもう一方に相当する。患者の希望と，学習を継続するために取り扱う必要のある素材とのバランスを確立することは時に困難であるが，グループのリーダーがそのプロセスについての経験を得るにしたがって，それはより容易に達成される。個人CBTと比較して，それぞれの領域は多くの患者からの情報提供を必要とするため，グループにおけるアジェンダの項目はより少なくなるであろう。さらに，アジェンダから逸脱する必要がある状況も

あり，これはプロセスおよび技法の両方の問題によって導かれる可能性がある。グループメンバーは，特定の概念で苦労することもあるため，次へ進むことが可能となる前に率直に話し合うことを必要とする時もあるかもしれない。グループは，次へ進む前にプロセスの問題に焦点を当てる必要がある時もあるかもしれない。一方で，グループのリーダーがアジェンダから「はずれること」を過度に認める場合，それらはプロトコルから脱落する危険を冒している。アジェンダから遅れをとることを考える際，グループのリーダーは，「私たちが考えている逸脱は，長期的には，私たちが取り扱うために計画していた素材と同じくらいに，このグループに対して役に立つのであろうか」と自問すべきである。

要約

　相当な量の新しい学習が，CBT の各セッションでグループメンバーに生じる。学習を促進し，確認するために，まさに今取り扱われたポイントを要約することがしばしば必要になる。要約は，ソクラテス式問答法とは異なる。すなわち，治療を「本物に」するためのグループメンバーの開示に関する CBT の概念と要素を挿入することを含むより教訓的なエクササイズである。要約は，ある概念が説明され，グループメンバーの生活上の問題に適用された後に用いられるのが最もよい。要約は，概念（たとえば，思考の歪みは，ものごとを解釈する偏った方法である）を簡潔に要約することであり，そして，おそらくは，この概念に関する他のグループメンバーの生活における1つあるいは2つの例題である（たとえば，その人は，相互作用の中で「読心術を使っていた」，もしくはある形式のフィードバックを受け取った後に「破局的に考えていた」）。最も重要な要約は，セッションの終わり頃に起こり，セッションにおける最も重要なポイントの要約を含むものである。要約に関するスキルの多くは，橋渡しに必要なものと同じである。すなわち，治療者は，原理を理解可能な言葉に置き換え，これらの原理を説明するグループメンバーの例題を含める必要がある。さらに，理解を確認する要約は，グループメンバーからグループメンバーへの質問を多く含む。また，要約は1つのアジェンダの要点から次の要点へ討議の移動を示し，治療における転換点や変わり目もまた形成する。

ホームワーク

　最後に，セッションの重大な部分は，ホームワークの討議および割り当てであ

る。理想的には，ホームワークの計画は，可能な限り常に，そのセッションとプロトコルの内容，およびグループメンバーの例題の両方に基づくことである。すなわち，適切なホームワークの割り当ては，治療の中で学習した概念と患者の解決していない問題を混ぜ合わせる。後付けとしてホームワークを扱うのではなく，ホームワークについて討議するために，セッションに十分な時間が残されていることが重要である。おおまかに言えば，セッションの他の全ての作業は，ホームワークのための自由に使える10分程度の時間を残して終了されるべきである。これは，ホームワークの計画を記述し，討議し，そしてまとめる時間を確保する。プロセスの問題もここで作用し始める。治療者は，各患者にとって最も有用なホームワークの形式について，互いにフィードバックを提供するようにグループメンバーを奨励すべきである。

結論

集団CBTは，症状を和らげ，可能な限り最も良い機能と生活の質を再確立するという目標に対して，学習と体験を同じ割合で組み合わせる。体験の構造は，技法とプロセスの最適化の両方に対して重要である。グループのプログラムを熟考する前に，運営上の詳細を検討することが重要である。私たちは，グループのために患者の適合性を評価することに対して，特定の示唆を提供することで患者選択の問題を強調した。これは，重大な差異を生じかねない。すなわち，いくつかのグループは，まさに最初のセッションから，他のグループよりもはるかに結束して肯定的に感じる。多くの場合にこのことは，プロトコルに「適合し」，お互いに補完もしている個人の良い融合を反映している。したがって，グループのメンバーがある程度均質であることが望ましいが，グループメンバー間の多少の差異は実際には非常に役に立ちうる。また，全てのCBTがグループのリーダーを通して提供されることを念頭に置き，治療者のトレーニングおよびスタンスに関するいくつかの問題について討議した。彼らが用いるアプローチは，グループの成功に非常に影響するものである。最後に，治療者が，慎重にグループのプロトコルや計画を構成すること，概念やセッション，構造の流れに特別の注意を払うこと，セッション同士をつなぐホームワークを作ることが重要である。

本章では，適切な集団CBTは，プロトコルの目的を学習することと，グループメンバーの経験的なニーズをうまく調和することであるということを提示した。

もちろん，この理想的なバランスは，場合によっては，臨床上の難しいジレンマによって，課題となるかもしれない。治療者は，探索し理解を深めるために多くの時間を費やすか，計画された教訓的素材を必ず終えるようにするかを選択しなければならない場合もある。日々の臨床業務においては，これは，たいていグループメンバーが1つの例題に反応することに強い感情を経験している時，重要な自己開示を行った時，あるいは認知や感情に対する重要な発見があった時に顕在化する。時間が短い場合，構造化されたプロトコルにおいてそれがそのように頻回にある時，治療者が何を扱うか選ぶことは，同時に多くの要因が影響することを意味する。しかし，基本的に，治療者は良い点と悪い点を分析して，決定を下さなければならない。「体験」あるいは感情にとどまることは，プロトコルから遅れをとるコストよりも重要だろうか。短期的および長期的には，1人のメンバーの現在の経験および治療の突破口，あるいはグループの長期的な利益では，どちらがより重要であろうか。どの行動がグループの凝集性を増加させるであろうか。どの行動が凝集性を危険にさらす可能性があるだろうか。おそらく，最も重要なことは，その患者に今起きていることを，グループが必要とする学習のために使用しても良いかどうかである。熟練した治療者であれば，この最後の質問への答えは「イエス」であり，また，そうすることは，CBT構造における体験的に扱うことと教訓的に扱うことの間にある明白な緊張をしばしば解決する。うまく機能しているCBTグループでは，良い技法および良いプロセスが相乗効果を生み，常にバランスが保たれている。

6章

CBT グループにおける障壁の克服

グループの構造における課題と問題

　CBT の集団療法を実施することは，あらかじめ設定された形式とプロトコル
に従うという点でわかりやすいように思われるかもしれない。しかしながら，特
にグループ場面においては，プロトコルを実践に移すことは，グループのメンバー
の機能や臨床像，治療者のスタイルやスキルに応じて，それぞれのグループによっ
て変化する動的で発展的なプロセスである。本書における各障害に特化した章は，
障害に特化した障壁や集団 CBT と関連した課題を扱うための節を含む。しかし
ながら，より包括的な観点から CBT グループに固有の障壁，および課題を考慮
することも有用である。事実，私たちが訓練生に集団療法に関する訓練をする時，
それがグループの治療とプロセスの基本原則を網羅するところから始まっている
ため，自身の知識とスキルを特別に編成された一連の CBT グループを実施する
ことに適用しうる。したがって，訓練生にとって，集団療法に関連する一般的な
障壁に関する正しい知識を持つことは重要である。どのようなグループにおいて
も，難しい患者，グループ・プロセス，リーダーシップの3つの領域に関して，
問題が生じるかもしれない。本章は，特にこれら3つの領域それぞれに生じる，
より一般的な問題と課題のいくつかに焦点を当てる。

難しい患者

　私たちの経験では，治療者が実施するそれぞれのグループは，グループ・プロ
セス，グループのメンバー，グループのリーダーシップに課題を示す患者を少な
くとも一人は持つだろう。グループにおける患者の発言に関して以下の例を考え
てみよう。

ポール：私は何もお話しするようなものがありません。今週は何も起こりませんでした。

ウェイン：（話し始めたグループの別のメンバーをさえぎり）私はそれがどのようなものなのかはっきりとわかっています。私にとっては，不安になった時私がしていることは，どんなことでも常にやめなければなりません。

トレイシー：私たちはみんな，仮面をつけています。私たちはみんな仮面をかぶっていて，他者に対して演技をしています。そのため，彼らは私たちが内面で何に対処しているかがわからないのです。何かが起きるまでのとても長い間，私たちはただそれだけしかできません。

レスリー：（憤慨した声でグループのリーダーをさえぎり）私は，以前にこの種類の治療を試みたことがありましたが，役に立ちませんでした。わずか3回のセッションですが，このグループも役に立つと感じていません。グループの他のメンバーが感じていることが私には不思議です。

　このようなグループの実際の会話例は，全てのCBTグループの治療者に，ある程度の考えを引き起こし，「ホットな（激しい）思考！」を抱かせてしまうという問題に関して明らかな指標になる。しかしながら，これらの例は，グループのメンバーの相反する感情あるいは抵抗の例である以上に，グループのリーダーシップに課題を喚起し，良いグループ・プロセスを損ない，そしてそのため効果的な治療を阻害しうる。そのような課題は，グループの個々のメンバーの個性が現れ，影響を及ぼし始めるグループの移行期に最も現れることになる。

　Yalom（1995）は独占者，静かな患者，うんざりさせる患者，支援を拒絶し不満を言う者，精神病の患者，性格的に難しい患者，境界例の患者を含むグループにとって課題となる多くの異なる「問題のある患者」について記述した。これらのさまざまな「問題のある表現型」は実証研究の中心にはなく，各CBTグループ内での私たちの経験ではあるが，複数の典型的な問題を持つグループのメンバーは，グループの機能に対して課題を提起するかもしれない。グループのリーダーは，これらの問題となるグループのメンバーを管理し，グループの機能を促進させるためのグループ・プロセスと特異的な介入を使用できうる。CBTグループ内の問題となるグループのメンバーに関する一般的なプロトタイプは，管理するための方略とともに，表6.1に示されている。

6章　CBT グループにおける障壁の克服—グループの構造における課題と問題

表6.1　問題となるグループメンバーのプロトタイプと管理方略

プロトタイプ	描写	治療上の管理
静かで無口な タイプ	・グループへの参加が最小限であること ・静かに座ることを好むこと	・引き出すためにグループを用いること ・相互作用を促進するために直接質問すること ・経験をグループの他のメンバーの経験に関連づけようと試みること ・適切な場合，グループにいることについての思考や感情を扱うこと
尊大なタイプ	・グループの時間を独占すること ・情報を共有することには苦労しないこと	・グループの時間のバランスを取るために，抑制方略を用いること ・微細な管理方略を用いるかもしれないこと（すなわち，質問について話し続けることを強化しない，または視線を合わせない） ・最終的には，途中でその人を止めるといったより明示的な管理方略を必要とするかもしれないこと（たとえば，「私たちが他の人から話を聞けるように，そこであなたを止めるつもりです」）
役立つ人	・常に，有用かどうかわからない助言を与えること ・「私」ではなく「私たち」を使用して，一般論で話す可能性があること ・自分の問題ではなく他者の問題に焦点を当てる可能性があること	・その人が個人的な経験をよく考えること，一人称で話すことを奨励すること ・助言が有用な場合，その後すぐに強化し，その人がどのように自分の問題に焦点を当てることができるかといった方向に彼らを導くこと ・助言が有用でない場合（たとえば，「もし行くことが不安なら，その時は行かなくていい」）は，その後すぐに，グループの中で扱うこと（たとえば，「皆さんは，その考えについて何を考えますか」あるいは「その考えはどのようにグループの目標と一致しますか」）
懐疑的な人	・全く治療を受け入れない悲観的な人 ・既に何度も CBT を試みた可能性があること ・治療者および治療に挑戦する可能性があること	・「抵抗に巻き込まれながら進む」（Miller & Rollnick, 2002），すなわち討議に従事せず，メンバーの感情を承認または妥当化し，そして，個人責任と選択を強調する方向へ移行させること ・抵抗に働きかけるために，第2章の移行段階で扱われた方略をグループのなかで用いる
根づかない人	・時に参加し，時に参加しないこと ・グループに全力を傾けているようには思えないこと	・グループの中で扱うこと ・個別の面接を必要とする可能性があること
グループメンバーに適切でない人	・どうにか選別を切り抜けたこと ・その人の問題がグループの残りの人と異なるかもしれないので，グループでは問題が多いこと ・問題のあるパーソナリティ上の特徴（たとえば，妄想症）または，他の症状のため，しばしば急な対応を必要とすること	・管理と抑制方略を用いること ・その人のニーズがグループの他の人と異なっている可能性を認め，その人がグループへの参加から得る可能性のあることへ焦点を移すこと ・その人が破壊的過ぎるか，または治療ニーズが変わったなら，グループを中止し，代わりの治療の選択肢を見つける必要がある可能性があること

グループのリーダーが，グループの課題となるメンバーによって生じるかもしれない葛藤に取り組むことや集団凝集性を築くことは重要である。グループのリーダーは，プロセスを妨げるかもしれない多くの領域に敏感である必要がある。これらの領域に含まれるのは，非言語行動，およびボディーランゲージに注意を払っていること（たとえば，グループの一人のメンバーが話している時に，他のメンバーが紙に落書きをしていれば，それはその人がグループに従事していないというサインである），そして多くの繊細な仕方で生じうる初期の抵抗（たとえば，情報に関与しない，または取り組まない，遅れてやってくる，セッションに出席しない，提示された情報をなかなか利用するようにならない，生物学的な説明を求め続ける，あるいはグループや治療の価値に否定的な態度を持つ）に敏感であることである。グループの他のメンバーの態度や治療への関与に影響を及ぼすかもしれない，これらのタイプの抵抗に取り組むことは重要である。

また，グループのリーダーは，Leahy（2001）が記述したように，変化への抵抗は，活動に基づくアプローチに移行する前に感情の妥当化の要求と，積極的な治療によって顕在化するかもしれない激しい情動をうまく処理する能力の欠如を含む，多くの要因によって引き起こされるかもしれないということを理解する必要がある。治療によって要求される変化は，過去の経験あるいは自己スキーマとは一致せず，モラルに関する信念や価値と相容れないかもしれない。さらに，CBT のような活動することに基づく治療によって要求される変化は，変化しないことに関する利益を阻害するかもしれないし，「ことを荒立てる」，あるいは不安定を引き起こすという点で危険であるとみなされるかもしれない。最終的に，変化によって，圧倒的で克服できないようにみえる問題に焦点を当てることになるかもしれない。

このような場合に，抵抗を管理するために動機づけ面接の原理（Miller & Rollnick, 2002）を組み込むことは有用かもしれない。これらの方略は，両価性を標準的なものとするのを助けるために共感を表現する，グループのメンバーのゴールと現時点の彼らの行動に関する矛盾を拡大する，そして，共感し，検証し，討議するためにグループにその問題を戻すことによって，「抵抗に巻き込まれながら進む」ことを含む。これらを促進することが可能なマイクロセラピー的（マイクロカウンセリング的）な介入は下記を含んでいる：

・グループにいることに関する選択を強調することによって，責任を患者に戻す。
・疑問を普通のこととし，偏見のない心を保って，方略を試みる重要性を強調

する。

・ホームワークと経験に基づく治療アプローチの重要性について討議する。
・成り行きを見守る態度（たとえば，「あなたは何を失わなければならないのですか」）を奨励する。
・グループへの悪影響を防ぐために，消極性を封じる。
・グループのリーダーとして自分の役割を分析し，抵抗に取り組むために自身ができることを断定することによって，教育を明確にするあるいは提供する。
・グループのメンバーに自分自身の感情や体験に焦点を当てさせる。
・参加の邪魔になるかもしれない障壁について探索する。

　これらの方略を実行に移す時，何が起こるだろうか。本章の始めに示された課題の管理を以下に説明する。これらのカテゴリーが互いに排他的ではないことに注意する必要がある。たとえば，懐疑的なメンバーは静かであるかもしれないし，あるいは尊大であるかもしれない。これらのカテゴリーは実証データではなく，臨床経験に基づいて記述されるが，それらは臨床的介入を導くことやグループの機能を管理することに役立つかもしれない一連の方略を，グループのリーダーに提供するという点で有用である。

静かで無口なタイプ
　「静かで無口」であるグループの典型的なメンバーは，グループでは静かに座り，最低限の参加を望む。このようなメンバーはグループという形式の中では，内気で居心地が悪いのかもしれない。その代わり，治療に対する開放性がないために黙っている人は，グループでの参加や関与に慎重であることに反映されるように，より大きな課題をもたらす。グループのリーダーが観察に基づいて，あるいはグループでさりげなく探りを入れることで，参加しないことに対する潜在的な理由を確認することは有用である。多くの場合，グループセッションが進むにつれて，グループの内向性の高いメンバーはより快適になり，参加は増加するかもしれない。同様に，グループの慎重なメンバーは，時間とともに，より治療に開放的になるかもしれないし，より治療に参加するかもしれない。
　静かで無口なタイプのメンバーの参加を促進するために，グループのリーダーが行使しても差し支えない多くの介入がある。グループのリーダーは，その人を引き出すためにグループを利用できる。たとえば，患者が何かを共有する場合，

135

第Ⅰ部　認知行動療法グループの一般的理念と実践

　グループのリーダーはグループの快適さを増加させるために，その患者の経験を
グループの他のメンバーの経験に関連づけることができる。あるいは，グループ
のリーダーは相互作用を促進させるために，直接的な質問を用いることができる。
以下の例を考えてみよう。

治療者：ポール，私たちはまだあなたから話を聞いていません。あなたの1週間
　　　　はどうでしたか？
ポール：私にはお話しするようなものは何もありません。今週は何も起こりませ
　　　　んでした。
治療者：今週，何か不安なことはありませんでしたか？
ポール：あったというほどではないです。
治療者：そうですか，良い週だったようですね。
ポール：いいえ，そうではなかったです。私は家から全く出ませんでした。
共同治療者：良い週でなかったようですね。ポール，あなたはなぜ家を出るのが
　　　　難しかったのですか？
ポール：私は全く気分が良くありませんでした。
共同治療者：（グループにそれを話して）他の人は，気分が良くなくて，外に出
　　　　るのが難しかった経験はありますか？

　この場合，他の人がホームワークやその1週間がどう過ぎたかをふり返る間，
ポールは最小限の参加で，グループの中で静かに座っていた。グループのリーダー
は，いくつかの直接的な質問でポールを引き出すことを試みる。ポールは短い答
えを続け，利用できる情報も出ない。コ・リーダーは，支援を提供するために割っ
て入り，ポールに共感し（「良い週ではなかったようですね」），その後さらに穏
やかに彼を引き出す。ポールの返答は短かったが（「私は全く気分が良くありま
せんでした」），それは，コ・リーダーがグループの他のメンバーはポールの経験
に関係があるかどうかを確かめるために，問題をグループに戻すのに十分な情報
を提供した。このように，コ・リーダーがポールとグループの他のメンバーとの
類似点を強調することを試みるため，ポールはより快適に感じている。
　グループの静かなメンバーに対する参加を促進するためのもう1つの介入は，
グループにいることに関する患者の思考や感情を扱うことである。この方略は，
グループの他のメンバーの問題と関係づけられる可能性があるので，グループに

136

おける凝集性や快適さが増大するかもしれない。

尊大なタイプ

　「尊大な」グループのメンバーは，自身の経験によって，絶えずグループの時間を独占しようとするクライエントである。このタイプのメンバーは，グループへの関与のバランスを変化させ，またグループのリーダーのアジェンダを脇道にそらすかもしれない。このタイプのグループのメンバーに対処するためには，微細あるいは明白な抑制の方略を含むかもしれない。微細な方略は質問することやうなずくこと，アイコンタクトすることによって，話し続けるままにしないことが，まずは用いられるかもしれない。これらの微細な方略が十分でない場合，より明白な管理方略が必要とされるかもしれない。より明白な方略は，患者のニーズとグループのニーズのバランスを保つことに関する計算されたアプローチを必要とする。たとえば，以下のそれぞれの場合，グループのリーダーは話の流れの中程で割って入っている。

　　「ジャックの発言はここまでにしてほしい。あなたは良い点を挙げてくれました。そして，私は他の人はどのように対処したか確かめたいと思います」
　　「スーザン，私はここまでにして割って入ろうと思います。あなたはおもしろい問題を出してくれました。私たちにはやり終える必要のあるものがさらにいくつかあります。そして，私たちは今，時間がせまっています。ですから，先へ進める必要があります」
　　「ケイティ，そこまででであなたを止めさせてください。他の人からもその点について聞いてみませんか？」

　その人が話し終える時を待つのは，割って入るのに良い状況であるが，適した機会である途切れ目が生じないことがあるので，その人をさえぎる必要がある。グループの尊大で支配的なメンバーに対して，他のメンバーが離れる，あるいは不満を感じるようになるかもしれないので，抑制せずにその人を継続させることはグループ・プロセスにとって適切ではない。さらに，グループの一人のメンバーがあまりに多くの時間を費やす場合，グループのリーダーはグループのアジェンダの項目を取り扱うことができないかもしれない。抑制の方略の展開は，グループのリーダーにとって重要なスキルの1つであり，練習を必要とし，相当な経験

によって身につくものである。これらは介入の中の最も難しい課題であり、訓練生はその使用がより安定し、熟達するようになるために、しばしば苦労する。

　以下の例を考えてみよう。

ウェイン：（ポールや話し始めたグループの別のメンバーをさえぎり）私はそれがどのようなものなのかはっきりとわかっています。私にとっては、不安になった時は、していることはどんなことでも常に止めなければなりません。

治療者：ポール、あなたはその時に何をしたか私たちに教えてくれますか？

　この例において、治療者はポールの要点を補い、ウェインに反応しないことで微細な抑制の方略を使用している。それによって、ウェインはポールの個人的な見方に続くように導かれるかもしれない。そうではなく、治療者はグループの注意をポールに向け直し、その結果、彼は自分の経験について討議する時間を持つ。

役立つ人

　「役立つ人」はグループの他のメンバーに、そして時にはグループのリーダーにもアドバイス（グループをより良く行う方法など）を与えるグループのメンバーである。以下の例を考えてみよう。

トレイシー：私たちはみんな、ある意味仮面をつけています。私たちはみんな仮面をかぶっていて、他者に対して演技をしています。そのため、彼らは私たちが内面で何に対処しているかわからないのです。何かが起きるまでのとても長い間、私たちはただそれだけしかできません。

治療者：それはトレイシー、あなたがどう感じているかということですか？

トレイシー：はい、私は仮面をつけているように感じます。

共同治療者：「何かが起きる」という時、あなたが感じることを、私たちにもう少し教えてもらえませんか？

トレイシー：ええと、プレッシャーで訳のわからないことを言ってしまったかもしれません。つまり、私の周りのみんなからみると、私は正常で自信に満ちているようにみえます。みんなは、この不安に対抗しようとしている私の内面で毎日生じている苦悩を知りようがありません。

治療者：グループの他のみなさんはこれについてどう考えますか。

この例で私たちは，トレイシーがグループ全体に一般化される事項をまとめて，または発言することによって，役に立とうとしていることが分かる。グループのリーダーはそれを扱わずに，内容を進めることができたが，そうすることは，彼女自身の思考および感情に注目するようにトレイシーを促す機会を逃すことになっただろう。トレイシーは示唆を提供し，彼女自身の枠組みに基づいてグループの体験をとらえることによって，しばしばそのグループで役立とうとしていた。グループに役立つメンバーがいることはすばらしく，グループの他のメンバーに対するフィードバックとアドバイスは，しばしば非常に有用である。しかしながら，ある人が特異的なやり方で，自分自身の体験をよく考えることができなくることに寄与するなら，この行動のスタイルはグループ治療から生じる利益を妨げる。さらに，グループの一人のメンバーによって作られた広範な一般論は，グループの他のメンバーの経験のうちのいくつかをとらえるかもしれないが，そのグループの全員にとって的確ではないかもしれない。率直に述べることや異議を唱えることを，快く感じないグループのメンバーもいるかもしれない。あるいは，場合によっては，自分たちの経験が異なるため，自分たちが所属してないように感じるグループのメンバーもいるかもしれない。

グループのメンバーが個人的な観点から自分の経験を共有し，一般的に話すことを避けるために，彼らを早い時期から社会化させることは重要である。グループのメンバーが選ぶ言葉の象徴的な重要性を強調することは，根本的な思考と感情を明らかにするための重要なツールであり，したがって，介入に対する気づきが高まり，目標が同定される。

他に起こるかもしれない問題は，言うまでもないが，ある人が「役立つ人のスタイル」を呈することではなく，数人のグループのメンバーが，多くの場合有用ではない。また，さらに悪いことに，有害な，あるいはそのグループの治療目的に反する「援助」を，それぞれのグループにおいて，常に提供するかもしれないということである。グループのリーダーあるいはメンバーが，示唆またはフィードバックのために，グループに問題を投げかける場合に，この問題は常に生じるかもしれない。たとえば，不安のグループにおける，一般的な「役に立たないアドバイス」の1つは，グループの別のメンバーが不安を引き起こす活動を避けるというグループの1人のメンバーの示唆であり，結果として，不安を強化したり，そのグループの目的に反する行動が促進される。そのような場合には，グループ

のリーダーは，グループのメンバーにそれについて何を考えるか，もしくはその示唆がこれまでに彼らがグループで学習したこととどのように合致するかを尋ねることによって，グループにそのアドバイスを戻すことができる。このように，「役に立たない」もしくは治療に反する示唆は，グループの中で建設的に扱われ，その治療アプローチの基本原理や目的を強める。グループのリーダーは，進んで示唆を出したそのメンバーに，その人が考えるアドバイスに従うベネフィット（利益）あるいはコストは何であるか（たとえば，短期的には不安が減少するが，長期的には不安を強化する）を尋ねることができる。

　グループのメンバーは，全く役立たない有害な意見をまれに述べるかもしれない。私たちのセンターのある強迫症（OCD）グループで，私たちはグループのメンバーに，彼らの症状について共有していることや，それらが治療にもたらしたことに関して，一回りして話させた。攻撃性強迫を持つグループの一人のメンバーの後に，汚染強迫を持った別のメンバーが，「まともじゃない」とグループに対して発言した。この場合，グループのリーダーは，割って入ってそのグループの規範についての一般原理を述べる。すなわち，「私たちは，グループの個々のメンバーの症状は異なるかもしれないが，ここにいる人がそれぞれ同じパターンの症状を共通して持っていることを思い出す必要があります。そして，状況が自分自身の経験とは非常に異なる場合であっても，互いに理解しようとすることは，私たちにとって重要です」と述べることによって，そのメンバーがそれ以上何かを言うことを止めなければならない。グループのリーダーはその後，グループに問題を持っていく。たとえば，「他のメンバーはどう思いますか？」と言うことで，指摘されたメンバーは，全ての人が彼女の症状がまともでないと考えているわけではないことを示すフィードバックを受けることができた。この場合，グループの他の2人のメンバーが，彼らが以前に攻撃的な強迫観念を経験したこと，そうすることはまともではないわけではなく，単にOCD症状の現れであったことを言うために割って入った。

懐疑的な人

　「懐疑的な人」は，実際に治療を受け入れないような悲観的なグループのメンバーである。その人は以前にCBTあるいは他の多くの異なるアプローチを試みたかもしれない。懐疑的な人は，静かなメンバーもしくは尊大なメンバーかもしれない。いずれの場合も，この患者は治療者および治療アプローチに異議を唱え，

6章 CBT グループにおける障壁の克服—グループの構造における課題と問題

治療を阻害するかもしれないし，グループに否定的な効果をもたらすかもしれない。以下の例を考えてみよう。

レスリー：（憤慨した声で）私は，以前にこの種類の治療を試みたことがありましたが，役に立ちませんでした。わずか3回のセッションですが，このグループも役に立つと感じていません。グループの他のメンバーが感じていることが私には不思議です。

治療者：（グループメンバーが答える前に割って入って）レスリー，あなたがこの治療が役に立つと感じていないことは残念です。多くの治療を以前に試みたことがあって，治療による軽快を経験していないようですね。それはあなたにとって非常にいらだたしいのだと思います。私たちは，この治療が多くの人に有効であっても，それが全ての人に効果があるわけではないことを知っています。もしあなたがグループを続けたくないと決めたとしても，私たちは十分に理解するでしょう。

グループ：（静寂）

レスリー：そうですね，私はこのグループが役に立たなかったと言うつもりはありませんでした。私は実際にグループを楽しんでいるし，私は続けたいです。私はただ，決して良くならないだろうとときどき感じるのです。

治療者：他の皆さんは，良くなることについて，落胆を感じたことがありますか？

ウェイン：ええ，私はときどきそう感じます。

治療者：他のメンバーはどうですか？

トレイシー：いいえ，私はこの治療がうまくいくことをただ望んでいます。

共同治療者：トレイシー，それは良いですね。私たちはそのことを皆さんに求めます。すなわち，皆さんが開かれた心を保って，方略を試すということです。時には気落ちし絶望を感じることは普通で，私たちがグループの中でこういった気持ちを話すことは役に立ちます。皆さんが今週どのようにホームワークをしたか確認してみませんか？

　この例において，レスリーは怒りやいらだち，不満を表すために，グループの冒頭で割って入った。グループのメンバーがグループの中で感情を表すことは概ね許容できるが，この場合は，タイミングや表現方法の問題が重要であった。最初の問題に関して，グループのリーダーは，グループをちょうど始め，ホームワー

141

クを見るところだった。グループの開始時のレスリーの要求は，そのグループの焦点を曇らせた。その上，これはまだ3回目のグループミーティングであった。集団規範が確立されつつあり，グループの凝集性は発展の初期段階にあった。両方のプロセスが，グループの攻撃的なメンバーによって，潜在的に脅かされた，あるいは阻害されたかもしれない。表現方法に関しては，レスリーはグループに適切でない，対立的で攻撃的なやり方で怒りを表した。

　リーダーには，この状況に対して2つの選択肢があった。1つ目は，グループのどちらのリーダーも介入せず，グループを直接的にレスリーに反応させることであった。これはレスリーが望んだことであるが，グループのリーダーはそれが以下の理由でグループには有用ではないだろうと感じた。すなわち，それが否定的であったため，グループに悪影響を及ぼす働きをするかもしれないと感じた。つまり，ひとたびそれが始まったら，より生産的な材料に注目することからグループを脇道にそらすかもしれない。また，それは，この種の攻撃的な表現がそのグループにおいて許容されうるというメッセージを送るかもしれない。グループのリーダーが選んだ2つ目の選択肢は，特定の抑制の介入を利用することであった。まず，リーダーはレスリーがグループに問題を直接投げかけることを認めなかった。次に，治療者は彼女の感情を承認し，その後，彼女に治療を継続するかどうか（彼女の個人的責任および選択を強調して）の選択を与えることによって，レスリーの抵抗をかわした。その後，治療者は，治療者の言葉で，グループにレスリーの問題を投げかけた。このやりとりから理解できることとして，この選択肢はレスリーの怒りを効果的に緩和し，彼女をより適切に自分の感情を表すように変化させた（つまりグループを攻撃する代わりに，彼女は回復に関する絶望の感情を言葉に表すことができた）。否定的であることで，グループに悪影響を及ぼす可能性に代わり，このやりとりは回復に関連する葛藤の感情に関するグループの相互作用を促進した。その後，グループのリーダーは，これらの感情を普通のこととして，ホームワークのふり返りの作業に移った。

根づかない人

　「根づかない人」は，グループへの出席が連続しないグループのメンバーである。根づかない人は，姿を見せる時もあれば，そうでない時もある。根づかない人の存在は，グループの士気および凝集性に影響することで，治療プロセスを阻害しうる。グループの残りのメンバーは，非常時を除けば，グループを優先し，

各セッションに出席することによって，コミットメントを示す。根づかない人は，グループへのコミットメントの不足（たとえば，動機づけ，治療への不信，「懐疑的な」タイプのパーソナリティ），症状の重症度（たとえば，重度の広場恐怖で，他の人がセッションに同行するかどうかによる），実践上の問題（たとえば，移動手段，育児，仕事のスケジュール），社交不安（グループへの不安）を含むさまざまな理由でセッションを欠席するかもしれない。

　根づかない人の問題を早期に扱うことは，グループのリーダーにとって重要である。根づかない人が，今後のセッションの基礎となる重要な材料を受け損なうようなやり方で，グループに参加することは，その人にとって利益はない。根づかない人は，グループの達成による治療の利益をほとんど認識しないであろう。より重要なことは，根づかない人がこのように治療を終える場合，その人は，事実上は適切な治療の取り組みが完遂されなかったにもかかわらず，CBT の集団療法を受けて失敗したという信念を持つかもしれない。さらに，実際には，この判断は実証されないにもかかわらず，他の治療の提供者は，その患者は CBT に反応しなかったという結論を導くだろう。

　グループへの出席およびコミットメントの重要性が強調される時，グループにおける根づかない人の可能性を最小限にすることで，グループの事前面接から始めることができる。グループの各メンバーには，その人が治療をどのように優先しうるか，また，妨げになるかもしれない問題解決上の障壁について，グループのリーダーと討議する機会を持つべきである。さらに，グループの事前面接は，グループに対する彼らの適切性に関して，メンバーを選別する最後の機会である。グループのあるメンバーが，グループに完全に参加できるだろうかという疑問が出るほど，全く正常に機能しない可能性がある場合，グループ介入に関する適合性を再検討することがより有用である。著しく正常に機能しない患者は，グループ参加の準備をするために，1 対 1 の治療を提供する方が良いかもしれない。たとえば私たちが受け持ったケースでは，グループの OCD 治療を待つ患者がグループに参加できるようにするために，社交不安をターゲットとする 6 セッションの CBT を提供した。

　グループの初期に集団規範を概説する時に，グループへの出席とコミットメントの問題が強調されるべきである。グループのメンバーがセッションを欠席しなければならないことが分かっている場合，グループにあらかじめ伝えておくように促すべきである。このような場合，グループのリーダーの一人が，欠席した回

の材料を簡単に概説するために，グループのメンバーに会って補足のセッション
を行うことは有用である。もし，グループのメンバーがリーダーに知らせずにセッ
ションを欠席した場合，リーダーが様子を聞くために電話でフォローアップする
ことは重要である。欠席したセッションをグループのリーダーが見逃す場合は，
グループへの参加の重要性を阻害する。患者がグループへの参加を継続できなく
なる前に，許容される欠席セッションの数に関して，先にルールを設定すること
は有用である。集団規範について扱う場合，これはグループの事前面接でも初回
のセッションでも概説されるべきである。10 〜 15 のセッションから構成される
短期間の治療では，欠席するセッションは 2 回という限度が妥当である。

　グループが始まると，グループのリーダーはグループ全体として出席の問題を
説明することで，根づかない人を管理しうる。たとえば，グループのリーダーは，
グループに来ることに対してその人が抱いている困難に関して，一回りする中で
患者を確認しうる。それから，これらの問題は，グループ場面の中で討議できる。
実際に，実行可能である場合，その問題に問題解決アプローチをグループの中で
用いることができる。グループの経験に関する思考や感情について，全体として
グループに定期的に尋ねることが有用である（たとえば，「みなさんは，グルー
プにいることについてどのように感じていますか？ それについてみなさんはこ
れまでどんなことを考えましたか？」など）。このようにして，グループのメンバー
は，互いに話すことができ，また，期待を明確にすることができる。

　問題がグループの中で解決されない場合，グループへの継続的な参加について
討議するために，グループのリーダーは，根づかない人に個別に会わなければな
らないかもしれない。この面接は，グループへの一貫しない参加に関するリーダー
の懸念，そしてそれがその人やそのグループに及ぼす影響や，治療の効果性につ
いて伝えることを含むであろう。参加を継続するかどうかは，それ以上セッショ
ンを欠席しないことに依存するかもしれない。結果的に，今は患者が治療に参加
すべき適切な時機ではない，あるいはこの治療が適切ではないと結論づけられる
場合もある。後者の場合には，代わりの選択肢を考慮する努力をすべきである。

グループに適さない人

　「グループに適さない」メンバーは，選別をクリアした患者であるが，グルー
プが進行すれば，患者がグループに適していない，もしくはグループが患者に適
していないことが明白になる。これは主に診断とパーソナリティの問題が原因で

生じる。併発症をターゲットとする CBT における最近の展開（e.g., Barlow, Allen, & Choate, 2004）を除き，従来の CBT は，単一の障害を扱うように設計されたプロトコルに基づく。したがって，併発症が存在する場合に問題が生じるかもしれないことは，意外なことではない。

　併発する症状が主要な関心事になる場合，グループはもはや適切な治療介入ではないかもしれない。さらに，時々起きる誤診は，グループに適さないメンバーを含むことにつながるかもしれない。以下の例を考えてみよう。エレンは不安クリニックで治療に参加し，アセスメントによる彼女の一次診断は広場恐怖を伴うパニック症であると判断された。さらに，心的外傷後ストレス障害（PTSD）の追加診断が与えられた。エレンはパニック症のための集団療法に配置された。3回目のセッションの時，エレンのパニック発作は，前触れがないものではなかったが，自分が危険な状態にある，あるいは襲われるかもしれないという考えが引き金となって生じたことはかなり明らかとなった。彼女のパニック発作は，実際には PTSD の診断によってもたらされ，パニック症の診断は支持されなかった。これはグループのリーダーに対してジレンマを引き起こした。彼女の経験がかなり異なっていたため，グループの他のメンバーと関連させることが難しいとエレンが気づいたことは明らかだった。同様に，グループの他のメンバーも同じ理由でエレンに関連させることが困難であった。3回目のセッションの後，グループのリーダーは治療の選択肢について討議するためにエレンに会った。彼らは，エレンが PTSD のための個人治療からより利益を得るであろうと判断した。エレンはこの選択肢が自分のためにより理にかなっていることに同意し，彼女はグループへの参加を中止した。この問題は次のグループセッションで扱われた。エレンは，グループに別れを言うためにやってきて，グループは彼女の終了を受け入れた。彼女の離脱に続いて，グループのメンバーは，メンバーを早期に離脱させることに関して，彼らが持っていたあらゆる思考あるいは感情について討議する機会が与えられた。

　I 軸併発症の問題に加えて，問題となるパーソナリティ特性は，グループに適さない人であることにつながりうる，別のよくみられる問題である。理想的には，アセスメントのプロセス，あるいはグループの事前面接の間にこのメンバーは目を付けられるであろうが，これらの特性は見逃されるか，グループという形式が治療選択肢として除外されるべきであるというほど重大なこととは考えられない場合がある。グループに問題を引き起こす共通のパーソナリティスタイルは，妄

想性，攻撃性や敵意性，自己愛性，境界性，統合失調型を含む。多くの場合，そのようなパーソナリティスタイルを持つ患者は，グループの中で対処することができるが，彼らの存在はグループのリーダーにとって難題となる（これらの問題の完全な討議については，本書の第14章を参照のこと）。

　グループの難しいメンバーに対処するために，グループのリーダーは管理と抑制の方略を用いることができる。いくつかの場合，これはグループの中での適切な感情の表出に関する教育を含んでいるかもしれない（たとえば，攻撃的で敵対的なメンバーのために）。本章の冒頭に記載されたいずれの方略も有用であるかもしれない。併発する症状を持つグループのメンバーがグループにとどまっている場合，その人のニーズがグループのニーズと異なるかもしれないということと，グループがやっていないことではなく，グループへの参加から得られることに，その人が焦点を当てる必要があるかもしれないということを認めることは有用である。たとえば，ビンセントはパニック症のためのグループに入ったが，彼は過敏性腸症候群の診断も持っていた。彼は強いストレスを感じた時にしばしば下痢を経験したため，パニック発作の間に何も悪いことは起こらないという考えにそれを関連づけることは難しいと気づいた。ビンセントのパニック症状と過敏性腸症候群は重なっていた。彼は頻繁に自分のいらだちや，自分は異なっていて，方略が自分に当てはまらなかったという彼の気持ちをグループで表出した。この場合，グループのリーダーは，彼の気持ち（つまり，自分は異なっていた）を認めることによってビンセントの懸念を扱い，次に，グループが彼に与えなかったことではなく，グループの経験から得ることができたことに再び焦点を合わせなければならなかった。最後に，グループのメンバーが破壊的すぎる場合，リーダーは，そのメンバーのグループへの参加を中止し，代わりの治療選択肢を見つける必要があるかもしれない。

CBTにおけるグループ・プロセスに対する課題

　先に討議された問題となる典型的なメンバーのうちのいずれかが存在することは，グループ・プロセスやグループの円滑な進行を阻害するかもしれない。本節では，グループ・プロセスに課題を提起する追加の要因について討議する。

CBT の講義的要素

　第2章で討議されたように，CBT の教育的要素の提示は，グループの相互作用の機会がなく，材料が講義形式で提示される場合に，グループ・プロセスに課題を提起する可能性を持つ。グループのリーダーは対話形式，理想的にはグループのメンバーおよびグループの話し合いに関して，ソクラテス式問答法を通して発見させるといった方法によって，教育に関する材料を提示することが重要である。リーダーが講義的すぎると，グループは，思考や感情の率直な表出を促進する治療場面ではなく，教室といった印象を持つようになる。

CBT の構造

　グループセッション内に構造とアジェンダを持つことは，CBT アプローチの重要な構成要素である。しかしながら，静寂の機会，ふり返るための時間，および自発的な集団相互作用がほとんどあるいは全くないといった点で，セッションが過度に構造化されている場合には，グループ・プロセスに欠陥を生じさせる。グループのリーダーは，予想された討議以外に生じるかもしれない問題を扱うために，構造化されたアジェンダ項目以外に，追加の時間をあらかじめ割り当てておくべきである。さらに，グループのメンバーが全体的にどのように感じているか，彼らがグループに関して持つあらゆる思考や感情，またそれがどのように経過しているのかを確認するために，各セッションの始めまたは終わりに時間を計画しておくことは有用である。構造化されていないグループの時間を許容することは，個々のメンバーに対してグループへの責任感や当事者意識を促進する。

面接室外のセッション

　多くの CBT グループ，特に不安のグループでは，エクスポージャー，行動実験，モデリングの機会を提供するために，いくつかのグループセッションは治療場面の外で行われるかもしれない。たとえば，パニック症のグループは，バスに乗る，もしくはショッピングモールへ行って，セッションをするかもしれない。摂食障害のグループは，リスクのある食品を食べる練習をするために，フードコートへ行くかもしれない。治療場面の外で行われるセッションは，個別のエクスポージャーを実行するためにより小さな下位グループにグループを分割する必要があるかもしれないので（たとえば，1つのサブグループはエレベータに乗るかもしれないし，別のサブグループは列に並ぶことを練習するかもしれない），グループ・

プロセスにとっての課題になりうる。グループの凝集性を維持するために，グループ全体で外へ出かけ，セッションの終わりにグループ全体を再招集することをあらかじめ計画することは有用である。その結果，グループの中で，各サブグループがふり返って報告し，進歩を討議できる。

観察者や訓練生の存在

メンバーが，外部の人が参加していると自己抑制しすぎて何も共有できないと感じるかもしれないので，観察者と訓練生の存在はグループ・プロセスに影響するかもしれない。観察者／訓練生の参加の前に，グループのメンバーに観察者／訓練生が全体的に各グループセッションに参加することを知らせておくことが推奨される。そうすることでグループのメンバーは，観察者／訓練生の存在に慣れることになり，混乱が最小化される。また，参加する観察者／訓練生の数を制限することも良い案であり，その結果，グループのメンバーは人数に圧倒されることがなくなる。たとえば，5〜8人のグループのメンバーと2人のリーダーがいるグループでは，1人の訓練生／観察者がいることが推奨される。

リーダーシップの課題

当然ながら，難しい患者や介入に関わる要因ではなく，グループの実施に2人以上の治療者が参加することによって，CBTグループが直面するより一般的な障壁の1つが生じる。一緒に取り組む治療者は，彼らが扱う障害に対するアプローチの仕方，スタイル，あるいは特定の問題に対する最良の介入は何かについての考えが異なるかもしれない。私たちはここで，直面した一般的な問題と考えられる解決策のいくつかについて概説する。

理想的には，コ・リーダーは彼らの相互作用のバランスを保ち，互いに援護し合い，困難な状況において互いを助け合うように共に取り組む。しかしながら，コ・リーダーのスタイルがうまく適合しないことがあるかもしれない。たとえば，あなたは，質問の道筋について，コ・リーダーがどこに向かっているのかと思うかもしれないし，あなたが全ての仕事をしていて，コ・リーダーがとりあえず参加しているだけのように感じるかもしれない。グループにおいて，コ・リーダー間の管理に関する意見の不一致に起因するコ・リーダーの葛藤がある場合もあるかもしれない。下手をすると，グループにいるコ・リーダーとの間には、解決して

いない不一致があるかもしれない。グループの円滑な運営には，両方のコ・リーダーによる積極的な参加を必要とする。グループの前後で，計画のために使う時間の一部で，コ・リーダーの問題をふり返り，バランスのとれたコ・リーダーのスタイルを発展させるよう取り組むことが勧められる。さらに，責任の境界線は明瞭であるべきである。主治療者がいる場合，共同治療者によって提供された介入について，主治療者がもはや利益を認めることができない，あるいはどこに進むのかを判断することができなくなった時に，その介入を中止する権限が与えられる必要がある。また，共同治療者は「やりそこなった」問題を扱う方法についても討議する必要がある。私たちがこれまで実施したグループが全て完璧だったわけではない。すなわち，全ての治療者は，ある問題の中では自分自身を見失ってしまったり，介入が不首尾に終わったりする経験があるものだ。共同治療者が，そのグループを向け直すことを「救助する」あるいは促進するために，言葉，暗号，あるいは非言語的な信号を他の治療者と共有していれば有用である。グループの治療者は，介入の予期していた方向を見失う，あるいは予期された方向へ進んでいない事実を認めることが必要な場合がある。特に後半のセッションにおいて，初期にうまくいかなかったある介入をグループのメンバーに解決させるために，グループにそれを戻すことも有用な場合がある。最も重要なことは，共同治療者たちは，顕在的にも潜在的にも，葛藤や不満に関するあらゆるやりとりを，互いに何としても避けるべきである。最後に，私たちの経験では，治療者が互いに，グループ・プロセスで作用する共同治療者の意図，行動，方法をある程度うまく予測する「ケース・フォーミュレーション」を行うようになるためには，しばしば同じ治療者が共に取り組むほど，グループの経験はより円滑で問題のないものになる。

結論

　本章では，集団療法に対する共通の障壁および課題のいくつかを概観した。私たちのリストは全てを網羅しているわけではないが，CBT グループのいたるところで生じるいくつかの主要な問題のうち，グループのメンバー，グループ・プロセス，リーダーシップについてとらえようと試みた。私たちはこれらの課題を克服し，グループが円滑に確実に進行されることに役立つ特異的な方略を提供した。

Part 2

第Ⅱ部

特定の障害における
認知行動療法グループ
Cognitive-Behavioral Therapy Groups for Specific Disorders

7章

パニック症と広場恐怖

パニック症と広場恐怖の記述的特徴

診断の特徴

「パニック発作」は，急速にピークに達する強い恐怖や不快感の個別のエピソードとして定義され，13の身体症状（たとえば，動悸，発汗，震え，吐き気），および（あるいは）認知的症状（たとえば，死んでしまうこと，コントロールを失うこと，失神すること，気が狂うことに対する恐怖）の中の少なくとも4つの症状を含むものである（アメリカ精神医学会（American Psychiatric Association: APA），2000）。パニック症は，再発，突発性の「前触れのない」パニック発作，将来のパニック発作について少なくとも1カ月間心配すること，パニック発作自体の影響についての心配（たとえば，心臓発作や「気が狂ってしまうこと」のように，破局的な結果を恐れること），および（あるいは）発作に対する行動の変化（たとえば，さまざまな状況や身体感覚からの回避）によって特徴づけられる不安症である（APA, 2000）。パニック発作が物質の生理学的影響（たとえば，カフェインやアンフェタミン中毒，アルコールやベンゾジアゼピンの離脱症状），一般的な医学的疾患（たとえば，甲状腺機能亢進症や前庭障害）に起因する場合，あるいはパニック発作がその他の障害によってより的確に説明できる場合には，パニック症とは診断されない（APA, 2000）。全国併発症調査（National Comorbidity Survey: NCS）のデータに基づくと，パニック症の生涯有病率は3.5％（Eaton, Kessler, Wittchen, & Magee, 1994）と推定される。

パニック症はしばしば**広場恐怖**を伴う。広場恐怖とはパニック症状やパニック発作が起こった時に逃げたり助けが得られない状況に関連する回避や不安のこと

7章　パニック症と広場恐怖

表 7.1　不安専門のクリニックでの治療に参加した広場恐怖を伴うパニック症または伴わないパニック症を持つ者（N = 231）の特徴

	PD (n = 41)	PDA (n = 190)
対象者の割合	17.7%	82.3%
年齢	38.24 (12.50)	36.13 (10.35)
発症年齢 *	28.29 (12.85)	25.07 (11.29)
性別	70.7% 女性	70.0% 女性
追加の診断の数	1.51 (1.21)	1.64 (1.32)

注) PD: パニック症; PDA: 広場恐怖を伴うパニック症; N: 治療に参加した PD または PDA の患者の総数。
McCabe, Chudzik, Antony, Summerfeldt, & Swinson（2004）から著者の許可を得て引用した。
* p < .05

である（APA, 2000）。よく観察される広場恐怖の状況には，群衆，公共の交通機関，ショッピングモールや食料品店，並んで待つこと，渋滞中の運転，橋の上や高速道路上，飛行機，家に一人でいること，家から離れた場所にいること（たとえば，街の外），閉鎖的空間，および気づかれずにいることが難しいクローズドな集まり（たとえば，教室，フィルムコンサート，仕事のミーティング）が含まれる。広場恐怖を持つ者が，快適あるいは安全だと感じる家からの特定の距離について報告することはよくあることである。「安全な領域」の大きさは人によって異なり，家の中だけから，車庫までの私有道路，家の周囲の一区画，そしてその個人が住む地域までといった範囲に及ぶ。NCS のデータに基づくと，広場恐怖を伴うパニック症の生涯有病率は 1.5 %（Eaton et al., 1994）と推定される。

記述的特徴

　パニック症が発症する年齢は二峰性の分布を示し，通常，青年後期（15 ～ 19 歳），または成人早期（25 ～ 30 歳）に発症する（Ballenger & Fyer, 1996）。私たちのセンターにおける，パニック症を持つ者のサンプルの記述的特徴を表 7.1 に示す。未治療の場合，パニック症は慢性疾患となることが多く（Keller et al., 1994），社会的，かつ経済的に多大な損失を伴う（Hofman & Barlow, 1999）。パニック症を持つ者は，そうでない者と比較して，著しく生活の質が低く（Keller et al., 1994），ヘルスケアの利用が多いこと（Klerman, Weissman, Ouellette, Johnson, & Greenwald, 1991; Roy-Byrne et al., 1999）は驚くにあたらない。その他の精神疾患と比較して，パニック症は緊急治療室での診察（Weissman, 1991）やメンタルヘルスの治療を求めることの主要な原因である（Boyd, 1986）。

パニック症の有病率と現象学の両方において性差がある。女性は男性の2倍以上パニック症に罹患しやすい（e.g., Eaton et al., 1994）。さらに，女性はパニック発作中に，広場恐怖の回避症状（Turgen, Marchand, & Dupuis, 1998）や呼吸に関する症状（呼吸困難，気が遠くなる感じ，窒息感）を多く経験しやすい（Sheikh, Leskin, & Klein, 2002）。最後に，男性と比較して，女性は広場恐怖を伴うパニック症の症状が重く，慢性化しやすい（Yonkers et al., 1998）。

パニック症はその他の不安症や抑うつ障害（e.g., Brown, Antony, & Barlow, 1995），身体症状症および病気不安症（e.g., Furer, Walker, Chartier, & Stein, 1997），アルコール乱用と依存（e.g., Loen, Portera, & Weissman, 1995），パーソナリティ障害，通常は回避性，依存性，演技性パーソナリティ障害（e.g., Diaferia et al., 1993）と併発することが多い。さらに，パニック症を持つ者は，そうでない者と比較して，過敏性腸症候群等の消化器系症状を訴える割合が高い（Lydiard et al., 1994）。

認知的特徴

パニック症の認知行動モデルでは，パニックの発症と維持において，認知の役割，とくに，覚醒した感覚を恐れる程度（不安感受性）に最も重点が置かれている。その他の認知的特徴は身体感覚への注意や脅威に関する認知を含んでいる。

不安感受性

覚醒した身体症状を破局的に解釈する傾向は，不安感受性といわれる安定した個人差変数である（Reiss & McNally, 1985）。不安感受性が高い者は身体感覚を破局的に評価する傾向がある（たとえば，動悸を心臓発作の兆候として解釈する）。一方で，不安感受性が低い者は不快な身体感覚を危険なものとしてとらえる傾向にはない。多くの不安症は高い不安感受性と関連するが（たとえば，心的外傷後ストレス障害，全般不安症），広場恐怖を伴うパニック症も伴わないパニック症もいずれもが不安感受性と最も高い水準で関連がある（e.g., Reiss, Peterson, Gursky, & McNally, 1986）。不安感受性がパニック発作の発症の脆弱性を予測することを支持するエビデンスはさらに説得力があるものである（e.g., Schmidt, Lerew, & Jackson, 1997; Schmidt, 1999）。

身体感覚に対する注意

　パニック症を持つ者は身体感覚，とくに，覚醒に関連する身体感覚に対する高い注意を示す。知見は一貫しておらず，感受性が高いことが，知覚の正確さが高いことと一致していないように思われるものの（Antony et al., 1995），先行研究では，パニック症は覚醒した身体感覚に対する高い気づきと関連しているという知見を支持しているようである（Ehlers & Breuer, 1992, 1996）。

脅威に関する認知

　パニック症は特徴的な脅威に関する認知と関連しており，破局的思考，危険の予期，情報処理バイアス，パーソナル・コントロールに関する潜在的な信念が含まれる（Khawaja & Oei, 1998 の概観を参照）。さらに，パニック症を持つ者は，予期されるエクスポージャーの状況に対して恐怖の水準を過度に見積もる傾向がある（van Hout & Emmelkamp, 1994）。

行動的特徴

　パニック症の発症と維持に影響を及ぼす鍵となる行動的特徴には，逃避，回避，および安全確保行動が含まれる。

逃避

　パニック症を持つ者は，パニック発作またはパニック症状に直面すると，自分がいる状況からしばしば逃避する。いったんその状況から脱すると，多くの場合に，パニック発作が終わったことに気づき，非常に大きな安心の感情を抱く。逃避頻度が高まるにつれて逃避の衝動が大きくなり，負の強化随伴性が確立し，その状況にとどまって，パニック発作に耐えることがさらに困難になる。このパターンはパニックに関連する状況から完全に回避させる可能性がある。

回避行動

　広場恐怖の文脈では，回避行動は顕在的であり，その文脈は一人でいる時，または他の人々といる時に，（前述した）困難を感じるさまざまな状況を含む可能性がある。回避行動は，パニックに関連する身体感覚を惹起する活動（たとえば，運動や性行為）や物質（たとえば，カフェイン入りの飲料や薬物）を避けるような，より微細な形態をとる可能性もある。

安全確保行動

　広場恐怖を伴うパニック症あるいは伴わないパニック症を持つ者は，さらに心地良く感じたり，またはパニック症状を防いだりすることを目的として，不安を管理，または低減させるために考案した**安全確保行動**をしばしばとる。安全確保行動は，恐怖を反証する証拠を得ることを妨害することによって，不安を維持する役割を果たす。安全確保行動を取り除くことによって，破局的な信念と不安の軽減が示されている（Salkovskis, Clark, Hackmann, Wells, & Geldner, 1999）。よくみられる安全確保行動には，特定の物を持つこと（たとえば，携帯電話，水，薬物），ガムをかむこと，気そらし，親しい人と一緒に移動すること，統制を保つためにいつも運転することを申し出て乗客になるのを避けること，そして，身体症状を防いだり（たとえば，下痢止め薬，または吐き気止め）不安を低減したりするために（たとえば，アルコールや大麻のような快楽のための麻薬）物質を摂取することが含まれる。そのような者は，自分の安全確保行動に気づいていない可能性があるので，初回のアセスメントでこれらを検出することは難しいかもしれない。注意深いアセスメントには，さまざまな安全確保行動がみられるかどうかを具体的に聞くことが求められる。これらの安全確保行動は，一般的には，治療が進行し，特定の行動の機能に気づくことができるようになるにつれてさらに明確になる。

広場恐怖を伴うパニック症または伴わないパニック症の理解に対する認知行動的アプローチ

　パニック症の理解と治療のための認知行動的アプローチが数多く開発されてきた（e.g., Barlow, 1998; Margraf & Ehlers, 1998）。これらのモデルは身体症状の破局的な誤った解釈（たとえば，めまいを気絶の兆候と解釈すること）と，身体感覚に対する不安と恐怖の内部感覚が果たす役割が鍵であるとする点を強調しているところが非常に似ている（Margraf, Barlow, Clark, & Telch, 1993 のレビューを参照）。多くの研究は広場恐怖を伴うパニック症または伴わないパニック症の認知行動モデルの実証的妥当性を提供している（Taylor, 2000 のレビューを参照）。ここでは，2 つの最もよく知られたモデルを概観する。

　1986 年に，David Clark は「パニックに対する認知的アプローチ」を発表した。これはパニック症に対する最初の認知行動モデルの 1 つを提唱した論文である。

Clark によれば，一般に正常な不安反応（めまい，動悸など）に含まれる無害である覚醒した身体症状を破局的に誤って解釈することによってパニック発作が引き起こされる。たとえば，不規則な心臓の動悸を心臓発作の兆候として誤って解釈する人は不安になりやすい。不安を経験すると覚醒した身体感覚（たとえば，めまい，頭のふらつき，発汗）が引き起こされ，次に，それらが差し迫った破局のさらなる証拠として誤って解釈される。このようにして，破局的な誤った解釈が恐怖と不安へと導き，今度は，それらが身体症状を増強するため，最初の誤った解釈のさらなる証拠になるといった不安の悪循環が形成される。この不安のサイクルは本格的なパニック発作へとエスカレートする可能性がある。

Clark のモデルと同様に，David Barlow のパニック症の統合モデル（1988）も，身体感覚に対する心理的反応の役割を強調している。しかしながら，Barlow モデルはパニック症の発症と維持における生物的，および社会的要因に関してより一層大きな強調点が置かれている。Barlow によれば，最初のパニック発作は，心理的，および生理学的脆弱性を持つ個人の恐怖システムが，たいていストレス時に，誤作動することが原因であるとしている。心理的脆弱性は，身体感覚は危険であるという信念（高い不安感受性）と，世界は一般に危険であるという信念（コントロール不可能性）である。生理学的脆弱性は過度に感受性の高い自律神経系に起因すると考えられている。最初のパニック発作の外傷的な性質のために，身体感覚と状況的文脈に対して，内部感覚的に条件づけられた恐怖反応が引き起こされ，その後，パニックの循環やパニックに対する不安と心配が引き起こされる。

パニック症の治療

パニック症に対するエビデンスに基づく治療には，薬物療法と CBT が含まれる。この節では両方の治療を概観し，それらの単独と組み合わせの効果についてのエビデンス，およびグループ様式と個人様式の CBT を比較したエビデンスを紹介する。

薬物療法

さまざまな薬物療法が，パニック症の管理に対して良好な治療効果を持つことが示されており，選択的セロトニン再取り込み阻害薬（SSRI），三環系抗うつ薬（TCA），モノアミン酸化酵素阻害薬（MAOI），ベンゾジアゼピンが用いられて

いる（Ballenger, 1993; Toni et al., 2000）。薬物療法を検討したメタ分析研究では，SSRI がパニック症に対する最も効果的な薬物であることを示唆している（Taylor, 2000）。SSRI はイミプラミンのような三環系抗うつ薬と比較して，副作用が少なく，脱落率が低い傾向にある（Bakker, van Balkom, & Spinhoven, 2002）。パニック症の治療において，非 SSRI 抗うつ薬とベンゾジアゼピンの両方が，プラセボと比較してより効果が高いことが示されている（Taylor, 2000）。薬物療法に関する 1 つの懸念は，薬物療法中止後の高い再発率であり，それは50% という高さである（Toni et al., 2000）。そして，ベンゾジアゼピンに関してはそれよりはるかに高いかもしれない（Noyes, Garve, & Cook, 1991）。

認知行動療法

　Clark ら（Clark, 1994; Clark, Salkovskis, et al., 1999）によって開発されたCBT は，パニック発作に関連する身体感覚についての患者自身の評価の気づきを高めることを含んでいる。次に，治療は対話と行動実験によって，身体感覚と恐れている状況に対しての破局的でない解釈を強めることに焦点を当てる。この治療は多くの研究で妥当性が実証的に示されている（e.g., Clark et al., 1994）。

　Barlow と共同研究者によって開発された CBT も十分に妥当性が示されている（Antony & McCabe, 2002 のレビューを参照）。治療では，心理教育，認知的再体制化，呼吸法の再訓練（必要とされた場合），恐れている身体感覚に対するエクスポージャー，および広場恐怖がある場合には，「現実（in vivo）」エクスポージャーを組み合わせて実施することによって，身体感覚に対する恐怖，パニックを心配すること，および広場恐怖の回避をターゲットとすることに焦点が当てられる（たとえば，Barlow & Cerny, 1988; パニックコントロール療法（Panic Control Treatment: PCT）; Barlow & Craske, 2000; 感覚焦点化集中療法; Heinrichs, Spiegel, & Hofman, 2002）。しかしながら，予備的な研究において，広場恐怖を伴うパニック症を持つ者に対して，PCT に「現実」エクスポージャーを加えても，PCT 単独を超える効果は得られないことが示唆されている（Craske, DeCola, Sachs, & Pontillo, 2003）。

　パニック症に対する典型的な CBT の経過は，後述するプロトコルによって，週 1 回の 8 〜 16 回のセッションで構成され，広場恐怖を伴う場合にはより長い治療時間を要する。広場恐怖を伴うパニック症に対する CBT は，不安に打ち勝つ積極的な方略を展開することを受け入れる者に歓迎される。このことは，広場

恐怖を伴うパニック症の CBT に対して患者の満足が高いことを示すデータによって裏付けられている（Cox, Fergus, & Swinson, 1994）。

　パニック症に対する CBT の効果は，研究場面において十分に確立されており（e.g., Barlow et al., 2000; Clark et al., 1994），地域のメンタルヘルス場面における最初の知見はかなり大きい治療反応性を示唆している（Wade, Treat, & Stuart, 1998）。パニック症の治療結果のメタ分析研究の包括的な概観については Taylor（2000）を参照されたい。治療結果に着目した研究では，CBT はパニック症の主要な特徴の軽減（たとえば，不安症状，不安認知，広場恐怖の回避），全般的な心理症状の軽減（e.g., Hahlweg, Fiegenbaum, Frank, Schroeder, & von Witzleben, 2001），および，抑うつ障害，全般不安症，特定の恐怖症などの併発症の症状の軽減が示されている（Chudzik, McCabe, Antony, & Swinson, 2001; Tsao, Mystkowski, Zucker, Craske, 2002）。さらに，パニック症に対する CBT は，不安症状に及ぼす影響とは独立に，身体的な健康症状の評定の改善（Schmidt et al., 2003），および生活の質の向上（Telch, Schmidt, LaNae, Jaimez, Jacquin, & Harrington, 1995）が示されている。なお，パーソナリティの精神病理が，パニック症の治療結果に否定的な影響を及ぼすことが示されている（Mennin & Heimberg, 2000 のレビューを参照）。

　CBT に参加している広場恐怖を伴うパニック症を有する者は，薬物療法の中止をしばしば目標とする。CBT はベンゾジアゼピン（e.g., Otto et al., 1993; Spiegel, Bruce, Gregg, Nuzzarello, 1994）と抗うつ薬（e.g., Schmidt, Woolaway-Bickel, Trakowski, Santiago, & Vasey, 2002; Whittal, Orro, Hong, 2001）の投与中止後の有害反応のリスクを減らすことが示されている。

集団 CBT

　グループ治療と個人治療を選択できる場合に，患者は個人治療を選ぶ傾向にある。ある研究では，自分がどちらを好むかという質問に対して，サンプルの 95 ％がグループではなく個人を選んだことを報告している（Sharp, Power, & Swanson, 2004）。しかしながら，資源不足に加え，個人治療の提供は高いコストがかかるため，グループ治療はより費用対効果が高いことから，より現実的な選択肢となることが多い。パニック症に対する CBT は，個人とグループの形式で広範に評価されており，同様の結果が得られていることから，グループ治療が臨床的に個人治療と同等であることが示唆されている（e.g., Cerny, Barlow,

Craske, & Himadi, 1987; Craske et al., 1989; Evans, Holt, & Oer, 1991; Lidren et al., 1994; Telch et al., 1993)。

　パニック症の CBT におけるグループと個人の形式を直接的に比較することを目的にデザインされた研究は数少ない。パニック症に対する集団 CBT と個人 CBT を比較したある研究では，両方の治療が治療後と 6 カ月のフォローアップ時にパニックと広場恐怖の測度において同等の結果を示していたが，個人治療では全般不安症状と抑うつ症状の緩和がより大きいことを見出している（Néron, Lacroix, & Chaput, 1995）。プライマリケアの場面におけるグループと個人の形式を直接的に比較した別の研究では，Sharp と共同研究者（2004）が，広場恐怖を伴うパニック症に対する集団 CBT と個人 CBT のいずれもが，待機統制群と比較して優れていることを示した一方で，それぞれの間に有意な差はみられなかったことを明らかにしている。しかし，個人 CBT は治療終結直後に，集団 CBT や待機統制群と比較して，より大きく臨床的に重要な変化との関連を示していた。このことは，個人治療群では臨床的に重要な変化（すなわち，全サンプルの治療前の平均値から少なくとも 2 標準偏差以下の得点結果）に達した患者の割合が大きかったことに反映されている。しかしながら，この個人治療の有利性は 3 カ月後のフォローアップでは確認されなかった。

薬物療法と CBT の併用

　薬物療法と個人 CBT の組み合せを検討した研究では，両方の治療様式を提供することによって生じる相乗的な利益の証拠は確認されていない。たとえば，Barlow et al.（2000）は，CBT，イミプラミン，CBT とイミプラミンの組み合せの 3 群を比較した大規模多施設試験を行い，組み合わせの治療における即時の奏効率は，CBT 単独と比較して，いくつかの測度において限定的な利益がみられたが，CBT にプラセボを加えた群との間に差がみられないことを見出している。6 カ月間の維持期の最後の時点では，CBT とイミプラミンの組み合せは，CBT 単独，CBT とプラセボ，およびイミプラミンと比較して，有意にパニック症状が軽減したことを明らかにしている。しかしながら，6 カ月後のフォローアップ時に，組み合わせた治療は最も高い再発率と関連していた。著者らは，イミプラミンを加えることによって CBT の長期的な効果が減少してしまうと結論づけている。

　逐次的方法において CBT の実施後に薬物療法を加えることは，CBT への反応

が低かった者を改善する効果があるといういくつかの証拠がある。たとえば，ある研究では，奏功しなかった CBT の後に，SSRI（パロキセチン）を加えることは，プラセボと比較して，さらなる臨床的な利益との関連性が高いことが明らかにされている（Kampman, Keijsers, Hoogduin, & Hendriks, 2002）。同様に，薬物療法に対する反応性がみられなかった後に，集団 CBT を加えることは良好な治療反応との関連性が高いことが見出された（Otto, Pollack, Penava, & Zucker, 1999; Pollack, Otto, Kaspi, Hammerness, & Rosenbaum, 1994）。

薬物療法と CBT の効果の比較

多数の比較治療試験（e.g., Barlow et al., 2000）とメタ分析的研究（e.g., Gould, Otto, & Pollack, 1995）では，CBT は抗うつ薬や高い力価のベンゾジアゼピンと同等の短期的効果があることを示している。パニック症の治療に関するメタ分析的研究の綿密なレビューにおいて，Taylor（2000）は，CBT と薬物療法（抗うつ薬，高力価のベンゾジアゼピン）は同等の治療効果を持ち，プラセボ統制条件と比較して，有意に効果が高いことを示している。しかしながら，CBT は薬物療法による治療と比較して，ドロップアウトのリスクが低いことと関連しているらしいということは注目すべきである。薬物療法に対する CBT のもう 1 つの利点は再発率の低さと，治療の中止後でさえも効果がより長く持続することを示唆する証拠があることである。しかしながら，長期のフォローアップの結果を検討した研究は不足しているため（Nadiga, Hensley, & Uhlenhuth, 2003），残遺症状の流動的な特徴を正確に反映していない横断的アセスメントを用いた研究として 1 年から 2 年のフォローアップ時にパニックの消失率が 80% 以上であったとする報告（e.g., Clark et al., 1994; Craske, Brown, & Barlow, 1991）に限られている（Brown & Barlow, 1995）。

もう 1 つの薬物療法に対する CBT の利点としては，費用対効果がより高いように思われることである。CBT と薬物療法のコストと結果を検討した研究において，Otto, Pollack, & Maki（2000）は，CBT は薬物療法と比較して費用対効果の高い治療の選択肢であることを見出している。具体的には，CBT は薬物療法と本質的に同等の急性の治療効果を有しており，さらに，治療の利益をより長く維持し，継続的な治療を必要としない。さらに，グループ治療は個人治療と比較して費用対効果が高く，1 人あたりの 1 年間の総コストの平均は，個人治療では 1,357 ドルであるのに対し，グループでは 523 ドルである。対照的に，同じ期間

の薬物療法のコストは，2,305ドルである。それゆえ，集団CBTは薬物療法に対して実質的にコストの節約になることに加えて，個人CBTと比較した場合にも特段費用対効果が高いと思われる。

アセスメントの諸問題

　正確な診断を確立し，治療を計画し，集団CBTに対する適合性を評価し，治療の結果を決定するために，包括的なアセスメントを用いるべきである。鑑別診断を行う時には，パニック症状に類似する可能性のある医学的疾患（たとえば，身体症状症および病気不安症，甲状腺機能亢進症），パニック症状を引き起こす可能性のある特定の物質（たとえば，カフェイン，アルコール，薬物療法，違法ドラッグ）の使用または離脱を含むさまざまな要因を考慮すべきである。私たちは，パニック症の治療を検討する前に，医学的な検査によって，パニックのあらゆる潜在的な身体的原因を除外することを推奨する。パニック発作や回避を示すその他の不安症を除外するために，パニック発作の性質（すなわち，きっかけがある場合，ない場合），パニック発作中の心配の焦点，および回避の理由をアセスメントすべきである。これらの問題のより詳細な議論に関しては，McCabe（1996）の研究を参照されたい。

　精神科診断面接マニュアル（SCID-IV: First, Spitzer, Gibbon, & Williams, 1996)，および不安症面接表（ADIS-IV: Brown, Di Nardo, & Barlow, 1994; Di Nardo, Brown, & Barlow, 1994）のような包括的な臨床面接は，診断を決定するため，パニック症の診断を確定するため，および併発症をアセスメントするために必要な情報を得る優れた測度である。

進展のモニタリングと治療結果のアセスメント

　包括的なアセスメントは，内部感覚の不安，パニックの認知，および回避のようなパニック症の鍵となる特徴をターゲットとする測度も含むべきである。パニック症の中核的な特徴の重症度は，結果についての強力な予測的指標である（McCabe & Antony（2005）のレビューを参照）。広く用いられているパニック障害重症度評価尺度（Panic Disorder Severity Scale, PDSS: Shear et al., 1997)は，パニック発作の頻度，パニック発作中の心理的苦痛，予期不安，広場恐怖の恐れと回避，内部感覚の不安と回避，労働機能と社会的機能の障害を含むパニッ

ク症の中核的な特徴を評価するために臨床家によって実施される面接である。ま
た，自己報告式の PDSS が開発されており，良好な信頼性と治療感受性を持つこ
とが初期の研究で示されている（Houck, Spiegel, Shear, & Rucci, 2002）。自己報
告式の PDSS は，訓練を受けた面接者を必要としない点に利点がある。私たちは，
臨床家が実施する面接に加えて，パニック症の中核的な特徴を評価する自己報告
式の測度を含めることを勧めている。これらの測度は臨床面接で得られた情報を
補い，治療の進展と結果をモニタリングするために有用である。ここではいくつ
かのよく用いられる自己報告式の測度を簡潔に概観する。パニック症のアセスメ
ントツールのより詳細なレビューに関しては，Antony（2001a）の研究を参照さ
れたい。

内部感覚の不安

内部感覚の不安の測度は，治療効果を測定するのみならず，内部感覚エクスポー
ジャーの計画を立てるために，患者が恐れている身体症状を同定するために有用
である。よく使用される自己報告式の測度には，身体感覚質問紙（Body
Sensation Questionnaire: Chambless, Caputo, Bright, & Gallagher, 1984）と不安
感受性尺度（Anxiety Sensitivity Index, ASI: Peterson & Reiss, 1993）があげら
れる。特に，ASI の下位尺度の身体への関心によって測定される不安感受性の変
化は，CBT による治療後の症状の変化の重要な予測因子であることが示されて
いる（Schmidt & Bates, 2003）。

パニックの認知

よく使用されるパニックの認知の自己報告式の測度には，広場恐怖認知尺度
（Agoraphobic Cognitions Questionnaire, ACQ: Chambless et al., 1984），パニック
発作認知尺度（Panic Attack Cognitions Questionnaire: Clum, Broyles, Borden, &
Watkins, 1990），および破局的認知尺度（Catastrophic Cognitions Questionnaire:
Khawaja, Oei, & Baglioni, 1994）が挙げられる。これらの測度は，認知的再体制
化のターゲットを同定するため（たとえば，「私は心臓発作になるだろう」，また
は「私は恐怖でしびれるだろう」のような信念），および治療効果を測定するた
めに有用である。広場恐怖の破局的な認知の重症度の高さは，治療効果の低さの
重要な予測因子であることが示された（Keijsers, Hoogduin, & Schnaap, 1994）。

第Ⅱ部 特定の障害における認知行動療法グループ

回避

回避を評価する最良の方法は，臨床面接中に患者個人が恐れている状況の詳細なリストを作成することである。サンプルを図7.1に示す。グループメンバーは，各治療セッションの最初に，エクスポージャーの階層表で恐怖と回避の水準を評定できる（図7.2のサンプルを参照）。これらの評定は治療を導き，進展をモニタリングするための有用な道具を提供する。エクスポージャーの階層表の評定は，パニック症のCBT後の治療的な変化に対する感受性が高いこと，および標準的なパニックの測度によって評価された臨床的改善と関連することが示されている（McCabe, Rowa, Antony, Swinson, & Ladak, 2001）。回避行動検査（Mobility Inventory, MI: Chambless et al., 1985）のような自己報告式測度も，よくみられる広場恐怖の状況を評価するために有用である。広場恐怖の回避の増加は，CBT後の6カ月のフォローアップ時におけるより望ましくない転帰の状態と関連している（Sharp & Power, 1999）。

最後に，パニック症が情動的健康，経済的独立，および人間関係に及ぼす影響

名前 _____ セッション：治療前 _____ 日付：_____

項目	恐怖 (0 — 100)	回避 (0 — 100)
1. アチバン（抗不安薬）を持たずに外出する	100	100
2. 映画を見に行き，横列の中央に座る	100	100
3. 午前中，一人で家にいる	99	100
4. 一人で街へ車で行く	95	90
5. 混んでいる時に，ショッピングセンターへ行く	90	80
6. 携帯電話を持たずに外出する	80	80
7. 安全圏の外で一人で高速道路を運転する	80	60
8. ジムへ行く	70	90
9. 同乗者として街へ車で行く	70	40
10. 混んでいない時に，ショッピングセンターへ行く	70	0
11. 映画を見に行き，通路側に座る	60	100
12. 行列に並んで待つ	50	0

図7.1 最初の評定がなされたエクスポージャーの階層表のサンプル

を考慮すると（Antony, Roth, Swinson, Huta, & Devins, 1998），私たちは包括的なアセスメントの一部として，機能障害や生活の質の測度を用いることを推奨する。

グループ治療の構造化

　広場恐怖を伴うパニック症と，それを伴わないパニック症のグループ治療に関する多数の研究を基に，グループの構成と治療の形式の詳細を表 7.2 で提供している。この節では，グループの形式，グループの構成，グループへの選定における考慮，およびグループセッションの構造について，研究文献と私たち自身の臨床経験に基づき具体的に紹介する。

名前 ＿＿＿＿＿＿＿＿＿＿＿＿＿＿＿＿　セッション：＿＿＿＿＿＿＿＿＿　日付：＿＿＿＿＿＿

項目	恐怖 (0 — 100)	回避 (0 — 100)
1. アチバン（抗不安薬）を持たずに外出する		
2. 映画を見に行き，横列の中央に座る		
3. 午前中，一人で家にいる		
4. 一人で街へ車で行く		
5. 混んでいる時に，ショッピングセンターへ行く		
6. 携帯電話を持たずに外出する		
7. 安全圏の外で一人で高速道路を運転する		
8. ジムへ行く		
9. 同乗者として街へ車で行く		
10. 混んでいない時に，ショッピングセンターへ行く		
11. 映画を見に行き，通路側に座る		
12. 行列に並んで待つ		

図 7.2　エクスポージャーの階層表の評定シートのサンプル
Cognitive-Behavioral Therapies in Groups by Peter J. Bieling, Randi E. McCabe, & Martin M. Antony. Copyright 2006 by The Guilford Press. この図の複写は，個人的な使用に限り，本書の購入者に許可されている。

第Ⅱ部　特定の障害における認知行動療法グループ

表7.2　グループパニック治療のサンプルの形式と構成

研究	セッション数	グループの構成	セッションの長さ	方略
Sharp, Power, & Swanson (2004)（プライマリケアの場面，地域の健康センターで開催されたグループ）	12週以上で8セッション（セッション1から4は週に1回，5から8は2週間に1回）	6から8名のメンバー（PD/PDA）；1名の治療者（臨床心理士）	1時間	エクスポージャー行動的，および認知的パニック管理方略
Beck, Stanley, Baldwin, Deagle, & Averill (1994)	10週以上で10セッション	4から6名のメンバー（PD）：治療者数は報告されていない	1.5時間	認知的方略（形式上のエクスポージャーは除外された）
Telch et al. (1993)	8週以上で12セッション（セッション1から8は週に2回，9から12は2週間に1回）	4から6名のメンバー（PD/PDA）：2名の治療者	1.5時間	PCT方略に基づくパニック免疫訓練と自己管理によるカフェインの摂取
Lidren et al. (1994)	8セッションを週に1回	6名のメンバー（PD）：1名の治療者	1.5時間	認知的，および行動的方略

グループの形式

　私たちは少なくとも各2時間の長さの12回のセッションを推奨する。グループに属する者がより重症な水準の広場恐怖を有するのであれば，さらに長い治療過程が必要となる。追加のセッションでは，引き続き治療者の補助つきエクスポージャーと広場恐怖の認知の修正に焦点を当て，個人単位で実施される可能性がある。私たちは，初期のセッションでは週1回の頻度で開催し，治療の後半の段階では，セッションの間隔を空けることを推奨する。私たちのセンターでは，最初の10セッションは週に1回の単位で行い，最後の2セッションは隔週に間隔を空けている。治療の終盤のセッション間の期間の増加によって，グループメンバーは，グループとは独立に，生じる問題を管理するための練習の時間をより多く得ることができる。また，最後のセッションの間隔を空けることは，グループメンバーが，グループの終了に合わせていくための役に立つ。

　再発を予防し，治療で獲得したものを維持するために，私たちは，ブースターセッションの計画を推奨する。ブースターセッションは，定期的なグループセッションが終わった後にグループメンバーに生じる可能性のある問題について調べる場を提供する。これらのセッションは，急性期治療の後の3カ月，6カ月，1

年の時点で開催されるかもしれない。私たちのセンターでは，ブースターセッションを月に1回の単位で行っている。ブースターセッションは，進展を確認し，その後の目標を設定し，障壁を解決し，治療方略を見直すために行われる。

グループの構成

　パニック症のグループ治療の臨床的結果に焦点を当てた研究では，一般的に，4名から8名の参加者の小グループが構成されている。私たちのセンターでは，一般的に，5名から8名の患者で構成している。参加者数が増えるにつれ，治療の結果が損なわれる可能性がある。私たちは，生じるであろうあらゆる困難や問題を取り扱うためのバックアップを常に備えておくために，治療者が2名いることを推奨する。治療者が2名いることによって，1名の治療者が病気でセッションを休んだ場合に，リーダーシップの継続も保証される。グループメンバーが，一方の治療者より，もう一方の治療者に大きく反応することがないように，2名の治療者の貢献のバランスを取る努力がなされる。しかしながら，私たちのセンターは訓練機関であるため，1名の治療者は上級であり，第2の治療者は訓練中であることがしばしばである。この場合は，上級の治療者がグループの計画と運営をリードし，必要に応じて，第2の治療者に責任を増やしていく。第3の訓練生を部屋に入れる場合もあるが，治療者が多すぎることでグループが混乱しないように，その人は観察者の役割を担うことになるであろう。

　グループ・プロセスと凝集性を促進するために，グループの構成を決定する際には，人口統計学的特徴，および症状のプロフィールと適合性を含む特定の要因を考慮することが重要である。グループのリーダーは，人口統計学的要因と症状のプロフィールを基に，グループのバランスを取ることを目指すべきである。グループのバランスが取れているほど，グループは凝集性が高まり，ドロップアウトのリスクが低くなる。たとえ「孤立した」メンバーと合致する他のメンバー1人のみを追加する場合であったとしても（例を以下に示す），可能であれば，グループのリーダーは，これらの要因に関して，グループのバランスを取ろうと努力すべきである。もしグループのリーダーが「孤立した」メンバーを合致させることができないのであれば，その人に個人治療を提案することは良い考えとなるかもしれない。そうすることができず，その人をグループに含めるのであれば，グループのリーダーは，その人の経験を他のグループメンバーと結びつけ，凝集性を高める特段の努力をすべきである。

167

人口統計学的要因

治療に参加するのは男性よりも女性の割合が高いため，グループのリーダーは性別のバランスが取れないことに直面する可能性がある。たとえば，6名の女性がいるグループ内で1名の孤立した男性は疎外感を持ち，「異質である」ように感じ，女性の経験と関連づけられない可能性がある。たった1人でもグループに男性を加えることによって，このグループのメンバーの経験は実質的に変化するであろう（たとえば，この男性は，自分はこの問題を持つ唯一の男性ではないと感じるであろう）。

年齢も考慮に入れるべきである。たとえば，4名の32歳から60歳の女性と2名の36歳と40歳の男性から構成されるパニックのグループに，18歳の者を1名加えることは，18歳の者がドロップアウトする確率を高める可能性がある。この状況において，そのより若年のグループメンバーは，その他のグループメンバーが，「私があなたの年だった頃は…」や「今これに取り組めて運が良かったね」というようなことを言う場合において特に，自分がグループの他の人と関連づけられないと感じる可能性がある。年齢の近いメンバーをもう1人加えることは，「孤立した」メンバーにある程度のバランスを与え，凝集性の感覚を強めるであろう。パニック症の診断はしばしば数年にわたって遅れる場合があることを考慮すると（Ballenger, 1977），年齢がさらに高くなって治療に参加する場合がより多くみられる。

症状のプロフィールと適合性

グループの構成がより均質になればなるほど，グループのメンバーはお互いに関連づけられ，自分たちのニーズにとってグループが有益であると思う確率が高くなるであろう。均質性の高まりは，グループの凝集性が高まり，ドロップアウトの危険性が減少することにつながる。広場恐怖の程度は，グループの構成のバランスを取る時，考慮すべき要因である。患者個人はより重症の症状を持つ他の者がグループにいることを恐れる可能性がある。また，より重症の広場恐怖を持つ者は，自分がグループの他の者と同じペースで進展できない場合に，その人たちに圧倒される可能性がある。さらに，広場恐怖を伴わない者は，グループの残りの他の者のために利用される治療要素の中のいくつか（すなわち，「現実」エクスポージャー）と関連づけることができない可能性がある。たとえば，8名が

参加しているグループに広場恐怖も持つメンバーが7名おり「現実」エクスポージャーにグループで取り組む際に，パニック症のみを呈する残りの1名は，その治療と関連づけられない可能性がある。この人にとっては，より短い期間の個人治療がより適している可能性がある。または，他のグループメンバーはさまざまな水準の回避を持つ可能性があるため，グループのリーダーはパニック症のみを呈する者には，事前に，グループのある側面において関連づけることができない可能性があることを知らせるべきである。また，そのグループメンバーは，自分がグループから得ることが可能なものを得るように推奨されること，あるいは自分がしている可能性のあるより軽微な回避や安全確保の方略を減らすことに焦点を当てるように推奨される。そのグループメンバーは，他のグループメンバーが場面エクスポージャーを練習する時には，さらに進んで内部感覚エクスポージャーを練習できる。そして，もし可能であれば，広場恐怖を伴わないパニック症を持つ者を少なくとも2名含めたり，あるいはより重い水準の広場恐怖を伴う者を少なくとも2名含めたりすることによって，グループのバランスを取ることを推奨する。可能であれば，より重症の広場恐怖を持つ者に対しては，グループの他のメンバーについていくことが難しい可能性があるため，別のグループを運営する，または1対1の治療を提供する方がより良い可能性がある。

　可能ならば，糖尿病のような医学的疾患の文脈で存在するパニック症（障害）も，バランスを取るべきもう1つの要因である。たとえば，ジェイクは糖尿病と広場恐怖を伴うパニック症を有している。彼は，高血糖と低血糖がしばしばパニック様症状を引き起こすという複雑な要因を付加的に持っていたため，彼はしばしば自分がグループ内で「異質である」と感じていた。グループのリーダーは，糖尿病を持つグループメンバーをもう1人グループに入れることはできなかったものの，ジェイクの経験を普通のこととして，ジェイク自身がグループに含まれていると感じることを助けるために，これまでの治療経験――「ポケットの中の患者」――に頼ることができた。グループのリーダーは，ジェイクと同様の経験と挑戦をした者たちと出会ってきたことを伝え，「過去の患者たち」が自身のパニックに打ち勝つために有用であることを見出してきたそれらの方略を共有することができた（たとえば，高血糖，または低血糖の症状とパニックの症状を区別することを学ぶことなど）。

集団 CBT に対する適合性のアセスメント

　パニック症の集団 CBT に対する患者個人の適合性を決定する際には，多数の要因を考慮すべきである。すなわち，診断，病識，動機づけの水準，グループ治療に対する開放性，対人スキル，およびパーソナリティの特徴である。グループのリーダーは，適合性を決める際に，個人のニーズとグループのニーズのバランスを取る必要がある。

診断と臨床的重症度

　理想的には，全てのグループのメンバーが広場恐怖を伴うパニック症または伴わないパニック症の診断を有するべきである。いくつかの場合においては，他の疾患を持つ者にとってもこの治療アプローチが利益をもたらす可能性がある（たとえば，パニック症の病歴を伴わない広場恐怖）。そのため，症状の類似性と治療方略の適切性を考慮すべきである。併発症がある場合には，広場恐怖を伴うパニック症または伴わないパニック症が，一次診断として確立されているべきである。パニック症を二次診断として有する者がグループ治療に含まれる場合には，その者の有する一次疾患によって，パニック症状のみに焦点を当てる能力が妨げられてしまう可能性がある。そのような者は，他のメンバーに関係しない問題をグループに持ち込んでしまう可能性があり，その結果として，その者自身がグループは自分のニーズに合っていないと感じてしまう可能性がある。

　症状の臨床的重症度も考慮される。重症度が非常に軽度の者は，グループ治療の全過程を必要としない可能性があり，短期の個人治療によって治療された方が良い可能性がある。その一方で，重症の広場恐怖を有する者は重い障害のために，グループに定期的に参加できない可能性がある。たとえば，私たちのセンターには，夫に付き添われてようやく外出できる人がいた。彼女は，夫がグループのセッションに同席できない限りグループへの参加を拒否する表明をした。この場合，個人治療の方が，彼女の治療のニーズにより適していると判断された。

併発

　併発はパニック症の治療に参加する者にとって普通のことである。私たちのセンターの患者では，付加的診断の数の平均は 1.5 以上である（表 7.1 を参照）。それゆえ，併発があることでは，グループ治療から除外されることはない。しかしながら，パニック症が一次障害（すなわち，最も大きな苦痛，かつ／または，機

能障害を引き起こす障害）であるべきである。さらに，付加的障害を有すること
によって，グループ治療に参加する能力が妨害されるべきではない。たとえば，
精神病症状を有する者は，パニックのみに焦点が当てられる治療場面ではうまく
いかない可能性があり，より個人に合わせた治療アプローチの方がおそらく有益
であろう。物質の誤用，乱用，あるいは依存があることもまた，グループ治療に
参加する患者個人の能力を妨害してしまう可能性がある。これらの問題はケース
バイケースに基づいて考慮されるべきである。

病識

　自分のパニック症の診断を受け入れることが困難でその代わりとして身体的原
因を探し続ける者は，グループの秩序を乱し，グループでうまくやっていくこと
が難しい可能性がある。たとえば，私たちのセンターにおけるあるグループでは，
そのような患者が，自分の心拍数を高めるあらゆる内部感覚エクスポージャーに
取り組むことを拒否した。私たちの最大の治療的努力にもかかわらず，その人は
自分の問題は本質的に身体的な問題であると確信していた。グループの他のメン
バーは，彼と関係づけることが難しく，その逆も同様であった。彼はグループか
ら確かにいくつかの小さな利益を得たが（自分の問題は身体的であるという信念
に対する彼の評定は，99 から 75% に減少した），彼はグループのリーダーに難
題を与え続けた。

患者の動機づけと好み

　グループ参加への選定を決める際には，患者の CBT に対する動機づけ，およ
びグループの形態に対する個人的な好みを考慮すべきである。多くの人が最初は
グループ治療に不安を抱くということは強調すべきであり，治療者はこれを普通
のことであるとすべきである。個人治療と対比してグループ治療の利益（たとえ
ば，同じ疾患を持つ他者に会うこと）を説明することは，通常，グループ治療に
取り組もうとする患者個人の開放性を高めることに役に立つ。
　CBT に対する動機づけは，治療，および要求されること（たとえば，毎週のホー
ムワークの割り当て）について説明すること，そして，この治療アプローチをや
ろうとする患者個人の準備性と開放性を尋ねることによって測定することが可能
である。グループ治療に期待されるプロセスに参加すること（たとえば，継続し
て出席すること）に患者個人が動機づけを持ち，コミットしているかどうかをはっ

きりさせるために，グループ治療で期待されること（たとえば，参加）についても説明すべきである。

　治療の開始時に動機づけの水準が低い者は，おそらくうまくやっていくことができない。そのような者がグループにいることで，ホームワークに取り組まないこと，継続して出席しないこと，開示を抑制すること，場合によっては，ドロップアウトすることなどによって，グループの士気に影響を及ぼす可能性がある。もし適切に管理されなければ，そのようなメンバーがいることが，グループの残りの者の治療的経験を減じる可能性があり，他の者に悪影響を与えることにつながったり（たとえば，ホームワークまたは出席が重要でないという態度を強めること），グループの中で開示することに対する安全感や信頼感を脅かしたりする。

対人スキル

　グループ内で相互作用する患者個人の能力も考慮した上で，グループのニーズとのバランスを取るべきである。社会的スキルが十分に身についていない者は，パニック症のグループの形式でうまくやれない可能性がある。たとえば，極端にシャイな者は自己開示することの困難さと，グループ場面に起因する不安を有している可能性がある。この場合は，グループの形式は実際に治療の進行を妨害する可能性がある。基本的な水準の適切なコミュニケーションスキルは必要である。たとえば，攻撃的なコミュニケーションスタイルを持つ者は，グループ内の安全性と受容の文化を損ね，グループの他のメンバーの治療的経験を減じる可能性がある。

パーソナリティの考慮

　特定のパーソナリティの特徴があることもまた，グループ治療に対する患者個人の適切性の決定において考慮に入れる可能性がある。自己愛性，または境界性の特性を持つ者は，グループ治療に適さない可能性がある。なぜなら，この者は，管理，統制，グループの他のメンバーの保護の点で，グループのリーダーに難題を与える可能性があるからである。

グループセッションの構造

　私たちのセンターでは，グループのセッションは一般に 2 時間としている。セッションは，グループのメンバーが，自分のエクスポージャーの階層表（図 7.2 を

参照）の恐怖，および回避の評定に記入することから始まる。それから，セッションの目標を含むアジェンダが設定される。グループでは，メンバーが扱いたい質問または問題によって，アジェンダに貢献する機会が与えられる。通常のセッションでは，前週の材料との統合と見直しを強調しながら，自分のホームワークの振り返りをすることから始まる。グループのメンバーはホームワークを取り出し，グループと一緒にそれを検討するように求められる。これは，ホームワークを完成させることは重要であるという規範を設定するために重要となる。セッションの終わりにホームワークを集め，その後，次回のセッションの始めに回収したホームワークを再配布することによって，ホームワークを完成させることを強化できる。ホームワークの振り返りに続いて，セッションでは，新しい心理教育的な材料，臨床的な方略，あるいはセッション内でのエクスポージャーを提供することに焦点を当てる。セッションでは，グループのメンバーは新しいホームワークを計画し，自分自身のホームワークの目標をどのようにして達成するかについて詳細に討議して終了する。ホームワークを完成させる上での支障を解決するために，グループが利用される。

鍵となる治療要素

この節では，広場恐怖を伴うパニック症と広場恐怖を伴わないパニック症の治療のための CBT の主要な治療要素を概観する。さらに詳細な記述に関しては，Craske & Barlow（2001），Clark et al.（1994），Antony & Swinson（2000a）を参照されたい。パニック症の CBT で生じる治療的問題を管理するための臨床的な方略に関する優れた討議については，Huppert & Barker-Morissette（2003），および McCabe & Antony（2005）を参照されたい。

心理教育

心理教育は，パニック症の CBT の本質的な要素であり，CBT のスキルを発展する基礎を作る。パニック症を持つ者にとって，パニック発作とパニック症の性質に関する教育はしばしば，不安を減少させる実質的な役割を果たす。理想的には，治療者が誘導による発見とソクラテス式問答法を使って，鍵となる概念を説明しながら，双方向性の形式で材料を提示する。ホワイトボードは情報を提示するために有用である。治療者は，説明が講義調になりすぎないようにするために，

グループを利用して，提示する材料に関する提案とアイデアを案出させることが推奨される。情報はさまざまなやり方で提示することができる。すなわち，プリントやホワイトボード上での提示，グループから出た例を利用した概念の討議，より一般的な例に関する討議などを通じて，提示可能である。パニック症のためのCBTの心理教育の要素が扱う話題の例には，不安とパニックの性質（たとえば，闘争─逃走システムの役割），最初のパニック発作の後に生じるパニック症の発症に果たす内部感覚条件づけの役割，パニック症のCBTモデル，および不安の３要素モデル（思考，身体感覚，行動）が含まれる。

認知的方略

　パニックに対する認知的方略は，パニック症の発症と維持における身体感覚への誤った解釈の重要性を強調している。グループのメンバーは，自分自身の不安的思考をモニタリングすることを推奨される。自分の思考を評価することへの困難さを有する者は，自分自身が不安を感じていることに気がついた時に，自分自身に質問するように教示される（たとえば，「私が不安になる直前に，私の心を何が通って行ったであろうか」，「私は何が起こることを恐れているのであろうか」）。パニック症を持つ者は，不安とパニックの結果を破局的に考え（**破局化**），そしてネガティブな出来事の生起確率を過大に見積もる（**確率の過大評価**）傾向にあることを強調しながら，情報処理バイアスと認知の歪みの役割を概観する。グループのメンバーはこれら２つの共通の歪みに自分自身が従事している傾向にあることを同定する練習をする。それから，不安的思考に挑み，より現実的に評価することを推奨するために，グループ内でさまざまな認知的方略が用いられる（たとえば，証拠の収集，損得分析，行動実験）。

エクスポージャーに基づく方略

　エクスポージャーに基づく方略には，グループのメンバーに対して，恐怖の減少が達成するまで，恐れている場面と身体感覚に徐々に直面化させることが含まれる。エクスポージャーは自律的に行うか（ホームワークの一部として個々に達成される），あるいは治療者やグループの補助を受けることも可能である（グループの一部として達成される）。

「*in vivo*」エクスポージャー

　「*in vivo*」，すなわち「現実の」，エクスポージャーは，広場恐怖の場面に系統的に，繰り返し直面化させることを含み，個人に合わせて作成された項目で構成されるエクスポージャーの階層表に沿って進められる。（訳注：結果的に悪影響をもたらす）安全確保のキュー（きっかけ）を階層表に入れ込むべきである。エクスポージャーの階層表のサンプルを図 7.1 に提示する。各グループのセッションの最初に記入するエクスポージャーの階層表の評定フォームを図 7.2 に提供する。グループセッションを通して，大多数のエクスポージャーは自律的である。グループの各メンバーは，自分がグループのセッションの合間に練習する場面を選択する。（分散練習に対して）反復的に集中して行うエクスポージャーが推奨され，選択した項目の主要な練習を 1 週間で少なくとも 3 回行うことが推奨される。日々のエクスポージャーの重要性が強調されている。グループのメンバーは自分のペースでエクスポージャーを実行するように推奨される。ある者にとっては，エクスポージャーの階層表を下から順に進むため，そのペースは段階的である。また，その他のある者は，より強いアプローチを選び，階層表の頂上の近くから直面化する項目を選ぶ。根拠があれば，グループのメンバーは，より挑戦的なエクスポージャーの補助を援助者（たとえば，家族のメンバーや友人）に依頼するように推奨される。少なくとも 1 回から 2 回のグループセッションが治療者の補助付きエクスポージャーのために用いられる。これにはしばしば，グループでショッピングモールまでバスに乗って行き，そこで小グループになって，関連するエクスポージャーを実行する（たとえば，銀行で行列に並ぶ，エレベーターに乗る，混雑した食品エリアで座る）ことが含まれる。

内部感覚エクスポージャー

　内部感覚エクスポージャーは，恐怖の減少を達成するために，患者が恐れている感覚を患者自身に制御的かつ反復的な方法で引き起こさせることが含まれる。内部感覚エクスポージャーの原理を概観した後，治療者は，どのようなエクササイズがグループの各メンバー固有の不安に関連する症状を惹起するかを決定するために，グループに症状の検査を行うよう求める。各エクササイズを簡単に実演した後（たとえば，過呼吸，ストローを通して呼吸すること，回転椅子を使用すること，その場でジョギングすること），治療者はグループにエクササイズを行わせる。グループのメンバーは，自分が強い身体感覚を経験するまで，エクササ

イズを続けるように推奨される。各エクササイズの後，グループのメンバーは自分の経験を共有する（たとえば，症状，不安，症状とパニックとの類似性）。症状の検査の後，グループのメンバーは自分にとって最も強力にパニックと類似した身体感覚を引き起こしたエクササイズを練習するように推奨される。これらのエクササイズを繰り返し練習するにつれて，恐怖反応の馴化が生じる。

「*in vivo*」エクスポージャーと内部感覚エクスポージャーの併用

　内部感覚エクスポージャーの要素が完了したら，グループのメンバーは「*in vivo*」エクスポージャーと内部感覚エクスポージャーの併用を練習するように推奨される（たとえば，かなり厚いセーターを着てショッピングモールへ行くこと，店でライトを凝視すること，または，ショッピングモールに入る前に車の中で過呼吸を行うこと）。グループセッションの一部では，グループのメンバーの併用の練習を治療者が補助することが含まれる（たとえば，ショッピングモールのフードコートでグループのメンバーを座らせ，頭上の光を凝視することによって非現実感を引き起こし，その後に，非現実感を持ちながら歩き回る）。

必要に応じた治療方略の追加

　治療方略を追加するための根拠が生じる場合がある（たとえば，呼吸法の再訓練，リラクセーション，家族のメンバーの教育）。私たちのセンターでは，多くの理由から，所定の手順として，呼吸法の再訓練（PCT の標準的な要素）を取り入れていない。横隔膜呼吸法の再訓練は，過呼吸がパニック症状を引き起こす可能性があるという原理に基づいている。しかしながら，それがパニック症状を取り除くための安全確保行動として用いられる可能性があり，それゆえ，治療目標（パニック症状に直接的に直面化すること）を阻害する場合がある。さらに，解体研究*の証拠として，呼吸法の再訓練を追加しても，呼吸法の再訓練を含まない CBT を超える付加的な利益が得られず，それはむしろ不完全な回復と結びつく可能性があることを示している（Schmidt et al., 2000）。

　結婚の心理的苦痛が，広場恐怖を伴うパニック症の維持に影響を与える要因であることが明らかであるときに，場合によっては，婚姻関係を対象としたセッションを追加することには根拠がある可能性がある。しかしながら，結婚関係とパニッ

---

* 訳注：治療要素に分けて，その要素ごとの影響性を検討する研究。

クの CBT を検討した研究の概観によれば，パニック症はより大きな対人関係の
問題や婚姻の問題と関連しているかどうか，婚姻の要因は CBT の結果を予測す
るかどうか，夫婦間のコミュニケーションを改善することを対象とした介入を付
加することは，より大きな治療的改善をもたらすかどうかについて，実証的デー
タの結果は一貫していない（Marcaurelle, Bélanger, & Marchand, 2003）。

　過度に心理的苦痛を感じていて，治療に従事することが難しいメンバーがグ
ループに参加しているのであれば，グループ治療にリラクセーションの構成要素
を含めることは適切であるかもしれない。しかしながら，このスキルを教える目
的は，強調されるべきである（心理的苦痛を緩和する場合と不安を回避する場合）。
場合によっては，グループのメンバーが，家族との問題を明らかにする可能性が
あり（たとえば，症状に順応すること，または治療に対する干渉），家族の教育
を目的としたセッションを含むことに根拠がある可能性がある。これはグループ
場面では難しい可能性があるので，もし 1 名のグループのメンバーが困難を有し
ているのであれば，定期的なグループセッションとは切り離して，そのグループ
のメンバーとその人の家族との個人的な面接を行うことに意味があるかもしれな
い。そのセッションでは，パニック症と広場恐怖の性質，症状の受け入れにおけ
る家族の役割に関する教育を提供する機会となるであろう。加えて，セッション
では，家族のメンバーに独立性の増加と役割の変化の準備をさせることに焦点が
当てられるであろう。重要な他者を治療に含めることは，広場恐怖を伴うパニッ
ク症の長期の結果を改善する可能性があるというエビデンスがある（Cerny et
al., 1987）。

広場恐怖を伴うパニック症の CBT グループのプロトコルのサンプル

　以下の 12 回のセッションのグループ治療プロトコルは，Craske & Barlow
(2001)，Antony & Swinson (2001) によって記述された，広場恐怖を伴うパニッ
ク症と広場恐怖を伴わないパニック症の標準的治療に基づいている。各セッショ
ンで行うことを，以下で簡潔に説明する（表 7.3 で提供した要約を詳述している）。

治療前のグループのメンバーとの個別的な面接
　このセッションには，グループの個々のメンバーとグループの治療者たちの 1
人または両方との面接が含まれる。セッションでは，グループの紹介，治療スケ

第Ⅱ部　特定の障害における認知行動療法グループ

表 7.3　パニック症の集団 CBT の治療プロトコルの全体像のサンプル

セッション	扱われる方略
治療前の個人面接	・どのようにグループを行うか，およびグループに期待すべきことについての説明 ・グループの規範とルールの導入，および実施上の情報の提供（たとえば，場所） ・質問に回答し，心配に対応すること ・エクスポージャーの階層表の作成
セッション 1	・グループのメンバーの紹介（グループのメンバーはグループに参加した理由に関する個人的な経験を共有する） ・グループの構造とグループのセッションの形式の説明，およびグループの規範の概観 ・治療に期待すべきことの概観（期待を明確にする） ・パニック症の鍵となる特徴の概観 ・不安とパニックの性質に関する情報の提示 ・不安の 3 要素モデルの概観 ・パニック症の CBT モデルの提示 ・ホームワーク：不安と恐怖の 3 要素をモニターし，パニックの生理学的基礎に関する心理教育的情報を読むこと
セッション 2	・ホームワークの振り返り ・心理教育：思考の重要性と情動に思考が果たす役割 ・よくみられる不安的認知の歪みの概観 ・グループのメンバーの認知の歪みの例についての討議 ・ホームワーク：思考，認知の歪みの同定に焦点を当てて，不安の 3 要素をモニターすること
セッション 3	・ホームワークの振り返り ・心理教育：不安的思考に対抗するための方略 ・グループのメンバーが，現実的思考を目標として，不安的思考に挑み，対抗する練習をすること ・思考記録表の導入 ・ホームワーク：思考記録表を用いて不安的思考をモニターし，対抗方略を練習すること
セッション 4	・ホームワークの振り返り ・エクスポージャーを導入し，なぜそれが役立つか説明すること ・エクスポージャーを実施するガイドラインの概観 ・グループの各メンバーが，エクスポージャーの階層表からエクスポージャーの練習を選ぶこと ・エクスポージャーのモニタリングフォームの概観 ・ホームワーク：日々の，エクスポージャーの練習を行うこと（または，もし広場恐怖がないなら，微細な回避または安全確保行動）；不安的思考に継続的に挑むこと

7章　パニック症と広場恐怖

セッション	扱われる方略
セッション5	・ホームワークの振り返り
	・グループのメンバーがエクスポージャーの練習を行う際の難題について討議すること
	・治療者が，不安の減少を説明するために，ホワイトボード上でいくつかの例を追跡すること
	・エクスポージャーに対する障壁の解決と原理の見直し
	・ホームワークの詳細な計画
	・ホームワーク：エクスポージャーの練習，思考記録表を用いて不安的思考に継続的に挑むこと
セッション6	・ホームワークの振り返り
	・なされた進歩と引き続きの目標を強調しながら，エクスポージャーの階層表の評定を用いて，治療の中間地点を振り返ること
	・内部感覚エクスポースジャーの原理の提示
	・治療者が，グループで症状の検査を行うこと
	・内部感覚エクスポージャーを実施するガイドラインの提示
	・ホームワーク：内部感覚エクスポージャーの練習，場面エクスポージャーの練習；思考記録表を用いて，不安的思考に継続的に挑むこと
セッション7	・ホームワークの振り返り
	・グループのメンバーが内部感覚エクスポージャーの練習の経験について討議すること
	・障壁の問題解決，および起こった問題の解決
	・残っている症状の検査の完了
	・セッション内での内部感覚エクスポージャーの実施
	・ホームワーク：内部感覚エクスポージャーの練習，場面エクスポージャーの練習；思考記録表を用いて，不安的思考に継続的に挑むこと
セッション8―11	・概念についてのグループでの議論を促進し，共通のテーマに焦点を当て，障壁を同定し，起こった問題を解決するための，ホームワークの振り返り
	・グループが，強化と励ましを提供するために使われること
	・グループの各メンバーが，具体的なホームワークの目標を設定し，予期される障壁について討議するためにグループを使用すること
	・内部感覚エクスポージャーの練習と場面エクスポージャーの併用の導入
	・セッション内でのエクスポージャーを必要に応じて使用すること（たとえば，ショッピングモールに行くこと，バスに乗ること）
	・ホームワーク：内部感覚エクスポージャーの練習，場面エクスポージャーの練習，内部感覚エクスポージャーと場面エクスポージャーの併用の練習；思考記録表を用いて，不安的思考に継続的に挑むこと
セッション12	・ホームワークの振り返り
	・グループのメンバーが，進歩および引き続きの目標を同定しながら，不安階層表の評定フォームを用いて，自分の進歩を振り返ること
	・グループの終結に関する思考と感情の処理
	・再発予防の方略の概観

ジュール，セッションで期待されることの全体像が提供され，守秘義務の問題，出席の重要性，ホームワークの遂行を期待されることが取り扱われる。このセッションではまた，グループメンバーにとっては，質問を述べる機会が与えられ，治療者にとっては，グループで知らない人と一緒に治療を開始することに関する不安と心配を普通のことであるとする機会が与えられる。セッションの残りは，アセスメントのプロセスで集められた情報の助けを借りて，エクスポージャーの階層表（図 7.1 と 7.2 を参照）を作成することに使われる。グループ開始前の面接では，将来のグループメンバーが，初回のセッションの時に部屋にいる人（治療者）を少なくとも 1 人知っている状況にすることによって，安心感の水準を増加させる。

セッション 1：治療原理の提示

　セッション 1 は，グループメンバーがメンバー同士やグループのリーダーと出会う最初の機会である。治療者は，情報の提示に関して，このセッションで取り扱う領域が数多くあるため，情報の提示とグループの相互作用と議論の余地を与えるためのバランスを取ることを目標とするのは重要なことである。グループの討議を促すことは，紹介と一緒に行ってもよい。アイスブレイクの方法として，グループを 1 周して，グループのメンバーが自己紹介して，（パニックと関係ない）自分自身のことについて少し話すことは役立つ（たとえば，育った場所，住んでいる場所，好きな趣味，または余暇の活動）。

　紹介に続いて，治療者は，グループの形式（1 回あたり 2 時間の 12 回のセッション）とセッションの形式（たとえば，ホームワークの振り返り，新しい材料の提示，ホームワークの計画）を含むグループの構造を概観すべきである。治療前の面接の鍵となる側面，たとえば，守秘義務について復習をすべきであり，出席することへの期待，時間を守ることとセッションを欠席する時の事前連絡の重要性，ホームワークが治療結果に不可欠な役割を果たすことを含むグループの規範について討議すべきである。

　ほぼ全員のグループメンバーが，グループは自分の不安の除去に有用であると期待しているであろう。それゆえ，治療プロセスに対する期待を明確にすること，回避を用いずに不安に直接取り組むことに焦点を当て始めること，そして不安の減少を経験する前に不安の増加を経験しやすいことをグループメンバーに知らせることは重要である。そのため，治療はストレスフルになりうるので，自己報酬

を用いることや，治療に焦点を当てる時間をスケジュールに確保しておくことを，グループメンバーは推奨されるべきである。治療は不安を取り除かないが，不安やパニックに対する反応の仕方を変えること，そして，グループはメンバーにパニックを管理するスキルを与え，パニックが自分の人生をコントロールしなくなることを強調すべきである。治療者は，グループのメンバーが治療を求める理由の全てを，自分の不安に挑む動機づけとして用いるように，グループメンバーに推奨することによって，動機づけを高めることができる。

　パニックの経験を，グループのメンバー同士に共有させることによって，パニック症の鍵となる特徴を見直すことが可能である。それには，パニック発作の頻度，パニックのために避けている場面，共通の不安的思考，微細な回避，安全確保のキュー（きっかけ）が含まれる。治療者は，凝集性を高めるために，共通のテーマを同定し，グループのメンバーの経験を結びつける努力をすべきである。

　治療者は，不安とパニックの性質に関する情報を概観し，不安とパニックは正常な情動であること，パニック発作は時間が限定されていること，不安とパニックは危険ではないことを強調すべきである。この文脈の中で，治療の目標は，グループのメンバーが自分の不安とパニックを管理することを助けることであり，恐怖と不安を完全に取り除くことではないということを強調すべきである。

　グループのメンバーが，不安の構成要素の観点から自分の不安とパニックにアプローチする新しいやり方として，不安の３要素モデルを提示すべきである。すなわち，その構成要素は，身体感覚，思考，行動（回避，逃避，微細な回避）である。このモデルをホワイトボード上で説明し，グループのメンバーに各構成要素に対応する自分の症状を共有させることは有用である。それから，治療者は，どのようにして，３つの構成要素が相互作用して，不安とパニックを強めているかを示す例を，グループのメンバーにいくつか出すように求めることが可能である。たとえば，身体症状が危険であると誤って解釈されると，さらなる感覚のセルフモニタリング（行動）が引き起こされ，さらなる身体症状，破局が差し迫っているという思考の増加，逃避，回避行動が引き起こされる。

　治療者は，身体症状に対する脅威的解釈と内部感覚条件づけ（身体感覚と危険の対呈示）の重要性を強調しながら，パニック症を理解するための CBT モデルを提示する。脳がどのように危険を中性刺激と連合させる可能性があるかを説明するために，中性刺激（たとえば，食べ物）が嫌悪的な経験（たとえば，吐き気）と対呈示されるといった味覚嫌悪条件づけの例を使うことは有用である。なぜな

ら，ほとんどのグループのメンバーは，おそらくこの経験を自身と関係づけることができるからである。

このセッションのホームワークでは，グループのメンバーが不安を感じた時，あるいはパニック発作を経験した時に，不安と恐怖の３つの構成要素を常にモニタリングさせることが含まれる。グループのメンバーは，不安の３つの構成要素とパニックの生理学的基礎を概観した読み物も与えられる。

セッション２と３：認知的方略

セッション２では，初回のセッションについてのグループメンバーの意見を得る「チェックイン」から始まる。次に，ホームワークの振り返りが行われる。グループメンバーに，自分のセルフモニタリングシートを取り出させ，例をいくつか出すように推奨すべきである。治療者は，グループメンバーの経験を結びつけ，共通のテーマを同定すべきである。不安の経験が段階的に強まるように，３つの構成要素がどのように相互作用するか説明するために，ホワイトボード上で，グループメンバーの経験を例として用いることも有用である。このモデルでは，治療の原理を説明するために使うことができる。すなわち，私たちは身体感覚をコントロールすることはそうそうないが，自分がそれらにどのように反応するかということはコントロール可能である（すなわち，私たちがどのように考え，行動するかである）。グループメンバーは，このモデルについての自分の考えとそのモデルが自分の経験とどのように関係づけることができるかについての質問，あるいは心配を共有するように推奨されるべきである。

仮説であって，事実ではないものとしての思考にアプローチすることを強調しながら，思考の重要性と情動の決定に思考が果たす役割を概説する。最も共通してみられる不安に関連する２つのタイプの認知の歪みが提示される。すなわち，確率の過大評価（事象の生起確率を過大に見積もること）と破局化（事象のネガティブな帰結を誇張すること）である。グループメンバーは，これらの歪みを説明するために，自分自身の経験から例を挙げるように推奨される。セッション２のホームワークでは，自分の思考，とくに，２つのタイプの認知の歪みに細心の注意を払いながら，不安の３つの構成要素をモニタリングし続ける。

セッション３では，ホームワークの振り返りから始まる。グループメンバーは，自分のセルフモニタリングの記録から例を共有するように求められる。治療者は認知の歪みの概念を概観するために提供された材料を用いて，グループメンバー

の経験を結びつけ，共通のテーマを同定すべきである。別の評価や解釈を生み出しているグループを利用して，不安的思考に挑み，対抗するためのさまざまな方略を提示することができる。思考記録表を導入し，グループが各コラムの内容を生み出しながら，ホワイトボード上に例として記入していく。このセッションのホームワークには，思考記録表を使って，不安的思考を追跡し，対抗方略を使う練習をすることが含まれる。ポジティブな思考ではなく，「現実的な」思考を目標とすることが強調される。

　何人かのグループメンバーが，以前にこれをやったことがある，または，自分の不安的思考は事実ではないと知っているが，それでもまだ不安を感じているということはよくあることである。治療者はこれらの心配と感情を普通のこととして，開かれた心を持ち続け，その方略を使い続けるようにグループメンバーを推奨すべきである。なぜなら，不安的思考に対抗することは，練習時間を要するスキルだからである。練習するにつれて，グループメンバーは，別の評価に対する自分の信念がより強くなっていくことに気づくであろう。

セッション4と5：「*in vivo*」エクスポージャー
　セッション4ではホームワークの振り返りから始まる。治療者はホワイトボードを使って，何人かのグループメンバーのより挑戦的な例を紹介し，そして，グループは不安的思考に対抗する質問を生み出すように推奨される。グループのメンバーは，治療の残りの時間を通じて，不安的思考に対する自分の対抗方略を練習し続けるように推奨される。エクスポージャーがどのように，なぜ役に立つのかということについての原理と一緒に，エクスポージャーの話題が導入される。エクスポージャーの概念を説明するために，グループのメンバーの不安と関連しない例を用いて（たとえば，グループのメンバーに，子どもが犬の恐怖を克服することをどのようにして助けるだろうか，そして，具体的にどのようなステップを取るだろうかとたずねること），エクスポージャーを繰り返し練習することによって，不安が生じるグラフをホワイトボード上に描くことは有用である。エクスポージャーを実施するためのガイドライン，および新しいエクスポージャーのモニタリングフォームが概観される。グループのメンバーは，エクスポージャーの練習をホームワークの中心として，自分の階層表から1つ選ぶ。メンバーは，可能であれば，日々練習するように推奨されるが，その週の間に少なくとも3回はエクスポージャーを行うように求められる。ホームワークには，思考記録表上

で不安的思考に継続的に挑むことも含まれる。広場恐怖を持たない者がグループにいる場合には，自分が見出す可能性のある微細な回避や安全確保行動に直面化する方法として，エクスポージャーの原理を使うように推奨する。

　セッション5では，ホームワークの振り返りから始まる。グループのメンバーは，エクスポージャーの練習に関する自分の経験を共有するように推奨される。グラフを使って，いくつかの例をホワイトボード上で追跡し，エクスポージャーの間に増加した不安が，その後どのように減少するかを説明することは，治療者にとって有用である。グループは，ホームワークが困難であった者に対して，励まし，サポート，および別の見方（リフレーミング）を提供する。グループのメンバーは，どのように感じたか（すなわち，不安）ではなく，ある場面でどのように対処したか（行動的に）によって，自分の成功を測るように推奨される。このセッションでは，エクスポージャーに対する障壁を問題解決することに焦点を当て，原理を概観し，その週のホームワークを詳細に計画する。そして，グループの各メンバーは，グループの残りの者に，自分が何を練習するか，どのように練習を行うかを伝える。ホームワークには，エクスポージャーと思考記録表を使用して継続的に不安的思考に挑むことが含まれる。

セッション6と7：症状誘導の検査と内部感覚エクスポージャー

　セッション6は中間地点である。ホームワークの振り返りの後，治療者はグループのメンバーに彼ら自身が中間地点を過ぎたことに気づかせ，グループの時間を自分のエクスポージャーを実際練習するための動機づけとして使うように推奨する。グループのメンバーは，過去6週間にわたって各セッションの始めに評定してきた階層表を渡され，グループを開始した時どこにいたか，今どこにいるか，どこに行かなければならないかをじっくり考えるように求められる。各メンバーが自分自身のペースで前進しているだろうということをグループメンバーに気づかせることは，治療者にとって重要である。

　内部感覚エクスポージャーの原理が概観され，視点を移すことで身体感覚を危険から切り離すことを目標とすることを強調する。すなわち，身体感覚を身体的な破局が差し迫っていることを警告する合図としてではなく，不快で迷惑なものとしてとらえるということである。治療者は，グループのメンバー全員が内部感覚エクスポージャーの目的を理解していることが確かであることを確認し，グループのメンバーから生じるあらゆる質問や心配について討議する時間を設ける。

その後，症状の検査が行われ，治療者が最初に各エクササイズを実演し，その後，グループをエクササイズに導く。各エクササイズの後に，グループのメンバーは自分の経験を共有するように推奨される。すなわち，症状，不安の水準，不安やパニック症状との類似性である。いったん症状の検査が完了すると，グループのメンバーは，類似した不安とパニック症状を引き起こすことに対して自分にとって最も有効であった3つのエクササイズを共有するように求められる。内部感覚エクスポージャーを実施するためのガイドラインを概観する。課されたホームワークには，症状のエクササイズの中の1つに対する内部感覚エクスポージャー，「現実」エクスポージャーの継続，思考記録を使って不安的思考に継続的に挑むことが含まれる。グループのメンバーは，内部感覚エクスポージャーと「現実」エクスポージャーとして，その週の間に何を練習するか，グループの残りの者に伝えるように推奨される。

　セッション7は，ホームワークの振り返りから始まる。内部感覚エクスポージャーの練習中に不安がどのように変化するかについて，何例かホワイトボード上にグラフを描くことは有用である。あらゆる障壁について討議され，グループで問題解決することが推奨される。治療者が討議を促進しながら，グループのメンバーによって内部感覚エクスポージャーの原理が見直される。セッションの一部を使って，前回のセッションで完了しなかった症状の検査を完了し，そして，グループのメンバーは自分に関係があるエクササイズに焦点を当てて，セッション内で内部感覚エクスポージャーの練習をする。セッションの残りは，ホームワークの計画を慎重に行うために使われる。それには，内部感覚エクスポージャーの練習，「現実」エクスポージャーの練習，不安的思考に継続的に挑むことが含まれる。

セッション8〜11：CBTの方略を継続的に練習すること

　セッション8から11までは，CBTの方略を継続的に練習するために使われる。ホームワークの振り返りは全部を通したやり方で行われ，治療者はグループに対して，概念を見直し，共通のテーマを強調し，正の強化と励ましを与え，障壁を同定し，解決するように促す。治療者は，グループのメンバーに自分のホームワークの目標，および自分の目標を達成し，予想される障壁に打ち勝つために取るステップを非常に具体的に設定させることによって，焦点を絞ったやり方でホームワークの計画を立案する。内部感覚エクスポージャーと場面エクスポージャーの

第Ⅱ部　特定の障害における認知行動療法グループ

併用を導入し，ホームワークのために，それに関連する練習が展開される。

　1回か2回のセッションで，グループとしてのセッション内でのエクスポージャーの練習を計画することは有用である。私たちのセンターでは，1回か2回のセッションを使って，バスでショッピングモールへ行き，それから，そこでより小さなグループに分かれて，関連するエクスポージャーを行う（行列に立つこと，フードコートの場所で座ること，ライトを凝視することによって，離人症状／非現実感を引き起こし，それから，ショッピングモールを歩き回ること，薬物を携帯せずに歩き回ること，混んでいるコーヒーショップに入っていくことなど）。エクスポージャーは前の回のセッションで計画され，そのセッションの最後に，グループのメンバーが自分の経験を報告し，共有する時間を残しておく。治療者は，グループのメンバーに自分のエクスポージャーの練習から学んだこと

1　あなたが最初に治療を開始した時を思い出してください。過去14週にわたって，あなたは何を獲得し，または，どのような成果をあげてきましたか。あなたはどのような目標を達成してきましたか。あなたはどのような障壁に打ち勝ってきましたか。

2　あなたは，グループが終わった後に，何に取り組み続ける必要がありますか。あなたが立ち向かいたい場面や経験は何ですか。

3　あなたがグループで学んだ，進み続けるために持っている必要がある，鍵となる情報やフレーズは何ですか。

図7.3　治療後の計画立案フォーム

Cognitive-Behavioral Therapies in Groups by Peter J. Bieling, Randi E. McCabe, & Martin M. Antony. Copyright 2006 by The Guilford Press. この図の複写は，個人的な使用に限り，本書の購入者に許可されている。

をじっくり考え，共有するように推奨する。グループのメンバーもまた，これがお互いを助け合う良い機会であることに気づき，一般的に，それは強力な学習の経験ととらえられる。

セッション 12：終結と再発予防

　ホームワークの振り返りの後，グループのメンバーは，パターンと変化を調べるために，治療前から現在までの自分の階層表の評定を渡される。グループのメンバーは，回復を継続するための自分の目標と同様に，自分が評定のどこから始まったか，自分が今どこにいるのかについてじっくり考えることによって，自分が進歩してきたことを共有するように求められる。セッションの一部で，グループのメンバーは，図 7.3 で示したワークシートに従って，自分がグループから学んできたこと，そして，それらを用いて，どのような重要な経験に取り組むであろうかということを共有する時間が与えられる。終結間際のグループのメンバーの考えと感情を処理するためにも時間が使われる。再発予防について議論され，グループは，将来の不安またはパニックのあらゆる再発を管理するための方略を案出する。私たちのセンターでは，グループのメンバー全員に，自分の方略を強化し，概念を見直し，あらゆる困難を共有するためのブースターのグループが，予約なしで参加可能な形式で月 1 回提供される。私たちは，グループのメンバーに，進歩を確認し，回復の継続を促進するためのフォローアップのグループを望むかどうかを決める機会も与える。グループが望めば，これらのセッションが，治療後 1 カ月，6 カ月，1 年の時点で提供される。

治療後の評価

　治療後の評価には，グループの各メンバーに，自分が治療前に記入したアセスメントパッケージに記入してもらうことが含まれる。現在の症状の状態を最新のものにして（たとえば，完全寛解または，部分寛解），加わった困難に対して必要となるさらなる治療計画を決めるために，グループの各メンバーが個人面接を行うことも推奨される。

プロセスの問題

　数多くのグループ・プロセスが，広場恐怖を伴うパニック症と広場恐怖を伴わ

ないパニック症の治療を促進する。メンバーは一緒に同様の難題に取り組み，グループが一体感を与える。勢いがある感覚を持ちながら進み，目標を設定し，経験を共有するポジティブで意欲を高める雰囲気をグループは提供する。私たちのセンターでは，パニックのグループは他の（たとえば，OCD または社交不安症）グループと比較して，より凝集性が高い傾向にある。それは，おそらく，その疾患の臨床的な特徴が共有されていて（それに対して，OCD 症状はかなり多様である可能性がある），グループのメンバーが経験を共有する開示性を持つためであろう（それに対して，社交不安症のグループのメンバーは開示することが難しいと感じる可能性がある）。

　グループのリーダーの質もグループ・プロセスでの役割を果たしており，治療者の特徴が，広場恐怖を伴うパニック症と広場恐怖を伴わないパニック症の治療結果と関連する可能性を示唆するエビデンスがある。たとえば，Williams & Chambless（1990）の研究では，自分の治療者を，より自己信頼感が強く，より思いやりがあって熱心であると評定するクライエントは，行動回避テストにおいてより改善が示されやすいことを見出している。加えて，心理療法（ただし，特に CBT に限らない）を行った経験の水準が，治療結果と関連していた（Huppert et al., 2001）。

グループ・プロセスに対する難題

　数多くの問題が，グループ・プロセスに難題を提供し，グループのリーダーによる管理を必要とする可能性がある。そのような難題の1つに，"思考／情動の伝染"があり，それは，グループの他のメンバーによって報告された不安的思考に対するグループの反応である（Huppert & Baker-Morissette, 2003）。これは多くのグループにとって問題となるが，恐れている結果との連合をすぐに学習するパニック症の患者のグループにとって特に懸念されることである。グループの治療者は，この作用を警戒すべきであり，グループのメンバーの反応（思考と感情）について討議し，認知的再体制化を推奨することによって，それを管理すべきである。

　グループのメンバーの異質性は，グループの凝集性を低下させ，グループ・プロセスに難題を提供する可能性がある。グループに含まれていないと感じる者は，ドロップアウトの危険を有している可能性がある。この問題は，グループのメンバーのバランスを取ってグループを形成する時に，最もよく取り扱われるが，時

に，グループが開始した後になるまで異質性が明らかにならないか，あるいは「（前述の）孤立したメンバー」のために別の選択肢を提供できなかった可能性がある。グループの間に，治療者がグループのメンバーの間の結びつきを促進し，類似性を強調することによって，異質性を最小にすることができる。

パニック中にネガティブな出来事を経験したことがあるグループのメンバーもまた（たとえば，失神，嘔吐），グループ・プロセスに難題を与える。なぜなら，彼らは治療者が提示した情報に反対し，グループの他のメンバーに恐怖を引き起こす可能性があるからである。このような場合には，グループのメンバーの抵抗に柔軟に対応し，この本の2章で論じた方略を試すことが重要である。治療者は，時にはネガティブな出来事が起きる可能性があるという事実を受け入れるべきであるが，現実的な確率（たとえば，「あなたは200回のパニック発作の中で1回失神した。あなた自身の経験に基づくと，パニック発作中にあなたが失神する可能性はどの程度だろうか」[0.5%]）と，脱破局化（たとえば，「あなたの経験の結果は何だったか。それはどの程度悪かったか。長期的な結果は何か」）にグループの焦点を移すべきである。

先に進む準備ができている可能性があるグループのメンバーが，「頑固な」グループメンバーにイライラする場合に，不安的思考が変化しにくい参加者がグループ・プロセスに難題を投げかける可能性がある。そのような場合には，グループのリーダーはその人に，開かれた心をもって，認知的方略を練習し続けるように推奨することが有用である。最も強力な変化の要因は行動であるから，行動的方略に沿ってグループを動かすことが，「堅固な」グループのメンバーを助ける可能性がある。

また，エクスポージャーのホームワークに対する不遵守もグループにとって問題である。不遵守は，動機づけの要因，原理の理解不足，または，症状の重症度（たとえば，エクスポージャーの練習があまりに大変である）に起因している可能性がある。グループのリーダーは，不遵守の理由を突き止め，それに応じて，動機づけを高めること，治療の原理を見直すこと，または，エクスポージャーの練習の問題を解決することによって，不遵守を管理する必要がある。グループのメンバーが練習に力を入れるための動機づけを高める有用な方略は，どのようなセッションにグループが取り組んでいるか，後どれだけセッションが残っているかを思い出させ，治療を優先することの重要性を強調することである。

場合によっては，グループのメンバーが，グループ内で管理できない問題（重

症の広場恐怖がグループへの参加を妨害すること，併発症の悪化など）に，個人的な配慮を要する可能性がある。これは，グループセッションに加えて個人セッションを持つことによって，グループで継続することの適切さを含みながら，その問題に取り組み，治療のニーズを再度アセスメントすることを扱うことが可能である。重症の広場恐怖を持つ者にとっては，グループの終了後に，エクスポージャーの補助をさらに必要とする人を対象とした追加のセッションを行うことが有益である可能性がある。

その他の考慮すべき問題

多くの患者は，グループ内で薬物を徐々に減らす可能性がある。治療者は，生じうる離脱症状に対しての反応の管理にCBTが有益であることを強調し，これをグループの問題として議論する可能性がある。場合によっては（すなわち，ベンゾジアゼピンの頓用），薬物を徐々に減らすことが，CBTの完全な治療効果を得るために必要である可能性があり，使用を減らすことが推奨され，エクスポージャーの階層表に取り入れられるべきである。これは，不安に打ち勝つという目標を達成するためには，不安を経験する必要があるという観点から，グループ内で討議されるべきである。

グループの間に，個々のメンバーは，一度や二度は失敗を経験するはずである。この経験は，学習の経験としてリフレームされ，失敗を管理する方略の観点から，グループ内で討議すべきである。グループのサポートを受けて失敗を扱うことができるということは，いったんグループが終わった後に生じるかもしれない失敗に対処するための良い準備となる。

結論

広場恐怖を伴うパニック症または伴わないパニック症は，予期できないパニック発作があることによって一義的に特徴づけられる。認知的特徴には，著しい不安感受性，身体感覚への注意の増加，脅威に関する認知バイアスがある。行動的特徴には，逃避，回避，微細な安全確保行動が含まれる。パニック症の認知行動モデルは，身体感覚の破局的な誤った解釈と内部感覚の不安の役割を最も重要視している。薬物療法とCBTはどちらも，広場恐怖を伴うパニック症または伴わないパニック症に対する実証的に支持された治療である。グループCBTは，費

用対効果が高く，効率的な治療提供の形式である。グループ治療を構造化する時には，グループの形式とグループの構成を含む，数多くの要因が考慮されるべきである。私たちはパニック症に特異的なグループ・プロセスの問題と障壁とともに，鍵となる CBT の構成要素について概観した。そして，CBT グループのプロトコルのサンプルもまた提供した。

8章
強迫症

強迫症の記述的特徴

診断の特徴

　強迫症（obsessive-compulsive disorder: OCD）の顕著な特徴は，強迫観念，強迫行為，またはそれらの両方が存在することである。表面的には，OCD の診断を導き出すのは簡単にみえるかもしれない。しかしながら，OCD と診断することは，チック症，衝動制御障害，強迫性パーソナリティ障害，身体症状症，全般不安症，恐怖症，摂食障害，精神病性障害，抑うつを含む，他の条件を伴う特徴との重複があるため，しばしば困難になりうる。この節では，DSM-IV-TR 精神疾患の診断・統計マニュアル新訂版（DSM-IV-TR: American Psychiatric Association（APA），2000）に従って，OCD の主要な診断的特徴を要約する。OCD の診断と分類に関するより詳細な討議は，他の文献で見ることができる（Antony, Downie, & Swinson, 1998; Krochmalik & Menzies, 2003; Okasha, 2002）。

　DSM-IV-TR は，「強迫観念」を反復的な思考，イメージ，または衝動と定義している。強迫観念は侵入的，不適切，または苦悩に満ちたものとして経験され，強迫観念を持つ者は無視，抑圧，または他の思考や行為（たとえば，強迫行為）を用いて中和を試みる。公式な診断基準によると，強迫観念は現実生活の問題に関する単なる過度の心配ではなく，その者が思考，イメージ，または衝動を自らの心の産物であると認識していなくてはならない。

　典型的な強迫観念は，汚染恐怖（たとえば，細菌，疾患，合成洗剤，化学薬品，毒への恐怖，そしてさまざまな他の知覚される汚染），行為に関する疑念（たとえば，ドアが閉められているかどうか，電化製品がつけっぱなしにされているか

どうか，文章に誤りがあるかどうか，運転中に歩行者をひいたかどうか），宗教的信念（たとえば，冒涜的なイメージ，または悪魔にとりつかれた思考といった苦痛をもたらす宗教的性質の思考），性的な思考とイメージ（たとえば，性的志向に関する不合理な疑い，子どもや他の不適切なパートナーとのセックスに関する不合理な思考），攻撃的な思考（たとえば，愛する人を傷つけることといった侵入思考），偶然に自分や他者を傷つける思考，特定の順番で物事を正確に，釣り合いがとれるように，あるいはきちんとする衝動である。

「強迫行為」は，人が強迫観念に反応して遂行する，または特定の厳格に適用されたルールに従って遂行する反復的な行動または心的行為として定義される（APA, 2000）。強迫行為は苦悩や不安感を弱めること，またはネガティブな結果が生じるのを防ぐことを目的としている。典型的な強迫行為には，過度に洗うこと，きれいにすること，確認すること，保証を求めること，行為を反復すること，数を数えること，祈ること，貯めること，物事を言い直すことがある。

OCD の診断には，強迫観念と強迫行為が少なくとも時には過度，または非現実的であるという事実を，その者が認識していることが必要である。ほとんど常にその認識を欠いている者（しかし，少なくとも時には認識がある者）は，病識に乏しい OCD であると考えられる（支配観念として以前に言及されている）（APA, 1987）。また，OCD を呈する者は，日常の機能において臨床的に重篤な苦悩や障害を経験していなくてはならない。たとえば，症状が毎日1時間以上を占めるケースは，臨床的に重篤であると一般的に考えられる。最終的に，全ての不安症と同様に，OCD の診断は，他の精神疾患，一般身体疾患，または薬物の使用（あるいは薬物からの離脱）によって，その症状をより適切に説明できないことが必要となる（APA, 2000）。

OCD の状態が不均一であることに留意すべきである。症状の重複はよく見られるが，症状は1つのクラスターから他のクラスターへ徐々に推移することがあり，OCD を呈するほとんどの人々は，本節で説明される症状の全てを経験するわけではない。たとえば，過度に汚染と洗浄に関する懸念に注目する症状を有している者もいれば，いくつかの内容の領域にまたがる症状を持つ者もいる。

認知的特徴

OCD の認知行動的モデルは，信念，評価，そして OCD の原因と維持における他の認知的特徴の重要性を強調する。The Obsessive Compulsive Cognitions

Working Group（1997）は，OCD と関連する 6 つの信念の領域を同定した。それらは，(1) 責任の過大評価，(2) 思考の意味の過大評価，(3) 思考をコントロールすることへのこだわり，(4) 脅威の過大評価，(5) 曖昧さへの不耐性，(6) 完全主義である。この節では，OCD の理解と治療に関連したいくつかの認知的特徴（たとえば，注意と記憶バイアス，魔術的思考，思考と行為の混同）とともに，これらの領域を数多く検討する。OCD の認知の役割の包括的な概観については，Frost & Steketee（2002）などの文献で参照できる。

メタ認知と OCD

「メタ認知」という用語は，人が自らの信念について持つ信念に言及する。たとえば，人は侵入思考をコントロールしなくてはならない，または防がなくてはならないという信念はメタ認知であり，その思考が危険である，または非常に重要であるという信念と，ある意味において同様である。OCD のほとんどの認知モデルは，メタ認知の役割を強調し，強迫観念についての患者の信念が OCD を維持すると主張している。研究者たちは，OCD を理解するためのメタ認知的要因の重要性を裏付けるデータを収集し始めている（e.g., Gwilliam, Wells, & Cartwright-Hatton, 2004）。

OCD における注意と覚醒

文献間で少し不整合が見られるが，OCD を呈する人々は OCD を呈さない人々よりも，全般的な脅威手がかりに注意を向けるバイアスがあるというエビデンスは，全体的にみてほとんどない（e.g., Moritz et al., 2004）。しかしながら，OCD を呈する人々は（特に汚染への恐れを有する者）は，彼らの特定の強迫観念に関連する情報を警戒している可能性がある（Summerfeldt & Endler, 1998; Tata, Leibowitz, Prunty, Cameron, & Pickering, 1996）。

OCD における記憶バイアス

記憶と OCD に関する研究結果にも不整合が見られる。OCD の全般的な記憶の障害を見出せなかった研究はあるが，メタ分析の概観は，OCD で確認強迫を呈する者は記憶課題の特定のタイプが障害されていると結論づけた（Woods, Vevea, Chambless, & Bayen, 2002）。汚染強迫の人々は，きれいな物よりも，汚染された物に対してより記憶しやすい傾向があるというエビデンス（Radomsky

& Rachman, 1999）や，OCD を呈する人々はそうでない人々に比べて，忘れるように教示された時，脅威に関連する情報を忘れることが困難であるというエビデンスもある（Wilhem, McNally, Baer, & Florin, 1996）。OCD を呈する人々が実際に記憶の障害があるかどうかにかかわらず，実際には記憶の障害があることが示されていない研究においてでさえ，重篤な確認強迫を伴う OCD 患者は，自らの記憶への確信が障害されているということはかなりの程度明らかである（e.g., MacDonald, Antony, MacLeod, & Richter, 1997）。その上，反復的に確認することは，さらに記憶への確信を弱めるようである（Radomsky, Gilchrist, & Dussault, 2003）。

魔術的思考

魔術的思考は，実際には関連しない出来事の間につながりがあると想定することに関係する。OCD を呈する者が全て魔術的思考を持つわけではないが，OCD 症状は魔術的思考の測度と相互に関連する傾向がある（Einstein & Menzies, 2004）。魔術的思考を反映する信念の例には，以下のものがある。

「もし夜の 12 時までに私が学期末レポートを終わらせないと，私のボーイフレンドは自動車事故に遭うかもしれない」
「もし私が全てのことを 7 回行ったら，悪いことが生じるのを防ぐことができる」
「もし私が歩道の亀裂を踏んだら，私は母の背骨を折ることになるだろう」

思考と行為の混同

「思考と行為の混同（Thought-Action Fusion: TAF）」という用語は，思考と行為を同等とみなす傾向に関することである。TAF の例としては，愛する者を害することについて考えることは，実際にそれをすることとモラル的に同等であるという信念や，何か恐ろしいことをすることについて考えることは，信念に従って行動する可能性を高めることになるという信念が挙げられる。TAF は OCD に共通の特徴であり（Rachman & Shafran, 1999; Shafran, Thordarson, & Rachman, 1996），私たちの臨床経験では，TAF は敬虔で，攻撃的で，性的な強迫観念を有する人々と特に関連している。概念上は，TAF は魔術的思考のサブタイプとして，一番よく考えられるものかもしれない（Einstein & Menzies, 2004）。近年の研究は，TAF は心理教育といった標準的な CBT 技法を通して修

正できることを示唆している（Zucker, Craske, Barrios, & Holguin, 2002）。

完全主義的思考

「完全主義」は厳格であるのみならず，達成不可能な高い基準をセットする傾向と定義される。特定の心理的問題とともに，抑うつ，摂食障害，いくつかの不安症を持つのが特徴である。OCD を呈する人々は，不安症を呈さない人々に比べて，高い水準の完全主義を示す傾向にある。特に，間違いを犯すことを過剰に懸念しており，彼らは正確に物事を行ったかどうかについても，過度の懸念を報告する（Antony, Purdon, Huta, & Swinson, 1998）。臨床的には，細部への過度な注意を示し，物事を「きちんと」することを必要とする患者もいる。

過剰な責任感

OCD を呈する人々は，しばしば過剰な責任感を持っていることを示唆する文献が増えている（Salkovskis & Forrester, 2002 の展望を参照のこと）。すなわち，これは彼らが，自らの行動と思考がネガティブな結果を導くだろう，あるいは行動を起こさないことはネガティブな結果を導くだろうということを過剰に懸念している傾向を意味している。過剰な責任感の概念は完全主義，TAF，魔術的思考を含む，これまで議論されたOCDの他の認知的特徴のいくつかと密接に関わっている。過剰な責任感を示すかもしれない OCD 症状の例は，以下に挙げられる。

- 何も置き忘れていないことを確認するために，部屋を出る時に過度に確認する人
- 他者が自分の言ったことで気分を害していないことを再確認するために，繰り返し尋ねる人
- 損害がクライエントに生じないように，レポートと手紙の見直しに何時間も費やして全てが正確であることを確認する弁護士
- 侵入的で性的な強迫観念に従って行動することに対する恐怖のために，自らの赤ん坊と時間を過ごすことを避ける新米の母親

脅威への過大評価

全ての不安症と同様に，OCD を呈する人々は，彼らが実際にいる状況よりも，しばしば状況をより危険なものとして判断する。たとえば，完全に安全な対象を

汚染されたものとして見るかもしれないし，間違ったと知覚された結果は誇張されるかもしれない。脅威を過大評価する傾向は，洗浄，確認，疑惑，強迫観念，精神的な中和化，ため込みといった症状の重篤性と相互に関連していることが見出されてきた（Tolin, Woods, & Abramowitz, 2003）。さらに，OCD を呈する人々は，OCD を呈さない人々よりも多くの情報を求める傾向があり，低いリスク状況や彼らの OCD と関連する状況について，決定する前の熟考により多くの時間を費やす傾向がある（Foa et al., 2003）。

不確実性への不寛容

　あいまいさや不確実性を容認できないことは，全般不安症において広範に検討されてきたが，OCD において研究者がこの症状を検討し始めたのはつい最近である。予備的な知見の結果は，不確実性への不寛容は実際に OCD の特徴であり，特に過度に確認をする人々にみられることを示唆している（Tolin, Abramowitz, Brigidi, & Foa, 2003）。物事が不確実なことに対する OCD 患者の傾向を考慮すると，確実性への欲求が高まることは特に問題となる。以前に概観したように，行為に関する疑いと記憶への確信の欠如が，OCD に共通の特徴である。

行動的特徴

　OCD の最も共通する行動的特徴は，回避行動あるいは強迫行為のどちらかとして概念化されるかもしれない。これらは両方とも有害なことが生じるのを防ぐためや，不快感を減少させるために用いられる。回避行動と強迫行為の区別は，しばしばあいまいである。たとえば，侵入思考の抑制（回避行動の例として以下にリストアップする）は，認知的な強迫行為として容易に概念化できる。

回避行動

　OCD を呈する人々は，彼らの強迫観念と恐怖を惹起する状況をしばしば避ける。たとえば，汚染を恐れる人々は，汚れていると知覚された対象を避け，運転中に歩行者をはねることを恐れる人々は，特に歩行者の往来がある地域では運転を避けるかもしれない。また，回避はさらにとらえにくいものである可能性がある。たとえば，OCD を呈する人々は，気そらしや侵入思考の抑制，さらに侵入思考を中性的なものへと置き換えることを含むさまざまな形態の認知的回避を行う（e.g., Freeston & Ladouceur, 1997; Purdon, Rowa, & Antony, in press）。回

避の他の形態と同様に，認知的な回避は逆効果であると考えられており，長期的には不安と苦悩を維持することに寄与している（Purdon, 1999）。

強迫行為と他の防衛的方略

　OCD の顕著な症状の１つは，強迫観念にとらわれた儀式であり，最もよくみられるものは，確認，洗浄と清掃，数唱，行為の反復，フレーズの反復である。頻繁に再確認を求めることはよくみられる強迫行為であり，行為，侵入思考，または記憶に関する疑念によって惹起された不安を弱めるために用いられる。再確認はしばしば，家族，治療者，本，あるいは他の対象から求められる。

　OCD を呈する人々は，しばしば同様に他の防衛的方略に従事する。たとえば，汚染恐怖を呈する人々は，皮膚の汚染を防ぐために手袋を着用するかもしれない。小さい電化製品の電源を入ったままにしておくことを恐れる人々は，念のためにプラグを抜いて電源を切り，それを毎日職場に持っていくかもしれない。また，安全の手がかり（安心感が得られる物または人々）への信頼も，OCD と他の不安症でよくみられる。OCD 患者の中には，自らの不安感を抑える方法として，最終的に薬物に過度に頼る傾向がある者もいるが（Denys, Tenney, van Megen, de Geus, & Westenberg, 2004; LaSalle et al., 2004），薬物とアルコールの使用は，他の不安症に比べると，OCD では問題ではないかもしれない。

OCD の理解に対する認知行動的アプローチ

　OCD の早期の行動モデル（e.g., Meyer, 1966）は，恐怖の生起プロセスを論じた Mowrer（1960）の２要因モデルといった伝統的な学習理論に基づいていた。Mowrer によると，恐怖は最初に古典的条件づけを通して惹起され，これまでの中性刺激（例：犬）が何らかのネガティブな出来事やネガティブな経験（かまれること）と連合し，結果的に恐怖対象となる。恐怖はオペラント条件づけのプロセスを通して維持され（特に，負の強化），恐怖対象や恐怖状況の回避は，恐怖や不安といった不快な感情を弱めることや，安心感を与えることによって，問題を維持すると考えられている。OCD のケースにおいて，学習モデルでは，OCD 症状は古典的条件づけがなされたある種のネガティブな出来事の後に始まると想定している。たとえば，食中毒の発症は汚染恐怖を導くかもしれないし，何か重要な物をなくすことは過度の確認を導くかもしれない。OCD を呈する者がさま

ざまな回避行動と強迫的な儀式を行うことによって，症状が長期間続く可能性が
高まる。

　Mowrer らの主張は直感的に理解できるが，OCD の学習モデルは研究ではあ
まり支持されてこなかった。たとえば，Jones & Menzies（1998）の研究では，
OCD で洗浄強迫を呈する者の中で，自らの症状を説明する可能性のある直接的，
または間接的条件づけがあると報告した者は，13％以下であった。それゆえ，理
論家は，OCD をより理解するために，認知的アプローチと認知行動的アプロー
チに関心を寄せてきた（e.g., Rachman, 1978, 1997, 1998, 2002; Salkovskis, 1985,
1998）。OCD の現在の認知行動モデルの2つの中核的な特徴は，（1）OCD を呈
する人々は害をもたらすことや防ぐことに過度の責任感があり，(2) メタ認知（す
なわち，侵入的な思考に関する信念）がこの疾患を理解するための手がかりであ
るという概念である。

　たとえば，Salkovskis（1998）は，一般的な人口のほぼ90％の人々が，臨床的
な強迫観念と内容が類似した侵入思考を経験することを示した研究を概観し，通
常の侵入思考と臨床的な強迫観念を区別するものは思考の性質ではなく，むしろ
その思考に対する解釈の仕方であると主張した。Salkovskis によれば，侵入思考
は，自分自身や他者に害をもたらし，それを防ぐことに責任がある表れとして解
釈された時に問題となる。たとえば，ある者が「私は自分の子どもを刺すだろう」
という思考自体がそうすることの危険性を増大させると信じているのなら，その
者はその思考を抑制することを努力し，ナイフといった鋭い物を避ける傾向にあ
るかもしれない。行動的な強迫行為，思考抑制の試み，強迫観念を中和する努力
は，思考は危険ではないということを学習する妨げになることで，侵入思考の恐
怖を強化すると考えられている。そのモデルは，侵入思考に対する非常に強い恐
怖を伴う OCD のプロフィールの説明に最も適しているようである（たとえば，
性的，攻撃的，宗教的な強迫観念）。

　認知理論の他の例として，Rachman（2002）は，確認強迫のモデルを公表した。
この理論によれば，強迫的な確認は，人々は害を防ぐ大きな責任があるというこ
とを確信している時や，知覚された脅威が除去されたかどうかに確信が持てない
時に生じる。たとえば，誤った薬物を顧客に渡すことについて強迫観念を有し，
どの薬物を調剤したのかに関する記憶を疑う薬剤師は，自らの作業を反復的に確
認するかもしれない。Rachman によると，3つの要因が確認の強度に寄与して
おり，それらは（1）知覚された責任の水準，（2）知覚された害の可能性，（3）

知覚された害の重大さである。

OCD の治療

　OCD のエビデンスに基づく治療法として，薬物療法と，行動療法や CBT といった心理療法が主に挙げられる。さらに，いくつかの長期フォローアップ研究は，治療抵抗性を有する OCD 患者の半分までは，精神外科治療（たとえば，帯状回切除，前部嚢切開）の後に，比較的少ない副作用で著しい実績があったことを報告している（e.g., Dougherty et al., 2002; Jenike, 1998; Kim et al., 2003）。しかしながら，精神外科治療の侵襲的な性質やコントロールスタディの欠如を理由として，これらの手続きは現在では最も重篤な難治性事例にのみ用いられる。この節では，OCD を治療するための薬理学的アプローチと心理学的アプローチの現状について，簡潔に振り返る。さらなる包括的な概観は，多くの情報源で見られるであろう（e.g., Antony & Swinson, 2001; Maj, Sartorius, Okasha, & Zohar, 2002; McDonough, 2003; Menzies & de Silva, 2003）。

薬物療法

　多くの研究が，三環系抗うつ薬クロミプラミンと同様に，選択的セロトニン再取り込み阻害薬（selective reuptake inhibitors: SSRI）が OCD 症状を減少させるのに効果的であることを示してきた（Antony & Swinson, 2001）。たとえば，Clomipramine Collaborative Study Group（1991）の研究では，500 人以上の患者の大規模研究において，薬物療法を受けた人々は Yale-Brown 強迫観念・強迫行為評価スケールの得点で平均 38 ％の減少を経験しており（Goodman et al., 1989a, 1989b），それに対してプラセボ群では 3 ％しか減少していないことを見出した。SSRI の効果を確証する数多くの対照研究も数多くあり，セルトラリン，フルオキセチン，フルボキサミン，パロキセチン，そしてごく最近においてはシタロプロムが含まれている（Antony & Swinson, 2001）。一般的に，クロミプラミンと SSRI 以外の薬物療法では，OCD 治療への有効性は見出されていない（Antony & Swinson, 2001）。

　SSRI 単独での使用が，他の薬物よりも効果的だったというエビデンスはない。さらに，効果サイズはクロミプラミンを用いた研究において最も大きい傾向があるが，SSRI とクロミプラミンの直接比較ではそれらの効果は等しかった

（McDonough, 2003 の展望を参照のこと）。どの薬物を用いるべきかは，副作用に関する利用可能な情報とともに，有効性に関するエビデンス，その患者が受けている薬物療法との相互作用，その患者が苦しむ病状に対する効果の見込み，患者が受けた薬物療法に対する以前の反応，患者の家族メンバーが受けた薬物療法に対する以前の反応を考慮して決定する必要がある。

　SSRI はクロミプラミンよりも副作用の特徴が優れているため，OCD の薬物療法は通常 SSRI から始まる。選択された薬物療法が，適切な処方量で 12 週間の治療後に期待された症状の減少をもたらさない場合，他の SSRI に切り替えることや，その後にクロミプラミンに切り替えることは合理的である。臨床実践において，SSRI と他の薬物療法を組み合わせる治療を支持するエビデンスは限られているが，SSRI は他の薬物療法と組み合わされることがある。McDonough（2003）によって概観されたように，SSRI の増強は一般的に，ケース研究や小規模なオープントライアルに基づいてきた。研究では通常，クロナゼパム，ブスピロン，L-トリプトファン，リチウム，ガバペンチンといった薬物を加えることで，SSRI を増強する限定された効用のみを見出してきた。知見は不一致ではあるが（e.g., Shapira et al., 2004），難治性ケースの治療のために非定型抗精神病薬を SSRI に追加することについて，この方法を支持するエビデンスがいくつか得られている（Bystritsky et al., 2004; McDougle, Epperson, Pelton, Wasylink, & Price, 2000）。

心理社会的治療

　過去数十年の間，曝露反応妨害法（exposure and ritual prevention: ERP）が OCD の心理学的治療法の選択肢として現れてきた。「曝露（エクスポージャー）」は恐怖状況に徐々に直面することから構成されている（たとえば，汚れた物に触れること；文章で，意図的にミスをすること；「悪い」数の回数だけ物事を行うこと；不安を喚起する単語，思考，またはイメージに曝露すること）。「反応妨害（儀式妨害）」は，強迫観念，儀式，防衛的行動を除去するプロセスのことを指している。

　OCD に対する ERP の使用を支持する研究は 40 年以上前にさかのぼり，Victor Meyer（1966）の仕事と共に始まる。数多くの統制された効果研究が，ERP は OCD に効果的な治療法であることを支持してきた（Franklin & Foa, 2002 の展望を参照のこと）。一般的に，研究は集中治療（3 週間，毎日行うセッションで構成され，一日の治療か入院形式の治療のどちらかで実施される），または

集中的ではない外来治療（しばしば 1 週間に 2 セッションか，3 セッション）を支持している。およそ 330 人の参加者を含む 12 の ERP 研究の概観において，Foa & Kozak（1996）は OCD 患者の 83％は治療反応者（治療に反応する者）であると確認した。その上，効果は一般的に長期間持続し，治療終結後平均 2.4 年の時点で患者の 76％（16 の研究の 376 人の患者の集団における割合）が，やはり治療反応者であると考えられた（Foa & Kozak, 1996）。

　Abramowitz（1996）によるメタ分析は，治療結果に寄与するいくつかの要因を同定した。一般的に，厳格な儀式妨害の教示が与えられたプロトコルの結果が，（段階的な，あるいは部分的な儀式妨害に対して）最も良かった。また，治療者が援助するエクスポージャーを含むプロトコルは，患者自身で行うエクスポージャーのみを含むプロトコルよりも，さらに効果的であるようである。最終的に，イメージと現実場面（すなわち，状況）のエクスポージャーの両方を含むプロトコルは，現実場面でのエクスポージャーのみを含むプロトコルよりも良い成果をもたらす傾向があった。後の 16 の効果試験のメタ分析において，Abramowitz（1998）は，ERP で治療された OCD 患者の OCD の標準的測度の得点は，未治療の OCD 患者より，一般人口の人々に近かったことを見出しており，このことは ERP の過程で見られた変化は臨床的に重要であることを示唆している。しかしながら，治療後における，治療された OCD 患者と一般人口の人々の間の差異は，それでもやはり有意である。言い換えれば，成功した治療の後でさえ，ほとんどの人々は自らの OCD にある程度は苦しむ。

　OCD の近年の認知モデルを考慮し，さらに ERP 単独では多くの患者に部分的な改善しかもたらさないことから，研究者は認知方略を用いる効用を検討し始めた。認知療法は，信念の証拠を検討し，ネガティブな信念が真実かどうかを試すための行動実験を実行することによって，患者が非現実的な不安の信念を同定し，疑問を投げかけるよう教育することを含んでいる。今まで，研究はほとんど認知療法と伝統的な行動的治療の比較に焦点を当ててきており，ほとんどの場合，認知療法は ERP の効果的な代替治療となることが見出されてきた（e.g., Cottraux et al., 2001; McLean et al., 2001; van Oppen et al., 1995; Whittal, Thordarson, & McLean, 2005）。現在，ERP に認知的方略を加えることが，ERP 単独と比較して治療結果の向上を導くかどうかという疑問を検討した研究はまだ少ない。

OCD のグループ治療

OCD に対する心理療法のほとんどの研究は個人治療のプロトコルに基づいているが，多くの研究は，OCD がグループ形式で効果的に治療できることを見出してきた(Whittal & McLean, 2002 の展望を参照のこと)。文献に記されたグループ治療としては，認知的治療（McLean et al., 2001），行動的治療（たとえば，ERP; Himle et al., 2001），ERP と認知療法を組み合わせる治療（Cordioli et al., 2003），OCD を呈する人々の家族メンバーのためのグループ（Van Noppen, Steketee, McCorkle, & Pato, 1997），サポートグループ（e.g., Black & Blum, 1992）がある。

Cordioli et al.（2002）は，OCD のグループ治療を検討し，このグループ治療では，認知的方略と ERP の両方が 12 セッションを通して提供され，各グループに平均 6 人の患者がいた。この研究において，32 人の患者の 78.1% は，Yale-Brown 強迫観念・強迫行為評価スケール（Yale-Brown Obsessive Compulsive Scale: Y-BOCS）（Goodman et al., 1989a, 1989b）によって測定される OCD の重篤性において，少なくとも 35% 改善した。後の対照試験では，集団 CBT で治療された人々の改善した患者の割合は 69.6% であったのに対し，待機統制条件においては 4.2% であり，グループ治療を支持するさらなるエビデンスを与えている（Cordioli et al., 2003）。

Himle et al.（2001）は，7 セッションのグループ ERP の治療と 12 セッションのグループ ERP の治療を比較し，両方とも等しく効果的であることを見出した。両方の治療は，毎週 2 時間のセッションで構成された。Steketee, Frost, Wincze, Greene, & Douglass（2000）は，過度にため込みをしようとする 6 人の OCD の人々に対して，グループ治療と個人治療の組み合わせを用いた。治療は，個別的なホームセッションを加えて，20 週間にわたる 15 回のグループセッションであった。グループの患者の半数は早期に脱落したが，治療を完遂した人々は症状が減少した。

McLean et al.（2001）は，OCD に対する認知的グループ治療と行動的グループ治療を比較した。両方の治療条件は，各 2.5 時間の 12 回の連続的なグループセッションに基づいており，各グループには 6 人から 8 人の患者がいた。この研究において，治療後に回復したとみなされた患者の割合は，認知療法グループでは 16%，ERP グループでは 38% であり，この割合は，Y-BOCS が 12 点以下の得点であることと，治療後の Y-BOCS が治療前から少なくとも 6 点減少しているこ

とに基づいていた。3 カ月のフォローアップの時点での割合はそれぞれ 13％と 45％であり，統計的に有意な差異を示した。ERP は低い拒否率に加えて，認知療法よりもドロップアウト率がわずかに高かった。

OCD 患者の家族へのグループ介入の効果については，予備的な結果の報告もある。たとえば，Cooper（1993）は 3 つのカップルがいたグループを報告し，全てのカップルには OCD の成人した子どもがいた。グループの目標は，OCD と治療に関する情報を家族の者に提供すること，OCD が彼らの生活に及ぼす影響について，感情表出を促すこと，OCD を呈する家族の者に向けられた，彼らの感情反応をより良く調節できるようにすることであった。また，グループのメンバーは，OCD をより効果的に対処する方略を教えられ，それは儀式に関与しないこと，怒りを扱うこと，抵抗に対処することであった。最終的にグループのメンバーは，彼らの生活における楽しく意味のある活動の頻度の増大を促された。Van Noppen et al.（1997）は，2 つのタイプの OCD に対するグループ治療を比較した。すなわち，1 つは 6 人から 8 人の患者自身のグループ，もう 1 つは，それぞれの少なくとも 1 人の家族の者（たいてい，配偶者や親）が一緒にいる 6 人から 8 人の患者グループであった。治療は 10 回から 12 回の 2 時間のセッションから構成された。両方のグループの形式は，かなりの効果があった（70％から 80％の患者において Y-BOCS の少なくとも 20％が改善された）。それは，個人治療に基づく先行研究と少なくとも同等の効果であった。集団療法はこれまで個人治療研究で報告されていたものと比較すると，ドロップアウト率が低く治療結果が比較的大きかった。

これまで，OCD に対する個人治療とグループ治療を比較してきた研究は 2 つのみである。Fals-Stewart, Marks, & Schafer（1993）は，93 人の患者を 3 つの条件の中の 1 つで治療した。3 つの条件は，(1) 24 セッション 12 週間にわたる行動的なグループ治療，(2) 24 セッションの 12 週間にわたる行動的な個人治療，(3) 24 セッションの 12 週間にわたる個人の漸進的筋弛緩法（統制条件）であった。2 つの行動的治療は全体的に等しく効果的であり，有意な改善をもたらさなかったリラクセーション訓練（漸進的筋弛緩法）よりも効果的であった。6 週間（セッション 12）まではグループ治療と個人治療の間で有意な差異はまだみられなかったが，個人治療はグループ治療よりも早く作用した。この研究は，治療が 24 セッション行われたという点で他とは異なっている。

O'Connor et al.（2005）は，強迫行為ではなく主として強迫観念を持つ OCD

患者へのグループ治療と個人治療を比較した。グループ治療条件は，4回の個別セッションと，その後に続く各回2時間続く12回のグループセッションであった。個人治療条件は，16セッションであった(14セッションは1時間，2セッションは90分)。両方の条件の治療は心理教育，認知的方略，ERPであった。不安と抑うつと同様に，個人治療はOCD症状が最も大きく変化したが，全体的にどちらの治療も効果的であった。治療グループが大きいサイズであったことが（26人の2つのグループでの治療)，この研究のグループ治療の効果が低かったことの原因かもしれない。

　近年のメタ分析は，OCDに対する個人治療はOCDへのグループ治療よりも大きな変化を導くことを見出した。Eddy, Dutra, Bradley, & Westen (2004)では，治療を完遂した人々において，グループ治療を受けた人々の回復率が平均28%であったことに対して，個人治療を受けた人々の平均44%（研究間を平均している）の患者が回復したとみなされた。これらの割合は，全ての患者で計算すると（治療を完遂していない患者も含めた「包括解析」に基づいた時)，それぞれ37%と22%であった。しかしながら，多くの整然とした妥当な研究が個人治療とグループ治療の直接的な比較を行うまで，どのアプローチが最も効果的かを知ることは困難であろう。

薬物的治療と心理社会的治療の併用

　ERPと薬物療法を比較する研究は，両方のアプローチが等しく効果的であることを徐々に見出してきた（Abramowitz, 1997; van Balkom, van Oppen, Vermeulen, & van Dyck, 1994)。さらに，薬物療法と心理療法（ほとんどはERP）の組み合わせを検討した研究では，治療を組み合わせることのメリットは一般的に何も発見できなかった（Balkom & van Dyck, 1998の展望を参照のこと)。しかしながら，組み合わせた治療が正当化されるかもしれない特定の条件を同定した研究もある。Hohagen et al. (1998)は，ERPとSSRIの組み合わせは，ERP単独よりも強迫観念の減少に効果的であったこと（強迫行為には効果的ではなかった）を見出し，OCDと共に抑うつを示す患者にとって効果的であった。O'Connor, Todorov, Robillard, Borgeat, & Brault (1999)は，CBTと薬物療法の組み合わせは，それぞれが単独で用いられた場合よりも効果的であり，特に両方が同時に導入された時よりもCBTが薬物療法の期間の後に追加された時に効果的であることを見出した。最終的に，Kampman, Keijsers, Hoogduin, &

Verbraak（2002）は，SSRIのみの治療に反応しない患者に対して，CBTを追加することは有用となりうることを見出した。

アセスメントの諸問題

OCDのアセスメントに関連した問題に関する徹底的な討議は，本章の範囲を超えている。詳細な展望として，読者はSummerfeldt（2001）と，Taylor, Thordarson, & Söchting（2002）を参照されたい。数多くの尺度が，OCDのさまざまな側面を測定するために開発されてきた。Antony（2001b）は，OCD症状の異なる側面の測定に現在用いられている20以上の異なる測度（臨床家が実施するものや自己記入式のもの）の詳細を概観した。これらはOCDに特有な特徴を測定する尺度と同様に，OCDの重篤性を測定する全般的な尺度を含んでおり，信念への確信度，病識の程度，不決断傾向，TAFに関する信念といったものがある。

OCDのグループ治療の文脈において，アセスメントには2つの主要な機能がある。第一に，患者がグループ治療に適している程度を示すために，詳細なアセスメントが完遂されるべきである。第二に，治療結果をアセスメントするために，適切な指標を用いるべきである。この章の残りのさまざまな節で，グループ治療の適切性の問題を議論しており，グループ治療に推奨される診断基準を概説している。それゆえ本節では，治療前後の症状の重篤性の測定に焦点を当てる。

Summerfeldt（2001）は，OCDのアセスメントにおけるいくつかの障壁を概観した。これらは合併と症状の重複（たとえば，OCDと強迫性パーソナリティ障害間の区別），症状の内容の異質性，動揺または当惑させるような症状の内容（たとえば，患者は性的な強迫観念を認めることを渋るかもしれない），時間とともに変容する症状，反応スタイルに影響する臨床的特徴（たとえば，回避，正確さの必要性，疑念，強迫性緩慢），病識の欠如である。これらの障壁のため，アセスメントはマルチモダルな形式で行うことが重要であり，これには標準的な自己報告式尺度や臨床家が実施する尺度（Antony, 2001b），行動的アセスメント（e.g., Chorpita & Taylor, 2001）や，おそらく患者の家族や本人への詳細なインタビューが含まれている。

標準的な尺度に関して，私たちはアセスメントバッテリーの一部としてY-BOCSを含めることを推奨する。自己報告式版（Baer, 2000）は，治療者の時

8章　強迫症

表 8.1　グループ OCD 治療の形式と構成

研究	セッション数	グループの構成	セッションの長さ	方略
Cordioli et al. (2002, 2003)	週1回 12セッション	8名の患者 2名の治療者	2時間	教育，ERP，認知療法，集団技法
Fals-Stewart et al. (1993)	12週で 24セッション	10名の患者	2時間	ERP，イメージエクスポージャー（適切な場合）
Himle et al. (2001)	週1回 7セッション，または12セッション	報告なし	2時間	教育，行動療法
McLean et al. (2001)	週1回 12セッション	6－8名の患者 2名の治療者	2時間半	ERP，認知療法，行動実験
O'Connor et al. (2005)	20週で 16セッション	平均13名の患者（2つのグループにおける26名の患者）	2時間	ERP，認知療法，再発予防

注）Fals-Stewart et al.（1993）と O'Connor et al.（2005）は，どちらも各グループにおける治療者の数を報告しなかった。Himle et al.（2001）は，各グループにおける患者と治療者の数を報告しなかった。

間の制約が問題ならば検討されるかもしれないが，理想的には，臨床家が実施する標準的な版を用いるべきである。Y-BOCS は症状の内容の広さに関する詳細な情報だけでなく，重篤性の他の側面に関する情報も提供し，症状，苦悩，機能的障害に要する時間を含んでいる。さらに，1つまたは2つの簡潔な症状測度は，初期の重篤性と治療結果を測定するために有用かもしれない。私たちのセンターにおいては，強迫観念・強迫行為調査票（Obsessive Compulsive Inventory: Foa, Kozak, Salkovskis, Coles, & Amir, 1998）と，利用可能な他の多くの洗練されたオプション（Antony, 2001b の展望を参照のこと）を用いており，近年開発された Clark-Beck 強迫観念・強迫行為調査票（Clark-Beck Obsessive Compulsive Inventory: Clark & Beck, 2002; Clark, Antony, Beck, Swinson, & Steer, 2005）を含んでいる。

グループ治療の構造化

グループ構成と形式

　表 8.1 は，グループ構成と治療形式に特に関連する OCD のグループ治療について，いくつかの研究の詳細を提示している。この節においては，私たちは自ら

の臨床経験に加え，現存する研究に基づいて具体的な提案を行う。

セッションの数と頻度

　調査研究間の OCD のグループ治療の長さは，7 セッションから 25 セッションに及び，平均すると約 13 セッションである（Whittal & McLean, 2002）。本章で記述されたプロトコルは，私たちのセンターで用いられている治療に基づいており，14 セッション続く（最初は週に 1 セッション行われ，最後の 2 セッションは隔週で行われる）。私たちは，治療は通常 10 セッションから 15 セッション続けることを推奨する。ほとんどのグループ治療の研究は，週に 1 回のセッションに基づいている（Fals-Stewart et al., 1993 の研究は例外であり，1 週間につき 2 セッションである）。グループで取り組む時には，週に 1 回のセッションを計画することがしばしば最も実践的だが，より頻繁にセッションを計画することは，特に治療早期においては有用かもしれない。個人治療プロトコルに基づく研究は，より集中的なスケジュールにしばしば基づいており（たとえば，毎週の数回のセッション），各セッションの間隔が短く計画された時に，より良く取り組む患者もいるようである。

グループの構成

　OCD のグループ治療研究は，典型的に 6 人から 10 人の患者と 2 人の治療者を含む。私たちのセンターでは，各グループに 4 人から 7 人の患者を含めることを試みる。私たちの経験においては，参加者はグループが大きいほど社会的な抑制を感じる可能性があり，早期のドロップアウトが生じやすくなるかもしれない。また，小さいグループでは，参加者の必要性に応じてより個別的な配慮ができる。大きなグループの利点は，グループ内において，同様の症状のプロフィールを持つ患者がいる可能性が高いことである。後に議論するように，症状の異質性は OCD のグループ治療では問題であり，グループ内で患者が孤独を感じないよう手助けできることは有用である。

　グループ治療は通常 2 人の治療者を含む。私たちのセンターでは，通常 2 人の治療者を含め，スタッフと学生の有無によって，時には 3 人目の治療者を含める。1 人目の治療者は主に治療を進める主要な役割を担っており，2 人目の治療者の関与の程度は，その治療者の経験レベルによる（私たちは教育クリニックであるため，2 番目の治療者はしばしば学生である）。3 人目の治療者を含めることは，

大きなグループでは有用な場合があり，特にセッション内でエクスポージャーを導入する時には有用となりうる。私たちのセンターでは，3人目の治療者は通常より下級の学生であり，主な役割は観察者である。治療の後期において，グループがセッション内のエクスポージャーで分かれた時に，3人目の治療者は自らの実践を通して患者を指導するといったより積極的な役割を果たすかもしれない。

包括ガイドライン
診断と臨床的重症度
　理想的には，グループはOCDと診断された人々のみを含むべきである。さまざまな不安症を伴う人々が混合されたグループへの有効性を検討する研究はないが，私たちの経験では，治療は特定の障害に焦点を当てた時に最も作用する。私たちのセンターでは，OCDがそれぞれの参加者の主要な診断であることも求める。言い換えれば，もし多様な問題を呈していたら，私たちはOCDが最も苦痛か，または最も支障をきたす問題である参加者のみをグループに選ぶ。最終的に，ほとんどの研究は，参加者がY-BOCS得点が少なくとも16点で判断される臨床的に深刻な症状を示すことを必要としている。しかしながら，症状の重篤性の低い人々にとっても，グループ治療は役立つかもしれない。

症状のプロフィールと適合性
　一般的に，グループが症状のプロフィール（たとえば，性的強迫，汚染強迫など）において同質であるほどよい。もしグループのメンバーが非常に異なる症状のプロフィールであったなら，彼らは自らの症状と他者の症状との間の類似性を見る可能性が低くなる。実際のところ，同質なグループを集めることは非常に困難なことが多い。患者の症状が他のグループのメンバーの症状と非常に異なる場合，一部の患者を個別に治療することは価値があるかもしれない。

併発
　併発はOCDの典型であり，グループ治療の参加者のほとんどは，単なるOCD以外の問題を持つ。抑うつ障害と不安症は，特によくみられる併発状態である。一般的に，併発はグループ治療から排除すべきではない。しかしながら，併発状態が患者，または他のグループのメンバーの治療への反応を重大に妨げる可能性がある場合，治療者は個別に患者を治療することを考慮すべきである。た

とえば，重篤な抑うつ障害，重篤な境界性パーソナリティ障害，または重篤な物質依存の問題を示す患者は，グループ形式よりも個人形式の方が良く治療されるかもしれない。

病識

病識が乏しい患者は個別とグループのどちらで治療されるべきかという問題を解決するデータはないが，どちらのアプローチもメリットがある可能性があると考えるいくつかの理由がある。病識が乏しい患者の中には，個人治療で最もよく反応する可能性のある者がおり，それはより集中的な治療と，個人の必要性に介入方法を合わせる良い機会があるからである（病識が乏しい人々は，しばしば治療にあまりよく反応しない）。その他の人々はグループ治療から，より多くの恩恵を得るかもしれない。同様の症状（より深い病識を除く）を示す他者と会うことは，彼らの症状が過度であると認識させることを促すかもしれない。病識が乏しい患者をグループに含めるかどうかは，ケースバイケースで決定されるべきであり，これらの要因やその他の要因を考慮に入れるべきである。

患者の動機づけと個人的な好み

動機づけが非常に低い患者も，グループ治療でうまくいかないかもしれない。そのような場合，治療者は個別の治療で，動機づけに関する問題により直接的に焦点を当てるかもしれない。治療者は，最初はグループ治療を懸念する人々が，しばしば治療の終わりにはよく反応することを認識しておくべきであるが，個人治療とグループ治療への患者の好みも，特定の人をグループに含めるかどうかを決定する時に考慮すべきである。

対人スキル

個人治療は，グループにおいて治療が効果的に機能しない可能性がある患者に対して，検討されるべきである（たとえば，他者にとても敵意的になる傾向のある人々）。他の人々とうまくいかない患者は，グループ治療からは恩恵を得られない可能性があり，グループの他のメンバーの治療反応性にもネガティブな影響を及ぼすかもしれない。

グループセッションの構造

　グループセッションは通常，2時間から2時間半である。セッションは，アジェンダの設定から始めるべきである。治療者は，このセッションで取り上げる問題を簡潔に概観すべきであり，参加者が議論したい特定の問題があるなら，彼らにアジェンダに寄与する機会を与えるべきである。次に，一般的にホームワークを概観する。それぞれの参加者は，5分または10分で，ホームワークを進め，その週の間に起きたあらゆる問題を討議するように求められる。治療者は，（患者がその週の間に起きたことを思い出すことができるように）セッションのこの部分で日記のモニタリングを続けさせるかどうか，または（修正のフィードバックを提供できるように）参加者の日記とモニタリングフォームを集めるかどうかを決めるべきである。

　セッションの一部は，グループのメンバーに心理教育を提供することにも費やされるかもしれない。たとえば，セッションの早期に，参加者に治療の論理的根拠を提起し，彼らの OCD 症状に対処するさまざまな方略を教える。さらに，一度 ERP が導入されると，各セッションの一部はエクスポージャーの練習に費やされる。

　最終的に，ほとんどのセッションは新たなホームワークの割り当てで終わり，たいていは ERP を練習する課題を含む。さらに，参加者は推奨された文献を読むことと同様に，日記のモニタリングを完遂するように教示される。

鍵となる治療要素

　この節では，心理教育，ERP，認知療法を含む，OCD 治療のための CBT の主な構成要素を概観する。認知的方略のより詳細な説明を望む読者のため，私たちは David A. Clark の著書（2004）である「OCD に対する認知行動療法（Cognitive-Behavioral Therapy for OCD）」を推奨する。ERP に基づく治療を遂行する時の情報として，多くの優れた資料もあり，Gail Steketee（1993）のマニュアルである「強迫症の治療（Treatment of Obsessive Compulsive Disorder）」や，Foa & Franklin（2001）による章が挙げられる。表 8.2 では，OCD 治療に対する標準的な CBT アプローチに基づいて，各セッションに含まれる可能性がある内容を要約している。

第Ⅱ部　特定の障害における認知行動療法グループ

表 8.2　OCD の集団 CBT の治療プロトコルの全体像のサンプル

セッション	扱われる方略
治療前の個人ミーティング	・グループがどのように取り組み，何を期待すべきかということについての説明
	・グループの規範とルールの紹介，および治療を実施する上での情報の提供（たとえば，場所，グループの回数）
	・エクスポージャー階層表の作成
	・質問への回答と，懸案への対応
セッション 1	・グループのメンバーの紹介（グループのメンバーは，グループに参加した理由に関する経験を共有し，OCD の要因と，鍵となる症状を説明する）
	・治療に期待すべきことの説明
	・グループのルールの振り返り
	・心理教育：OCD のモデル，鍵となる用語の定義，治療方略の概観，セルフヘルプ本の推奨
	・ホームワーク：モニタリングフォームの完成，セルフヘルプ本の導入章を読むこと
	・障害となることが見込まれる事柄についての討議
セッション 2	・ホームワークの振り返り
	・心理教育：認知モデルの振り返り，認知の歪みの導入
	・ホームワーク：認知の歪みのモニタリング
セッション 3	・ホームワークの振り返り
	・心理教育：認知の歪みに取り組む方略の振り返り
	・ホームワーク：思考記録表に基づく認知の歪みへの取り組みの練習
セッション 4	・ホームワークの振り返り
	・心理教育：曝露反応妨害法の導入
	・セッション内の曝露反応妨害法
	・ホームワーク：認知的再体制化，思考記録表の完成，エクスポージャーの練習，儀式の妨害
セッション 5 — 13	・ホームワークの振り返り
	・セッション内の曝露反応妨害法
	・ホームワーク：認知的再体制化，思考記録表の完成，エクスポージャーの練習，儀式の妨害
セッション 14	・ホームワークの振り返り
	・心理教育：再燃と再発の要因の討議，再燃と再発予防の方略の振り返り
	・ホームワーク：再発予防の方略の練習

心理教育

　CBT はスキルに基づく治療アプローチであり，心理教育はほとんど常に CBT の構成要素に含まれる。OCD のグループ治療の文脈において，教育は教訓的な問題提起，グループのメンバー間の議論の手助け，例示，課せられた読書，また

はビデオ提示の形式でなされるかもしれない。しばしば含まれる教育的トピックの例は，以下の通りである。

- ・OCD の性質と治療に関する情報
- ・ERP を行うためのガイドライン
- ・OCD の原因に関する理論
- ・OCD の CBT モデル
- ・家族に対する OCD の影響に関する情報
- ・治療に影響しうる家族要因
- ・ライフスタイルを変化させること（たとえば，ダイエット，エクササイズ，睡眠習慣）
- ・生活の質を改善する方略（たとえば，雇用，関係性）

　これらのトピックのいくつか（たとえば，OCD の CBT モデル，OCD の原因）は，通常は治療の開始時に取り上げられる。他のトピック（たとえば，ライフスタイルの問題）は後に取り上げられるかもしれない。

エクスポージャー

　恐怖状況へのエクスポージャーは，多くの専門家によって，必要不可欠ではないが恐怖症や強迫症の治療の重要な構成要素と考えられている。数百の研究が，エクスポージャーは一貫して恐怖の減少をもたらすことを示しており，エクスポージャーに基づく治療の成果に影響を与える変数について，多くのことが知られている。OCD の事例において，強迫的な儀式の妨害（エクスポージャーに関する本節の後で討議される）は，エクスポージャーに基づくあらゆる治療の重要な構成成分である。

　OCD 患者に生じる恐怖の引き金が広範な範囲に及ぶため，全てのグループのメンバーに関連するエクスポージャーを考案することはしばしば不可能である。それゆえ，セッション内のエクスポージャーの間，一般的にはグループは分割され，メンバーは小さいグループ，または個別のどちらかでエクスポージャーを練習する。たとえば，2 人のメンバーは汚染された物（たとえば，エレベーターボタン，お金，ドアノブ）に触れる練習をするかもしれない。一方で，他のメンバーはスペル間違いを含む手紙を書くことを練習するかもしれない。

　エクスポージャーの練習は，メンバーの強迫観念と恐怖を引き起こす傾向のあ

る状況によって，グループセッションと同じ部屋で行うかもしれないし，あるいはどこかで練習するためにグループのメンバーは部屋を離れるかもしれない。治療者は患者の進捗を確認するために，たいていは部屋をあちこち移動する。場合によっては，1人の治療者が，1人または複数の患者のエクスポージャーの遠出に付き添い（たとえば，運転中に歩行者をはねることに恐怖を抱いている患者と共にドライブに行くなど），一方で他の治療者がそこにとどまって，患者と共に取り組むかもしれない。

エクスポージャーを始める前に，包括的かつ説得力のあるやり方で，手続きの理論的根拠を提示することは重要である。患者は，不安と怖れがあるにもかかわらず，エクスポージャーの練習の遂行を約束するよう求められる。どのようにエクスポージャーが効くのかについて説明するためにモデルが提起され，患者はエクスポージャーの練習を遂行するための最善の方法について教えられる。4章では，エクスポージャーの効果を最大限にする最も重要なガイドラインについて概観した。注意点として，エクスポージャーの練習は，予測可能で，統制可能で，持続的で，頻繁であるようにすべきである。患者はエクスポージャーの間，気そらしをすべきではなく，安全確保行動の使用は最小限に抑えられるべきである。エクスポージャーの文脈は，用いられる刺激のタイプと同様に，さまざまであるべきである。たとえば，特定の食べ物によって汚染されることを恐れる患者は，広範な種類の文脈（たとえば，家，レストラン，友人の家）の中で，恐れている多種多様な食べ物を食べる練習をすべきである。最終的に患者は，自らの進展と同じ早さで，練習を進めていくよう励まされるべきである。彼らが，より困難な練習に早く移行するほど，OCDの影響が減少することをより早く経験する。

現実場面（すなわち，状況）のエクスポージャーは，特定の状況，場所，対象，活動を恐れる人々にとって最も適切である。例としては，汚れること，物をなくすこと，小さい間違いをすることといった強迫観念が挙げられる。イメージのエクスポージャーは，特定のイメージや思考を経験することを恐れている患者にとって最も適切である（たとえば，宗教的な強迫観念，性的な強迫観念，攻撃的な強迫観念）。イメージと現実場面のエクスポージャーの組み合わせはしばしば有用である。表8.3は，広範な種類のOCDの表れ方に対するエクスポージャーの練習の例を提示している。

8章　強迫症

表 8.3　特定の OCD 症状のエクスポージャーの練習のサンプル

OCD 症状	曝露反応妨害法の練習の例
汚染強迫と過度の洗浄	・長時間，汚れた物に触れる（たとえば，その物を手と顔にこすりつける） ・食べ物（たとえば，キャンディ）を汚れた物に触れさせ，それを食べる ・シャワーが5分以上続かないことを確実にするために，バスルームにタイマーをセットする ・水を洗浄に利用できないように，地下室の主な水源を止める ・家の中のすべてのものを汚す
特定の言葉またはイメージへの恐怖（たとえば，宗教的シンボル，色，数，名前）	・恐れる言葉やイメージをじっと見る ・恐れる言葉やフレーズを声に出して繰り返して言う ・恐れるイメージを思い浮かべ，長時間それを思い浮かべ続ける ・恐れる言葉とフレーズを書き出す ・声に出すか，または書くかのどちらかで，恐れるイメージを詳細に記述する
歩行者を車でひくことへの恐怖	・でこぼこの多い道をドライブする ・声に出すか，または書くかで，ドライブ中に歩行者をひいているイメージを記述する ・道路のへこみにぶつかったり，誰かをはねたりする思考を経験した後，車体を確認しない ・事故報告のニュースを見ることや聞くことを避ける（もし，その者の傾向がこれらの活動に過度に従事することである場合） ・意図的に事故報告のニュースを見る，または聞く（もし，その者の傾向がこれらの活動を避けることである場合）
攻撃的または性的な強迫観念	・愛する者を刺すことの恐怖に対して，部屋で愛する者と一緒にナイフや他の鋭い物に触れることを練習する；愛する者を刺すイメージを声に出したり書面上で表現する ・愛する者を傷つけるイメージへの想像上のエクスポージャーを検討する ・子どもたちに性的な危害をもたらす不合理な侵入思考にもかかわらず，子どもたちの周囲にいる（たとえば，赤ん坊のおむつを換える） ・性的嗜好に関する疑いを含む侵入思考に対して，同性の人々の写真を見る練習をする，公共の更衣室で着替えるなど
反復的行為の必要性	・反復的行為を妨げる（たとえば，反復する機会を得る前にその状況を離れる） ・もし活動が特定の回数，または特定のやり方で繰り返されなくてはならないなら，間違った回数における誤ったやり方でそれを反復するよう試みる
取り組みに対する確認の必要性（たとえば，書くこと）	・取り組みを確認することをやめる ・意図的に取り組みを間違える（しかし，重大な結果を導く間違いはしない）
強迫的な再保証希求	・家族の者と再保証を与える他の人に，今後はもう再保証しないことを教示する（彼らは患者に不安は徐々に減少することを再保証できるが，強迫観念の内容について再保証するべきではない） ・再保証を求めることをしないで，不快感に耐える ・再保証の欲求をもたらすような恐れるイメージに対する想像上のエクスポージャーを練習する
完全主義	・不安をもたらす小さい間違いを意図的に行う（たとえば，言葉を不正確に発音する，タオルを不正確にたたむ，スペルミスをする） ・不安を引き起こす小さい間違いをするよう他者に促す

エクスポージャー階層表の作成

　第4章において，私たちはエクスポージャー階層表を作成するプロセスを概観した。OCD の人々では，さまざまな状況が不安の引き金になったり，回避を導いたりすることはよく見られることである。そのような場合で，1つ以上の階層表を作成することは有用になりうる。たとえば，攻撃衝動と同様に，汚染に関する強迫観念を示す患者は，これらの2つの領域のそれぞれ異なる階層表を持つことができる。他の患者では（たとえば，家と職場で異なる症状を示す人），仕事に関連する症状の1つの階層表と，家に関連する症状のもう1つの階層表を持つことは理にかなっているかもしれない。階層表は，グループが始まる前の個別ミーティングで，患者と治療者間で協同的に作成できる。しかしながら，グループで，参加者に各自の階層表を作成するよう指導する時間を取ってもよく，ホームワークの課題として彼らに階層表の項目の作成を求め，次のセッションでの階層表に関するフィードバックを与えてもよい。

　図8.1 は，超自然的な存在，悪魔，あるいはこれらと関連する他の概念と関係がある物体，状況，単語に直面することを恐れる者のエクスポージャー階層表の例を提示している。4章で概観したように，エクスポージャー階層表は 10 項目

項目	記述	恐怖 (0 — 100)
1.	「私はサタンだ」と反復的に書く，または言う	100
2.	「私はサタンを愛している」と反復的に書く，または言う	100
3.	「サタン」という言葉を静かに反復的に読む	95
4.	「地獄に落ちろ」と私の治療者に反復的に言う	90
5.	映画『エクソシスト』を観る	90
6.	インターネット上の悪魔の劇画を見る	85
7.	さまざまな音楽 CD の悪魔の描画をじっと見る	80
8.	「悪魔」という言葉を反復的に言う	70
9.	「地獄」という言葉を反復的に言う	60
10.	悪魔の「かわいい」漫画の絵をじっと見る	50
11.	「邪悪」という言葉を反復的に言う	40
12.	「地獄」という単語を見る	40

図 8.1　OCD に対するエクスポージャー階層表のサンプル
注）各項目において，採点はあらゆる儀式や強迫行為なしに，その項目が完遂されることを想定している（祈ること，十字架をさわること，悪い思考と安全な思考を置き換えることなど）。

から15項目を含むべきである。項目は可能な限り詳細であるべきであり，その者の恐怖に影響する変数を明記する。OCDの場合，階層表の項目と項目への評定は，項目内容のエクスポージャーの後には強迫行為が続かないだろうという（顕在的あるいは潜在的な）想定を含むべきである。

儀式妨害
完全な儀式妨害と部分的な儀式妨害

　以前に概観したように，ERPは厳格な儀式妨害の教示が与えられた時に最も効果的であるようである。言い換えれば，段階的にまたは部分的に儀式妨害を実行するよりも，全ての儀式を妨害することが最も良い。たとえば，何らかの集中的な治療プログラムにおいて（たとえば，入院治療，一日治療），患者は1週間に1回の短時間のシャワーを除いて，全ての洗浄をやめるよう求められる。外来患者へのグループ治療を含むほとんどのプログラムでは，そうした制限は非現実的かもしれないが，可能であれば，全ての儀式を妨害することが好ましく，強迫行為と類似した通常の行動の頻度を減少させることが望ましい。たとえば，過度に洗浄する人にとって，毎日または1日おきの5分間のシャワーは許可されるかもしれないが，他の全ての洗浄はやはり妨げられるべきである。もし，全ての強迫的な行動を妨害することが危険であるなら，可能な限りその行動の頻度を減少させることを目標にすべきである。たとえば，顧客に誤った医薬品を与えることを恐れる薬剤師は，確認を1回することを促されるべきであり，それが業務の標準的な手続きであるなら，反復的に確認することは妨げるべきである。

儀式妨害のための原理の提示

　患者は恐怖を減少させるために強迫行為を行うことが，エクスポージャーの効果を損なうことを理解すべきである。エクスポージャーの目的は，恐怖する対象，状況，思考，イメージは，実際には安全であることをその患者に教えることである。患者が強迫行為を用いた時には，彼らはあらゆるポジティブな成果を，そもそも危険がなかったという考えよりも，儀式を行ったという事実に帰属する可能性がある。このことを強調するために，治療者が時々用いる数多くの例えがある。

　第1に，OCDは車，儀式，ガソリンに例えることができる。ある者が儀式を行った時，それは車にガソリンを入れることに相当する。強迫行為はOCDを維持し続ける。私たちが車にガソリンを使い切るまでは，動きが最終的に止まることは

ない。同じことが OCD にも当てはまる。儀式が完全に防がれた時に，初めて OCD 症状はなくなる。時折の儀式でさえ，OCD を維持し続けるのに十分である可能性がある。

　他には，OCD を駄々をこねる子どもに例えたり，強迫行為をその子どもの要求を受け入れる行為（たとえば，子どもが欲しがったキャンディをあげること）に例えたりすることが挙げられる。以下の対話を考えてみよう。

治療者：ある意味で，OCD は，やりたいようにすることに慣れている子どもに似ています。親が子どもの要求に流されることをやめた時，何が起きますか？ 親が子どもに，子どもが求めるおもちゃとかキャンディを与えないと決めた時，何が起きますか？

患者：その子どもは怒ります。その子はかんしゃくを起こすかもしれない。

治療者：同じように，あなたの不安は，あなたが儀式を行うことをやめた時に，急に生じるかもしれない。

患者：そのことが，私が恐れていることなのです。

治療者：親が駄々をこねる子どものかんしゃくの言いなりになった時，何が起きますか？

患者：その子は，金切り声を出すことが，欲しい物を手に入れる方法であると学びます。言いなりにならないことがより望ましいです。そのうち，その子は自分の好きなようにするために使っているかんしゃくをやめる方法を学ぶでしょう。

治療者：同じことが OCD にも当てはまります。あなたが儀式をやめた時，あなたの不安は急激に高まるかもしれない。しかし，もしあなたがその計画を続行し，儀式を行うことをやめたとしたら，不安は最後には燃え尽きるでしょう。儀式を行う衝動は，同様に徐々に弱まるでしょう。恐怖が減少するために，1 時間または 2 時間を要したり，あるいは一夜を必要としたりするかもしれない。あなたの OCD を克服するには，どんなに不安感が強烈になろうとも，それに耐えるという決心が必要となるでしょう。

抵抗への対処

　患者が全ての儀式をやめることについて不安を示すことは珍しいことではない。もし患者が不安を示したならば，治療者はその患者がバランスのとれた現実的な

手段でその状況を見ることができるように促すこと（たとえば，認知的方略を用いること）によって，この懸念を緩和するよう努めるべきである。さらに，患者に治療者が支えるためにそこにいるであろうということを再保証すべきである。毎週のグループミーティングに加えて，ある患者は電話や追加の個人セッションを通して，さらなる支援を必要とするかもしれない。また，グループのメンバーはセッション間でお互いを支援できるかもしれない（たとえば，グループのメンバーが電話番号を交換することは珍しいことではない）。患者は支援のために家族の者に頼ることも促されるべきである。儀式を行う衝動が圧倒的な時には，患者自らが儀式を妨害できるあらゆることを行うように，奨励すべきである（散歩に行く，状況から離れる，親密な友人と話すなど）。気そらしは，一般的に，エクスポージャーの実践の間は妨げられるべきであるが，儀式を行うよりは気そらしを行う方が望ましい。

　もし患者が儀式をやめることを約束できない時には，検討すべき選択肢がいくつかある。1つの選択は，彼らの儀式を遅らせることに同意させることである。儀式を15分間遅らせることができて，そこから状況を再評価できる患者は，その時にもう15分間儀式を遅らせることができることなどを見出すかもしれない。時には，衝動が最終的に弱まるまでに，1度に15分間の儀式の遅延に同意することは，儀式を全く行わないという約束よりも耐えることができる。また，患者は，少なくとも最初の時点ではいくつかの儀式のみを除去（たとえば，洗浄をするが確認をしない；家での儀式はするが職場ではしない；夜に儀式はするが日中にはしない）する意思があるかもしれない。もし患者がほとんど部分的に儀式を除去することだけに同意する場合，患者の不安や強迫行為の衝動の重篤性に基づいて決定するというよりは，むしろ儀式のタイプ，場所，または時間といった要因に対して，どの儀式を除去するかといった決定と結びつけることが良い。

認知的儀式の除去

　顕在的な儀式の除去に加えて，認知的な儀式を避けるべきである。たとえば，患者が3秒カウントする傾向があった場合，患者は数えるのをやめるように奨励されるべきである。もし必要があれば，認知的儀式と一時的に競合する行動を行うように患者に奨励できるが，治療者は競合する行動それ自体が儀式となる可能性に慎重であるべきである。

儀式の効果の打ち消し

　もし患者が強迫行為を行う衝動に抵抗できない時は，さらなるエクスポージャーに従事することで，強迫行為の効果を打ち消すように患者に奨励すべきである。たとえば，シャワーの後，患者は汚染された物に接触する努力をすべきである。さらに，多くの方略は強迫行為を行う衝動を避けるために用いることができる。たとえば，汚れた物と接触したキャンディを食べることは，洗う衝動を妨げるのに役に立つかもしれない（もし汚染がすでに身体にまで及んでいたとしたら，洗うことは何の意味も持たない）。同様に，手紙の中で意図的に間違え，それを送ることは，手紙の間違いを確認する衝動を避けるかもしれない。

認知的方略

　OCD を治療する時に，認知的方略を用いることが適切かどうかに関する文献にはいくらかの論争がある。たとえば，Stanley & Averill（1998）は，(1) ERP を単独で行うことは OCD の信念を変化させる確立された方法であること，(2) 認知療法で用いられる行動実験と ERP のエクスポージャーの構成要素では，認知療法の独自の寄与に疑問を投げかける重複部分がかなりあること，(3) ERP に多くの支持があるのに比べ，OCD 治療の認知的再体制化に関する根拠は，非常に限られていることを主張している。

　認知的方略を試みる時に，より臨床的に用心すべき他の理由がある。第一に，認知的再体制化は，患者にとって再保証の一種にみえるかもしれない。もし患者の強迫行為が再保証希求を含んでいたら，ある種の認知的再体制化は，再保証の必要性を維持するよう働く可能性がある。第二に，ある患者はとても細かく強迫的なやり方で考える傾向があり，彼らは時々自らの考えにはまってしまう（頭の中に入る多種多様な思考について反すうすること）。こうした患者においては，認知的再体制化は単に不可能であるかもしれず，彼らの信念を変える最も効果的な方法は，ERP を単独で行うことといった認知的ではない手法によってかもしれない。

　これらの問題にかかわらず，近年，認知的治療は OCD の治療に有用となりうるというエビデンスが示されてきた。認知療法は侵入思考の正常化，不完全な評価の修正，代替的信念の生成，特定の信念のエビデンスの検討（たとえば，責任に関する信念），侵入思考に対する中和化の努力の妨害，行動実験を通じた信念の検討といった方略を強調している。さらに，OCD に対する認知療法は，思考

の過度の重要性に関する信念とともに，侵入思考は危険でコントロールすべきであるといったメタ認知的信念（すなわち，信念に関する信念）を変えることをしばしば強調する。

　グループで認知的方略を用いる時には，グループのメンバーがお互いの認知的再体制化のプロセスを援助し合うようにすることは有用である。たとえば，グループの全てのメンバーは，特定のグループのメンバーの侵入思考に取り組むために，代替的な信念の生成を頼まれることがある。また，グループのメンバーは，治療者がグループの患者が挙げた特定の懸念にどのように反応するか，といったロールプレイを勧められることもある。患者がお互いの侵入思考に取り組むスキルを高められるように手助けすることによって，彼らはスキルを自らの強迫観念に対し，よりうまく応用できるようになるかもしれない。

OCD に対する CBT グループのプロトコルのサンプル

　この 14 セッションのグループ治療プロトコルは，Steketee（1993），Foa & Franklin（2001），Clark（2004），そして他の情報源によって説明される OCD の標準的な治療法に基づいている。最初の 12 セッションは毎週行われ，最後の 2 セッションは隔週で行われる。徹底的なアセスメントが終わって治療を始める前に，患者が治療者の一人と会う機会を提供し，あらゆる懸念や疑問を解決し，エクスポージャー階層表を作成するために，それぞれの患者は個別にそのグループの治療者の一人と面接する。治療はほとんどが ERP モデルに基づき，その理論的根拠が提示されることから始まる。さらに，いくつかのセッションで，認知的方略が強調される。全てのセッションは 2 時間を要する。各セッションの内容は表 8.2 に要約されている。

治療前のグループのメンバーとの個別的な面接

　このセッションでは，一人の患者と一人または複数のグループの治療者で打ち合わせを行う。このセッションでは，グループへの基本的な導入が提示され，グループのスケジュール（場所，回数，日取り），グループセッション中に生じることの簡潔な概観，守秘義務を保ち続けることの重要性，定期的な参加の重要性，ホームワークに関する見込みを含む。患者は質問する機会や懸念を解決する機会を与えられる。次に，予約の間に患者が述べたあらゆる恐怖対象や恐怖状況

に加えて，これまでに支持されてきた Y-BOCS の項目を用いて，エクスポージャー階層表が作成される。

セッション１：治療原理の提示

　このセッションはいくつかの目的がある。第一に，グループのメンバーと治療者が，お互いに紹介し合う機会となることである。さらに，治療前の打ち合わせの時に話題に上ったいくつかの事柄を患者に思い出させるために，グループの基本原則が概観される。患者は OCD のモデルと，治療方略の概観を示される。起こりうる改善すべき障壁と，これらの障壁を解決する方法が討議される。最初のセッションのホームワークは，典型的には ERP に基づくセルフヘルプ本の導入の章を読むことである（e.g., Foa & Wilson, 2001; Hyman & Pedrick, 1999）。最初のセッションの構成要素は以下の通りである。

1. グループのメンバーと治療者の紹介
2. 集団規範と概観：守秘義務，グループの構造，定期的な出席の重要性，ホームワークに関する見込み（1 日 60 分間から 90 分間），症状と完遂したホームワークに関して誠実であることの重要性，現実的な見込みを持つことの確認，治療が不安感の増大を最初にもたらすことが予想されることの確認
3. 用語の定義：「強迫観念」，「強迫行為」，「OCD」，「認知的な儀式」，「手がかり」，「引き金（要因）」，「回避」，「中和化」
4. 強迫行為と中和化が長期間の強迫観念の維持に及ぼす効果を含めた OCD の認知行動モデルの提示
5. それぞれの患者による自らの主要な強迫観念と強迫行為の振り返り。そしてその後，どれくらい自らの症状が OCD のプロフィールにあてはまるのか，どの症状が強迫観念で，どの症状が強迫行為か（精神的な儀式を含む）といったことについて，全てのグループのメンバーが理解することを確実にするための討議
6. 認知的方略，エクスポージャー，儀式妨害を含めた治療手続きの討議
7. 家族の者が援助可能な方法（便宜をやめること，支持的であること，ホームワークの練習の間そこに立ち会うこと）を含めた家族の役割に関する討議
8. 患者が治療の間に直面することが予期される障害に加えて，問題を克服することのコストとベネフィットに関する討議

8章　強迫症

9. ホームワーク：CBT モデルと治療方略の概要に関する導入的な読書。

セッション2と3：認知的方略

　セッション2は，前の週からの読書に関する討議から始まる。次に，OCD の認知モデルが概観される。セッション2と3の間，参加者は不安な思考の例（たとえば，TAF）を同定することを教えられ，認知の歪みに有効である方略が提示される。患者は，認知的なモニタリング用紙を完成させる方法について教示される。ホームワークは，望まない思考を中和化したり，抑圧したりすることよりも，むしろ次の週まで侵入思考の正当性を疑うこと（たとえば，根拠を検討すること，行動実験を遂行すること）を含む。さらに，参加者は認知的方略に関するセルフヘルプ本を読むことを促される。

セッション4：曝露反応妨害法の導入

　このセッションの最初の 45 分は，前の週の認知的なモニタリング用紙を見直すことに費やされる。それから，ERP の理論的根拠が提示される。エクスポージャーのガイドラインを概観する（たとえば，エクスポージャーの練習が予測可能で，長期に及び，頻繁なものであることの必要性など）。患者は，エクスポージャーのモニタリング用紙を用いる方法を教示される。また，患者は儀式を即時に止めるように奨励される。強迫行為を生じさせる強烈な衝動に対処する方略が討議される。認知的なモニタリング記録を完遂し続けることに加えて，次の週まで1日につき少なくとも1時間のエクスポージャーに取り組むよう促され，エクスポージャーは個々の階層表の下半分の項目から始まる。さらに，参加者はERP に関するセルフヘルプ本を読むよう促される。

セッション5〜13：セッション中でのエクスポージャー

　各セッションは，ホームワークの振り返りから始まり，約45分続く。ホームワークの振り返りの間，治療者は，患者に生じる不安を評価できるあらゆる機会をうまく利用する。次の時間は，セッション中のエクスポージャーに費やされ，それはグループの患者に個別に作られたものである。最後の 15 分間は，次の週のホームワークの割り当てに費やされ，恐れている状況，対象，イメージに対するエクスポージャー，儀式の妨害や認知的再体制化を含む。治療を通して，患者はあらゆる新たな回避行動と同様に，新たに生じるいかなる儀式に対しても警戒すべき

223

である。

セッション 14：終結と再発予防

　ホームワークの振り返りの後，再燃と再発に関する問題を議論する。参加者は，OCD の重篤性は通常，長い期間をかけて上下することを再認識する。回避と儀式を行っていたこれまでの習慣に戻ることがないように，彼らは重篤性が増大した期間を耐えるよう促される。代わりに，彼らは治療による改善を維持しやすくするために，時折エクスポージャーに取り組むべきである。生活上のストレスの増大を含め，再発の危険性がある要因に対し警戒することは，患者に症状が悪くなる可能性に注意を喚起することを促す。それによって，彼らはより良い準備ができる。

治療後の評価

　患者は治療後評価を完遂するよう要請される。この段階で，主要な結果指標を再び評価する。さらなる治療が必要な患者は，彼らの必要性と選択に応じて，一連の個別のセッション，薬物療法，家族セッション，セルフヘルプの介入，サポートグループ，または他の介入を提案されるかもしれない。そのうえ，私たちは全ての患者に，毎月のブースターグループに参加する機会を提供する。このグループは，私たちのセンターで以前治療された患者が，自らの改善を維持しやすくするために計画されている。

プロトコルのバリエーション

　このプロトコルには，数多くの修正可能な点がある。まず，長い期間のグループ治療（たとえば，25 セッション）と短い期間のグループ治療（たとえば，7 セッション）の両方を支持するデータがある。また，それぞれのセッションの時間も拡張できる（たとえば，いくつかのセンターではグループセッションを 2 時間半続ける）。セッションの頻度も同様に変えることができる。私たちは打ち合わせの頻度が週に 1 回以下であることは推奨しないが，打ち合わせの頻度を週に 1 回以上に増やすことは役立つかもしれない。もし可能であれば，1 回またはそれ以上のセッションに家族の者（たとえば，配偶者や親）を含めることは有用であり，特に患者の家族の者が「理解しない」と報告する患者，または便宜を図るといった逆効果な行動をする家族の者がいる場合に有用かもしれない。最終的に，実際

8章　強迫症

に役立つなら，グループ治療と個人治療を組み合わせる場合もあるかもしれない。たとえば，グループ形式における早期のセッション（たとえば，心理教育，認知療法）や，個別形式における後期のセッション（たとえば，エクスポージャー）が実現する可能性がある。

グループにおける OCD 治療の利点

　グループ治療は個人治療に比べて，しばしば費用対効果が高い。グループ治療は，治療者が一人の患者にかける時間を少なくし，セッションごとのコストの減少はしばしばその患者に還元される。グループ治療は，紹介された患者の人数が単純に多すぎて，個別には対処できない環境で特に有用である。しかしながら，グループ治療の効用は単純に経済的なものには限らない。患者にとって他の多くの利益があり，一部は客観的に測定することが困難である。

　患者は，自分が一人ではないことに気づいた時に，しばしば安心感を言い表す。彼らは OCD の他者と会うことや，自分がとても「普通」にみえることに気づくのは，とても気分が安らぐとしばしば言う。このことは，平均的な人間にとって，OCD を呈する者が普通ではないということで目立つことはおそらく全くないということを患者が認識することを促す。また，このことは自らの症状に関する彼らの困惑や隠しごとが，より少なくなるためにも有用である。

　ほとんどの場合，患者はグループ治療の過程の間，お互いにとても支持的な傾向がある。たとえば，彼らはある患者が苦痛の症状を説明している時に共感的であり，与えられた治療セッションにおいて，自らをさらけ出せない患者に関する心配を伝えるかもしれない。集団凝集性が高い時には，患者は電話番号を交換し，グループの他のメンバーと持続的な友情関係に発展するかもしれない。患者が治療セッションの間に集まって，一緒にホームワークに取り組むことは，まれなことではない。グループのメンバーは他のメンバーから得られた示唆とフィードバックをしばしば尊重しており，OCD の個人的経験は，彼らに患者の症状に共感する特別な能力を与えている。

　強迫的なため込みに対するグループ治療の研究において，Steketee et al.（2000）は，グループにおいてこうした人々を治療する多くの利点を記述した。物を整理することと捨てることを含むエクスポージャーの間，他のグループのメンバーの存在はその患者に社会的な圧力を与えるようであり，エクササイズの遵守を増大

させた。また，多くのクライエントはため込む問題に孤独を感じていて，彼らは他のグループのメンバーから得られたサポートに感謝していた。場合によっては，取りおくこととため込むことに関する，他の患者の信念を聞くことは有用であったが，他のメンバー自身の取りおくことに関する信念を強化した。次節において，私たちはこの問題と，グループ治療の他の起こりうるネガティブな効果について取り上げる。

　全体的に，グループのメンバーに，グループでの議論に参加し，彼らの経験を共有することを促すべきである。その上，彼らが方略に精通するにつれて，お互いの治療にさらに積極的な役割を引き受けることはしばしば有用である。たとえば，グループのメンバーは認知的再体制化のプロセスを手伝うことができ，ホームワークで行うエクスポージャーの練習をお互いに提案するかもしれない。

グループにおける OCD 治療の障壁

グループのメンバーの異質性

　グループ形式で OCD を治療する時の最大の課題は，OCD が異質な条件であり，患者はしばしば非常に異なる症状のプロフィールを示すということである。たとえば，汚染を恐れる者は，家族を刺すことについてしきりに考えている者との共通点はほとんどないかもしれない。

　グループのメンバーの異質性は，多くの困難な問題を導く可能性がある。第一に，グループの他のメンバーとは異なると感じる患者や，症状がより「社会的に認められない」患者は，グループの前で自らの症状について議論することをためらうかもしれない。実際，彼らはグループ治療を完全に拒絶するかもしれない。このことは，攻撃的，宗教的，性的な強迫観念を持つ人々にとって特に問題である。それゆえ，各グループに，この種類の思考を持つ者が複数いることは有用である。第二に，患者は他者の問題を矮小化することがある。たとえば，ある患者は「自分の恐れていることが，職場での単なる失敗だったら良かったのに。だって，私はそれを我慢できると思います！　自分の子どもたちを殺してしまうという私の恐怖は，より大きな問題なのです」と言うかもしれない。最後に，他のグループのメンバーに対して思いやりがなく，協力的ではない患者がいるかもしれない。彼らは，他者をけげんな表情で見たり，心ないコメントをしたりするかもしれない。

これらの問題に対処するために，OCD症状が表出されるさまざまな方法を治療早期の時点でグループに教えることは重要である。治療者は最初から，OCDの症状間の共通点，特に認知的な影響性と行動的な影響性について強調すべきである。また，患者は，特定の症状のプロフィールにかかわらず，OCDと関連する苦痛と障害は重篤になりうること，グループのメンバーが支持的であることの重要性を再認識すべきである。

留意すべき最終的な問題は，患者は異なる症状のプロフィールを持つ傾向があるため，グループ治療の一部では，必ず個人に合わせて取り組むということである。たとえば，エクスポージャーの練習の間，患者は結局，独力で取り組むことになるかもしれない。

グループのメンバー間の症状「感染」

OCDのグループ治療を受ける患者は，他のグループのメンバーからの「伝染性の」OCD症状について，しばしば心配する。現実には，私たちはこうしたことが生じるのを実際は一度も見ていない。しかしながら，ある患者が他者の回避行動を強化する傾向は起こる可能性がある。たとえば，ある患者は他のメンバーに強迫観念を中和化できる方法（たとえば，汚染への不安を示す者に対して，新たな洗浄剤を提案すること）を示唆するかもしれない。また，患者は恐怖状況に関するお互いの信念を強める情報を共有するかもしれない（たとえば，生の鶏肉に触れた後に手を洗うのを忘れたことで，病気になった従兄の友人に関する話を共有すること）。しかしながら，参加者が治療の理論的根拠について深く理解した後は，彼らはお互いの回避を助長することをやめるようになる。この問題は，フィードバックで修正することによって，通常は治療の早期に対処することができる。

グループ治療の他の欠点

他の多くの問題が，グループ治療の過程で生じるかもしれない。第一に，他者より進展が遅い患者は落胆し，早期に治療からドロップアウトしてしまうかもしれない。また，グループ形式は，各患者に向けられる個別的な注目の量を最小限にする。結果的に，ある参加者は，自らとは関係のない状況についての討議を聞かなくてはならない羽目になる。自らが必要とする個別の注目を得られない参加者もいるかもしれない。これらの場合，グループセッションに加えて，その患者

を数回の個別のセッションに参加させることは，もしそれが実用的で，その患者が参加する余裕がある場合には有用かもしれない。

OCD 治療の一般的な障壁

　本章ではグループ治療に焦点を当てているが，グループあるいは個別に OCD を治療する間に，多くの障壁がしばしば生じる。これらの障壁はグループ治療に独自のものではないが，グループで治療を行う際にしばしば生じるため，本節では簡潔に討議する。

症状の幅広さ

　私たちのセンター（Antony, Downie, et al., 1998）からのデータでは，OCD を呈するほとんどの人々は，複数のタイプの強迫観念と強迫行為（洗浄，確認，反復など）に悩むことを示唆している。治療者がしばしば直面する課題は，最初に焦点を当てる症状をどのように決めるかということである。一般的に，決定されるのは，どの症状が最も苦悩と障害を引き起こしており，どの症状に患者が最初に取り組みたいと思っているかを考慮した後である。患者に全ての症状に同時に取り組ませることは，しばしば現実的ではない。むしろ，克服することが最も重要な問題を最初に選択することが，より有用なアプローチであるかもしれない。

症状の変容

　常に広範な症状のタイプを持つことに加えて，OCD 患者の中には，1 つのタイプから他のタイプに徐々に変容する症状を持つことを報告する者もいる。症状が数カ月または数年の間に変化することもある。しかしながら，別の場合，症状の変容は毎日あるいは毎週の頻度で生じることもある。たとえば，ある個人は，汚染について 1 週間心配していたと報告し，それから次の週に戻ってきて，割り当てられたエクスポージャーのホームワークは適切ではなかったと説明するかもしれない。なぜなら，汚染への心配はもはや問題ではなかったからである。その代わり，たとえばその前の週の期間に，強迫観念は電気器具をつけっぱなしにすることに焦点を移していたかもしれない。そのような場合，症状は動く標的のようにみえるかもしれず，これらに対処する適切な方略を見出すことは困難かもしれない。症状が長期間にわたって変容する患者は，治療の一般的な原則を理解し，

広範な症状に応用する方法を理解することが特に重要である。その上，患者は新たに現れる症状に対処するために，計画されたホームワークの実践を適合させなくてはならないかもしれない。

エクスポージャーのホームワークに対する不遵守

Antony & Swinson（2000a）は，患者がエクスポージャーのホームワーク課題を完遂できないかもしれないことについて，可能性のある理由を以下のように概観した。それらは，(1) 課題を理解していないこと，(2) 彼らの目標と課題との関連を理解していないこと，(3) 難しすぎるホームワーク課題，(4) 患者の時間のかかる他の事柄（たとえば，幼い子どもの世話，忙しい仕事スケジュール），(5) 各セッションの開始時に，治療者がホームワークをチェックしていないことである。遵守を改善するためには，不遵守が問題であるグループ内のそれぞれの患者において，ホームワークの完遂を妨げる要因を同定することが重要である。

不遵守の理由に応じて，遵守を改善するいくつかの方略がある。それらは，(1) ホームワークが詳細に説明され，患者が教示を書き留めていることを確認すること，(2) ホームワークの練習は個人の目標と関連していることを確実にすること，(3) ホームワークの課題を単純化すること，(4) 特定の課題に対する恐怖があまりにも強い場合，より容易な課題に取り組むよう患者を促すこと，(5) グループセッション間で，電話連絡や個人セッションを追加すること，(6) 不遵守の一因となる，または遵守を改善する可能性がある家族要因（たとえば，練習に家族の者を含めること）を同定すること，(7) ホームワークとして課す前に，そのセッション内でホームワークの練習を試みること，(8) 忘れないように，スケジュール帳や日記に練習の予定を入れるように促すこと，(9) ホームワークの時間を作るために，時間のかかる他の必要な事柄への対処方法を患者が見出すように提案すること（たとえば，持続的エクスポージャーの練習に従事するために，仕事を1日休むこと，あるいは子どもたちがホームワークセッションを妨げないように，ベビーシッターを雇うこと）というものである。

責任の転嫁

患者は治療者に責任を転嫁し，エクスポージャーの効果を損なうことがある。これらの場合，患者に責任を戻すことが重要である。これをどのように実行できるかを示す例として，以下の会話を検討する。

患者：次週までに職場でミスをするという案で，私は困りません。あなたが私に
　　　それをホームワークとしてやるように言ったのですから，何か起きたらあな
　　　たに責任があるでしょう。

治療者：あなたにとっては，誰かに害をもたらす可能性に責任を感じることはと
　　　ても恐ろしいものなので，エクスポージャーの練習の間に生じたことについ
　　　て，あなた自身が責任を持つことは重要です。私はこの練習を推奨した者の
　　　1人ですが，私の勧めに従うかどうかを決めることについては，最終的には
　　　あなたが責任を負う必要があります。

患者：たとえそうであっても，私は責任を感じないでしょう。だって，あなたが
　　　提案したのですから。私たちはこれを行うことについて話したので，私は何
　　　かあったら，あなたに責任があるだろうと感じていますし，ですから私はほ
　　　とんど怖くありません。

治療者：その場合には，私たちは，今週は別のことを試みるべきかもしれません
　　　ね。私はあなた自身にホームワークの練習を思いついて欲しいのですが，来
　　　週あなたがそれをやり終えるまで，そのことを私に話さないでください。

患者：それで間違いなく私は不安になるでしょう。私はそれをやりたくないので
　　　すが，役に立つ可能性があるように思います。

宗教を取り巻く問題

　宗教的な強迫観念を持つ人々は，それを持たない人々よりも，概してより厳格
である（Steketee, Quay, & White, 1991）。強迫観念が主に宗教的な性質である
OCD 患者を治療する時に，生じることのある問題の1つは，その患者の宗教の
単なる一部である宗教的信念と，OCD の一部として最もよく概念化される信念
との区別を試みることである。たとえば，宗教的な強迫観念を持つ患者は，通常，
宗教的な性質の恐ろしい思考（たとえば，「私は悪魔だ」）に自分たちを曝露する
という提案に対して不快感を抱く。しかしながら，彼らが不快になるのは，
OCD なのか，あるいは宗教的な信念なのかということを知ることは難しいかも
しれない。そのような場合，どの侵入思考と強迫行為が宗教の文脈において過度
であるかを調べるために，患者が家族の者や宗教的な指導者と相談することは有
用かもしれない。また，治療の手続きにおいて参加の「許可」を得ることは，有
用なことがある。たとえば，エクスポージャーの練習を完遂してもよいと牧師，

8章　強迫症

司祭，宗教指導者，または他の指導者から再確認を得ることは，患者が治療を進展させることを促すことができる。

機能的障害の影響

OCD は広範な領域の機能の障害と関連しており，関係性，仕事，生活の質を含んでいる（Antony, Downie, et al., 1998 を参照のこと）。ほとんどの患者にとって，OCD を克服することは全般的な機能の改善を導く。しかしながら，そうでない患者においては，機能的な障害は別の問題としてターゲットにされる必要があるかもしれない。たとえば，長年 OCD であり，それゆえ働いたことがない，または長期間人との関わりがない患者は，OCD 症状が改善し，他の問題が前面に現れるにつれて，打ちのめされるかもしれない。これらの場合，彼らの生活の質を改善するために，いくつかの障壁を克服することに患者と共に取り組むことが重要である（たとえば，関連する仕事のスキルを得ること，社会的ネットワークを拡大すること）。グループ内で彼らが 1 人，あるいは 2 人の患者としか関わっていなかった場合，OCD のグループ治療は，これらの問題に対処するための最善の環境ではないかもしれない。もしそのような場合は，これらの広範な問題を解決するための何らかの個別のセッションを提供することが，より適切である可能性がある。

家族の問題

しばしば家族の者は，患者が儀式を行うことや恐怖状況を回避することを容易にしてしまう。そうした行動は，しばしば「言いなり」として言及され，患者の OCD 症状を長期間維持することを助長している可能性がある。Calvocoressi et al.（1995）の研究では，OCD を呈する人々の家族の者は言いなりとなるさまざまな行動を報告しており，儀式に参加すること，儀式の道具を与えること，患者が恐怖状況を避けることを助長すること，家族の日常を変更することが含まれる。この研究では，評価された家族の者の 11.8％のみが，言いなりにならなかったことを報告した。約半分は軽い程度の言いなりを報告し，残りの参加者は中程度，または重篤な言いなりを報告した。

OCD 患者の家族の者を治療に含めることは，しばしば有用である。このことは多くの方法で可能になる。たとえば，患者の家族の者を 1 回以上のセッション（全体のグループで行うセッション，あるいは，治療者，患者，1 人以上の家族

の者だけが含まれた個別的なミーティングのどちらか）に出席するよう誘うことができる。代わりに，もし家族とのセッションが実現可能でなければ，治療ガイドラインを家族と共有し，OCD関連のセルフヘルプの読み物を家族に読んでもらうよう患者を促すべきである。もし患者の家族の者がOCDの性質と治療をよく理解し，OCD行動を強化しないよう教育され，OCDに関する問題について患者と相互に交流するためのスキルが与えられれば，患者の治療結果は向上するだろう（Steketee & Pruyn, 1998のOCD治療における家族の問題の概説を参照のこと）。

結論

　OCDは多種多様な認知的，行動的特徴と関連した，異質性のある疾患である。広範囲にわたる研究は，CBTに基づく治療と同様に，薬理学的介入を支持している。心理学的観点からは，OCDは状況，対象，侵入思考を，危険なものとして誤って解釈する傾向から生じると考えられている。CBTは数多くの行動的手法と認知的手法を通じて，不安の思考を変容することを目的としている。OCDは，通常は個別に治療されるが，いくつかの研究は，グループ治療がOCDに対して有効になりうることを示してきた。グループにおいてOCDを治療することは特有の問題を伴うが，個人治療に勝る多くの利点も有している。本章は，グループ形式におけるOCD治療の方略の概要を説明した。

9章

社交不安症／社交不安障害

社交不安症（社交不安障害）の記述的特徴

診断の特徴

　社交不安症（社交不安障害）（Social Anxiety Disorder, SAD: 社交恐怖としても知られている）は，人が他者によって詳細に調べられたり，他者に判断されたりして，当惑したり，恥ずかしい思いをしたりするかもしれない社会的状況やパフォーマンス状況に対する極度の恐怖によって特徴づけられる。SAD を呈する人々によって恐れられる状況の例は，注目の的になること，人前で話すこと，他者の前で食事をすること，飲酒すること，文字を書くことといったパフォーマンス状況のみならず，たとえば，デート，ミーティング，パーティー，会話といった対人交流場面に関与することを含む。「text revision of the fourth edition of the Diagnostic and Statistical Manual of Mental Disorders: DSM-IV」（邦題：精神疾患の診断・統計マニュアル第4版新訂版（髙橋・大野・染谷訳，2002））によれば，SAD の診断は，恐怖状況が恐怖反応（たとえば，パニック発作）をほとんどいつも引き起こすことが必要である。また，SAD 患者は自分の恐怖が過剰または非現実的であることを認識していなければならず，その状況を回避する，あるいは極度の苦痛とともに耐え忍び，その障害の結果として，臨床的に著しい妨害と苦悩を体験しなければならない。最終的に，その症状は，他の心理的障害（たとえば，他者に抑うつやパニック症の症状を気づかれる恐怖に起因する社交不安）では適切に説明できず，他者に医学的症状（たとえば，パーキンソン病，吃音）を気づかれる恐怖に起因せず，器質的要因（たとえば，薬物の使用，あるいは医学的状態）によっても引き起こされない。恐怖がほとんどの社会的状況で

起こる時，そのSADは"全般性"と定義される。

認知的特徴

SADに対する認知行動的治療は，不安と恐怖が不安を誘発する思考の存在と関連しているという前提に立つ。本節において，とりわけ認知行動的モデルと，この疾患の治療におけるSADの認知に関連した知見の要約を提供する。SADの認知的特徴の全体的な概観は本章の範囲を超えているが，最近のこの議題に対する包括的な討議は他で入手できる（e.g., Bögels & Mansell, 2004; Hirsh & Clark, 2004; Stravynski, Bond, & Amado, 2004）。

社会的脅威に対する注意バイアスはSADに特異的ではなく，パニック症などの他の疾患も示すことが示唆されているが，社交不安が高い者は，恐怖のない者よりも脅威と関連した社会的情報（たとえば，社会的脅威と関連した単語，怒った表情の写真）により注意を向ける傾向にある（e.g., Maidenberg, Chen, Craske, Bohn, & Bystrirsky, 1996）。SADの記憶における研究結果は一貫せず，ある研究はSADを呈する人々が，社会的な脅威情報に対する記憶が増大していることを明らかにしており（Foa, Gilboa-Schechtman, Amir, & Freshman, 2000; Lundh & Ost, 1996），他の研究はそのような情報に対する記憶の低減（Wenzel & Holt, 2002），あるいは，SADを呈する人と不安のない統制群は差がないことを示している（e.g., Cloitre, Cancienne, Heimberg, Holt, & Liebowitz, 1995; Perez-Lopez & Woody, 2001）。

高い社交不安は，独立した評定者によって評定されたパフォーマンスの質に対する客観的な指標を統制しても，彼ら自身の社会的パフォーマンスを否定的に見積もる傾向と関連している（Ashbaugh, Antony, McCabe, Schmidt, & Swunson, 2005; Rapee & Lim, 1992）。加えて，SADは，自分自身と社会的状況についてのネガティブな思考を標準的な数よりも多く報告すること（Stopa & Clark, 1993, 2000），ネガティブな社会的出来事が起きやすいと見積もること（Uren, Szabo, & Loviband, 2004），他者と比較して自分自身の好ましくない点の社会的比較をすること（Antony, Rowa, Liss, Swallow, & Swinson, 2005），社会的状況に曝露された時に外的な他者の視点から自分自身を見る傾向と関連している（Hackmann, Surawy, & Clark, 1998; Wells & Papageorgiou, 1999）。最後に，SADを呈する人は，完璧主義の測度において高い得点となる。たとえば，彼らは，失敗することに過度に関心を示す傾向にあり，不安症ではない人々と特定の他の不安症の人々と比

べ，自身の行動に対してより大きな疑いを表出する（Antony, Purdon, et al., 1998）。

行動的特徴

SAD は，その定義から，広範囲の社会的状況を避ける傾向と関連している。SAD を呈する者は，これらの状況を完全に避け，それらに入った後も，即座にそれらの状況から逃避し，社会的状況における不安に対処するためのいくつかの安全確保行動を行うかもしれない。下記のような安全確保行動の例は，SAD を呈する者においてしばしば確認されている。

・赤面を隠すため過度な化粧をしたり，タートルネックを着用したりすること
・社会的状況で視線を避けること
・パーティーに行く前に，いくらかのアルコール飲料を飲むこと
・他者に自分の不安の症状を気づかれることを防ぐために，薄暗い照明のレストランでのみ食事すること
・自分自身について話すことを避けるために，別の人に質問をすること

社交不安症（社交不安障害）の理解に対する認知行動的アプローチ

SAD の初期の病因に関するあらゆる包括的なモデル（e.g., Rapee & Spence, 2004）は，遺伝的要因，親と仲間の影響，ネガティブなライフイベント（とりわけ社会的状況の文脈において），社会的スキル，文化的影響といった幅広い変数を考慮に入れなければならないが，社交不安の根底にある認知的，行動的プロセスを説明するモデルは，どのようにしてその障害が長時間維持されるのかについて，とりわけ認知行動的観点から理解する。SAD に対する多くの認知行動的モデルが存在し，そして，全てにおいて，社交不安は社会的状況から回避すること，不安に対処するためのさまざまな安全確保行動を行うことについての個人の傾向だけでなく，個人の信念，推論，予測によって維持されるという主張が共通している。

最も頻繁に引用される SAD の心理学的モデルは，David M. Clark & Adrian Wells（1995）によって提案されたモデルである。このモデルによれば，SAD を呈する人々は，多くの特異的な推論や信念によって特徴づけられる。1つ目に，

SADを呈する人々は，他者に対してポジティブな印象を与えるための動機づけが普通より強いと想定されている。2つ目に，彼らは，社会的状況に遭遇した時に，自分自身が無能で，不適切であると知覚される方法で振る舞いがちであると信じている。3つ目に，彼らは，社会的状況における自分たちの行動の結果，破滅的な結果を被るであろうと信じている。最後に，彼らは社会的状況に立ち向かった時，自分自身を観察者の視点から眺める傾向がある。たとえば，彼らは，相互作用の観点（たとえば，他者にどのような印象を与えているか）ではなく，他者がその状況において見ているであろうことに注目している。早期の文献展望では，SADの認知的特徴の研究は，このモデルの主要な構成要素を支持している。

　Clark & Wells（1995）のモデルは，予期プロセスのステージから始まるSADにおける処理の3つのステージについて論じている。このステージは，人が恐れている状況に入る前に生起する。それは，状況に入ることによって起こる可能性があることについて心配することや反すうする傾向によって特徴づけられる。2つ目のステージは状況内の処理ステージであり，人が社会的状況にいる時に生起する。このステージでは，個人の不安の考えが賦活され，ネガティブな推論，完璧主義的思考，自己についてのネガティブな信念が含まれる。そのモデルによれば，社会的手がかりに注意が向かなくなり始め，自分自身がどのような印象を与えているかに対してより注意を向けるようになる。個人が脅威を防ぐため，また苦悩を減少させるための安全確保行動も増加する。そのモデルで記述されている最後のステージは，事後の処理ステージであり，社会的状況から離れた後に始まる。このステージでは，自分自身のパフォーマンスのネガティブな側面をくよくよと考える。その状況にいる時，自分自身の内面に注目しているため，社会的な承認のサインを見落としがちである。

　Rapee & Heimberg（1997）は，認知行動的観点から，SADの類似するモデルを公表した。このモデルは，Clark & Wellsのモデルと多くの特徴が共通しており，社交不安は社会的，評価的状況についての考え方のバイアスによって維持されていると想定している。Rapee & Heimberg（1997）のモデルの付加的な特徴は，他者が持っている基準について人々が持つ信念を強調することである。そのモデルは，SADを呈する人々が，他者は自分に高い基準を持ち，自分に完璧な印象を持つことを予期すると思い込んでいるということを示唆する。そのモデルのこの要素は，SADを呈する人々が，他者が自分たちに過剰に高い期待をしていると実際に想定していることを示すSADにおける完璧主義の研究によって

支持されている（e.g., Antony, Purdon, et al., 1998）。

SAD に対する効果的な治療

　SAD の治療における最近の展望は，薬物治療と心理学的治療の組み合わせだけでなく，薬物治療，心理社会的治療（とりわけ，認知的再体制化，エクスポージャー，比較的少ないが，社会的スキル訓練と応用リラクセーション）を支持している（e.g., Federoff & Taylor, 2001）。ここでは，これらのアプローチに関連した研究を概観する。

薬物療法
　Davidson（2003）の最近の展望は，フェネルジンといったモノアミン酸化酵素阻害薬（monoamine oxidase inhibitors: MAOIs）と，パロキセチン，セルトラリン，フロボキサミンといった選択的セロトニン再取り込み阻害薬（selective serotonin reuptake inhibitor: SSRI）が，SAD の治療に対してプラセボよりも一貫して優れていると結論づけている。近年のエビデンスは，エスシタロプラムも SAD の治療に効果的であるが（Lader, Stender, Burger, & Nil, 2004），SAD に対するフルオキセチンの知見は確定されていないことを示唆している（e.g., Kobak, Greist, Jefferson, & Katzelnick, 2002）。フェネルジンは，SAD に対して効果的な治療であるが，他の薬物との相互作用，チラミン（たとえば，いくらかのワイン，チーズ，塩漬けの豚肉）を含む食物との相互作用，望ましくない副作用の比較的高いリスクのため実際にはめったに処方されない。したがって，SSRI はこの状態の治療にかなり頻繁に用いられる。
　セロトニンノルアドレナリン再取り込み阻害薬であるベンラファキシンの使用を支持しているプラセボ統制試験のエビデンスもあり（Mangano & Khan, 2004），ベンゾジアゼピン（たとえば，クロナゼパム）と抗てんかん薬（たとえば，ガバペンチン）が効果的であると示唆している（Davidson, 2003 を参照）。加えて，SAD は，中程度に高いプラセボ反応率も示されている（Huppert et al., 2004）。よく用いられるハーブ製品であるセントジョーンズワートのプラセボ統制試験は，プラセボに比較して顕著な効果を全く見出せなかった。

心理社会的治療

　社交不安に対するエビデンスに基づく心理社会的治療は，主に認知行動的観点に由来しており，以下の4つの主たる構成要素のさまざまな組み合わせを含んでいる。具体的には（1）エクスポージャーに基づいた方略，（2）認知療法，（3）社会的スキル訓練，（4）応用リラクセーションである（Rodebaugh, Holaway, & Heimberg, 2004; Turk, Coles, Heimberg, 2002 を参照）。

　SAD に関する文献において，CBT は個人あるいはグループの形式で提供されることが一般的である。たとえば，Heimberg et al.（1990）は現実場面とシミュレートされた社会的状況に対するエクスポージャーと認知的再体制化を含む SAD に対する集団 CBT のプログラムを研究している。その研究では，集団認知行動療法（CBGT）は5年後のフォローアップの時に維持され，CBGT は支持的心理療法より優れていると認めている（Heimberg et al., 1993）。同様に，個人療法（教育，社会的スキル訓練，エクスポージャーを含み，認知的再体制化は含まない）の研究において，Tuner, Beidel, Cooley, & Woody（1994）は，個人療法を受けた患者の84％が改善し，治療後に高あるいは中程度の終結時の機能の基準を満たした。グループと個人の治療の両方が SAD の治療に効果的であることが十分に確立されている。

CBT の要素の比較

　多くの研究が，さまざまな CBT の要素の相対的，そして組み合わせの効果を検討している。少なくとも4つのメタ分析の文献展望（複数の研究にわたる知見を結合させる統計的手続きを用いている）は，どのような要素がエクスポージャー単独，認知的再体制化単独，認知的再体制化を加えたエクスポージャー，社会的スキル訓練，応用リラクセーションを含む SAD の治療に最も効果的であるかという疑問を検討している（Federoff & Taylor, 2001; Feske & Chambless, 1995; Gould, Buckminster, Pollack, Otto, & Yap, 1997; Taylor, 1996）。メタ分析を通じて，これらの方略の全てが，待機統制条件よりも中程度から大きい効果量を示した（Rodebaugh et al., 2004）。しかしながら，エクスポージャーを加えた認知的再体制化が，エクスポージャー単独よりも効果的かどうかという疑問点については知見が異なっている。Feske & Chambless（1995）は，エクスポージャー単独と，認知的再体制化を組み合わせたエクスポージャーに差がないことを明らかにした。Gould et al.（1997）は，エクスポージャーが，全ての方略（単独，ある

いは認知的再体制化とともに実施された時）の中で最も大きい効果量を持つことを明らかにした。最後に，Taylor（1996）は，認知的再体制化とエクスポージャーを組み合わせた治療のみが，プラセボよりも効果的であることを明らかにした。認知的再体制化単独，エクスポージャー単独，社会的スキル訓練の効果量は，Taylorの分析では，プラセボと比較して十分に大きくなかった。

グループの治療 対 個人の治療

3つの公表された研究が，成人のSADに対する個人のCBTとグループのCBTを直接的に比較している。1つ目の，Wlazlo, Schreoeder-Hartwig, Hand, Kaiser, & Munchau（1990）の研究は，個人の現実（*in vivo*）エクスポージャー（週3時間のセッションを4回），グループの現実エクスポージャー（週8時間のセッションを4回），集団社会的スキル訓練（週2回の90分セッションを25回）を比較した。スキルの欠損がある参加者のサブグループに対するグループエクスポージャーが優れた結果になる傾向にあったが，3つの治療は全て等しく効果的であった。もちろん，3つの治療条件は内容，頻度，セッション数，セッションの時間が異なり，そのことがグループ，あるいは個人の形式のどちらが優れているかという疑問に答えることを不可能にしている。

Scholing & Emmelkamp（1993）は，（1）エクスポージャー単独，（2）認知療法の後にエクスポージャー，(3)治療の始めから統合された認知療法とエクスポージャーの効果性を検討した。加えて，これらの3つの全ての治療の組み合わせを，グループと個人のそれぞれの形式で検討した。治療直後ではほとんど差がなかったが，フォローアップでは，グループ形式で提供された認知療法の後のエクスポージャーを行う治療が，最も効果的であった。統合されたグループの治療は，最も効果が低かった。他の治療の効果（グループ形式におけるエクスポージャー単独，個人形式で提供された3つの治療の組み合わせを含む）は，中間に位置した。

グループと個人の治療を比較した最近の研究では，その方法論が単純であるため，容易に記述できる（概観された他の2つの研究と比較して）。Stranger, Heimdenrich, Peitz, Lauterbach, & Clark（2003）は，15週間のセッションを通じた個人とグループの認知療法を直接的に比較した。治療は，Clark & Wells（1995）によって記述されたプロトコルに基づいており，外的手がかりに注意の焦点を転換するトレーニング，安全確保行動の中止，歪んだセルフイメージを修正するためのビデオフィードバック，行動実験，認知的再体制化を含んでいた。

治療は元々個人形式で実施するために開発されたが，この研究のためにグループ
形式に合わせた。この研究では，個人の認知療法が，グループの認知療法より優
れており，治療後にSADの診断基準を満たさなくなった患者の割合は，それぞ
れ50％と13.6％であった。

　これらの3つの研究に基づくと，グループの治療対個人の治療の相対的な効果
性に関して，ゆるぎない結論を出すことは難しい。方法論的な限界が，これらの
1つ目の研究の解釈を難しくしている。2つ目の研究は複雑であり，グループと
個人の治療の相対的な効果について何らかの結論を導くことは難しい。3つの研
究全てに認められる一つの問題は，SADに対するグループの治療の間では，し
ばしば代表的な治療とされているHeimbergのCBGTを含めたものがないこと
である。言い換えれば，比較対象となる個人の治療とHeimbergのCBGTの直
接的な比較は，公表されていない。

　しかしながら，2つの未公刊の研究の結果は，CBGTと個人の治療の間に，ほ
とんど差がないことを示唆している（Lucas & Telch, 1993; Ost, Sedvall,
Breitholz, Hellstrom, & Lindwall, 1995）。加えて，多くのメタ分析研究が，SAD
に対するグループと個人の治療の相対的な効果を検討している（12の研究の知
見を平均）。全ての3つのメタ分析研究は，これらの治療形式の間の有意な差異
を明らかにできなかった。最後に，Manassis et al.（2002）の研究は，重症な子
どもには，個人の治療の効果がグループの治療よりもいくぶん大きいが，SAD
を呈する子どもに対するグループと個人の治療の間にはほとんど差がないことを
明らかにした。

薬物療法的治療と心理社会的治療の組み合わせ

　現在，CBT，薬物，それらの組み合わせを比較した多くの研究があるが，知
見は一貫していない。プライマリケア場面で実施された1つの研究では，セルト
ラリン，エクスポージャー，それらの組み合わせ，プラセボが比較された（Blomhoff
et al., 2001）。セルトラリンのみの治療と組み合わせた治療が，プラセボより効
果的であり，セルトラリンとエクスポージャーの組み合わせよりも効果が大き
かった。しかしながら，この研究におけるエクスポージャーのセッションは，15
〜20分間のみで，治療者が比較的未経験であり（3回の週末の研修でSADの
エクスポージャー治療を提供するための訓練を受けたかかりつけの医者），これ
らの知見によって記述できる結論が限定されている。フォローアップにおいて，

エクスポージャーを受けた対象者は改善が持続した一方で，セルトラリンとの組み合わせの条件における対象者はいくらか悪化した（Haug et al., 2003）。

CBTと薬物治療の組み合わせに対するこれまでの最も大きな研究では，フルオキセチン，個人CBT，プラセボ，フルオキセチンを加えたCBT，プラセボを加えたCBTを比較している（Davidoson et al., 2004）。治療後，全ての4つの積極的な治療条件がプラセボより効果的であったが，それら相互の差はなかった。言い換えれば，薬物治療，CBT，あるいはいずれかと比較して，組み合わされた治療の効果は認められなかった。さらに，治療は効果的であったが，多くの患者に症状が残っていた。もう1つの研究は，未公刊ではあるが，フェネルジン，CBGTと，それらの組み合わせを比較している（Heimberg, 2003）。予備的な分析は，フェネルジンあるいはCBGT単独のいずれかと比較して，組み合わせの治療は中程度の効果があることが示唆されているが，この研究の最終的な結果はまだ報告されていない。

アセスメントの諸問題

アセスメントは1対1（グループの治療を開始する前）で行われ，通常，SADが実際に主たる問題であることを確認すること，存在するかもしれないあらゆる併発症を同定するために診断面接を始める。徹底的な面接は，その問題の最も重要な特徴を査定し（病因，きっかけ，重症度，身体症状，認知的特徴，回避方略，安全確保行動など），グループの治療に対する適格性を決定するために用いるべきである。グループの治療に対する適格性に関連した問題は，本章を通じて，さまざまな節で討議される。

多くの手段が治療の効果をアセスメントするために使用可能であり，モニタリングの日誌（たとえば，思考記録），行動的アセスメント（たとえば，行動的ロールプレイの間，患者の不安の水準と認知を測定する），さまざまな標準的な質問紙尺度が含まれる。自己報告式尺度だけではなく，Brief Social Phobia Scale（BSPS: Davidoson et al., 1991），あるいはLiebowitz Social Anxiety Scale（LSAS: Liebowitz, 1987）といった臨床家が評定する尺度を用いることを推奨する。自己報告式尺度は，認知的特徴を測定するSocial Thoughts and Belief Scale（STBS: Turner, Johnson, Beidel, Heiser, & Lydiard, 2003）といった，SADに特化した側面を測定するために考察された尺度だけではなく，Social Phobia Inventry

（SPIN: Connor et al., 2000），Social Phobia Scale（SPS: Mattick & Clarke, 1998），Social Interaction Anxiety Scale（SIAS: Mattick & Clarke, 1998）といった全般的な重症度を測定する測度も含まれるかもしれない。これらと他の尺度の概観（どこで手に入れるかといった情報だけではなく）は，Orsillo（2001）で参照可能である。

SADのアセスメントは，しばしばいくつかの特有の課題がある。おそらく，他の不安症以上に，SADを呈する人々は治療者，治療状況で，その他のスタッフ，待合室の見知らぬ人などの他者から否定的に評価されることを恐れている。したがって，アセスメントはSADに苦しむ多くの人々の恐怖刺激そのものである。他者がいる状況で質問紙に記入することでさえ，多くの患者にとって非常に困難である。患者はある項目について話し合うことも恐れて，アセスメントの間，情報を秘密にすることがあるかもしれない。SADを呈する人々は，アセスメントの間，特別な支援と安心を必用としており，不安がそのプロセスに著しく影響を与えている場合に，そのようなアセスメントの手続きのいくつかの部分を適用することが有用かもしれない。SADに対するアセスメント方略のより詳細な文献展望は，McCabe & Antony（2002）を参照されたい。

グループ治療の構造化

表9.1では，SADに対するグループの治療に関するいくつかの研究から，グループの構成と形式に関する詳細を提示している。SADに対する最も確立されたグループの治療は，HeimbergのCBGTである（Heimberg & Becker, 2002）。グループの治療の構造化に関する示唆は，その他の関連する研究とグループにおけるSADの治療における私たちの経験だけではなく，Heimbergらの推奨に基づいている。

グループの構成と形式
グループの構成
Heimberg & Becker（2002）は，SADのグループが，2人の治療者，理想的には1人の男性と1人の女性によって運営されることを推奨している。これまでの研究では，概して，治療者の性別について言及していない。2人の治療者を推奨することは，集団CBTの研究では一般的であり，私たち自身の実践とも一致

9章　社交不安症／社交不安障害

表 9.1　SAD のグループ治療に対する形式と構成

研究	セッション数	グループ構成	セッションの長さ	方略
Gelernter et al. (1991)	週1回 12週間セッション	患者10名 セラピスト2名	2時間	認知的再体制化，エクスポージャー
Heimberg et al. (1998)	週1回 12週間セッション	患者5〜10名 セラピスト2名	2時間半	教育，エクスポージャー，認知的再体制化
Hope et al. (1995)	週1回 12週間セッション	患者6〜7名 セラピスト2名	2時間〜 2時間半	教育，エクスポージャー，認知的再体制化
Otto et al. (2000)	週1回 12週間セッション	患者3〜8名 セラピスト2名	2時間半	教育，エクスポージャー，認知的再体制化
Scholoing & Emmelkamp (1993)	2回の個人セッションと週2回のグループセッションを14回	患者5〜7名 セラピスト2名	2時間半	教育，エクスポージャー，認知的再体制化
van Dam-Baggen & Kraaimaat (2000)	週1回17週間のセッションと月1回のセッションを3回	患者5〜8名 セラピスト2名	1時間半	教育，問題解決，目標設定，認知的再体制化（エクスポージャーなし）

している（表 9.1）。私たちは3人目としてより年少の治療者（たとえば，学生）を含めており，その役割は主として訓練のため，グループを観察し，エクスポージャー，行動的ロールプレイを時折手伝うことに限られる傾向にある。

　研究によって，各グループの患者の人数はいくぶん異なっているが，最も多くの研究は5人から7人の患者を含んでおり（表 9.1），Heimberg & Becker（2002）の6人の患者を含める推奨とも一致している。私たちのグループでは，通常，各グループに5人から7人の患者を含めることを目指す。私たちの経験では，より大きなグループ（たとえば，9人，あるいは10人の患者からなるグループ）の患者は，社会的な抑制を多く感じ，治療の初期にドロップアウトする確率がより高くなり，セッション中も十分な注意を払うことができないかもしれない。

　理想的には，グループは，性別，怖れている状況，重症度をバランス良く混合すべきである（Heimberg & Becker, 2002）。私たちは，1人の患者がグループの他のメンバー全員と非常に異なる（たとえば，性別が異なる，とても年上かとても年下，あるいは症状の重症度が劇的に異なる）グループを持ったことがある。そのような場合，そのことが個人の問題になるか査定するために，グループが始まる前に，その患者とこれらの違いを討議することは有用かもしれない。

セッションの数と頻度

　グループの治療のほとんどの研究は，12週間のセッションを含む傾向にあり，Heimberg & Becker（2002）の推奨とも一致している。実際に，SADに対する個人の治療に対する研究は，セッション数を増やすことがより良い結果を導くことはないということを示唆している。Herbert, Rheigold, Gaudiano, & Myers（2004）は，SADに対する12セッションと18セッションの個人CBTを比較し，2つの治療は治療後まで同等に効果的であったが，より簡潔な治療は進歩がより速く，ドロップアウトがより少なかった。この問題は，グループ治療では研究されていないが，既存の知見に基づいて，約12セッションの計画を推奨する。グループのメンバーが毎週のセッション期間が終結した後に，再び会うことに興味を示したなら，1つか2つのフォローアップセッション（たとえば1カ月の間隔で）を加えることがある。

包括ガイドライン

　以下で，SADがグループで治療される時の理想的な状況を記述する。もちろん，実践では，特にSADの治療を希望する患者数が限られる状況では，理想的なグループに近づけることはしばしば困難である。これらのガイドラインは有用だが，柔軟性を持たせる余地もある。しかしながら，対応するこれらの包括ガイドラインが少ないほど，特定の候補者はますますSADに対するグループの治療として理想的には思えないかもしれない。

診断と臨床的重症度

　子どもの治療研究では異なる不安症が混同するグループがしばしばあるが，不安症を持つ成人に対するグループの治療の研究は，ほとんどいつも同じ形式の患者，同様の主要診断を持つ患者のグループである。理想的には，グループでSADの治療を行う時は，主要な診断として（たとえば，最大の苦悩と機能的障害，あるいはいずれか一方を引き起こしている状態），SADを持つ患者のみを含めることが最も良い。異質のグループで治療する以外の選択肢がない状況で取り組む場合，SADを持つ患者を他の不安に基づく問題を含んでいる人々と組み合わせることが可能かもしれない。たとえば，広場恐怖を伴うパニック症は，SADと多くの特徴を共有する。両方の問題を持つ人々は，しばしば恐怖状況を避け，社交的状況で不安を感じ，特定の身体感覚を恐れ（異なった理由によることがしば

しばあるが），類似した治療方略に反応する。対照的に，SAD は，強迫症 (obsessive-compulsive disorder: OCD) とは大きく異なるので，可能なら同じグループで SAD と OCD の患者を一緒に組み合わせないことを臨床家には勧める。

　理想的には，グループのメンバーの臨床的重症度に幅があること，あるいは同様の重症度のメンバーがいることのいずれかが最も良い。問題は，あるグループが，1 人のメンバーを除いて，重症度が等しい時に生じるかもしれない。1 人のメンバーが著しく高い重症度か，あるいは他のグループのメンバーと比べて著しく機能が高いなら，その人はグループの残りの人とは異なるニーズを持つか，自分自身が馴染めていないと思うかもしれない。

　分布の最も深刻な境界に位置する者は，グループの治療でしばしばうまくいかない（あらゆる治療においてそうであるが）。私たちの経験では，そのような患者は，標準的な CBT ではしばしば取り扱わない問題（たとえば，社会的スキルの欠損）を取り扱う機会として，治療者がより多くの注意を割ける個人治療が最も役立つかもしれない。グループで提供できる以上の注意を割く必要があるが，グループの経験から得ることがまだ多くある患者には，個人治療とグループ治療を同時に提供する（自分が 1 人ではないと学習すること，エクスポージャーの機会など）。個人治療とグループ治療を同時に実施することの利益を検討した研究が少ないように思われる。

併発

　不安，気分，あるいはパーソナリティ障害の併発を検討したほとんどの研究は，併発診断は SAD を持つ平均的な患者の治療結果に影響を及ぼさないことを明らかにしている（Hofmann, Newman, Becker, Taylor, & Roth, 1995; Hope, Herbert, & White, 1995; Turner, Beidel, Wolff, Spaulding, & Jacob, 1996; van Velzen, Emmelkamp, & Scholing, 1997）。しかしながら，より重症の併発（たとえば，より高水準のうつ，より重症な回避特性）は，この疾患に対する集団 CBT の結果に影響するかもしれない（Chambless, Tran, Glass, 1997）。加えて，治療結果に対する併発の影響を検討したほとんどの研究は，物質依存や統合失調症，双極性障害，あるいはその他の重篤な精神病理学的疾患を持つ患者を含まないため，これらの疾患の結果への影響は明らかにされていない。

　一般的に，併発はグループ治療に対して不適格とみなすべきではない。しかしながら，併発のために，治療者がグループ治療の代わりに個人治療を考慮する明

白な状況があり，とりわけ併発がその患者，あるいは他のグループのメンバーの
治療経験に影響しそうな場合がある。たとえば，もし付加的な問題が，治療の焦
点になりそうなほど重症な場合（もし患者の結婚の問題に各セッションで十分に
注意を払う必要がある場合），個人治療の方が適切かもしれない。同様に，現在，
躁症状や顕著な自殺願望，あるいはセッションでも酔っているようにみえるよう
な患者は，おそらくこれらの事項に注意が払われるよう，個別で治療されるべき
である。

病識と不信感

　DSM-IV によると，SAD を持つ者は自分の SAD 症状の過剰さに病識を持って
いる。しかしながら，患者の中には病識が少ない者もいる。加えて，SAD を持
つ患者は，他者にいくらか不信感を感じる傾向がある者も少数おり，しばしば他
者が悪意のある意図を持つと思い込み（たとえば，他者が自分の陰口を言い，間
接的に攻撃している），信頼できない。私たちの経験では，これらの特性がある
患者は治療で特有の課題を呈する。彼らはグループ治療で上手くいくかもしれな
いが，病識が特に貧困な場合，あるいは不信感のためにグループの他のメンバー
と上手くやっていくことができない傾向にある場合，個人治療を考慮に入れるべ
きである。

患者の好み

　SAD の多くの患者は，グループ治療より個人治療を好む。それは単純にグルー
プの前で話すことが，この問題を持つ人々にとっては脅威だからである。通常は，
少しの安心感が得られると（たとえば，グループの全ての人々が同じように感じ
ていること，グループのメンバーと親しくなるにつれて，苦悩が軽減することに
気づくこと），患者はグループ治療の利益をしばしば認識するようになる。しか
しながら，患者の期待や個人的な好みは，SAD を含む，広い範囲の問題にわたっ
て，治療の結果に影響を及ぼしうる（Chambless et al., 1997）。患者が個人治療
に特に強い好みを報告した場合，可能であれば，そのような要求を引き受けるこ
とが適切である。

動機づけと有用性

　動機づけの低い個人も，しばしばグループ治療にとって良い対象とはならない。

グループで動機づけの問題を扱う時間はほとんどないことが多く，そのような患者はセッションを欠席する，ドロップアウトする，あるいはホームワークの実行を避ける可能性がより高く，それら全てがグループの他者だけではなく，彼ら自身の治療を混乱させうる。そのような場合は個人治療の方が，特に動機づけを高める方略が含まれるのであればなおさら，適切になるかもしれない。

　利用機会が限定されている個人（たとえば，シフト制の労働者）で，全ての（あるいは，ほとんどの）グループのミーティングに参加できそうにない場合は，グループで扱うべきではない。患者のスケジュールが週ごとに変化する場合も，個人治療がより適しているかもしれない。

対人スキル

　Antony & Swinson（2000a）の文献展望によると，SAD の文脈における社会的スキルの欠損に関する研究はほとんどない。SAD ではない人々と比較して，SAD を呈する人々はより多大な社会的スキルの欠損（たとえば，貧困なアイコンタクト，会話の流れの障害，不安の目に見える兆候）があることを検討した研究はほとんどないが，多くの SAD を持つ患者は十分な社会的スキルを持っている。さらに，社会的スキルの欠損が，CBT 後の悪い結果と関連しているかどうかについての研究もほとんどない。しかしながら，より多大な社会的スキルの欠損を示す者には，個人でのエクスポージャーに基づく治療，およびグループでの社会的スキル訓練と比較して，グループでのエクスポージャーに基づく治療がより有効である傾向（統計的には有意ではないが）があることを明らかにした研究がある（Wkazo et al., 1990）。

　私たちの経験では，低から中程度の社会的スキルの欠損は，グループ治療の除外要因にすべきではない。しかしながら，非常に重度の社会的スキルの欠損がある人々は，集団 CBT で，特に社会的スキル訓練が治療の重要な焦点でない場合，上手くいかないことがある。

グループセッションの構造

　セッションは 2 時間から 2 時間半でスケジュールを組むべきである（表 9.1 参照）。各ミーティングはアジェンダの設定から始めるべきである。治療者は 5 分間で，取り上げるトピックの概観を提供し，患者にアジェンダに項目を追加する機会を与えるべきである。次に，先週のホームワークの振り返りをすべきである。

ホームワークの振り返りの時にフィードバックを提供する。適切な質問をして用紙に書かれた素材を追求するために，治療者は各参加者のモニタリング用紙を必ず確認すべきである。各参加者は約 5 ～ 10 分かけて，経過の更新を確認し，その週のホームワークの振り返りをすべきである。

　ホームワークの振り返りに続いて，治療セッションの早期では，しばしば，参加者に不安を引き起こす認知の役割について，もしくは特定の CBT 方略の使い方について（たとえば，思考記録の完成の仕方），患者に教示するためのいくつかの心理教育を行う。治療が経過するにつれて，多くのセッションは，心理教育より，方略を実践することに費やされる。たとえば，グループのメンバーは，グループセッションで，エクスポージャーの実践，もしくは行動的ロールプレイを行う時間が増加していく。

　各ミーティングは，新たなホームワークを割り当てることで終了する。ホームワークは，治療者と参加者が一緒に組むべきである。治療者は，次回のセッションの始めに確認できるように，ホームワークで実践するエクスポージャーの計画を全て書き留めるべきである。

鍵となる治療要素

　このセクションでは，SAD の治療に対する主要な CBT の要素を概観する。治療のより詳細な記述を探している人々のために，私たちは Heimberg & Becker（2000）の著書，*Cognitive-Behavioural Therapy for Social Phobia: Basic Mechanisms and Clinical Strategies*，およびその他の多くの文献（e.g., Antony & Swinson, 2000a）を勧める。表 9.2 に，それぞれのセッションで取り扱う事項の要約を示す。この概要は，私たちのセンターで提供される治療を基盤としており，Heimberg & Becker（2002）から，いくらかの微修正をして，大量に取り入れている（たとえば，私たちは社会的スキル訓練のセッションを含んでいるが，Heimberg & Becker（2002）には含まれていない）。

心理教育

　CBT の治療はスキルに基づいたアプローチであるため，心理教育は治療の重要な構成要素である。心理教育は，読み物，ロールプレイ，教訓（授業）的提示，もしくはビデオ提示の形式かもしれない。たとえば，Rapee（1999）によるビデオ，

9 章　社交不安症／社交不安障害

表 9.2　SAD に対する集団 CBT の治療手続きアウトライン例

セッション	取り扱う方略
治療前の 個人面談	・グループがどのように作用し，何が期待できるかについての説明 ・グループの基準とルールの紹介と実務的な情報（例：グループの場所と時間） ・エクスポージャー階層表の作成 ・質問に対する回答と懸念への対処
セッション 1	・グループのメンバーの紹介（グループのメンバーがグループに参加することに関する経験を分かち合う） ・治療に対する期待 ・グループのルールの再確認（例：守秘義務） ・心理教育：SAD のモデル，治療方略の概観，セルフヘルプの読み物の推奨 ・ホームワーク：モニタリングフォームの完成，セルフヘルプの読み物の導入の章を読むこと
セッション 2	・ホームワークの報告 ・心理教育：認知モデルの見直し，認知の歪みの紹介 ・ホームワーク：認知の歪みのモニタリング，認知方略についてのセルフヘルプの読み物を読むこと
セッション 3	・ホームワークの報告 ・心理教育：認知の歪みに挑戦する方略の説明 ・ホームワーク：思考記録における認知方略に挑戦する練習
セッション 4	・ホームワークの報告 ・心理教育：エクスポージャーの紹介 ・セッション内エクスポージャーとロールプレイ ・ホームワーク：認知的再体制化，思考記録の完成，曝露実践，エクスポージャーに基づく方略について書かれたセルフヘルプの読み物の章を読むこと
セッション 5 〜 9	・ホームワークの報告 ・セッション内のエクスポージャーとロールプレイ ・ホームワーク：認知的再体制化，思考記録の完成，エクスポージャーの実践
セッション 10	・ホームワークの報告 ・心理教育：社会的スキル訓練の紹介 ・特定の社会的スキル訓練に留意したセッション内のエクスポージャーとロールプレイ ・ホームワーク：認知的再体制化，思考記録の完成，社会的スキルのリハーサルを含めたエクスポージャーの実践，社会的スキル訓練について書かれたセルフヘルプの読み物の章を読むこと
セッション 11	・ホームワークの報告 ・特定の社会的スキル訓練に留意したセッション内のエクスポージャーとロールプレイ ・ホームワーク：認知的再体制化，思考記録の完成，社会的スキル訓練を含めたエクスポージャーの実践
セッション 12	・ホームワークの報告 ・心理教育：再発や反復に対するきっかけについての話し合い，再発や反復の予防に対する方略についての説明 ・ホームワーク：再発予防方略の実践

I think They think…Overcoming Social Phobia は，SAD の性質と治療についての優れた概観を提供する。心理教育は，後半のセッションと比較して，早期のセッションの大部分を占める傾向がある。

　心理教育で取り扱われるトピックの例は以下のものを含む。

・SAD の性質についての情報
・どのように SAD が個人の生活に影響を及ぼすかについての概観
・CBT の観点から見る SAD の基礎となる病因と過程
・思考，行動，不安の関係性
・問題克服の利益と損失
・治療手続きの記述
・思考記録と他のモニタリング用紙の記述の仕方
・エクスポージャーを実践するための指針

認知的方略

　本書の第3章では，グループ場面での認知方略の使用方法について詳しく討議している。この節では，どのようにしてこれらの方略を，特にSADに対するグループ治療に適用するかについて，大まかな概観を提供する。認知的方略は，一般的に2回目と3回目のセッションで紹介され，治療を通じて討議され続ける（特に，ホームワークの振り返りの間において）。

　第3章で討議したように，認知的技法は4つの大まかなカテゴリーに分けられるかもしれない。すなわち，(1) 思考，状況的きっかけ，情動（たとえば不安）を探索すること，(2) 状況をより客観的に考えることを促すために，証拠を探索することと思考の歪みに挑戦をすること，(3) 行動実験，(4) 根幹にある信念と推論を探索することである。第3章の補足として，SAD のグループ治療で，これらのそれぞれの方略を適用するための提案を提示する。

思考，状況的トリガー，感情の関連性の検討

　早期の治療セッションでは，参加者が恐怖を感じる状況のタイプ（パーティー，デート，会議，スピーチ，外食など）を含む自分の不安の誘因と同様に，これらの状況に対する恐れに影響する変数について討議するように促すべきである。さらに，これらの状況に遭遇すること（遭遇している間とその後）についての思考，

信念，予期へ気づくようになるように促すべきである。グループでの注意深いモニタリングと討議を通して，参加者は，不安を誘発する状況，これらの状況とSADに関連する否定的な感情を仲介する思考に気づくようになる。典型的な思考の例は次のようなものを含む。

「私が週末のパーティーに招待された唯一の理由は，主催者が私に申し訳ないと感じたからである。」

「私は合わないシャツをお店に返却するより，持ち続けるだろう。なぜなら，レジ係が私をつらい状況にする，あるいは私自身が不安であることが伝わることを恐れてしまうためである。」

「私のプレゼンテーションは大失敗だった。みんなは私のかく汗に確かに気づいていた。彼らはおそらく私が気持ち悪く見えただろう。」

「私はデートを取り止めるべきだ。止めなかったら，ディナーでフォークを持つことができないほど，私の手は震えてしまうだろう。」

証拠の探索と認知の歪みへの挑戦

不安症の研究において，2つの主な認知の歪みのタイプを記述することが一般的である。すなわち，確率の過大評価と破局的思考である。確率の過大評価は，何か悪いことが起こる確率を過大評価してしまうことである。すなわち，

「人々は私を愚かであると思うだろう。」

「みんなはプレゼンテーションの最中に私の手が震えていることに気づくだろう。」

「パーティーで誰も私に話しかけないだろう。」

第3章で説明したように，確率の過大評価は思考を支持する証拠とそれを反証する証拠の両方を試すことで挑戦できる。次の例を考えてみよう。

確率の過大評価："私はプレゼンテーションの間に笑いものにされるだろう。」
最初の不安の水準：100のうち80
支持する証拠の立証：
  1．「私はたびたびプレゼンテーションの最中，頭がまっしろになる。」
  2．「私がこれから始まるプレゼンテーションに不安を感じているように見

えると言われたことがある。」
3.「私は他人の前で不安になる時，自分が愚かに感じる。」

反証する証拠：

1.「私が多くのプレゼンテーションに招待され続けているのは，私が何か正しいことをしているからに違いない。」
2.「私が自分のプレゼンテーションで，正しい評価を得た時，ほとんどの聴衆は私のパフォーマンスに満足するようだ。」
3.「プレゼンテーションは私の職務のほんのわずかな部分でしかない。私が残りの仕事を上手く遂行する限り，私は自分のプレゼンテーションが決して完璧にならなくてもあきらめることができる。」

見直された信念：

「私のプレゼンテーションは完璧ではないかもしれないが，私が笑いものになる可能性は低いだろう。」

見直された不安の水準：100 のうち 40

破局的思考には，耐え難い，もしくはコントロールし難い特定の結果が生じたとすればどうなるかを過大評価することも含まれる。SAD における破局的思考には，下記のようなものがある。

「もしレジ係が私を悪く思ったら，最悪だろう。」
「もしプレゼンテーションの間に私が考えの脈絡を失ったら，ひどいことだろう。」
「私の手が会議中に震えたら，私は対処できるか分からない。」

破局的思考は，物事の真相を明らかにするための質問をすることで挑戦できる。

「もし＿＿＿＿＿が起こったらどうなる？」
「本当に私が予期していることと同じくらい悪かったとしたら？」
「その翌日も問題になること？ 翌週は？ 来月は？」

行動実験

確率の過大評価と破局的思考の両方に挑戦する強力な方略は行動実験である。この方略は本質的に科学者が仮説を検証するような方法であり，信念の妥当性を

検証するミニ実験を設定することを含む。SAD を持つ人々にとって，利用可能
な行動実験の例は次のようなものを含む。

・ある人がいつも会話を進ませてしまうに違いないという信念に挑戦するため
　に，会話で長い間，意図的に黙り込む。
・公共の場で汗をかくことが耐え難いという信念に挑戦するために，会議に行
　く前に額や脇を水で濡らす。
・他人の前で汗をかいているのを見られることはひどいことであるという信念
　に挑戦するために，公共の場で（たとえば，レストランやカフェで水を飲む間）
　自分に水をこぼす。

根底にある信念や推論の検証

　この方略は，個人が持つ“ルール”と同様，自分もしくは他人についての“中
核的な信念”を含む，より深く保持された信念の同定と挑戦を含む。根本にある
信念や推論は，第3章で概観したように，方略の多様性を用いることで挑戦でき
る。そのような思考の例は，SAD を持つ人々にたびたび見られ，下記のような
ものが含まれる。

　　「もし誰かが私の言うことを無視したら，それは，彼らが私に敬意を示して
　　いないということを意味している。」
　　「他人の前で不安に見えることはひどいことだ。」
　　「私は愛されない人間だ。」
　　「人々はたいてい無慈悲だ。」

エクスポージャー

　第4章では，エクスポージャーの実施について詳細に説明した。恐れている状
況に対するエクスポージャーに加え，SAD の治療はたびたびシミュレーション
によるエクスポージャーのロールプレイを含む。たとえば，就職面接試験に行く
ことを怖れる患者は，実際の就職面接に対するエクスポージャーを実践する前に，
家族，治療者，もしくはグループの他のメンバーと共に面接のロールプレイを練
習することが奨励されるかもしれない。
　グループの設定で，SAD にエクスポージャーを行う時は，グループのメンバー

第Ⅱ部　特定の障害における認知行動療法グループ

表9.3　SAD に対するエクスポージャーの実践例

恐怖となる状況	実践例
普段の会話や世間話	・「こんにちは」もしくは「他人から道を尋ねられる」（例：電車内，エレベーター内，道で）。 ・アートギャラリーのオープニングに出席する。 ・パーティーに出席する。 ・職場で会話の途中に参加する。
新たに人と出会う	・クラブに参加する。 ・講座を受講する。 ・個人広告に返事をする。 ・パーティーに出席する。
就職面接	・仕事に出願する（たとえほとんど興味のないものでも）。 ・友だちや家族と面接試験のロールプレイをする。
スピーチ	・トーストマスターに参加する（www.toastmaster.org）。 ・スピーチ講座を履修する。 ・プレゼンテーションのある講座を履修する。 ・会議で発言する。
他人の前での飲食	・同僚と昼食をとる。 ・ショッピングモールのフードコートで食事をとる。 ・オフィス内を歩きながらスナックを食べる。
他人の前で書く	・店でコンテストの投票用紙を記述する。 ・店でクレジットカードの申込用紙に記入する。 ・コーヒーショップで手紙を書く。 ・小切手で支払いをする。
注目の的になる	・公共の場で鍵を落とす。 ・部屋の向こう側から同僚や友だちの名前を叫ぶ。 ・レストランやカフェテリアで水をこぼす。 ・洋服を裏返しに着る。
不一致もしくは自己主張の状況	・レストランで食事を返却する。 ・不当な要求に対して"いいえ"と答える。 ・態度を変えるように要求する。

はしばしばお互いのエクスポージャーに貢献しうる。たとえば，グループ全体が，スピーチをすることに恐怖を感じる人に対して「観客」の役割を担うことができる。同様に，グループのメンバーは，世間話に恐怖を感じる患者と，シミュレーションのパーティーで話すことができる。いくつかのエクスポージャーでは（たとえば，それらは1対1の会話を含む），グループのメンバーはさらに小さいグルー

プに分けられる。もしくは、参加者は自分のエクスポージャーを行うために、グループを離れることができ（たとえば、近くのコーヒーショップへ行くことや、レジ係と話すこと）、結果を討議するためにグループに戻ることができる。表9.3はSADの治療に有効なエクスポージャーの練習の例を提示している。

エクスポージャー階層表の作成

一般に、グループの開始前の約1週間で設定された個人セッション内で、患者と共同で階層表を製作する。早期に概観した標準的な質問紙（たとえば、BSPS、LSAS、SPIN、SPS、SIAS）への回答と、ミーティング中に明らかになるかもしれないその他のあらゆる恐れている状況は、階層表の項目を作るために用いることができる。エクスポージャーの練習を計画するために階層表を用いることに加え、結果の測定で質問紙を用いる。グループの参加者は、自分の階層表の各項目に対する現在の恐怖／回避の評定を提供することで、各セッションを開始する。図9.1はSADにおけるエクスポージャー階層表の例を提示している。

社会的スキル訓練

SADを治療するためのエビデンスに基づくプロトコルは、プロトコルに含ま

項目	恐怖／回避 (0-100)
1. パーティーを催し、職場の全員を招待する。	100
2. 所属部署で15分間のプレゼンテーションを行う。	100
3. 放課後、美術のクラスの誰かをディナーに誘う。	90
4. 同僚が催したパーティーに参加する。	90
5. 6人以上のグループで上品なレストランで夕食をとる。	80
6. 1人もしくは2人の同僚と高級なレストランで夕食をとる。	70
7. 会議中に質問をする。	65
8. 月曜の朝、週末どう過ごしたかを上司に話す。	50
9. 1人もしくは2人の同僚とカジュアルなレストランで昼食をとる。	50
10. 月曜の朝にリック（同僚）に週末について話す。	40
11. 美術のクラスに遅刻する。	35
12. スーパーのレジに並んでいる間、世間話をする。	30

図9.1　グループSAD治療のフォーマットと構成

れた社会的スキル訓練の量によって変化する。Heimberg & Becker（2002）の CBGT を含むいくつかの効果的な治療は，形式的な社会的スキル訓練を全く含まない一方で，他の研究者（e.g., van Dam-Baggen & Kraaimaat, 2000）の中には，社会的スキル訓練が SAD を治療するために最も効果的な方法であるかもしれないと提案している者もいる。私たちのセンターでは一般的に，グループのメンバーの必要に応じて，社会的スキル訓練を 1 あるいは 2 セッションを含める。もし，何人かのグループのメンバーで社会的スキルの欠損が明らかに問題であるようならば，いくつかの回は一般的にこのトピックに充てられる。

　社会的スキル訓練は，一般的にどのような特定のタイプの社会的行動（たとえば，アイコンタクトの乏しさ，怒ったり，冷たい印象を与えること）が，たびたび恐怖を感じるような他者からの否定的な応答を引き起すのかについて討議することから始まる。患者は治療者や他のグループのメンバーからの優しい示唆を受けながら，自分が取り組みたい社会的スキルの種類を同定する。ロールプレイの実践では，（しばしばエクスポージャーの練習の一連の流れの間に実施される）社会的行動に対するフィードバックを獲得することと新しいスキルを練習することの両方の機会が得られる。社会的スキルの練習では，患者はフィードバックをどのように受け取るのかを理解し，グループのメンバーにフィードバックを提供するために録画をするかもしれない。患者は実践を完璧に理解する必要はないということを再確認すべきである。

　次の社会的スキルの例は，グループ内でターゲットとなりうる。

・非言語的コミュニケーション（たとえば，アイコンタクト，身振り，個人的スペース，表情の表出，声の音量と抑揚）
・アサーショントレーニング
・葛藤の対処法
・プレゼンテーションスキル
・デートスキル
・面接スキル

SAD の CBT グループのプロトコルのサンプル

　このセクションで記述された治療は，Heimberg & Becker（2002）および

Antony & Swinson（2001a）によって記述された治療を取り入れている。個人形式の治療前のセッションから始まり，12回のグループ治療が続く。各セッションで起こることを簡潔に説明する（要旨は表9.2に記載）。

治療前のグループのメンバーとの個別的な面接

　グループが始まる前に，各参加者が少なくとも治療者たちの1人と個人的に面会する機会を持つことを推奨する。これによって，各参加者がグループに入る時に，少なくとも1人の人を知っているようになる。個人セッション中に，グループについて説明し，あらゆる関心や質問に答える。場所，時間，グループ構成についての情報を提供する。加えて，エクスポージャー階層表も作る。

セッション1：治療原理の提示

　初回セッションの主な目的は，参加者がグループに適応すること，彼らの問題の理解を提供すること，治療手続きを説明することである。初回セッションで扱われるトピックと問題は以下のものを含む。

1. 参加者と治療者の紹介
2. 各参加者の問題の説明：怖れている状況と手がかり，身体的症状，思考，回避行動，安全確保行動
3. グループの指針と概観：守秘義務，定期的参加の重要性，ホームワークに関して期待すること（1日あたり60〜90分），グループ討議にSADとそれに関連する問題に焦点を当て続けることの必要性，時間がたつにつれグループミーティングに参加しやすくなってくることを再確認すること
4. 不安の特質の説明：不安は脅威に対する普通の，健全な反応であり，生存を促進するという教示。社会的状況に不安を抱かないことは損失になりうる
5. 不安と恐怖の3つの要素：身体的要素，認知的要素，行動的要素，とこれらの3要素の相互作用
6. 社交不安のCBTモデルの説明（e.g., Clark & Wells, 1995），CBTモデルが特定のグループのメンバーの症状プロフィールの説明にどのように役立つかを強調する
7. 治療手続きと，それらが不安と恐怖の3つの要素とどのように関連するかに関する概観

8. SAD を克服することのコストとベネフィット，そして治療経過中に起こる
かもしれない障壁に対する対処方略についての討議
9. ホームワーク：SAD の特徴に関するセルフヘルプ的な読み物（e.g., Antony,
2004; Antony & Swinson, 2000b; Hope, Heimberg, Juster, & Turk, 2000）を
勧めること，３つの要素の観点から（たとえば，不安や恐怖の各エピソード，
生起したあらゆる身体的感覚，認知，生起した行動的反応を記録すること）
不安を考えることを促進するために，モニタリング用紙を完成すること

セッション２と３：認知的方略

セッション２は，アジェンダを設定すること，先週の読み物からのいくつかの
質問に取り組むこと，完成したモニタリング用紙を復習することから始まる。次
に，SAD の認知行動モデルを簡潔に振り返り，社交不安を維持する認知の役割
についてさらに詳細に討議する。参加者は自分の信念がどのように不安に影響を
及ぼしているかについて述べる。認知の歪み（たとえば，過大評価の可能性）の
例を振り返り，翌週にかけて自分の心配の思考をモニタリングするように勧める
（思考記録の最初の数コラムを用いながら）。さらに，SAD に対する認知的方略
についてのセルフヘルプの読み物を与える。

セクション３は，アジェンダの設定から始め，先週からのホームワークの振り
返りが続く。このセッションで強調することは，社会的状況に関する心配な思考
に挑戦する方略を教えることである。参加者に，思考記録を完成する方法を教え
る。証拠を分析し，破局的思考に挑戦するための方略を振り返るように勧める。
参加者はまた，不安の信念や予期の妥当性を試すために行動実験を行うように強
調される。ホームワークでは，思考記録を完成し，翌週にわたって少なくとも２
つの行動実験を完了する。

セッション４～９：現実（*in vivo*）エクスポージャーとロールプレイ

セッション４～９では，約90分で，最初にアジェンダを作成し，ホームワー
クの振り返り，正しいフィードバックの提供，参加者が不安な考えに挑戦するた
めの手助けをする。参加者はまた，お互いにグループの進行中に挙がった不安の
思考に対する証拠を検証するように勧める。

セッション４では，ホームワークの振り返りの後，エクスポージャーの心理教
育を呈示し，エクスポージャーの実践が予測可能，頻回，持続的である必要性を

含むエクスポージャーの原理を提示する（エクスポージャーに基づく方略の完全な説明は第 4 章を参照）。残りの時間で，参加者が階層表の下に近い項目からエクスポージャーの練習を試みる機会を与える。ホームワークは翌週にかけて，4 〜 6 回のエクスポージャーを練習し（1 つ以上の場面で），また，以前に学んだ認知的方略を引き続き使用するように教示する。エクスポージャーに基づく方略に関するセルフヘルプの読み物を提供する。

　セッション 5 〜 9 では，ホームワークの振り返りに続いて，セッション内でエクスポージャーとロールプレイを行う。各セッションの最後に翌週のホームワークを割り当てる（つまり，認知的方略とエクスポージャーの練習を続ける）。

セッション 10 と 11：社会的スキル訓練

　セッション 10 と 11 は，アジェンダを設定することから始まり，ホームワークの詳細な振り返りと認知的方略とエクスポージャーの使用に対する修正のためのフィードバックが続く。セッション 10 では，参加者に社会的スキル訓練の原理の概観を提示する。これら 2 セッションを通して，参加者は自分が取り組むべき特定のスキルを同定し，社会的スキルを使用する練習と自分のエクスポージャー練習を組み合わせることが奨励される。ホームワークでは，エクスポージャーの練習中に，特定の社会的行動を試みることを強調し，引き続き思考記録とエクスポージャーの練習を完成する。

セッション 12：終結と再発予防

　前のセッションのホームワークを振り返る。このミーティングの助言の焦点は，各参加者の進捗を振り返り，再発と再燃可能性のきっかけを同定すること（生活上のストレス，社会的場面での否定的な経験，昔の回避の習慣に戻っていくことなど）である。どうしようもなくなる前に，これらのきっかけに慎重になり，自分の心配に関するどんな変化も気づくように患者に勧める。また，時折エクスポージャーの練習を続けることと，定期的に心配の思考に挑戦するように勧める。

治療後の評価と計画

　治療の終了時に，グループのメンバーは治療を開始する時に行った全ての尺度を含む治療後の評価に回答する。著しい社交不安を体験し続ける人に対しては，多くのオプションを勧める。私たちのセンターでは，私たちの治療を受けて，自

分の不安に取り組み続ける中で生じた問題にさらに取り組みたい患者に，月1回の支援グループを提供している。その人の不安が重大な問題であり続けるなら，私たちはグループの後に個別のCBT，もしくは薬物療法のコンサルテーションを提供することがある。

SADのグループの治療における利点と障壁

グループの治療の利点

エクスポージャーの機会の増加

SADを克服するためには，通常，他者へのエクスポージャーが必要である。集団療法が特にSADの治療に適しているのは，エクスポージャーを作り出すための既成の文脈を提供するからである。先ほど概観したように，グループのメンバーはお互いにエクスポージャーとロールプレイの練習に参加できる。部屋で座っていることや他の参加者と会話をすることは，セラピーの最中に話したことにかかわらず，社交不安を変化させうる。対照的に，個人の治療では，特にスピーチなどを含む状況に対し，治療セッション中に実践できる有効なエクスポージャーの練習を工夫することがしばしば課題となる。

費用対効果

グループ治療は個人治療と比べて，費用が抑えられる。治療者の時間も抑えられるため，患者に対する費用はより低くなる。長期間待たなければならないクリニックにとって，集団療法はより短い時間で，より多くの者に治療を提供できる費用対効果の高い治療法である。

同じ問題を抱える他者と出会う機会

患者はしばしばグループ治療を恐れることがある（特に最初の数セッション）が，治療の最後までには，彼らは同じ問題を抱えた人たちと出会う機会を持てたことをしばしば感謝する。多くの人にとって，そのグループは，からかわれたり，判断されたり，誤解されたりする著しいリスクなしに，他者の前で自分の不安について自由に話す最初の機会の1つであると思われる。さらに，グループの他の参加者からのサポート，あるいはアドバイス（たとえば，一連のエクスポージャーを通して不安が減少していくことの再確認）は，SADに罹患したことのない治

療者からの同じアドバイスよりも信頼できると知覚されるであろう。

グループにおける SAD 治療の障壁
グループの設定に対する恐怖

　ほとんどの患者にとって，グループ治療に参加することで，自分の不安のためにほとんどいつも避けてきた状況（グループの前で話すこと）へのエクスポージャーが必要になる。かなり多くの患者が，恐怖が堪え難くなるため，SAD のグループの治療を拒否する，あるいは治療開始後まもなく脱落する。そのような場合には，たとえグループ治療が可能な水準まで個人が到達できるとしても，個人治療の方が現実的かもしれない。しかしながら，ほとんどの患者は最初はグループ治療を危惧するが，試しにやってみるように促すことが通常利益を生むことに留意すべきである。

実用上の問題

　グループ治療では，治療者が SAD を持つ患者を招集するのに十分な紹介の基盤がある必要がある。さらに，参加者が毎週同じ時間に参加ができないことがあるため，スケジュールの作成が個人療法の場合よりも難しくなることがある。最後に，欠席したセッションを補うことはしばしば難しい。患者がある特定の週に欠席した時，次回のグループセッションに早めに来てもらい，やり逃した題材に追いついてもらうために，治療者と個別に 15 〜 30 分間面会するように勧める。これは特に治療早期に重要である。

結論

　SAD は不安症の中で最も罹患率が高く，仕事，対人関係，余暇を含む，機能のほとんどの領域に影響を与える。認知行動的観点から，SAD は，いつも他人に良い印象を与えることが重要であり，他人にあまり良い印象を与えることができずに破滅的な結果になるであろうという信念から成り立っていると想定されている。SAD は，CBT，薬物療法，これらのアプローチの組み合わせに非常によく反応する。SAD の治療に対する最も研究されたアプローチの 1 つは，グループ治療である。本章では，認知行動的観点から SAD に対するグループ治療を概観した。

10章

抑うつ

単極性抑うつの記述的特徴 *

　抑うつは最も高い頻度で生じ，衰弱をもたらす精神障害であり，他の精神疾患よりも多くの障害を引き起こす。全ての内科疾患と精神疾患の共通の測定基準である障害調整生命年（disability-adjusted life years: DALYs）では，うつ病は世界的規模の DALYs の 4 番目の原因であり，2020 年までには，うつ病は DALYs の原因の 2 番目となることが予測されている（Murray & Lopez, 1997a, 1997b）。抑うつ患者は，高血圧や糖尿病，慢性疼痛の患者よりも多くの障害を経験し（Davidson & Meltzer-Brody, 1999），抑うつを呈する者は，他の身体疾患の患者よりも多くの病気を抱えた日々を過ごす（Kessler et al., 1999; Parikh, Wasylenki, Goering, & Wong, 1996）。その罹患率のため，抑うつ治療の特徴はさまざまな臨床上の場面でみられるほぼ全ての精神疾患患者に関連している。本章は，最初にうつ病のいくつかの臨床的側面と診断的側面を紹介し，抑うつに対する集団 CBT アプローチの説明と，関連するグループ・プロセスの要因について討議する。

診断の特徴

　大うつ病エピソードは，少なくとも 2 週間の「抑うつ気分」，あるいは「興味または喜びの喪失」を含み，その他に，体重または食欲の変化，睡眠の調節困難，精神運動性の焦燥または制止，気力の減退，無価値感または過度の罪悪感，集中

---

* 訳注：DSM-5 においては，気分障害が抑うつ障害群と多極性障害および関連障害群に区別されるようになり，「単極性」の記述が削除されている。

困難または決断困難，自殺念慮，自殺の計画，自殺企図の中で，4つ以上の症状を伴っている（APA, 2000）。抑うつ的なエピソードは，軽症，中等症，重症，精神病的特徴を伴う重症（すなわち，抑うつ的なエピソードの期間における妄想または幻聴の存在）の重篤性で分類できる。大うつ病エピソードは，多くの抑うつ障害群と双極性障害および関連障害群の診断の中核的要素を形成する。そうしたエピソードの存在が最も容易に見出される時，すなわち，他の種類の気分症状がない時，うつ病の診断が最も適切である。しかしながら，大うつ病エピソードは他の抑うつ障害群と双極性障害および関連障害群の特徴にもなり，双極性障害および関連障害群と，以下に記述するいわゆる「重複うつ病」にもみられる。

　また，抑うつ症状は完全な大うつ病エピソードの基準に合致していない，重篤ではないが長く続く形で現れる。この診断は持続性抑うつ障害であり，少なくとも2年間の慢性的な抑うつ気分で特徴づけられ，食欲減退または過食，睡眠障害，気力の低下，自尊心の低下，集中力低下または決断困難，絶望感を伴う最低2つの他の抑うつ症状を含む（APA, 2000）。持続性抑うつ障害の基準を満たすためには，患者はその2年間に症状のない期間が2カ月以上ないことが必要となる。

　うつ病と持続性抑うつ障害は異なる診断だが，それらは個人内で同時に起こりうる。この現象は一般に「重複うつ病」と呼ばれており，以前からある持続性抑うつ障害に重複して，1つ以上の大うつ病エピソードを伴う。重複うつ病は，慢性的なうつ病とは区別され，慢性的なうつ病患者は少なくとも2年間続く大うつ病エピソードの症状を経験する。これらの2つの現象間の違いには，症状の**内容**（すなわち，持続性抑うつ障害の症状は大うつ病エピソードの症状と似ているが，同じではない）（e.g., Keller et al., 1995）とともに，主に**重篤性**（すなわち，重複うつ病における持続性抑うつ障害の期間は，慢性的なうつ病のように重篤ではない）がある。本章における私たちの目的のため，私たちはうつ病，持続性抑うつ障害，重複うつ病を含む，比較的広範に定義された抑うつに焦点を当てるが，11章で説明する双極性障害および関連障害群は含まないこととする。

抑うつに対する CBT

　CBT は抑うつ患者を対象とした治療法として初期に開発されており，うつ病や，他の種類の単極性抑うつに対する CBT の有効性を支持する文献は数多くある（DeRubeis & Crits-Christoph, 1998）。研究者たちは，CBT は治療が終結し

た後も患者らが実行できる一連のスキルを教えるので，抗うつ薬治療といった比較条件よりも長く潜在的に予防効果を持つ可能性を主張してきた。さらに最近，CBT は重篤な抑うつに対してでさえも，薬物療法と同等の有効性が示されてきている（DeRubeis, Gelfand, Tang, & Simons, 1999）。

抑うつにおける集団 CBT のエビデンス

　抑うつはグループ形式の CBT が公式に応用されて，評価された最初の疾患であった。Hollon & Shaw らによって行われた早期の妥当性研究は，集団 CBT を薬物療法のみならず，個人 CBT とも比較した点で，小規模であったが重要であった。Hollon らは，集団 CBT はいくつかの他の治療法に比べ優れているが，おそらく個人 CBT ほど有効ではないということを見出した（Beck et al., 1979）。

　それに続いて，抑うつに対する心理療法の広範な概観とメタ分析でも，必ずしも CBT のみの様式の検討ではなかったが，個人治療に対するグループ治療が検討されてきた。たとえば，Robinson et al.（1990）は，個人治療を行った16の研究と，待機統制群とグループアプローチを比較した15の研究を同定した。治療の効果サイズは，Cohen の d については，ほぼ同一であり，個人様式において 0.83（SD = .77），グループ様式においては 0.84（SD = .60）であった。この概観は CBT のみにとどまらない短期治療に焦点を当てていたが，この分析におけるほとんどの研究は，認知的，あるいは行動的・認知的な研究であった。これらの研究者たちはまた，グループ治療と個人治療を直接的に比較した5つの研究を同定した。その一連の研究数は少なく，個人治療は絶対値においては結果が良かったが，効果サイズの差異（0.31）は，0 と有意差はなかった（Robinson et al., 1990）。最終的にこれらの研究者たちは，人数がより少ないグループの治療と人数のより多いグループの治療においても比較を行い，人数が少ないグループはより良い成果と関連している可能性があると想定した。しかしながら，彼らはグループサイズの有意な効果を特定しておらず，対象となった研究のグループサイズは 3 〜 12 名に及んでいた。

　集団 CBT の特定の研究は，より広範に定義される個人治療とグループ治療に関するこれらの結論を実証する傾向にあった。個人 CBT と集団 CBT は，おおよそ同等に機能する（Burlingame et al., 2004; Morrison, 2001; Scott & Stradling, 1990）。集団 CBT はまた，ゲシュタルトグループ治療よりも優れていることが確認されている（Beutler et al., 1991; Beutler, Machad, Engle, & Mohr, 1993）。

一方で，個人CBTと同じように，集団CBTを薬物療法に追加することが，それぞれの治療のみよりも有益な影響があるというエビデンスは明確ではない（Burlingame et al., 2004）。興味深いことに，さまざまな方法論を活用した少なくとも4つの研究は，CBTのグループ治療が，セルフヘルプ的な介入あるいはプラセボに比べて，より効果的であるということを立証しなかった（Burlingame et al., 2004）。抑うつに対するCBTグループの知見が一致しないことを説明する1つの論拠として，これらの治療はグループ・プロセスの要因を正式に考慮しておらず，それゆえ，より良い結果をもたらすこれらの要因をうまく利用していないと提案されてきた（Burlingame et al., 2004）。

　総合すると，メタ分析と「ボックス−スコア（成績データ）」の概観の両方に基づくエビデンスは，統制群や代替的な条件との比較によって，抑うつに対する集団CBTの全体的な有効性を指摘しており，この結論は実証的に支持された治療法に関する他の研究でも支持されている（DeRubeis & Crits-Christoph, 1998）。十分に答えの出ていない最も急を要する疑問は，集団CBTと個人CBTの効果が等しいと考えられるかというものである。

グループアセスメントの諸問題

集団CBTに対する適格性のアセスメント

　抑うつの診断の問題とアセスメントの問題を完全に記述することは，本章の範囲を超えている。しかしながら，Ⅰ軸とⅡ軸の障害の両方の診断的なスクリーニングは，集団CBTの前に行うことが推奨されている。抑うつの異質性と併発率を考慮すると，関心のある抑うつ障害群と多極性障害および関連障害群のみならず，呈示されている他の問題についても注意深くアセスメントすることが重要である。臨床環境と臨床家によって，さまざまな併発症の包含に関する決定は異なる。つまり，ある臨床家は，持続性抑うつ障害やうつ病，あるいはそれらを合併した患者ではなく，うつ病のみの患者を治療することを選択する。たとえば不安症など，他のよくみられる疾患との併発を「認める」かどうかの決定は複雑であり，16章でさらに詳細を検討する。あらゆる場合において，問題は，診断的なスクリーニングが十分に深く，広くなされなかった状況や，併発症がスクリーニングの際に発見されなかった状況で生じる可能性が高い。一度患者がグループに入ったら，併発症の存在は，技法のプロセスと応用の両方において非常に明白になる。この

第Ⅱ部　特定の障害における認知行動療法グループ

併発をどのように扱うのかに関しては，グループが始まった後より，始まる前に決定するのが最善である。事前に併発症が発見されなかった場合，治療者は皆，早急にグループのアジェンダと構造を変えるかどうか，そしてどのようにそれらを行うのかを決めなくてはならない。選択基準と除外基準に加えて，5章で記述されたような集団適合性の面接のプロセスは，同様に重要な考慮すべき事柄である。

治療結果のアセスメント

　個人CBTと同様に，グループ治療は，症状だけでなく機能にも焦点を当て，将来の抑うつ的エピソードをもたらす脆弱性を減少させる。症状のアセスメントはさまざまな測度で行うことが可能だが，効率性のため自己報告尺度が好まれやすい。おそらく，最もよく用いられている抑うつの重篤性のアセスメントの尺度は，改訂版ベック抑うつ調査票（Beck Depression Inventory: BDI）である。付録10.1にさらなる詳細を記述したが，BDIは容易に実施でき，比較的短く（5〜10分を要する21項目），同時にさまざまな重要な領域を正確に査定する。通常，患者がグループセッションに到着した時にBDIを提供する。尺度は通常，グループセッションの開始前に，他のメンバーが到着する間に記入できる。言うまでもなく，短時間で済む自己報告尺度は，重要なグループの時間を使う可能性のある臨床家の評定あるいはアセスメントと比較して，多くの長所がある。BDIはまた，自殺傾向に関する特定項目を持つ利点がある（項目9）。尺度得点を概観した臨床家（しばしば，これは共同治療者によって行われる可能性があり，一方で治療者はグループを進行する）は，全体的な重篤性を決定できるのみならず，自殺傾向あるいは絶望感のいかなる増大も容易に認識することができる。また，得点の意味や得点の範囲を患者と討議できる。チャートに得点を「プロット」することもあり，これは参加者が自らの得点の時間経過におけるパターンを見ることを可能にする。この得点のパターンと症状の変化は，経過記録あるいは退院時のサマリーにおける，グループのメンバーの公式な記録の構成要素になりうる。最終的に，BDI得点はグループの構造とプロセスにとって意義深くなりうる。それまでに学んだ技法を上手に応用することを討議する時に，実質的に得点が減少した参加者が中心となるかもしれない。同時に，得点が増加した参加者もまた，なぜ症状が増加し，どの技法が彼らの症状をより効率的にコントロールするのに有用なのかといったことをよりよく理解するために中心となりうる。

　治療結果のその他の領域は，機能や生活の質といった広範な要因を含んでいる。

これらの領域の測定は，週単位で行う必要はないかもしれないが，治療の最初と最後に行えるだろう。症状に加えてこれらの領域の変化は，参加者にとってそのグループの全体的な成功を決定づけるために有用である。すなわち，これらの尺度は広範な性質を有していることから，対応する必要のある症状以外の領域にも注意を向けさせる可能性がある。抑うつは正常機能に干渉する可能性があるため，付録 10.1 で記述された尺度は人生の異なる領域に焦点を当てている。

　最終的に，観察可能な症状や機能を越えた変数を測定し，非機能的な態度や帰属スタイルを含んだ潜在的な認知的脆弱性を評価することが望ましいかもしれない。脆弱性要因としてのこれらの変数を支持する文献の十分な討議は，本章の範囲を超えている。関心を持った読者は，包括的な文献を参照のこと（e.g., Clark, Beck, et al., 1999）。ほとんどの関連した概念や測度の記述は，付録 10.1 に示されている。数多くの研究では，出来事に対する帰属のタイプが，個人を抑うつのリスクにさらすことが示唆されている。同様に，活性化された非機能的な態度の存在は，抑うつの再発を予測することが示されてきた。したがって，抑うつの治療における最も望ましい結果は，症状の軽減とコントロールを越えたものである。すなわち，認知のこの（潜在的な）水準における治療前後の変化を評価することも重要であるかもしれない。

グループ治療の構造化

参加者の人数

　抑うつの CBT における最適なグループサイズについては，わずかしかデータがないということが重要である。さまざまなアプローチからなるグループに関するデータが存在し，これらのデータでは，3 名から 12 名の参加者のグループサイズは等しく効果があることを示唆している（Robinson et al., 1990）。おそらく 7 名以下の参加者といった，いくらか少ない人数の利点は，各グループセッションで全ての参加者が 1 つの例に取り組むことがしばしば可能になることである。このため，臨床上，技法上，プロセス上の理由から，どの個人の例またはどの個人がセッションの焦点となるべきかについて決定する必要性がなくなる。しかしながら，グループの参加者の人数が減少するにつれて，グループアプローチの効率性もまた減少する。したがって，抑うつのグループに対するより典型的なサイズは，おそらく 10 ～ 12 名かもしれない。グループが 12 名を超えた時には，そ

れぞれの参加者が効果的に取り組む十分な時間はないだろう。さらに，参加者の多さが原因で，参加者は相互に話したり聞いたりする時間が非常に短くなるため，グループの凝集性を高めることが難しいかもしれない。グループのメンバーが気兼ねせず質問したり，重要な支持を表出したりするために，お互いの語りや状況において一定の親密さを保つことが必要である。その上，より大きなグループにおいては，技法と悪戦苦闘する可能性があるグループのメンバー，抑うつ症状が重いグループのメンバー，あるいはグループにおいて開示することに社交不安を持つグループのメンバーから話を引き出すことがさらに困難となる。小さいグループでは，凝集性の目的でグループのメンバーから話を聞き出すための，そして各参加者が教えられた技法を理解し遂行できることを確かめるための多くの時間がある。

　もう1つの重要な原理は，グループのメンバーが治療者からの等しい量の注目を受けることを確実にすることである。あるグループのメンバーが一貫して例を自発的に提示したり，セッションにわたってグループの注目を一貫して引きつけたりすることは，珍しいことではない。こうした参加者はあまり症状を経験しておらず，自分たちの成功を説明するのに熱心であるからかもしれない。自らの例を喜んで自発的に提示するグループのメンバーに焦点を当てることは，治療者にとってもしばしば最も抵抗の少ないやり方である。特に，これらの参加者が技法を理解して用いており，他のグループのメンバーが自らの例の提示を控える時に，このことは起こりうる。うまく実行された技法に焦点を当てることは重要であるが，全ての参加者が治療者とグループから注目される機会を保証することは，同じく重要である。さもなければ，技法を理解して用いる参加者がいる一方で，方略を理解していない，あるいはグループへの所属感がないかもしれない参加者がいるというグループのリスクとなる。全てのメンバーへの等しい注目を確実にすることは，参加者に対してより指示的になることが必要かもしれないが，多くの場合，より重篤な抑うつや引きこもりのグループのメンバーを参加させる唯一の方法である。

グループセッションの構造

　抑うつの集団 CBT のクローズド（特定のメンバーに閉じられた）形式は，このアプローチに関する Hollon & Shaw の最初の研究によって初めて広められ，抑うつではクローズドなグループが基準となってきた。グループは典型的に2人

の治療者が先導し，1人は主リーダーでもう1人はコ・リーダーである場合か，2人ともコ・リーダーである場合のどちらかである。後者のアプローチは，治療者が一緒に取り組んだことがあり，材料を均等に分ける強い感覚を持ち，治療者の中心的なメッセージが非常に一貫している場合においてのみ提案される。主リーダーとコ・リーダーの形式は，1人は主に技法を伝えてプロセスを導く責任を果たし，もう1人の治療者は計画されたやり方で貢献するということを明確にするのが多くの場合望ましい。コ・リーダーはグループにおいてその都度の責任はなく，しばしば患者とプロセス要因を観察することも可能であり，必要に応じてこれらをリーダーに指摘できる。私たちは2時間のセッションの長さを提案している。なぜなら，グループを始めるには，しばしば追加の時間を要し，この長さによって，討議と例に可能な限り多くの参加者を含め，より多くの機会を与えることができるからである。

　多くの他のやり方では，長さは別として，グループセッションの全体的な構造は抑うつの個人CBTを反映しており，一般的な構造は第5章で記述されている。第一に，症状調査票を使用することで，患者の現在の状態を正確で効率的にアセスメントできる。これらの調査票は，待合所，またはグループの開始時に全ての項目に記入でき，グループの治療者に渡すことができる。セッションの開始時に，ホームワークを回収することも望ましく，この理由は本章のグループ・プロセスの節において説明している。

　各グループセッションは，これまでの週のそれぞれの参加者の経験を振り返ることから始まる。このことは，セッションを順調に進めるために効率的に行う必要がある。各参加者において取り上げるべき領域は，症状の重篤さ，技法（あるいはホームワーク）の使用，そして他の関連するライフイベントを含む。このことは，治療者と他のグループのメンバーの両方にとって，介入している合間に参加者の生活で生じたことを理解するのに有用である。個人セッションと同様に，これらの要約の内容と感情の両方がアジェンダと関連する例を決定する時に重要である。たとえば，多くのグループのメンバーはホームワークに取り組むこと，あるいは理解することに関わる問題を述べるかもしれない。このことは，治療者が新たな材料を導入する前に，グループのメンバーの理解の程度をよく振り返り，メンバーの理解を確実なものにする必要があることを示しているだろう。

　セッションの次の要素は，これまでの週の内容とこれがどのように計画されたアジェンダと関連するのかについて説明することである。この時点で，グループのメ

ンバーに質問する機会を与えることは重要であり，このセッション間の橋渡しは，急いだり，大雑把にしたりすべきではない。次に，アジェンダは公式に設定されるべきである。すなわち，グループが視覚的に目で追えるように，アジェンダをフリップチャート（解説用の大きな紙の綴り）やホワイトボードで記録することが望ましい。このことによって，どのグループのメンバーの例をどの順番でセッションの焦点とすべきかを決める機会が得られる。グループのメンバーがアジェンダに追加する項目があるかどうかを尋ねるために，明確な時間を再び設定しておくべきであり，時間は治療者によって注意深く配分される必要がある。グループのリーダーシップの「技」の重要な構成要素は，新たな材料をこれまで学んだことと調和させる一方で，凝集性を促進するためにグループのメンバーのニーズにも関心を向けることである。このバランスのどちらかを強調しすぎることは望ましくない。すなわち，前者の例では，メンバーは自分と材料の間に感情的な，あるいは対人的なつながりを感じられず，グループは過度に「（お決まりの）コース」または講義のようになる可能性がある。後者の例では，技法やスキルの学習が進展しないことが，技法を応用することによって問題を変えることよりもグループ内での開示や感情処理に夢中になるという結果をグループにもたらしうる。

　グループは次に，理想的には計画された順番で，アジェンダを進行する。この構成要素の取り組みの間，治療者は自らの時間管理を正確に把握している必要がある。このことは，どれくらい例に時間を費やすことができるか，全体を網羅するために残っている事柄は何かといったグループに関する強い方向感覚に影響を及ぼす。個人治療と同様に，学習を強固にするために，治療者が頻繁に要約すべきである。最終的に，セッションの終わりに近づくと，治療者は最も重要な移行の1つに取り組む必要がある。それは，明確で分かりやすく，グループのメンバーの感情経験と関連したホームワークの段階を整えることである。これを完遂する最も重要な要因の1つは，ホームワークの計画の討議と種まきのために十分な時間を残すことである。しばしば時間の制約のために，グループが終わりに近づくにつれて，例に対する取り組みによって，ホームワークの課題が思いつきになる恐れがある。結果として，治療者はホームワークの性質や，ホームワークとセッションの関連性を説明する十分な時間をなくなるかもしれない。同様に，グループのメンバーはホームワークについて質問する時間がなくなる可能性があり，多くの場合，不確実なことに起因して遵守に関する問題が生じる。皮肉なことに，このことは次のセッションの開始時に，前の週のホームワークの課題のより深い

10 章 抑うつ

表 10.1 抑うつの集団 CBT の治療プロトコルの全体像のサンプル

セッション	扱われる方略
セッション 1	・治療者とグループのメンバーの紹介 ・集団「規範」 　1. 守秘義務 　2. 予約と尺度評定 　3. ホームワーク 　4. 約束をすっぽかすこと ・抑うつに対する CBT アプローチの導入 　1. 行動的介入 　2. 認知的介入 ・抑うつの生物心理社会的モデルの説明と 5 つの要素の導入 　1. 行動 　2. 思考 　3. 情動 　4. 生物学 　5. 環境 ・ホームワーク：生物心理社会的モデルのすべての項目に記入し，必携マニュアルを購入すること
セッション 2	・目標設定 　1. 患者から目標を導き出すこと 　2. 目標を達成するための行動的変化を明確化すること 　3. 目標に向かい続け，進捗をモニターする方法 ・気分状態と行動の関係性の概観 ・気分／情動の評価システムの導入 ・活動と気分の関係性の説明（すなわち，どの活動が気分を改善するか，どの活動が気分を悪化させるか） ・ホームワーク：活動と気分評定を含む活動スケジュール表に記入すること
セッション 3	・行動的介入：気分を改善するための活動の修正 　1. 達成感（うまくいった感じ）と喜びといった概念を紹介し，これらの活動タイプを説明するために過去の例を用いること 　2. 強化のバランスを確立するために，達成感と喜びの活動を追加することに焦点を当てること ・ホームワーク：新たに追加された活動と気分評定を含む活動スケジュール表に記入すること
セッション 4	・行動変容の結果の検討と必要に応じた調整 ・認知的介入のターゲットとするための「ムードシフト」の同定 ・例における困難な状況で経験された情動のラベルづけと評定 ・ホームワーク：非機能的思考記録表（DTR; 状況と情動）の最初の 2 つの欄を記入すること

第Ⅱ部 特定の障害における認知行動療法グループ

セッション	扱われる方略
セッション5	・思考記録表の例の振り返り：状況の記述と情動の同定
	・患者の例を用いながら，状況と情動間の関連性として，解釈と「セルフトーク」を説明すること
	・自動思考と「ホットな思考」：情動と最も関連した思考に焦点を当てること
	・ホームワーク：DTR の最初の3つの欄に記入することと，ホットな思考を同定すること
セッション6	・思考記録表の例の振り返り：状況，気分，思考の記述
	・例におけるホットな思考の同定
	・根拠を検討する技法を導入し，ホットな思考「のための」証拠を見出すこと
	・ホットな思考「のための」証拠の評価
	・ホームワーク：DTR の最初の4つの欄（ホットな思考「のための」証拠の追加）に記入すること
セッション7	・思考記録表の例の振り返り：状況，気分，思考，そしてホットな思考「のための」証拠
	・ホットな思考を支持しない新たな事実を導くために，質問をすることによる「証拠への反証」の導入
	・患者の例を用いて，自動思考を確証する証拠と反証する証拠を導くための質問を例証すること
	・ホームワーク：DTR の最初の5つの欄（ホットな思考「に対する」証拠の追加）に記入すること
セッション8	・思考のバイアスが系統的に生じるかもしれないことを例証する「認知の歪み」リストの導入
	・記録された例における認知的なエラーの例の説明
	・ホームワーク：DTR の最初の5つの欄に記入することと，認知の歪みの同定
セッション9	・書く方法を含んだ「代替思考」の導入
	・証拠の無視，ホットな思考の誤った明示，中核信念の活性化を含む，代替思考の解決
	・ホームワーク：DTR のすべての欄に記入すること（代替思考と気分評定を追加）
セッション10	・結論を導くための情報が不十分である思考記録表の例の振り返り
	・実験の導入：結論を導くための証拠が不十分であり，さらなる情報が必要な時，そうした情報を集めるための方法を考案すること
	・患者の例と合致した実験の作成
	・ホームワーク：実験を遂行し，結果をモニターすること
セッション11	・解決されるべき問題を同定する思考記録表の振り返り
	・問題は解決されるべきであると証拠が示唆した時の問題解決方略の導入
	・グループのメンバーの例を用いた問題解決の計画の作成
	・ホームワーク：問題解決課題を完遂すること
セッション12	・条件つき信念と中核信念の概念である「深い認知」の導入
	・「下向き矢印」法を用いた深い認知の説明
	・自己，他者，世界についての条件つき信念に用いられる下向き矢印の説明
	・ホームワーク：下向き矢印エクササイズを完遂すること

10 章　抑うつ

セッション	扱われる方略
セッション 13	・条件つき信念と中核信念間の結びつきの検討 ・中核信念の「連続したつながり」モデルの例証と，中核信念を変容する回顧的技法の強調 ・典型的なコーピングパターンを変化させ，代替的な中核信念を支持する情報を収集するための証拠の収集，実験，問題解決の計画の説明 ・ホームワーク：中核信念の連続したつながりを生成し，代替的な中核信念に関する証拠を記録すること
セッション 14	・中核信念と関連したコーピング方略の導入 ・患者の例を用いて，コーピング方略の潜在的な自己破滅的な性質を例証すること ・患者に対する代替的なコーピング方略の提案 ・ホームワーク：代替的なコーピング方略を実行し，それらの成果をモニターすること
セッション 15	・学んだスキルを統合し実行することを目的とした，患者に方向づけられた隔週のブースターセッション
セッション 16	・学んだスキルを統合し実行することを目的とした，患者に方向づけられた隔週のブースターセッション
セッション 17	・経過と再発の概念の導入 ・経過と再発に対処するための方略の導入 ・再発時におけるコーピングのための患者特有の方略の計画 ・締めくくり

討議を導く可能性がある。すなわち，前のセッションで行うべきだったが，結局行わなかった討議であり，それは時間切れだったためである！　一般的な指針として，その日の最後の例では，グループの時間を少なくとも 10 分残して終えるべきであり，これはホームワークの討議へと移行するためである。このことで，質疑応答に時間を配分するだけではなく，目標に向けた治療とグループのメンバーの進歩に対するホームワークの中心的な重要性を強調できる。

抑うつにおける CBT 方略の概観

表 10.1 に示した 17 セッションのプロトコルは，Beck et al.（1979）による影響力の大きい文献と，Greenberger & Padesky（1995）の「Mind over Mood」（邦題：うつと不安の認知療法練習帳（大野・岩坂訳，2001））を含む情報源の組み合わせから導き出された。そしてこれらは，このグループの必携マニュアルとして患者に推薦されている。このプロトコルは，さまざまな行動的方略と認知的方略を教示する一連のアプローチに基づいた，毎週行われる 14 回のセッションか

273

ら構成されている。セッション15と16は，それぞれのセッション後に2週間の間隔をあけて続けて行われる。これらのセッションはまた，グループのニーズに基づき，アジェンダと技法をより自由に設定する。最終セッションはセッション15と16の1カ月後に行われるが，再発と再発予防の概念を導入するために計画されている。選択肢として，効果の保持と再発予防に焦点を当てたブースターセッションを，隔月，あるいは毎月の間隔で行うことができる。

　本節では，抑うつ治療におけるこのプロトコルに特有のいくつかの特徴についてより深く検討する。私たちは各セッションの技法の要因に焦点を当てるだけでなく，抑うつに対するこのプロトコルにおいてよく生じるいくつかのプロセスの問題にも焦点を当てる。

行動的技法

　おそらく，抑うつ患者の最も顕著な特徴の1つは，自分の人生は満足感や達成感が欠如しているという態度である。普段の活動から強化が喪失した結果，抑うつ患者は多くの活動から身を引いている。やり遂げた活動（仕事または他の義務）でさえ，つまらない作業のようであり，全く楽しめていないようにみえる。多くの場合，治療の冒頭で，抑うつ的な人々は自らの思考の検討を始めるための十分なエネルギーを持っていないかもしれない。彼らは悲しそうにみえ，彼らのスピーチはゆっくりしたものであるかもしれない。すなわち，感情表出の乏しさは典型的である。行動活性化は抑うつ的な者のエネルギー水準を増大し，認知的方略のための準備をすることができる。

　この抑うつの「行動的プロフィール」を理由として，CBTは通常，活性化に関連する方略から開始する。プロトコルのセッション2と3，そしてセッション4の一部で，これらの問題を取り扱う。セッション2において，患者は通常，行動的用語に置き換えられている目標の概念と，それらの目標に到達するために必要なステップに方向づけられる。このことで，絶望感や無力感に対抗し，合理的な期待やそうした方向性に向かうための方法が明確になる。より正式な活性化は，患者に彼らの普段の活動（1時間毎）をモニター，または記録して，起きている1日の各時間を評価してもらうことによって始められる。この情報はセッション3で詳細に検討される。おそらく，これは患者の機能水準を理解するための最も正確で包括的な方法であり，患者の生活の優れた「スナップショット」を提供する。また，患者に普段の活動をモニターさせることは，セッションの早期におい

て，ホームワークのCBTモデルに彼らを適合させることに役立つ，かなり興味を引きつける直接的な課題である。

　治療者は，スケジュールを検討するとすぐに，セッション3の中の多くの行動的要因に焦点を当てる。第一に，患者は日常生活の普段の活動からどのように引きこもっているのか？　可能性のある強化事態に対する適切な曝露はあるか？　おそらく最も重要なことであるが，楽しい出来事と達成感（あるいはマスタリー（うまくいった感じ））を導く出来事のバランスがとれているか？　ほとんどの場合，活動の不足と達成感，そして楽しさのある活動の不均衡との両方を改善する必要がある。治療のこの段階の間，グループのメンバーは，お互いがモニタリングしたホームワークにコメントすることが奨励される。これは一般に，グループのメンバーがお互いにフィードバックを提供する最初の機会になる。グループのメンバーは通常，他者の活動に伴う問題に容易に着目することができるので，ストレッサーや欲求不満，そしてより報酬的な活動の可能性も観察することができるということは重要である。それゆえ，グループのリーダーは，より報酬的になる可能性のある代替行動の評価を難しくする「目隠し」などの，お決まりのやり方に容易に陥ることを指摘することが重要である。

　行動活性化における次の段階では，再びセッション3であるが，グループに対して達成感と楽しさ（あるいは仕事と遊び）の概念を説明し，満足や幸福を達成するためには，これらの感じ方のバランスが整っていなければならないということを説明する。治療者はまた，抑うつの発症によって，実際は気分やエネルギーの水準を改善する可能性のある出来事と活動から，どのように身を引くことになるかを説明する。グループのメンバーは多くの手持ちの例を提示できるだろう。これに伴って，グループの治療者は，1週間でグループのメンバーが活動的であり，気分が改善した時を指摘することができる。「電池」のメタファーのように，エネルギーの水準に関する典型的な抑うつ的な見方を説明するメタファーを用いることは有用かもしれない。抑うつ的な者は，活動によって消耗され，使い果たされたエネルギー水準で目が覚める。グループの例を用いて，「電池」よりも「発電機」モデルが，人間にはよりぴったり適合すると明示することは常に有用である。言い換えれば，活動に従事することは，たとえば食べることや飲むことによって補充され，より多くのエネルギーが引き出される。「発電機」メタファーだけが，活力に満ちたエクササイズを完遂した時に，より大きな覚醒とエネルギーをもたらすという知見を説明できる。

275

第Ⅱ部　特定の障害における認知行動療法グループ

　この論理的根拠の結果として，グループのメンバーは彼らの活動水準で「実験」を奨励され，段階的課題設定と呼ばれる新たな活動を導入することを求められる。報酬になりうる活動を同定し，遂行すべき潜在的な新しい行動のリストの作成にグループのメンバーを互いに貢献させる方法はたくさんある。最も一般に用いられる方略は，過去の活動や趣味，かつて楽しかった娯楽について尋ねることである。グループのメンバーはこの実験から，楽しい出来事の共通性について学ぶことができるだけでなく，他者と比較した時に報酬となりうるものの顕著な相違についても学ぶことができる。通常このことは，より拡散的で創造的な思考を強化し，全てのグループのメンバーがより広範に考え，自己検閲，悲観主義的，あるいは自己批判をあまりすることなく考えることを可能とする。

　グループのメンバーが過去の潜在的に強化される行動を同定しても，しばしば，メンバーがこれらの活動に従事した時点から長い時間が経過している。これはもしかすると，抑うつ的なメンバーの悲観主義的な見方の結果かもしれず（「これは私の気分を楽にしないだろう」），実際に行動して予測を常に検証する必要性を強化するきわめて良い機会である。他の方略は，メンバーがこれまで試みる機会がなかったものの，いつも試みることを望んできたことについて尋ねることである。これはまた，そのような活動に従事するための一連のステップを作成するために，他のグループのメンバーらとのブレインストーミングを必要とするかもしれない。このようなやりとりは，治療者が奨励する必要があり，生産的な対話を進行させ続けるためには，治療者からの情報や質問の重要な一部が必要なことがある。実際に，出来事を計画するためにグループのメンバーが互いに働きかけることを可能な限り許容することが望ましい。このことは，お互いを援助するメンバーのグループの凝集性，自己注目の減少，効力感を促進する。行動を増大するための3つ目の代替的な方略は，快適な出来事のリスト（e.g., MacPhillamy & Lewinsohn, 1982）を検討し，討議することであり，このリストは選択のための何百もの快適な活動を含んでいる。このリストを振り返ることも，ホームワークの構成要素になりうる。

　そのような活動を追加することは，2つの点において有益となる。具体的には，活動は患者のエネルギーの水準を増大させ，より良い集中と疲労の減少をもたらす可能性がある。第二に，患者は，自分自身をより有能なもの，より達成できるものとして理解し始める。したがって，そのような課題は，機能的利益と認知的利益の両方をもたらす可能性がある。セッション3のホームワークとして計画さ

276

れる活動についてのグループ討議は，患者の行動レパートリーを追加する時に，動機づけと仲間意識の感覚を築くために非常に有用となる。多くの場合，患者が自分の試みたい活動を同定することが，他のメンバーが後に続くきっかけとなる。行動計画を作成したあるグループのメンバーは，他者にとって重要な雰囲気を作ることができ，割り当てられた時間で可能な限り多くの例を用いて取り組むのに有用かもしれない。

　これらの行動の成果に関するフィードバックは，セッション4の最初の部分で引き出される。ここでもまた，グループのメンバーは彼らの「発見」を討議するための十分な時間を与えられるべきである。グループ討議のきっかけとなる重要な質問は，以下のものがある。「結局，どのようなことがわかったか？」，「メンバーが（自分自身，他者から）得た反応は，予測していたものだったか？」，「メンバーはこのエクササイズから，抑うつについてどんな教訓を学んだのか？」，「直後の未来と長期的な未来にとって，この結果の意味するものは何なのだろうか？」というものである。行動活性化の部分が終わるまでの目標は，グループのメンバーが抑うつ的な行動習慣を変化させ，より活動的に自分たちの病気に対処する試みを，相互に強化することである。個人治療と同様に，グループのメンバーの体力や自己効力の知覚の増大は，グループの治療者が抑うつ的な認知に取り組む時に非常に有用となる。治療のこの部分はまた，グループのメンバーが支持的でお互いに勇気づける一方で，厳密でもあるフィードバックをお互いに与え合うための準備となる。治療の行動活性化の側面は，ポジティブで協調的なグループ・プロセスのためのプロトタイプを決定的に与える。これは感情的に打ちひしがれるような，通常は非常に個人的な治療プロトコルの側面（たとえば，中核信念など）に向き合う前に行われる。

自動思考に対する認知的技法
概要

　抑うつ患者において，思考は「認知の3要素」を反映している。患者は，自己，他者，世界に関して，圧倒的多数の非常に顕著でネガティブな思考と信念を有している（Beck et al., 1979）。抑うつのこのモデルが周知されたため，注意深く統制された文字通り数百の研究が，その各側面を検証するために実施された。全体的に，研究のエビデンスはこれらの考え方が強く支持されることを示している（Clark, Beck, et al. 1999）。

臨床的に，抑うつ患者が自分の思考を説明する時に，これらの認知の内容は広範にわたって悲観的でネガティブになる可能性があり，特にあらゆる問題となる出来事に対する反応や，あいまいな出来事に対する反応でさえ，そのようになることがある。抑うつ的な者は，「悪いニュース」のみを符号化し，生起する「良いニュース」にはほとんど注意を払わないような一連のフィルターを有しているようにみえる。抑うつ的な者がポジティブ出来事に遭遇した時には，その者はそれを偶発的な出来事，あるいは一時的な出来事として理解する可能性がある。この認知的エラーは通常，「最小化」として臨床的に記述され，抑うつと関連する帰属スタイルとも深く関係している。グループに対して一見ポジティブな出来事を物語る抑うつ的な者が，そのような出来事（たとえば，称賛，良い仕事の評価）をあまり重要にみえない何かに変えるやり方はしばしば印象的である。一般的な指針として，プロトコルにおける認知的方略の一つのテーマは，グループのリーダー，そしてゆくゆくは他のグループのメンバーが，個々のメンバーがポジティブな出来事により大きな注目を払えるように，そのような最小化が生じた時に指摘することである。ポジティブな出来事への反応として生じる可能性があるもう１つの認知的処理は，良い結果に対する自らへの責任帰属を認めないことである。抑うつ的な者は，ポジティブな出来事を運や他の人々の行いの結果といった，外的要因に関係するものとして理解する可能性がある。その時，グループの目標は，ポジティブな出来事の責任が実際はどこにあるのかについて，患者がより正確に評価することを手助けすることである。

ネガティブな出来事（対人的な侮辱，悪い成績，あるいは他の困難）に遭遇した時，抑うつ的な人々は，ポジティブな出来事と比べてほとんど反対の反応を示す。彼らはネガティブな結果の責任が100％自分自身にあるものとして理解する。ここで作用している多くの特定の歪みのほとんどは，（自分自身がすること以外の）ネガティブな結果に関連する全ての要因を考慮することができないことを示している。このことは，グループでの抑うつに対する認知のワークの２つ目のテーマを表している。たとえば，もしかするとテストはあまりにも難しいレベルで作成されたために，悪い成績はテストの受験者と同じくらい，そのテスト自体と強く関係しているかもしれない。あるいは，悪いパフォーマンスの主な原因となる他の客観的な要因があったのかもしれない。これらの要因は，出来事に影響を受けた抑うつ患者の心には思い浮かびそうにない。しかしながら，ソクラテス式問答法の非常に基本的なモデリングを行うにつれて，グループのメンバーはこれら

の重要な質問をお互いに尋ね合うようになる可能性がある。

特異的な認知的技法

　ここで提示されるグループプロトコルは，第3章と第4章で説明された方略を多く含んでおり，思考記録，実験，問題解決，条件つき信念と中核信念のエクササイズが挙げられる。ここでは，私たちは抑うつに特異的な技法応用に焦点を当てる。

　グループにおいて患者にとっての最初の開始点は，自らの思考をモニターし始めることである。「思考」の最初の討議は，セッション4のGreenberger & Padesky（1995）に従って，患者によって同定された特異的な気分の変容に基づく。セッション5までに，グループのメンバーは，抑うつにおける7コラム思考記録の最初の3つの欄（すなわち，状況，気分，思考：Greenberger & Padesky, 1995）を討議のために完成させた。このことは，グループのメンバーが自分自身や他者の思考内容を検討するための重要な探索を始めたことを示している。協同的経験主義やソクラテス式問答法といった概念は，前述した行動的介入の構成要素を持つ一方で，これらは認知的方略においても別の水準で存在する。特異的な教訓的討議によって，ただし同様に重要であるモデリングによって，グループのリーダーはネガティブな情動の背景にある思考の性質を明らかにするために必要な質問を強調できる。

　思考内容の最初の討議の間に，この討議はグループのメンバーが自らのネガティブな思考の本当の性質を探索した，おそらく最初の機会であることを考慮することは重要である。さらに重要なことに，彼らはグループの文脈の中でそれを行っており，非常に個人的で，情動的に打ちひしがれ，脅威となりうる材料（たとえば，自殺に関する思考あるいはアイデア）を開示する。したがってプロトコルは，論駁と証拠を集めることに移行する前に，思考を引き出すために，1セッション全体のかなりの時間を割り当てる。グループのメンバーに対し，共有されたネガティブな思考の経験と，抑うつにおいてこの経験が普遍的にみられることを強調することは重要である。単に自動思考を引き出すためだけに時間を使う，その他の重要な理由は，証拠の収集または論駁を行う最も顕著な「ホットな思考」を同定する必要性を伝えるためである。個人治療の時と同様に，ネガティブな思考を記録し討議することで，最初は抑うつ感情が引き起こされる可能性が高いことを強調することは，治療者にとって有用である可能性がある。ネガティブな思考の衝撃

を弱める最初のステップとして，これらの思考の性質を明確にする必要性について，セッション４とセッション５で何度か討議する必要があるかもしれない。

認知的方略の討議が続くにつれて，グループの相互作用は着々と重要になり，治療が思考の信憑性を検討することに進む時に特に重要になる。そのプロトコルは，思考の根拠を探索するために，４つの主要なテーマに焦点を当てる。すなわち，それは証拠の収集（セッション６，７），歪みのラベリング（セッション８），実験（セッション10），ネガティブな思考が一理ある時の問題解決（セッション11）である。これらの技法を教える際には，理想的にはかなり相互作用的であるべきである。つまり，グループのメンバーはしばしばお互いに質問すること，認知の歪みに対する代替的な観点や問題解決の時の現実の障壁に関する見込みのある手段を指摘すること，または実験の背骨を形作るフィードバックを提供することなどを行うべきである。これらのセッションの間に，治療者には４つの主な課題があり，彼らの目標はトピックに焦点づけた討議を続けることである。

第一に，グループのリーダーはグループが選択して取り組む例を決定する必要がある。それぞれのグループのメンバーは，最終的には等しく注目を受けるべきだが，いずれのセッションでも，選択される特定の例はいくつかの特徴から決めてもよい。たとえば，初めて証拠集めを行う時には，比較的分かりやすい例が補助教材として最も有用である。しかしながら，もし目的がネガティブな思考におけるより深い信念や，その信念の役割を例示することであれば，治療者はこれらの問題の調査につながるであろう複雑な思考記録について討議することに尽力するかもしれない。また，他の記録や実験よりも，経験が共有できる思考記録または実験は，グループのメンバーにとってより重要である。たとえば，喪失，欠点，または愛されないことというテーマを含む思考記録は，ほとんど全てのグループのメンバーに関連するようである。最後に治療者は，思考記録とその他の課題がどれくらいうまく遂行されているか判断しなくてはならない。必死に頑張ってはいるが，正確で意味のある思考記録を完成できない参加者は，自らの例をグループで取り組んでもらうことが有益になる可能性がある。一方，それらの例は，取り組んだり討議したりする時間が，より完成度の高い例よりも多くかかるだろう。

ネガティブな思考のセッションの間の第二の課題は，グループのリーダーがソクラテス式問答法を促す質問の「きっかけをつくる」ことである。治療者が質問のモデルを示した時，あるいは異なる歪みをいくつかの例に応用した時はすぐに，グループのメンバーにどんな例に対しても彼らの質問から始めるように求めるこ

とが好ましい。実際には，治療者はホワイトボード，あるいはフリップチャートにその例を記録し，それからグループに「私たちがこの思考について尋ねるべき質問を，世間の人々はどう考えるでしょうか？」と質問するかもしれない。それから治療者は，単純に質問と答えを記録する。しかしながら，治療者（たち）が重要だと信じる領域にグループのメンバー自身では触れなかったり，生産的に証拠を明らかにする一連の質問をすることが難しく感じたりする可能性がある。こうしたことが起きた場合，グループのリーダーは，グループのメンバーに対して方向転換と共感の両方のやり方で，質問に基づいて討議する必要があるかもしれない。思考記録に関するグループの対話は，最も重要で生産的な治療の側面の一つである。グループのメンバーがお互いに質問し合うにつれて，彼らは自分自身の思考に対する質問の方法も学んでいく。さらに，グループのメンバーにとって，治療者が思いつかなかったかもしれない質問をお互いに尋ね合うことは珍しいことではない。このことは，多くの人々がそれぞれの独自の観点から，同じ問題を同時に検討することによって得られる恩恵である。

　同様のアプローチは，実験や問題解決に向けて洗練されるべきである。治療者がかなり指示的に，ほとんどの質問を尋ね，意見を提供する直接的な例から始めることが最も有用かもしれない。たとえば，治療者が作った例は，その後のグループのメンバーの例に最も関連する実験の時に，主要な疑問あるいは仮説を構成するのに役立つ可能性がある。しかしながら，その仮説を評価する可能性のあるさまざまな方法は，治療者から時々意見が伴う時にのみ，必要に応じてグループのメンバー間で討議されるかもしれない。

　プロトコルのこの部分における第3の課題は，教わった技法に関するグループの対話が生産的であり続けることを確実にすることである。たとえば，1人のグループのメンバーは，質問をするよりもむしろ，他者に対して証拠あるいは見解を提供してしまうかもしれない。これは限定的に有効になることがある。すなわち，例が討議されている人は，自らの観点を変容させるかもしれない。しかしながら，グループのメンバーが単にお互いを安心させることとは対照的に，グループのメンバー間の協同的経験主義を構築することは明らかに利益がある。治療者はその利益を強調し続けることによって，グループのメンバーがソクラテス式問答法に焦点を当て続けることを促す必要がある。

　最終的に，グループのリーダーはこれらのセッションの間，時間とアジェンダを注意深く管理する必要がある。アジェンダの4つあるいは5つの例に取り組む

のではなく，1つあるいは2つの例にあまりにも多くの時間を費やすことがある。治療者は，例をいかなる場合も完遂するように働きかけるというよりは，例が確実に進展するように調和する必要がある。メンバーの例が，グループが1回のセッションで提供できる以上の取り組みを必要とする場合は，この例はそのグループのメンバーに対するホームワークの一部にすることができる。

抑うつの CBT グループにおける信念に対する認知的技法

　抑うつの認知モデルは，深くとどめられた中核信念が，自動思考を含む認知の他の水準の原因となることを示唆している。セッション12は，この概念をグループに導入し，容易に観察可能な「自動思考」，早期のライフイベント，認知の「深い」水準の間のつながりを説明するために，より教訓的な取り組みに再び戻ることを伝える。治療者は，通常は例を通してこのことを効果的に伝えることができ，場合によってはグループのメンバーの例に移る前に一般的なケースに焦点を当てる。

　深い認知に関連する数多くの技法の1つ目は，下向き矢印法である。このアプローチは，自動思考に関してどんな証拠があるのか検討するよりも，自動思考の意味や，予想される自動思考の最初の起源について探索する（第3章も参照のこと）。セッション12においては，条件つき信念の概念，すなわち患者が自分自身と他者に対して持つ感情的に打ちひしがれた評価的なルールも記述される。セッション13は，中核信念や初期の学習に焦点を当て，治療者は，グループのメンバーが自分たちのさまざまな中核信念と思いこみをどのように学習してきたかといった物語を作るために彼らと一緒に取り組む。セッション13と14は同様に，グループのメンバーが柔軟性のない自己敗北的なルールから離れ，取り組むべき代替的な一連のルールの提供を促すために実行する長期的な変化方略に焦点を当てる。

　「深い認知」の討議は，治療の他のほとんどの段階よりも，しばしば高水準の感情を導くことができる。しかしながら，グループのライフサイクル（集団療法の始めから終わり）の中で，この時は，グループの凝集性は一般的に高く，グループのメンバーは相互に援助，共感し合い，恩恵を得ることができる。加えて，早期のライフイベントが，自分たちの自動思考の現在のパターンにどのような影響を与えるかについて理解することは，グループのメンバーと取り組む時にかなり手間がかかるかもしれない。治療者は，これらの領域における変化は時間を要する可能性があり，セラピーのセッションの終結に必要な時間よりも，たいていの場合，はるかに長くかかることを強調してもよい。また，これらの条件つきの思

い込みと中核信念を明らかにすることは，参加者が「正しい方向に進んでいる」ことを意味し，これらの信念を同定することは，まさにそれらを乗り越えて進む上で最も重要なステップであることを意味すると強調できる。たとえば，セッション13から16において，グループのメンバーに，古い信念と新しい中核信念の両方あるいは条件つきの思い込みについて，彼らの信念の程度を評価することを求めることがある。グループのメンバーにまた，新たな代替的信念を支持する，新しい情報と過去の情報を集めることも奨励する。

　これらの深い認知のセッションは，それ以前のセッションと比較して，さまざまな点であまり構造化されていない。討議は，早期のライフイベントを熟考すること，特定の条件つきの思い込みの柔軟性のなさに焦点を当てること，あるいは中核信念を検討することを含むかもしれず，グループでの討議では，これらの論点を行き来することが期待される。同時に，治療者は下向き矢印法，ポジティブな出来事の記録，中核信念のワークシートを含むさまざまなワークシートとエクササイズを実施する機会を提供する必要がある。セッション15と16は同様に，事前に計画された特定のアジェンダはない。しかしながら，グループが主導するアジェンダは，グループのメンバーが有用だと推薦した技法，あるいは「再教育」の練習が有益な可能性がある技法を振り返るために作成すべきである。

　最終セッションでは，再発について討議し，グループのメンバーの気分が悪くなるかもしれない時に備えさせる。ある程度のネガティブな感情は，特にストレッサーに対する反応として生活の一部であることを強調することは重要である。グループにおいて学んできたネガティブ感情を弱める方略を，再び取り上げて要約すべきである。同時に，グループのメンバーが再発した場合，彼らが適切なフォローアップを求められるように，再発の概念を強調する必要がある。それゆえ，臨床的な抑うつの発症の基準と兆候を説明することが重要である。マインドフルネス認知療法（mindfulness-based cognitive therapy: MBCT）（Segal, Williams, & Teasdale, 2002），あるいはセルフヘルプ的な再発予防アプローチ（Bieling & Antony, 2003）などの再発予防の可能性について説明することも有用かもしれない。

抑うつに対するCBTのグループ・プロセス要因

　治療のための認知モデルの開発以前，伝統的な臨床上の見識は，グループのモダリティは抑うつにおいて禁忌であると示唆していた（Hollon & Shaw, 1979）。

これは，抑うつ患者のニーズはグループで提供できるものを超えていること，そしてグループ・プロセスは好ましくない自己比較と変化の可能性に関して悲観と絶望を表出する悪循環の一因となりうることという2つの前提に基づいていた。集団CBTのアプローチの彼らの最初の調査の間に，Hollon & Shaw（1979）は，これらの要因は少ししか抑うつの患者を含んでいない異質なグループよりも，抑うつの患者から構成される同質なグループにおいては問題にならないということを示唆している。

　グループ・プロセスに関する以前の説明は，より高い機能を有し，あまり障害されていない人々のグループの中にいる，たった1人，あるいは2人の非常に抑うつ的な者への影響を考慮する傾向にあった。しかしながら，より根源的な疑問は，患者が皆抑うつに苦しんでいる状況においては何が起こるかということであった。グループ状況における抑うつは，悪循環に陥る抑うつのプロセスの原因となるのであろうか？

　抑うつのCBTグループに関するその後の年月と経験から，グループ・プロセスは患者を悪くする結果をもたらすわけではないし，抑うつ的なグループのメンバーは典型的にステレオタイプな抑うつ的なやり方で「振る舞う」わけでもないことが概して示唆されてきた。実際に，集団CBTアプローチの効果性には，悲観や絶望が増大するといった悲惨な予測は見受けられない証拠がある。同時に，抑うつのプロセスの問題が生じた時には，絶望や悲観，そして社会的比較が，しばしばその問題の原因となっている。

　たとえば，CBTグループに最もよくみられるプロセスの問題の1つは，ある患者が自分自身をグループの他の何人かよりも抑うつ的で障害されているとおそらく正確に考える時である。そのような患者は，グループに積極的に参加しないかもしれず，たとえば快適な活動のエクササイズが全く楽しくなく，行う価値もないと予測し，ホームワークに関する悲観に証拠を与えるかもしれない。グループのリーダーとそのグループ自体の両方が，この種のプロセスの問題を解決するのに主要な役割を果たす。理想的には，悲観と絶望に対する反応は，共感と励まし，そして忍耐も含めた組み合わせが望ましい。実際，これはほとんどのグループにおいてほぼ当然のように生じる。初期の研究者たちは，ほとんどの抑うつ的な人々が他者や特に苦しんでいる仲間に対して持つ共感と理解の能力をおそらく過少評価してきたのかもしれない。前述した例における，快適な活動の有用性に関する悲観では，理想的で素晴らしい典型的な反応は，他のグループのメンバー

が悲観的なその患者に共感することであり，それはおそらく彼ら自身が悲観的だった時と関連づけることによる。もしこれが自発的に起きなければ，共感，支持，励ましもまたグループのリーダーがモデルとなることができ，おそらく，他のグループのメンバーが闘ってきた最悪の状態の例を引き出すであろう。その例を結論づけるために，グループのリーダーはその時，価値があるかどうかの結論を出す前に，少なくとも快適な活動の試みについては穏やかな忍耐を伴いながら，共感と支持を注意深く活用する必要があるだろう。このかなり単純なアプローチ，すなわち，共感，理解，支持の後に変化の方略が続くアプローチは，社会的比較や援助の拒絶，さらには希死念慮あるいは自傷念慮さえも含む，他の「抑うつ的な」グループ・プロセスを取り扱うために重要な手段である。それぞれの場合にグループは，個人の感情や思考の妥当性を認めなくてはならないが，この苦しい状況からでさえ変化が起こりうるということに加え，他者にもまた起こってきたということをやりとりする必要もある。

　グループの特定のメンバーがグループでできることを超えるニーズを持っている場合はほとんどないが，それは取るに足らないことではない。非常に重篤な希死念慮と自殺意図を伴う患者らや，集中力やセッション内容を理解する能力がグループの平均よりもかなり落ちている患者らは，個別に配慮する必要があるかもしれない。同時に，グループのメンバーが理解していない，あるいはとても悲観的な場合は，グループの中で許容されるべきである。しばしばこれらの行動はセッションの過程を通して変化し，そのような進歩は障壁に打ち勝つ重要な例を提供し，通常は凝集性を増大させて終わることができる。グループのメンバーがグループ・プロセスにおいて，理解や関心の欠如を一貫して示す場合に限り，他の治療の選択肢を考慮すべきである。本章で前述した，厳密なスクリーニングプロセスもまた，代替的なアプローチを必要とするかもしれない患者の数を最小化することに貢献する。

　抑うつ的な者が持つ他者を援助する能力がしばしば過小評価されるのと同様に，抑うつ的な患者が「抑うつ的」な認知の歪みや他者へのバイアスのかかった思考に注目する能力もまた過小評価されている。多くの点で，この顕著な能力は驚くべきことではない。個人CBTにおいて，自分の思考に対して質問する共通のアプローチは「視点の転換」の一般的な方略である。この方略は，ネガティブな思考を持つ友人に自分はどのように反応するか，あるいはもし自分がこれらの思考を共有した場合に，友人が言うであろうことについて検討することを，治療者が

患者に求めるものである。グループ治療において，他の人々に新たな視点を提供することは，ほとんど全ての認知的介入に統合されている。そして，それはメンバーがお互いの思考について質問をすることや，代替的な視点を指摘しさえする共有と相互の援助の重要な形態である。同時に，グループのメンバーの中には，自分自身の歪みを認識しないまま，他者に新たな視点を提供することに焦点を当てたり，あるいは他者の歪みを強調したりする傾向がある者もいるかもしれない！　したがって，抑うつのグループ・プロセスの重要な一部分は皮肉にも，参加者が自らの思考に質問する能力について，集中して取り組むことを確実にすることである。そういった参加者が，他者に対して思考への質問を促すのと同じくらい鋭く，自分自身にも質問を行えるようにすべきである。ある患者が他の誰かを手助けするために質問方略を用いる時はいつでも，治療者がそのような質問を振り返り，グループのメンバーが自分自身のネガティブな思考や思いこみに対して質問することを学習しているかどうかを判断することは有用である。

結論

　集団 CBT の形式は，抑うつの領域において先駆けて開発され，そのアプローチの有効性に関するエビデンスは 20 年以上蓄積されてきた。抑うつに対して用いられる技法は，基礎的な認知的方略のほぼ全てに相当しており，この理由から抑うつに対する CBT グループは，グループ形式を体験するのが初めてである治療者にとって，非常に効果的な導入となる。抑うつの CBT グループにおけるこれらの技法を習得することは，グループにおける双極性障害および関連障害群や II 軸条件といった，より複雑な障害を治療するための重要な構成要素となる。最終的に，抑うつの CBT グループにおいて，ある程度の効果に関するデータが蓄積されてきたが，プロセス要因や効果的な構成要素について，まだ多くのものが見出されていない。この領域におけるさらなる挑戦は，個人やグループの変化と関連する要因を実証することになるだろうと私たちは予測している。このことから，最良の結果を達成するために技法とプロセスのさらなる詳述と最適化がもたらされるだろう。

10章　抑うつ

付録 10.1　抑うつの CBT グループのための結果測度

自己報告式症状尺度

ベック抑うつ質問票第 2 版（*Beck Depression Inventory, Second Edition: BDI-II*）
(Beck, Steer, & Brown, 1996)

　この 21 項目の評価尺度が，おそらく最も頻繁に用いられている抑うつ症状の
重症度の指標である。項目は DSM-IV の基準に基づいており，悲しさ，罪責感，
自殺念慮，興味の喪失，睡眠や食欲，気力の問題といった身体的徴候を含んでい
る。この尺度は，全てを記入するのに 5 分から 10 分しかかからず，この尺度自
体では診断はできないが，カットオフ得点は抑うつ症状の範囲を特徴づけるのに
利用可能である（Beck et al., 1996)。0 ～ 13 点は極軽症の抑うつ，14 ～ 19 点は
軽症の抑うつ，20 ～ 28 点は中等症の抑うつ，29 点以上は重症な抑うつを反映し
ている。尺度の信頼性は優れており，妥当性も高い。たとえば，最もよく知られ
た面接者が施行する抑うつ尺度であるハミルトンうつ病評価尺度（Hamilton
Rating Scale for Depression: HRSD）との相関は .71 である（Beck et al., 1996)。

抑うつ不安ストレス尺度（*Depression Anxiety Stress Scales: DASS*）（Lovibond &
Lovibond, 1995a, 1995b)

　この尺度は，42 項目または 21 項目短縮版が利用可能であり，より一般的なス
トレスの側面に加えて，抑うつ症状と不安症状の両方をアセスメントする利点が
ある。実際，この尺度は通常相関が高い不安と抑うつを弁別するために特に考案
された。尺度の因子構造と信頼性は，臨床の母集団で確認された（Antony,
Bieling, Cox, Enns, & Swinson, 1998)。DASS は抑うつ，身体的過覚醒，心理的
緊張と興奮の特徴を実際に区別し，良好ないし極めて優れた併存的妥当性を有し
ている。その上，さまざまな診断のついた集団が，彼らの臨床上の症状と一致し
た，異なる DASS のプロフィールを持つ（Antony et al., 1998)。

ツァン自己評価式抑うつ尺度（*Zung Self-Rating Depression Scale: Zung SDS*）
(Zung, 1965)

　Zung SDS は，抑うつの一次診断を行う人々のために考案された 20 項目の自
己報告式尺度であり，症状が経験される時間の割合（「ない」か「たまに」から「ほ
とんどいつも」）について回答者に評価を求める。この尺度は，抑うつの一般的

287

な症状の因子分析に基づいており，良好な信頼性を有しているようである。Zung SDS は他の抑うつ測度と高い相関がある（HRSD とは .80，BDI 第 1 版とは .54: Nezu, Ronan, Meadows, & McClure, 2000）。

生活の質に関連した評価尺度
生活の質に関する楽しみと満足度質問票（*Quality of Life Enjoyment and Satisfaction Questionnaire: Q-LES-Q*）（Endicott et al., 1993）

Q-LES-Q は，日々の生活の多くの領域において経験される楽しみと満足をアセスメントするために，自己報告式の指標（60 項目）として開発された。この尺度は 5 つの下位尺度を有している。すなわち，健康状態，主観的感情，余暇活動，社会的関係，一般的活動である。Q-LES-Q は，かなり高い内的一貫性と再検査信頼性を有し（Rabkin, Wagner, & Griffin, 2000），症状や障害の測度と予期された方向に関連していた。Q-LES-Q は，治療反応における臨床的な変化を検出することが示されてきている（Rabkin et al., 2000）。

生活の質指標（*Quality of Life Index: QLI*）（Ferrans & Powers, 1985）

QLI は，さまざまな人生領域への満足感を測定するために開発された自己報告式の尺度（70 項目）である。尺度には 2 つのセクションがある。すなわち，1 つはそれぞれの領域における満足感をアセスメントする 35 項目のセクション，そしてもう 1 つはこれらの領域の重要性をアセスメントする 35 項目のセクションである。これらの項目によって取り扱われる 4 つの領域は，健康と機能，社会経済，心理またはスピリチュアル，家族である。内的一貫性は，総合得点と下位尺度得点の両方で確認され，2 週間と 1 カ月の再検査信頼性はかなり高い。QLI は他の生活満足の尺度と相関し，症状やコーピングの水準と予期された方向に関連する（Rabkin et al., 2000）。

機能に関する評価尺度
疾病侵襲性評価尺度（*Illness Intrusiveness Rating Scale: IIRS*）（Devins, 1994）

疾病侵襲性は疾患やその治療の結果として生じるライフスタイルと活動の乱れに言及する（Devins, 1994）。疾病侵襲性の概念とそれをアセスメントする尺度は，さまざまな医学的疾病と精神病理的疾病の両方において用いられてきた（Bieling, Rowa, Antony, Summerfeldt, & Swinson, 2001）。IIRS 尺度は特定の問題が 13 の

異なる人生領域において障害を引き起こす範囲をアセスメントし，その領域は健康，ダイエット，仕事，活動的余暇（たとえば，スポーツをすること），受動的余暇，財務状況，パートナーとの関係，性生活，家族関係，他の社会的関係，自己表現／自己改善，宗教的表現，コミュニティと市民運動である。IIRS は，医学的環境と精神病理的環境の両方で良好な信頼性を示し（.80 から .90 に及ぶ α 係数），不安症における症状の重篤性と関連しているようである（Bieling et al., 2001）。

シーハン障害尺度（Sheehan Disability Scale: SDS）（Sheehan, 1983）

SDS は，患者の生活の 3 つの主要な領域（仕事，社会生活，家族生活）が精神症状によって障害されている程度を測定するために作成された，3 つの自己評価式の項目で構成されている。その簡潔さにもかかわらず，尺度は高い内的一貫性と 3 項目間のかなり高い相関を示す（Williams, 2000）。SDS 得点は，精神障害ではないグループと比較して，患者グループでより高い。すなわち，重要なことに，感度（.83），特異度（.69），陽性適中率（.47），陰性適中率（.92）は，この尺度において確認されてきた。この尺度はまた，治療の変化にも鋭敏である。

社会適応尺度（Social Adjustment Scale: SAS）（Weissman & Bothwell, 1976）

SAS は，2 カ月（面接法），あるいは 2 週間（自己報告）にわたる社会的機能をアセスメントするために用いられる面接法と自己記入式尺度である。SAS は 6 つの領域をアセスメントする。すなわち，仕事，社会的活動と余暇活動，拡大家族との関係性，配偶者としての結婚生活の役割，親としての役割，家族の中のメンバーとしての役割である。この測度の質問は，個人の課題遂行能力，葛藤の程度，対人的行動，主観的な満足感に集中している（Weissman, 2000）。尺度は適切な内的一貫性と再検査信頼性を有している（2 週間の間：Weissman, 2000）。SAS は精神疾患を有する群と有しない群を弁別することが見出されており，治療による変化にもいくらか鋭敏である（Weissman, 2000）。

抑うつの脆弱性の評価尺度

帰属スタイル質問票（*Attributional Style Questionnaire: ASQ*）（Peterson et al., 1982）

ASQ は，ネガティブイベントとポジティブイベントの原因の知覚をアセスメントするために考案された自己報告式尺度であり，出来事は外的要因と内的要因

のどちらが原因となっているのか，その原因は安定的なのか不安定的なのか，その原因は全般的または特殊的のどちらかといった点が特にアセスメントされる。これらの帰属，または説明スタイルは，抑うつに対する特異的な脆弱性として説明される。たとえば，ネガティブイベントが内的で，安定していて，全般的な原因に起因していると解釈され，ポジティブイベントが外的で不安定的で特殊的な原因に起因していると考えられた時，その者は抑うつに脆弱になる。この尺度は6つの短い場面を用いており，それぞれの短い場面に対して4つの評価をするよう回答者に求める。この測度の信頼性は，内的一貫性（クロンバックの α）と再検査信頼性の両方に関して適切である。尺度の妥当性はこれまで示されており，ASQは多拠点におけるテンプル－ウィスコンシン抑うつ脆弱性プロジェクト（Alloy & Abramson, 1999）で活用されてきた。重要なことに，高いASQ得点は，無症候性の者の抑うつ障害と症状の発症を予測するようである（Alloy et al., 2000）。

非機能的態度尺度（*Dysfunctional Attitude Scales: DAS*）（Weissman & Beck, 1978）

　DASは，抑うつと関連した不適応的な信念をアセスメントするために考案された。多くのDASの項目は，「もし…ならばその時」という陳述として明確に書かれており，もし極端な方向性で考えられたならば，それらはかたくなで，不適応的であり，抑うつを含む苦しい情動経験を導く可能性がある。DASは実際，3つの形式で利用可能であり，100項目版とより一般に用いられる2つの40項目版(フォームAとフォームB)がある。DASの因子構造は，いまだ論争中のバージョンで確定され，2つのフォーム（AとB）は，異なる因子構造を有していることが明らかにされている。フォームAの因子は，承認の必要性，完全主義，リスク回避で構成されている。フォームBは，成功の必要性，好印象を与えることの必要性，承認の必要性，感情をコントロールすることの必要性で構成されている（Oliver & Baumgert, 1985）。出発点として，100項目のプールの全てを用いたDAS項目の最も包括的な分析は，信念の9つのタイプがDASによって確実に測定されることを示唆した。すなわち，脆弱性，承認の必要性，成功－完全主義，他者を満足させることの必要性，義務，好印象を与えることの必要性，弱く見えることの回避，情動のコントロール，非難-依存である（Beck, Brown, Steer, & Weissman, 1991）。

11 章
双極性障害および関連障害群

双極性障害および関連障害群の記述的特徴

　双極性障害および関連障害群は，高い頻度で発症し，しばしば重篤になり，生涯にわたって患者個人に著しい影響を及ぼす精神疾患である（Cooke, Robb, Young, & Joffe, 1996; Harrow, Goldberg, Grossman, & Meltzer, 1990; Robb, Cooke, Devins, Young, & Joffe, 1997）。双極性障害および関連障害群の有病率は，人口の１％を少し超える程度であるにもかかわらず，障害調整生存年（disability-adjusted life years: DALYs）を共通の測定基準として用いた世界保健機関の疾病負荷のランキングにおいて，発展した経済市場を持つ国の中で６位にランクづけされている。躁病エピソードの後に深いうつ病が続く，しばしば予期不能なサイクルによって，その障害は患者の人生に大きな打撃を与える。双極性障害および関連障害群は入院の原因になることが多く，罹患した者の自殺のリスクを増加させる。双極連続体の両端が機能の問題を導いている。うつ病エピソードは単極性うつ病と同様の症状によって特徴づけられ，患者個人の機能的能力を下げる。加えて，躁病や軽躁病はしばしば，職業，対人，および経済領域において，それら自身の独自の一連の問題とストレッサーを生み出している。双極性障害および関連障害群はまた，ほとんどの人にとって患者個人の人生全体にわたって，予期不能な具合に症状が増大と減少を繰り返しながら患者個人に影響を及ぼす障害である。

　数十年の間，双極性障害および関連障害群は，専ら生物学的レンズを通して理解され，治療が行われてきた。実際，双極性障害および関連障害群は，遺伝率とほんのわずかな回復を達成するための気分安定薬の必要性に基づいて，心理学的

介入が見過ごされる傾向にある，あるいは少なくともそのように理解される傾向にあった。しかしながら，過去10年間でこの障害に対する心理療法に多くの発展がみられており，その中にはCBTを薬物療法における重要で効果的な付随物として主張する研究が増加している（Basco & Rush, 1996; Newman, Leahy, Beck, Reilly-Harrington, & Gyulai, 2002）。本章は，双極性障害および関連障害群とその鍵となる臨床的特徴を記述し，その後，CBTに対する近年のエビデンス，および双極性障害および関連障害群の治療に対するグループアプローチを記述する。

診断の特徴

　基本的に，双極性障害および関連障害群は，大うつ病エピソード，および躁病や軽躁病と呼ばれる気分とエネルギーのより短期間の，著しい上昇を含む。双極性障害および関連障害群におけるうつ病の基準は，大うつ病性障害を特徴づける大うつ病エピソードの基準と同じである。大うつ病エピソードは，少なくとも2週間の抑うつ気分，または興味の喪失を含み，4つ以上の他の症状が伴う（アメリカ精神医学会［American Psychiatric Association: APA］, 2000）。それらは，体重や食欲の変化，無調整な睡眠，身体的焦燥や制止，エネルギーの喪失，無価値感や過度の罪悪感，集中困難や意思決定の困難，および自殺念慮や自殺計画や自殺企図である。躁病または軽躁病エピソードは，気分，エネルギー，および行動の対極（それゆえに，「双極」という用語）として見ることができる。しかしながら，そのようなエピソードは，気持ちが「良い」ことを超えている。確かに，高揚感とポジティブな感情はあるかもしれない。しかしながら，しばしば，抑うつ障害群と双極性障害および関連障害群の人自身の制御できない易刺激性とより高水準に駆り立てられるエネルギーに重ね合わされた抑うつ症状の混合もある。躁病の基準を満たすためには，人は，次の症状の中で少なくとも3つを7日間経験しなければならない。それらは，自尊心の肥大または誇大；睡眠の必要が減少し，エネルギーの喪失または疲労がないこと；発話と思考において，より多弁でより切迫感があること；思考と活動から容易に注意がそらされること；より目標指向的であること；否定的な結果になる可能性があることを認識せず，楽しい，もしくは衝動的快楽的活動に過度に関与することである（APA, 2000）。そのような症状が7日間持続していないものの，入院の根拠となるほどの十分な重症度であれば，躁病の基準も満たされるとされてきた。他方，軽躁病は，より軽症の気分に関連する経験であり，少なくとも4日間持続する。軽躁病の基準を満たす

ためには，これらのエピソードがより短期間で，入院の根拠となるほど十分な重症度ではないことを除いて，同一の基準が用いられる（APA, 2000）。

「標準的な」水準のエネルギーとポジティブな感情が軽躁病と区別されることは，特にうつ病から回復しつつある個人において困難となる可能性が高く，この軽躁病の定義は，しばしば臨床家に相当な混乱を招いている。もっとも臨床的に言えば，人の「良い」気分が，自分の平常の自己と明確に異なり，平常の安楽の状態をはるかに超える行動的指標（すなわち，より大きい生産性，睡眠の必要の減少，多弁，注意散漫）がある場合には，軽躁病に該当するとされる。

現在の躁病あるいは躁病の病歴を伴ったうつ病エピソードが存在する場合には，その抑うつ障害群と双極性障害および関連障害群を呈する者は双極Ⅰ型障害と診断される。現在の軽躁病あるいは軽躁病の病歴を伴ったうつ病エピソードが存在する場合には，双極Ⅱ型障害と診断される。双極性障害および関連障害群は，気質と障害プロセスの両方を反映する双極性スペクトラムとしてしばしば言及されるある種の連続体であるという認識も増えている（Bieling & MacQueen, 2004）。この見解には論争がないわけではないが，抑うつ状態の後に続く気分の高揚のより広く定義されるサイクルが，多様な診断のラベルを有しており，気分安定薬から利益を受けているように思われる多くの患者を特徴づけると思われる（Perugi & Akiskal, 2002）。これは，「双極性」の定義が拡張されるべきであり，スペクトラムの診断が現象学と基盤となる精神病理学をより正確に反映するであろうという討議を導いてきた（Akiskal & Pinto, 1999）。

双極性障害および関連障害群に対する CBT

双極性障害および関連障害群への CBT の適用は，うつ病と不安症の治療と比較した場合，実際に比較的最近のことである。これは，双極性障害および関連障害群の治療にとって生物学的治療，主に気分安定薬の中心性を考慮すると，理解可能である。それゆえに，双極性障害および関連障害群の管理は大部分，身体的治療のみを要求する完全に医学的なモデルを用いた精神医学的な場面内に留まってきた。しかしながら，気分安定薬の処方と臨床的管理の提供のみでは，可能な限り最良なケアとしての基準を満たすには十分とは言えない。実際，その病気の性質と治療に関する患者と家族の教育，患者と治療チームの間の強い協力的連盟の形成を含む，その他の要因が，現在における効果的な治療の決定的な構成要素と

して考えられている（Basco & Rush, 1996）。これらの発展は，症状を制御するだけではなく，患者がより満足し，生産的な人生を送ることを助ける有用な付随物として機能する可能性があり，特定の治療に対するさらなる献身的な関心に火をつけることに役立つこととなった。

　多数の特別な問題が，双極性障害および関連障害群の治療において優先される。おそらく，最も困難な問題は，服薬の不遵守である。およそ15 〜 46% の患者は薬物の計画に従わない（Basco & Rush, 1996）。薬物の服用は，エピソードの間の症状を低減するだけでなく，予防の効果も持つため（Basco & Rush, 1996），このことは大きな影響を与える。気分安定薬の服用を続ける患者は，繰り返される気分と躁病／軽躁病エピソードを持ちにくい。それゆえに，双極性障害および関連障害群の管理と双極性障害および関連障害群のための CBT は，患者を明示的に教育し，非常に直接的に，服薬の遵守と遵守に対する障壁に対応するためのデザインされた介入を含む。おそらく他に，CBT の方略が，薬物と相互に関連したやり方で機能し，治療者が真の生物心理社会モデルを支持している障害はない。

　双極性障害および関連障害群に独特で固有の第二の領域は，サイクルの初期における，うつ病と躁病の気分状態の間のあらゆる転換に対して，患者の方向づけを助けるために CBT を使用することである。その病気のうつ病期から躁病期への移行は時に急速である可能性があり，患者が，そのような転換をどのように管理すべきかについて決定できるように，治療チームの注意をその転換に持っていくことが重要である。たとえば，うつ病エピソードの開始は，抗うつ薬または気分安定薬の調節を要求する可能性がある。同様に，躁病の方向への転換は，自傷行為の可能性を減らすことに役立つ治療決定を引き出すことが可能である。例として，衝動的で過多の出費の履歴を持つ多くの双極性障害および関連障害群の患者は，治療チームの助けを借りて，彼らが躁病の影響を受けやすい時にクレジットカードまたは銀行口座を使う手段を託すことによって，彼らの出費を抑える手段を考えるかもしれない。患者は，完全な躁病エピソードの間に，そのような計画に従う見込みはない。それゆえに，気分のサイクルの早期の検出と管理は優先事項である。CBT のプロトコルは，どちらかの極端への振れの「振幅」を調整することを目的として，躁病とうつ病の初期段階をよりよく管理するスキルを患者に教える。

　双極性障害および関連障害群の認知モデルでは，病気の躁病と軽躁病期が，同一の内容の次元に沿って，うつ病の認知的「極」と正反対の内容と関連している

ことを示唆している（Schwannauer, 2004）。それゆえに，同じスキーマ，たとえば，「価値」は，うつ病と躁病の両方で活性化されるだろう。しかしながら，そのスキーマの価値は，根本的に異なっているだろう。平常の気分の間は，そのようなスキーマは，健康的な中間点で機能するだろう。躁病では，そのスキーマはポジティブに歪み，うつ病では，ネガティブに歪む。認知モデルは，外的なトリガーだけでなく，生物学的に決定されたこれらのモードの活性化を統合する（Beck, 1996）。しかしながら，一般的な認知的アプローチと一致して，双極性障害および関連障害群のモデルも，モードの活性化を引き起こす外的な出来事の種類は個人間で異なっていることを示唆している。たとえば，仕事での昇進は，ある抑うつ障害群と双極性障害および関連障害群の個人に軽躁病を開始させる可能性があり，その一方で，他の人においては，そのようなエピソードは，新しい恋愛関係によって引き起こされ，このような所見は入手可能なデータと一致している（Schwannauer, 2004）。それゆえに，単極性うつ病と同様に，多くの事柄は，出来事だけではなく，抑うつ障害群と双極性障害および関連障害群の個人の信念と独特のスキーマに依存している。動機づけと感情のサブシステムのこの躁病の極がいったん活性化されると，人は自己，世界，未来の3つについて，輝く，ポジティブで，非常に非現実的な観点で見る傾向にある（Scott, 2001）。この極度にポジティブな認知処理は，患者個人の結果としての行動選択と関連すると信じられている。なぜならば，無限の機会の世界の文脈で，自分自身が全能であり将来は無限であると信じるからである。特に気分のサイクルのエピソードの初期に同定された場合には，これらの非現実的な思考と信念に対して，現実検討と多様な観点の検討を含む認知的技法を実施する可能性がある。

外的なストレッサーはうつ病と躁病や軽躁病の両方のエピソードで重要な役割を果たすため（Goodwin & Jamison, 1990），そのような困難の頻度と強度を減らすことも重要な目標となる。ここでは，問題解決とともに古典的なCBTの方略が使用可能である。問題解決を用いて，ストレッサーとデイリーハッスルを減らし，早期に検出し，あるいは和らげることによって，患者はより高い水準の安定を得る可能性がある。さらに，双極性障害および関連障害群のうつ病期の間における，思考の認知的「プロフィール」は，内容と構造の点で単極性うつ病と類似している（Clark, Beck, et al., 1999; Rose, Abramson, Hodulik, Helberstadt, & Leff, 1994）。また，うつ病の認知的脆弱性は，抑うつ障害群と双極性障害および関連障害群で類似しているように思われる（Scott, Stanton, Garland, & Ferrier,

2000)。それゆえに，単極性うつ病で用いられる，思考と信念をモニターし，評価するよう手助けする技法は，双極性障害および関連障害群にも適用されてきている。実際に，双極性障害および関連障害群の治療プロトコルの中において病気のうつ病期のためのセクションは，後のプロトコルで説明されるいくつかの追加はなされているものの，概して単極性うつ病と同じである。

双極性障害および関連障害群の CBT と集団 CBT のエビデンス

　CBT が付加的治療として使用された場合の有望な結果に言及した多数の事例報告に先行して，双極性障害および関連障害群の個人 CBT についての最初となる形式的な記述が 1996 年に出版されている（Scott, 2001 を参照）。現在のところ，双極性障害および関連障害群の結果のデータはまだ予備段階である。双極性障害および関連障害群では，集団 CBT の大規模無作為化比較試験は今までのところ行われていない。しかしながら，3 つの無作為化試験が個人の CBT 治療として行われている。1 つの試験では，68 名の患者を対象に，所定のケアに加えて，エピソードの初期の兆候に気づくことを手助けするためにデザインされた CBT 指向の介入，あるいは所定のケア単独の提供が行われた（Perry, Tarrier, Morriss, McCarthy, & Limb, 1999）。介入群は，所定のケア群と比較して，躁病エピソードが著しく少なく，機能水準がより高く，入院日数がより短かった。第 2 の研究では，42 名の患者を対象に，20 セッションの CBT を実施した群と待機統制群とが設定された（Scott, Garland, & Moorhead, 2001）。積極的治療を行った群では，抑うつと躁症状が低減し，治療された患者の 70% に効果があった（Scott et al., 2001）。入手可能な最大規模の試験では，再発予防研究において，双極性障害および関連障害群を持つ 103 名の患者が，CBT 群と従来の治療の統制群に無作為に割り振られた手続きが取られている。入手可能な最初の年のデータでは，（平均 16 セッションの）CBT を受けた患者は，抑うつ症状がより少なく，躁症状の揺らぎがより小さかった（Lam et al., 2003）。CBT 条件の患者はまた，統制群と比較してより良い社会的機能を有していた。最後に，興味深い準実験デザインとして，Zaretsky, Segal, & Gemar（1999）は，現在双極性障害および関連障害群に罹患している患者が，20 セッションの個人 CBT の後の抑うつ症状の測度において，マッチングされた単極性うつ病の者と同等の改善を示すことを見出している。

　ごく少数の患者であり，時には統制条件がない傾向があったが，集団 CBT の有効性についての研究も行われてきた。Cochran（1984）は，双極性障害および

関連障害群を持つ 28 名の患者において，リチウムの遵守を高める認知療法のグループ治療と通常ケアとを比較した。CBT を受けたグループは，入院日数がより少なく，薬物をより中断しにくかった（CBT 群では 21% の中断率であり，統制群では 57%）。Palmer, Williams, Gorsefield, & Adams（1995）によって実施されたパイロットスタディは，Cochran の研究と比べてより包括的な集団 CBT アプローチが提供された 6 名の患者を含むものであった。治療では，病気，変化のプロセス，およびコーピング方略についての教育に焦点を当てるものであった。全ての参加者は，少なくとも 1 つの結果測度で改善していることが確認された。最後に，Patelis-Siotis et al.（2001）は，双極性障害および関連障害群についての特定の教育と気分のサイクルを低減し，制御するための方略の他に，Beck et al.（1979）のうつ病に対するアプローチに従ったマニュアルに基づく CBT グループアプローチの検討を行った。計 49 名の個人が，その研究に参加した。全ての患者が，研究登録のための基準として十分に統制された抑うつと躁症状を有していたが，機能の全体的評価（Global Assessment of Functioning: GAF）と心理社会的機能測度は，治療の最後までに著しく改善し，80% 近くの患者が治療を遵守していた（Patelis-Siotis et al., 2001）。このように，双極性障害および関連障害群の CBT アプローチに対する全般的なエビデンスが明らかに出現しつつあり，現存する個人治療とグループ治療についてのエビデンスは肯定的である。

グループアセスメントの諸問題

集団 CBT に対する適格性のアセスメント

　双極性の病気の著しい異質性と「連続体の」双極性障害および関連障害群の性質のために，集団 CBT を考える前には，綿密な診断のアセスメントを行うべきである。非常に構造化されたアセスメントのアプローチでさえ，双極性と気分の循環のより特徴的な出現を区別することは難しいかもしれない。おそらく，最も重要なことは，双極性障害および関連障害群と境界性パーソナリティ障害の区別であり，それらは併発もしうる（Bieling & MacQueen, 2004）。著しく損害を与える気分変動は，両方の障害における不可欠な要素であるかもしれないが，2 つの障害は非常に異なる対人的および心理学的含意を有している。併発した双極性障害および関連障害群を持つ境界性パーソナリティ障害の患者と双極性障害および関連障害群だけを持つ患者から構成される双極性障害および関連障害群のグ

ループは，予期不可能な，おそらく非生産的な集団力学を持つだろう。CBT グループに患者を配置することを決める前に，患者の履歴を特徴づけ，理解させることは，明らかに望ましいことである。私たちの臨床場面では，これは標準的な実践である。双極性障害および関連障害群を持つ患者の治療は，ある程度の気分の安定を達成することを目的とした薬物療法の計画を立てるところから始まる。その後，患者の他の心理社会的治療のニーズ，および機能と生活の質を改善する何らかの必要性があるかどうかについて考慮する。CBT グループへの配置が検討されるべきなのはこの時点であり，診断が十分に明らかになった時である。

　双極性 I 型と双極性 II 型障害を持つ患者は，現存のデータを考慮すると，CBT の候補者として同等に適格な可能性を持つように思われる。I 軸，または II 軸の条件にかかわらず，ある患者が他の障害の基準も満たす時，より挑戦的な決定が生じうる。展望では，双極性障害および関連障害群と II 軸の障害の併発率は，30〜50% の範囲にあり，最も頻繁にみられる診断は，強迫症，演技性，境界性パーソナリティ障害であることが示唆されている（Bieling & MacQueen, 2004）。Brieger, Ehrt, & Maneros（2003）の研究で記述された 7 つの研究の最近のプール解析では，全体の II 軸の障害の有病率は，393 名の患者のデータで 45.6% であった。その統合データでは，強迫症，演技性，境界性パーソナリティ障害は，それぞれおよそ 15% の有病率であった。双極性障害および関連障害群における不安の併発率は，30% と 50% の間にある（Boylan et al., 2004; Cassana, Pini, Saettoni, & Dell'Osso, 1999; Pini et al., 1997; McElroy et al., 2001）。それゆえに，毎日の臨床実践において，双極性障害および関連障害群を持つ患者のあらゆるグループでは，かなりの異質性を含むであろう。しかしながら，もう 1 つの疾患が主診断と考えらえる可能性がある場合には，個人治療が望ましい選択となるかもしれない。たとえば，薬物で十分に制御されてきた双極性障害および関連障害群を持ち，最近の躁病の履歴はないものの，妄想性パーソナリティ障害による著しい表出と機能障害を持つ患者にとっては，双極性の CBT グループは必要ではなく，おそらくスキーマに基づく認知療法が望ましい選択肢となる。他方で，最近の入院の要因となった躁病エピソードから回復しつつある個人で，アセスメント時に，社交不安症の基準も満たす者は，たとえ，後半の段階において，追加の治療として社交不安症も取り扱う必要性が生じたとしてもおそらくはグループから利益を得るであろう。したがって，併発症の存在は，グループに対する自動的な除外条件とすべきではなく，臨床家は，それぞれの障害がどの程度優位であり，どの程度機能

障害につながるか，そして併発症によって肯定的なグループ・プロセスがむしばまれるかどうかといったことを判断する必要がある。

　基本的なＩ軸とＩＩ軸の診断的スクリーニングに加えて，（本書の５章で記述した）グループの適格性の面接は，集団 CBT のアプローチへの適合性を明らかにする重要な道具になりうる。しかしながら，双極性障害および関連障害群では適格性のアセスメントをいくらか独特なプロセスで行う点に重要な特徴がある。第一に，双極性障害および関連障害群の CBT の既定の目的は，その病気の性質についての教育である。これは，双極性障害および関連障害群を持つ者は，その障害についての誤った概念を持つ傾向があり，多数の証拠にもかかわらず，それを有していることさえ否定する可能性があるという事実を認めている（Basco & Rush, 1996）。この正確なメカニズムは十分に理解されていないが，患者が自分の症状や機能障害の水準を不正確に想起することは，特に躁病の患者において，まれなことではない。これが状態依存的な記憶であるのか，前述したように，内省の不足であるのかどうかにかかわらず，これらの要因が，双極性障害および関連障害群における治療を困難にする要因であると伝統的に考えられてきた。しかしながら，治療前に，双極性障害および関連障害群を持つ患者が，うつ病または躁病エピソードのトリガーを認識し，自分のネガティブな思考や感情を記述することはない傾向にある。病気の否認もその図式の不可欠な要素であるかもしれない。治療は認知と行動領域を取り扱う準備性を明示的に取り扱うため，このことは必ずしも乏しい結果の予測因子とはならない。適格性の面接で認めなければならない第二の要因は，双極性障害および関連障害群を持つ患者は，自分の病気の生物心理社会的見解を持たない傾向にあるということである。それゆえに，自分自身を助けるために果たすかもしれない自分の役割が分からないかもしれない。むしろ，双極性障害および関連障害群を持つ患者は，より典型的に，強い生物学的見解を持っており，そのことは，彼らの病気における薬物の中心性といくつかの精神医学的サークルの中で広められている，その障害の排他的な生物学的モデルを考えれば驚くことではない。それゆえに，適格性の面接で探求する必要のある重要な点は，抑うつ障害群と双極性障害および関連障害群を持つ個人が，外的なトリガーを含むその障害と自分の人生に対しての一定の責任と制御を行う機会を提供するモデルへと心を開くことである。

　双極性のグループへ患者を選択する場合に最大の懸案事項となる最後の問題は，病気の状態である。明らかに，アセスメントされ，その病気の連続体の２つの極

端の一方にいることが明らかとなった患者は，好ましくない候補者である。軽躁病，または躁病が上昇している患者は，おそらくグループ・プロセスにとっての課題となり，多くの場合に，おそらく2時間のグループセッションに参加できず，グループのルールと規範に従うことができないであろう。同様に，非常に極端なうつ病の患者は，その概念に従うこと，またはグループ・プロセスに参加することに苦戦するかもしれない。そのような患者は，しばしば劇的で，時には予測困難な投薬計画の変化も経験している。いかなるケースにおいても，患者が既知の効果と副作用を持つ薬物療法の治療計画を提供され，ある程度のわずかな安定を得た時にのみ，CBT グループへの選択を考えることが重要である。

　より明確にし難い点として，グループが患者にとって有用となるのは，病気が極端な状態からどの程度下の水準にあるかということである。たとえば，入院の文脈におけるグループでは，非常にうつ的な患者が，長期間変化や再発がないのであれば，活性化のために参加することを許可するかもしれない。いくつかの場面で，研究者たちは，うつ病と躁病や軽躁病の両方が寛解に近い時に，グループにおける最大限の利益が最も生じるであろうと提案してきた（Patelis-Siotis et al., 2001）。実際，比較的安定している患者を選択することは，CBT の再発予防の側面を最大化する見込みがより高く，そのことは，この慢性的障害において，症状の短期的な減少と同等に重要なことであると考えられている（Lam et al., 2003）。しかしながら，双極性障害および関連障害群を持つ多くの患者は，かなり多くの期間を症候群性の，または亜症候群性の抑うつ症状と過ごしているため，私たちは，軽度から中等度の水準のうつ病を持つ患者は，現在安寧で，再発を予防するように動機づけられている患者と同様に，グループ治療を選択すべきであると主張する。

治療結果のアセスメント

　双極性障害および関連障害群の CBT 治療の焦点からの延長線上で考えた場合に，結果の測度は症状の域をはるかに超える。しかしながら，臨床家にとって，治療の過程における，現在のうつ病と躁や軽躁症状を追跡することは非常に有用である。このことは，明らかに付録11.1 で記述された有効な自己報告式尺度を支持するものである。改訂版ベック抑うつ調査票（Beck Depression Inventory: BDI）は，本書の10 章でも記述されている，抑うつ症状の重症度を追跡するための優れた選択である。その障害の他の「極」を測定する自己評定式尺度は，ほ

とんど開発されていない。それゆえに，私たちは，双極性障害および関連障害群のほとんどの治療研究で用いられる「金字塔的な」面接に基づいた測度であるヤング躁病尺度も記述に含めている。うつ病に加えて，躁病や軽躁病を評定できる有望で，有効な自己報告式尺度は，内的状態尺度である。BDIと同様に，それは，各グループセッションにおいて回答できるほど十分に短い（15項目）。その尺度は，得点化するために計測しなければならないVisual Analogue Scaleを用いる。しかしながら，下位尺度では，使用者が，慎重に構成されたアルゴリズムを使って，回答者の状態をうつ病，躁病や軽躁病，混合，または安寧に分類できる（Bauer, Vojta, Kinosian, Altschuler, & Glick, 2000）。

　症状以上に興味深い結果領域は，生活の質と機能である。これらの領域を取り扱う測度も付録11.1で記述されている。これらの測度は，自分の気分の症状が比較的安定している患者，および双極性障害および関連障害群の機能障害に及ぼす影響を低減することが集団療法の主要な目標である患者にとって特に意味がある。深刻な精神的病気に対する回復に基づく視点と整合するため，機能に対する焦点もまた，基礎にある病気が「治らない」時でさえ，できるだけ良く生きることとなる。標準化された測度を含まないかもしれないが，重要な指標である多数の要因も，長期間にわたって評定可能である。たとえば，入院日数と薬物療法の遵守は，チャートレビューで評定可能な2つの結果である。

グループ治療の構造化

参加者の人数

　単極性のうつ病と同様に，最適な参加者数に関するデータ駆動型の結論を得ることは容易ではない。この障害の複雑さを考慮すると，参加者数は，単極性のうつ病よりも多少少なく，おそらく7名から10名であろう。病気の段階，併発，気分状態の不安定性に関する個々の異質性のため，治療者は，それぞれのグループ面接で各々の参加者を取扱い，モニターする機会を持つ必要がある。グループの大きさが2桁というのは，おそらく2名の治療者にとっては現実的ではないだろう。

グループセッションの構造

　ここで記述されたプロトコルと一般的なグループの構造は，単極性うつ病のものと同様に，クローズドなグループ形式のためのものである。2名のコ・リーダー

301

がおそらく必要であり，望ましい長さは2時間である。単極性と双極性のグループの間の注目すべき差異は，2つの公式の心理教育のセッションがあることである。家族のメンバーは，情報を聞くこと，および質疑応答の時間に参加することを依頼される。これは「家族療法」を意図しているのではなく，むしろ抑うつ障害群と双極性障害および関連障害群の者に近しい人々に，複雑で理解が難しい障害に関して必要となる基礎的な情報を提供することを意図している。これらの2セッションは，より多くのメンバーと多くの情報の流れを含む，後続のセッションとは非常に異なるプロセスと形式を持つ。質問と事実は別として，開示やグループ・プロセスそれ自体はほとんど強調されない。後続のセッションでは，5章で述べられたセッション内の構造の要素に従う。

治療者

　双極性障害および関連障害群のCBTのために求められる治療者の専門性の水準は，単極性うつ病よりも高いという一般的な一貫した見解がある（Scott et al., 2001）。これにはいくつかの理由がある。第一に，内容の観点から，双極性障害および関連障害群の治療は，単極性うつ病のプロトコルのほとんど大部分を使用するが，その一方で，とくに，アドヒアランス，躁病／軽躁病，および問題解決に充てられるより多くの材料を加える必要がある。第二に，双極性障害および関連障害群は本質的に臨床的な存在としてより複雑である。治療者は，患者の中の潜在的な循環とそれがグループ・プロセスに与える影響に注意深くチューニングを合わせなければならない。第三に，治療者は，自身が薬物を処方する者であるかどうかにかかわらず，生物学的理論と薬物療法のアプローチを指揮することが求められる。双極性障害および関連障害群における生物心理社会アプローチを正確に表現するために，それらのグループの治療者は，患者の困難の全ての側面を考慮し，必要な時に決定的な質問に回答することができる必要がある。私たちは，双極性障害および関連障害群を持つ患者のためのCBTグループを率いる前に，治療者は最初に単極性うつ病のCBTグループを率いる熟練者になり，そして双極性障害および関連障害群の臨床的管理にかなり多く接することを勧める。

双極性障害および関連障害群のCBTの方略の概要

　ここで記述された20セッションのグループプロトコル（表11.1を参照）は，

11 章　双極性障害および関連障害群

表 11.1　双極性障害および関連障害群の集団 CBT の治療プロトコルの概要サンプル

セッション	扱われる方略
セッション1	・心理教育Ⅰ：家族の出席 ・治療者の紹介 ・心理教育の計画とセッションの簡潔な記述を含むプロトコルの全体像 ・双極性障害および関連障害群の記述 　1. 例を用いた症状の兆候 　2. 遺伝学，ストレッサー，心理学的要因に関して知られていることを含む，生物心理社会モデル 　3. 病気の経過 　4. 薬物と療法を含む治療 ・双極性障害および関連障害群の影響 　1. 病気の個人に対する影響 　2. 家族と最愛の人に対する影響
セッション2	・心理教育Ⅱ：家族の出席 ・双極性障害および関連障害群で使用される薬物の概要 　1. 気分安定薬：タイプ，治療結果，副作用 　2. 抗うつ薬：タイプ，治療結果，副作用 ・心理的治療 　1. 服薬の遵守 　2. 循環に対する早期介入 　3. 行動的，および認知的方略 ・質疑応答の時間
セッション3	・集団 CBT の「規則」 　1. 守秘義務 　2. 到着（加入時）の手続きと評価尺度 　3. ホームワーク 　4. 予約を守らないこと ・グループのメンバーの自分の病気に関する語り ・目標設定 　1. 治療の遵守をめぐる目標を引き出すこと 　2. エピソードの早期予防をめぐる目標を引き出すこと 　3. 問題解決／ストレスの低減のための目標を引き出すこと
セッション4	・うつ病における気分状態と行動の関連の概要 ・気分／感情評価システムの導入 ・活動と気分の関連（すなわち，どんな活動が気分を改善するか，どんな活動が気分を悪化するか）の実演 ・ホームワーク：活動と気分の評定を伴う活動スケジュールの回答
セッション5	・行動的介入：うつ病における気分を改善するための活動の修正 ・これらのタイプの活動を例示するために，過去の例を用いたマスタリー（うまくいっている感じ）と喜びの概念の導入 ・強化のバランスを確立するため，マスタリーと喜びの活動の増加に焦点を当てること ・ホームワーク：新しい活動が付け加えられた活動記録表に回答することと気分を評定すること

303

第Ⅱ部　特定の障害における認知行動療法グループ

セッション	扱われる方略
セッション6	・うつ病のために行動変容の結果を検討すること ・躁病／軽躁病の行動的兆候 　1. 活動の水準 　2. 生産性の増加 　3. 躁病／軽躁病の身体的兆候 ・躁病／軽躁病を低減するための行動的方略 　1. 刺激統制 　2. 睡眠を普通にするための方略 　3. リラクセーション方略 　4. 治療チームに連絡を取ること ・ホームワーク：患者が自身の躁病／軽躁病の早期の行動的兆候をふりかえり，代替案をリストにすること
セッション7	・認知的介入で標的とすべきネガティブな「気分の転換」を同定すること ・例から，困難な状況で経験される感情にラベルをつけ，評定すること ・患者の例を使って，状況と感情の間の関連として，解釈と「自己教示」を記述すること ・自動思考と「ホットな認知」：感情に最も関連する思考に焦点を当てること ・ホームワーク：非機能的思考記録表（Dysfunctional thought record: DTR; 状況と感情）の最初の3つのコラムが回答されること
セッション8	・思考記録の例の振り返り ・ポジティブな思考と躁病／軽躁病の早期の兆候の関連の記述 ・「活性化させる」状況と関連するポジティブな自動思考の歴史的な振り返り ・ポジティブな自動思考を用いたDTRの最初の3つのコラムの回答 ・ホームワーク：DTRの最初の3つのコラムとホットな認知を同定すること
セッション9	・思考記録からの例の振り返り：状況，気分，思考 ・例の中でホットな認知を同定すること ・根拠を検討する技法を導入して，ホットな認知と歪みを「支持する」，および「支持しない」証拠を見つけること ・「抑うつ的」思考の例の証拠と歪みの評定 ・ホームワーク：証拠の収集を含むDTR
セッション10	・思考記録からの例の振り返り：状況，気分，思考，証拠，歪み ・躁病／軽躁病の早期兆候におけるポジティブな自動思考のための証拠集めと歪みの導入 ・ポジティブな自動思考を支持する，および支持しない明示的な証拠を説明するために例を振り返ること ・ホームワーク：ポジティブな自動思考に対する例のDTRに記入すること
セッション11	・うつ病と躁病／軽躁病のための「別の思考」の導入 ・証拠を無視する，ホットな認知を特定し誤る，深い信念の活性化を含む，別の思考と思考記録のトラブルの解決 ・ホームワーク：必要に応じてDTRに回答すること
セッション12	・結論を引き出すには不十分な情報が存在する思考記録の例の振り返り ・実験の導入：結論を引き出すには不十分な証拠であり，より多くの情報が必要となる時に，その情報を収集する方法を考案すること ・患者の例と整合的な例を創造すること ・ホームワーク：実験を実行し，結果をモニターすること

11 章　双極性障害および関連障害群

セッション	扱われる方略
セッション 13	・解決される必要がある問題を同定する思考記録の振り返り ・薬物投与計画の遵守をめぐる目標に関する問題と目標設定へのストレッサーを概観すること ・ストレッサーとエピソードの開始の間の関連の検討 ・対人関係ストレッサー ・個人内のストレッサー ・ホームワーク：解決されるべきストレッサーのリストの構築
セッション 14	・問題解決方略の導入 　1. 問題の定義 　2. ブレインストーミング解決法 　3. 代替案の評価 　4. 実施とフィードバックループ ・対処方略の導入 　1. 感情に焦点化されたもの 　2. ディストラクション対処 　3. 活動的対処 ・対処と問題解決のバランスを取ること ・ホームワーク：問題解決のエクササイズの完遂
セッション 15	・「深い認知」の導入；条件つきの思い込みの概念と中核信念 ・「下向き矢印」法を用いた深い認知の例示 ・自己，他者，世界に関する条件つきの思い込みのために用いられる下向き矢印の記述 ・ホームワーク：下向き矢印のエクササイズの完遂
セッション 16	・条件つきの思い込みと中核信念の関連の説明 ・中核信念の「連続体」モデルの例示と中核信念を変容する見込みのある技法の強調 ・典型的な対処のパターンを変容するための証拠の収集，実験，典型的な対処のパターンを変容するための問題解決計画の記述と別の中核信念を支持する情報の収集 ・ホームワーク：中核信念の連続体の生成と別の中核信念に関する証拠の追跡
セッション 17	・双極性障害および関連障害群に関連する中核信念 ・欠点と恥の信念 ・病気に基づいた信念に対処するための介入 ・病気の責任と病気の生物的「決定主義」 ・ホームワーク：必要に応じて CBT の方略を実施すること
セッション 18	・患者によって指揮された通りに，学習されたスキルを統合し実施するための毎月のブースターセッション
セッション 19	・患者によって指揮された通りに，学習されたスキルを統合し実施するための毎月のブースターセッション
セッション 20	・患者によって指揮された通りに，学習されたスキルを統合し実施するための毎月のブースターセッション

305

Basco & Rush（1996），Newman と共同研究者（2002），および結果研究のために開発されたグループプロトコル（Patelis-Siotis et al., 2001）を含むものであり，複数の情報源の組合せから得られたものである。最初の17セッションは，週に1回実施し，その後に，3回のフォローアップのために月1回のブースターセッションが行われる。ただし，そのようなブースターは，次第に間隔をあける形で継続される。週に1回のセッションは，決定的な内容の領域をカバーするように，慎重に構造化され，心理教育，うつ病と躁病や軽躁病のための行動的方略，うつ病と躁病や軽躁病のための認知的方略，問題解決，および双極性障害および関連障害群に関する中核信念のワークを含む。ブースターセッションは比較的構造化されておらず，おそらく特定の方略や内容の領域への各グループのニーズを反映する内容となる。次の節では，私たちは，表11.1に概略を示した主要な治療の要素とセッションごとのプロトコルの流れを記述する。

心理教育

このプロトコルにおける最初の2つのセッションは，概して教訓的であるが，討議と質問のための時間を残しておくことが重要である。グループの患者，および彼らの家族は，この障害に対する多様な考えを有してしまっている可能性があることを考慮すると，おそらく多くの質問が生じるであろう。これらのセッションの重要なテーマは，患者を変化の1つの段階からもう1つの段階へと移動させることに関連しており，Prochaska & DiClemente（1983）によって開発された，変化に関する理論的モデルに基づいている。全ての患者が，双極性障害および関連障害群は「現実である」または「病気である」ということを受け入れているわけではなく，そのような個人は，しばしば問題が存在することを全く認めない。物質乱用の文献にあるように，患者個人の問題として，名前，診断上の特徴，非常に重要な治療的含意を持つこと，およびその問題が現実のことであり，治療の必要があることを強調することが重要となる。家族を加えることは，問題の性質と深刻さ，およびその含意を十分に意思疎通するためのもう1つの手段である。生じつつあるうつ病，または躁病や軽躁病の症状をよりよく認識し，可能な限り，管理する手助けを可能とするためにも，家族のメンバーを加える。

同時に，治療者は，この障害の薬物療法の中心的役割と限界の両方についての討議を準備すべきである。多くの患者は，薬物から多様な利益，かなりの副作用，適切な治療を評定することの困難さ，または入院中の著しいネガティブな経験を

経験してきたであろう。これらの経験のプロセスについては、後続の節でより完全に記述される。

これらの心理教育セッションの間に、共感と理解の提供は決定的要素であるものの、適切な医療と心理社会的治療による積極的な病気の管理の利益に注目させることによって、ネガティブな治療に関する経験が再構成されうる。さらに、そのような難しい質問は、しばしばより広い心理社会的観点から、その障害をみる段階を設定するために用いられ、その結果、その患者がこの困難な病気に対するある程度の水準の制御を取り戻す手助けとなりうる。薬物の問題に関して、抑うつ障害群と双極性障害および関連障害群の者と自分たちの愛する人の両方が有している「全か無か」思考と戦うことは重要である。薬物療法は、副作用とその他の限界を持つかもしれないが、全く薬物を服薬しないという選択肢は、疑いようもなく抑うつ障害群と双極性障害および関連障害群の者をよりはるかに悪化させるであろう。

治療者は、自分自身とグループ内で熟読する患者の両方のために、資源リストを使用することが奨励される。多数の視聴覚的材料、主に病気の教育ビデオが、多様な資源から利用できる。治療者は、このプロトコルで記述されたポイントを扱うしおり、パンフレット、またはよくある質問（FAQ）のリストの作成も可能だが、事前にパックされた教育材料も利用可能である。さらなる詳細のために、Basco & Rush（1996）は、彼ら自身の研究論文の中に非常に有用な付録で、多数の教育的資源、材料、および流通経路を一覧にしている。

行動的技法

うつ病のプロトコルと同様に、行動的方略はうつ病エピソード、または低い気分との間で、強化子を増やしていくことから始まり（セッション4と5）、読者は、これらのセッションをどのように実施すべきかについての詳細を10章で参照されたい。セッション6では、治療者が躁病と軽躁病の行動的指標を振り返る点が、明らかに独特である。前述したように、双極性障害および関連障害群のCBTの鍵となる特徴は、循環の早期の検出であり、微細な行動的変化は、躁病や軽躁病エピソードが始まりつつあるほとんどの患者にとって、おそらく最初の兆候となる（Basco & Rush, 1996）。

そのようなエピソードが「臨床的に」問題になる前に、患者は自分自身がエネルギーにあふれ、生産的、または最低限の睡眠で体が休まったと感じてしまうこ

とに気づくかもしれない。対応策として，良い睡眠の衛生学の基礎と，刺激を減らす多様な方略を患者は教わる。特定のトリガーによっては，刺激の減少がおそらく望ましい。患者は，あらゆる刺激物質の使用を減らすことを奨励され，刺激物質にはカフェインや砂糖が含まれる。身体的な過剰な刺激（たとえば，運動のしすぎ）を防ぐために，実際の限界が討議され，患者に過度の社会的状況，または多すぎる感覚入力を避けさせることによって環境刺激を減らす計画の立案が行われる。上昇中の患者は，ポジティブな循環回路の中で，躁病を強化する状況を積極的に探すだろう。たとえば，彼らは，彼ら特有のトリガーとなる興味を引くおもしろく刺激的な環境を探し求めるかもしれない。過度の消費が信頼性の高い躁病の指標である者は，「掘り出し物」を求めて自分の好きな店を探し歩くだろう。もちろん，そのような行動は，単に躁病のある種の培養を提供するだけであり，不幸にも，おそらくさらなる被害を引き起こす状況をお膳立てしてしまう。この循環は患者に例示されるべきであり，何人かのグループのメンバーは，自分自身に特有の例を提供するように奨励される。強調可能な点として，さまざまな決定は，そのような計画が慎重に作られ，従われている限り，自己破壊的結果を軽減し，またいくつかの場合においては，患者が自己破壊的結果を避けることができるようにするということである。

　リラクセーション方略も有用かもしれないが，漸進的筋弛緩法以外のものを含むかもしれない。実際，初期の躁病や軽躁病では，患者はおそらく長時間座ることを含むアプローチを実行することが難しいかもしれない。刺激を制限することを強調するとともに，ストレッチ運動，ヨガ，ウォーキング，および他のゆっくりした身体的運動がおそらくより実現可能であろう。躁病的な行動に対する実践的な「ブレーキ」についても討議すべきである。たとえば，患者は，過剰に消費したり衝動的に旅行したりできないように，自分のクレジットカード，身元証明の方法，または車の鍵さえ明け渡すように奨励される。躁病の循環の初期であれば，患者は，自分の自由と自律性の一部を諦める知恵をまだ理解可能かもしれない。しかしながら，いったんエピソードがピークになると，彼らはおそらく自分の行動を抑える必要性が理解できなくなるであろう。患者，家族，およびケアの提供者が，より早期の潜在的なエピソードに気づくことができれば，より多くの管理方略が計画される可能性があり，予防的努力の有効性がより大きくなる。

　多数の躁病エピソードを持つ患者にとって，この部分の治療は特に有益である。しばらくの間，数カ月間，または数年間，躁病エピソードがみられなかった人々

は，自分のトリガーと初期の行動的兆候を正確に思い出すことが難しいかもしれない。これらの患者は，できるだけ多く参加することを奨励されるべきであるが，グループ内の注意は，最近の躁病エピソードを持つ人々に，おそらくより焦点が当てられることになるであろう。さらに，行動的技法を適用する能力は，どのような患者個人においても，躁病の循環の速度と重症度によって制限されるかもしれない。ある患者は，その方略を上手く適用できるかもしれないが，他の人々にとっては，これらの方略が，それらが最も必要とされている時に，有用性が制限されてしまうかもしれない。これらは試行され，洗練されるべき方略であり，また，気分の循環に対する万能薬ではないということを強調することも重要である。これらの方略を使うことに奮闘する患者は，彼らが気分の循環を止めることができない時に，かなりの恥と罪を経験しうる。グループ・プロセスにおいて強調されるべきことは，これらの方略は有望であり，役立つ機会を与えられるべきであるということである。

双極性障害および関連障害群の認知的技法の概要

　前述したように，双極性障害および関連障害群のうつ病期の間は，単極性うつ病に典型的な思考となり，それはネガティブな「認知の3要素」を反映する。それゆえに，状況，ネガティブな感情，および自動思考の間の関係性について説明する手続きは，セッション7と9における証拠の収集と同様に，本書の10章のアプローチと大部分同一である。しかしながら，セッション8，10，および11は，思考の中心的役割とそれらと躁病や軽躁病と関連するその障害の「極」との関連について記述している点で，明らかに異なっている。同様のパターンが，より深い信念や認知プロセスにおいて生じている。単極性のグループで用いられる方略とプロセスは，双極性のグループで用いられるものと類似している。しかしながら，「深い認知」の水準では，このプロトコルは，双極性障害および関連障害群と特有に関連しながらも，単極性うつ病においては生じないであろう信念の探求も行う。後続の節では，私たちは，双極性障害および関連障害群で用いられる固有の方略に焦点を当てる。認知的連続体のうつ病側の端に働きかけることに関する詳細については，本書の10章を参照されたい。

「躁病的思考」に特異的な認知的方略

　セッション8で，グループは，ポジティブな思考と潜在的な躁病または軽躁病

の出現の間の関連について説明を受ける。これらの思考が，行動的，および感情的領域に与える影響を弱めることを手助けするための証拠の収集に取り組むことに加えて，治療におけるこの側面は治療コンプライアンスのテーマを維持する。ポジティブな方向への思考の変化は，患者個人が自分たちの治療チームのアドバイスを探し求め，最愛の人に知らせる合図になるはずであり，その結果，より注意深いモニタリングが導入されうる。

　グループの患者は，ネガティブで悲観的な思考をモニターするスキルをすでに学習していたであろう。実際，ほとんどの患者は，おそらく躁病に比べてはるかにより多くの時間を抑うつ症状と過ごしてきたため，おそらく，彼らは，ネガティブな自動思考を記録し，共有することはより容易であろう。比較的まれな躁病と軽躁病の状態に関連しているポジティブな思考をモニターすることは，より歴史的な視点が含まれるであろう。躁病の現象学のさまざまな種類を考慮すると，そのような思考も質的に異なるのである。ある患者にとっては，誇大な幸福と自分自身や自分たちの能力についてのポジティブな評価の形式で，躁病の初期兆候を経験したかもしれない。他の患者にとっては，焦燥感と目標に「駆り立てられる」ことがそのような状態に一致する思考とともにあったことに気がつくかもしれない。もし可能であれば，最近の躁病や軽躁病エピソードの間の自分の思考を，各メンバーと一緒に再検討することによって，グループのメンバーは，疑いようもなくそのようなエピソードが現れる多くの様子を認識できるようになるであろう。

　Basco & Rush（1996）は，9つの型の躁病に関連するポジティブな思考の型を一覧にしており，グループの経験と例を完成させるのに有用である。グループのためにこのリストを適用することは，患者が過去の躁病的思考を忘れてしまったか，気づいていない時に，とくに有用かもしれない。それぞれの型の思考は，以下のとおりである。

1．リビドーが高まるにつれて増大した性的思考。これは，しばしば通常のポジティブな社会的手がかりが性的関心を示すものであるとして誤って解釈することを含む。
2．他の人々と出来事がゆっくり動きすぎているという懸念。緊急の躁病は，エネルギーの増加を引き起こすかもしれないので，抑うつ障害群と双極性障害および関連障害群の者は加速している時に，他の人々が減速しているという経験をするかもしれない。

3．ある目標を達成するために，最高水準を求める必要性を抱く思考であり，たとえば，ある商品に不満を持ち，その会社の CEO と話すことを要求する。この壮大な思考は，自己愛性パーソナリティ障害にも顕著に見られる可能性があり，それは，抑うつ障害群と双極性障害および関連障害群の者の要求が不適切な文脈に置かれる。

4．不適切な時に，ユーモアを差し挟む必要性を抱く思考と衝動性。抑うつ障害群と双極性障害および関連障害群の人は，深刻な状況（仕事での会議）を，自分たちの拡張した気分を反映するために，「照らすこと」が必要であると考える。

5．他の人が，抑うつ障害群と双極性障害および関連障害群の者に対して，非常に賢く，すばらしいアイデアを持つととらえていることを信じる感覚。これは，通常一般的な承認のいくつかの合図の誤った解釈であり，そして，これらを躁病の人が持つかもしれない新しいアイデアや計画に対する非常に強い支持であると見なすことを含むものである。

6．他の人々はユーモアがない，ゆっくりしている，または退屈であるということに関する思考。これらも，ずれているのは自分であるということを認識していないことに基づいている。

7．薬物は，現在の良い気分にブレーキをかけるものであり，または不必要であるということに関する思考。

8．抑うつ障害群と双極性障害および関連障害群の者は，自分自身，または状況について，他の誰よりも多くのことを知っており，それゆえに，自分は他の人からのフィードバックを受け入れないという信念の集合。

9．価値がある唯一のものとして現在に焦点を当てることであり，おそらくは，過去からの学習，あるいは行動の未来の結果を見失うこと。

　いかにしてそれぞれの型の思考が自己破壊的行動，たとえば，不適切なことを追い求めること，あるいは他の何らかの即時的な，または壮大な衝動性に基づいて行動すること，の選択を支持することによって容易により多くの非機能が生じうるかということを評価するのは簡単である。それぞれの型の思考は，セッション 8 でホワイトボード上に書かれる可能性があり，そのグループは，思考から生じる問題と非機能と同様に，思考と双極性障害および関連障害群との関連について討議が可能である。それから，グループのメンバーは，彼らがうつ病的な思考

に対して行ったように，証拠の収集の方略を用いることを教わる可能性があり，これらの思考もまた「現実」検討によって変わりうる。

　同様に重要なことは，これらの思考は予防において重大になるため，認知的方略は行動的「鎮静」方略と統合しうるということを最初に強調することである。阻止を達成するために，患者は，単に気づくこととして，これらの種類の思考が生じつつあるという「メタ的な気づき」を持つことが第1のステップであるということを教わるべきである。第2のステップは，合理的な思考と証拠の技法で，それらの思考を遅らせることを強調することであり，第3のステップは，これらの思考が生起してきたことを最愛の人と治療チームに知らせることである。もし早期に確認されなかったなら，躁病の循環におけるある点において，これらの思考は，標準的な思考変容技法の力が及ばない強さの水準に達しうる（Basco & Rush, 1996）。この現象を患者に説明することは，それ自体が扱いにくいということである。一方で，患者が自分自身の思考を変容しようとすることは重要である。他方で，彼らが経験する変容の性質は，そのような思考から脱線しにくくするかもしれない。行動的制御方略と同様に，患者にとって，認知的方略は機能しうるが，彼らは，躁病の循環をいつも止められるわけではないかもしれない。

　セッション10まで，グループは，ポジティブ，およびネガティブな思考の両方を含む思考記録に取り組み，討議する。双極性連続体の両極のための質問方略と証拠の収集を例示するために，治療者は，過度にポジティブな思考と過度にネガティブな思考の例が含まれていることを望むかもしれない。双方の思考を検討するスキルは，現在のニーズと将来の予防的努力のために必要であるから，セッション7から11までに，全ての参加者は，両方の種類の歪んだ思考について検討することに精通する。

問題解決と対処方略

　セッション13では，思考記録に応じた行動計画を導入し，セッション14では，対処と進んだ問題解決方略を導入する。前述したように，これらのトピックを明示的に含む主要理由は，うつ病または躁病や軽躁病エピソードの段階を設定する可能性のあるストレッサーや問題の解消と予防である。ここで導入されたトピックも，後続のセッションで再び取り上げられる。双極性障害および関連障害群と関連するストレスと問題，および欠点のある，または傷つけられたものとしての自己に関する中核信念の形成の間には，しばしば深い結びつきがある。実際

には，ストレッサーを生み出し，問題を持続させる優れた触媒としての病気について想像することは難しい。患者が，CBTに対する双極性のグループに到達するまでに，その病気は，さまざまな対人的な問題を引き起こしてきたであろう。すなわち，失職，または期待される役割をこなす能力の欠如，精神科に入院することに関する困難，および経済的困窮などである。それゆえに，大きな困難を支援し，より小さな問題を解消する問題解決方略と，患者が完全に取り除くことが困難となる可能性の高い既に固定化された問題を何とかすることを手助けする対処方略の両方を導入することが必要である。

　セッション13と14までに，グループのメンバーと治療者は，それぞれの人の現在の生活状況，過去の病気のエピソード，および目標の十分な理解を獲得する多くの機会を得てきている。治療者は，グループのそれぞれのメンバーがどのような問題について討議するのが最も有用であるかということについて強い判断力を持つ可能性があり，ソクラテス式問答法を使って，問題解決の選択を助けることが可能である。考慮された正確な領域は，相当にさまざまであり，対人関係，仕事，または重要な人生の目標，たとえば，経済の安定を含むかもしれない。そのような目標は，グループの間においては，おそらく達成されないであろう。目的は，長期の目標に向けて進み，問題を食い止めるプロセスを開始することである。

　セッション13では，問題の存在を指摘する思考記録を扱うことに対する行動計画アプローチを用いる。このセクションは，単極性うつ病を持つ患者に行動計画を教えることと非常に類似している。しかしながら，双極性障害および関連障害群のプロトコルでは，本書の4章で記述した方略に類似した問題解決が，単極性うつ病よりも広範に用いられる。グループのメンバーは，思考記録によって同定された領域を超えて，彼らが扱いたいより広い領域を選択する。それから患者は，グループの間に取り組みたい1つの問題領域に対する解決に向けた一連のステップを教えられる（D'Zurilla & Goldfried, 1971; Hawton & Kirk, 1989; Mueser, 1998）。

　グループに対して記述されるステップは，問題の定義とアセスメント，ブレインストーミング解決法，可能な計画を彼らの利益と不利益に関して評価すること，および解決策の実施と評価である。ステップ1「問題の定義」では，グループのメンバーは，問題の性質，それについての自分の感情，および具体的に解決される必要のある特定の問題を熟考するように推奨される。ステップ2「ブレインストーミング」では，問題を持つ参加者と他のグループのメンバーが，問題を解決するためのアイデアを案出するように推奨され，唯一の教示は，教示がないこと

である。開かれた心の思考と創造性が推奨される。ステップ3「選択肢を評価すること」では，焦点は，ブレインストーミングで集められた選択肢の実践的な利益と不利益に変化する。ステップ4「行動とフィードバック」は，段階を追ったやり方で，最良の選択肢を実行し，その行動がどの程度上手く目標を達成するか評価することを含む。グループで全部の例に取り組むことは，相当時間がかかるであろう。それゆえに，治療者は，できるだけ多くのグループのメンバーと関連のある領域を選択するように取り計らうべきである。

　セッション14の第二の要素は，進行中のストレッサーを取り扱うもう1つの道具のセットとして導入された対処方略を提供することである。グループのメンバーは，3つの異なる型の対処を紹介され，それらは感情焦点，ディストラクション－回避，および行動指向である。治療者は，ストレスの型に応じて，方略のバランスを選ぶ必要を強調し，対処方略が失敗する可能性がある場合の同定を助ける。たとえば，ディストラクション－回避対処は，自分たちが準備したり，消したりできない一過性のストレッサーに直面している時に，実際に有用かもしれない。他方，経済的危機を取り扱うために，ディストラクション対処を選ぶ患者は，問題をより良くするというよりはより悪くするであろう。グループにとって，多数のさまざまな問題と慢性ストレッサー，およびそれらの状況に適応するためのさまざまな対処方略のバランスのとり方を討議することは有用である。

双極性障害および関連障害群の信念に取り組むこと

　セッション15，16，17の治療における要素は，単極性うつ病の信念のワークと技法が相当重なっている。たとえば，背景にある認知的「ルール」を同定するために，原型的な思考テーマを使うこと，または条件つきの思い込みと中核信念を明らかにするために，下向き矢印法は，双極性うつ病と単極性うつ病の両方のグループに適用できる技法である。プロセスごとにより高い水準の感情がこれらのセッションの間によくみられるため，治療者は，患者が自分の長期にわたる信念とスキーマに直面することを手助けするために，それほど構造化されておらず，それほど指示的でない方法で，技法を使用する準備を整えるべきである。しかしながら，プロトコルのこの部分におけるセッションのデザインもまた，双極性障害および関連障害群における信念のワークに固有の多数の課題を反映したものとなっている。

　第一に，双極性障害および関連障害群を持つ患者にとって，「自己」とアイデ

ンティティの問題と奮闘していることは，珍しいことではない（Patelis-Siotis et al., 2001）。実際に，その病気の性質——エネルギー水準と感情のはなはだしい揺らぎと，生産性と機能的能力の水準の幅広い変動——はしばしば「私という者」に関する混乱の感覚を導くものである。さらに，早期（子ども，または青年）に発症した双極性障害および関連障害群を持つ患者は，特定の発達的な道しるべへの到達が遅れていく可能性がある（Patelis-Siotis et al., 2001）。その障害は，家族関係，恋愛的な愛着の形成と維持，および学業的目標の達成（たとえば，高校や大学の卒業）に著しく干渉してきた可能性がある。早期に発症しなかった患者においてでさえ，入院を引き起こす繰り返されるエピソード，失職，またはその他の役割を失うことは，しばしば恥と罪を伴う困難を引き起こす。これらの要因のために，双極性障害および関連障害群における中核信念は，しばしば深く感じられた「欠点」の感覚に焦点が当てられる。参加者は，「私」と「その病気」の間の混乱を記述し，自分自身が背いてきたことから，彼ら自身が自分の人生での制御に確証が持てず，その障害の症状によって引き起こされているということに確証が持てないかもしれない。より一層複雑なことは，ある時点の軽躁病または躁病が，たとえば学業的または職業的な文脈などにおいて，増加した機能を導く時もあり，その抑うつ障害群と双極性障害および関連障害群の者は，自分たちがそれらの達成に対して評価されるに値するということの確証が持てない。

　プロトコルにおけるこのようなこれらの3つの「信念」のセッションの間に，治療者は，これらの信念の欠点に関する討議に焦点を当てるべきである。参加者は，最初にこれらの信念は確かに存在し，自分の感情を制御する時に重要であり，そのような信念が由来するところ，およびそれらがどのような帰結を持つかを最初に理解する必要がある。これらのセッションの間の重要なエクササイズは，彼らが自分の人生の中で責任を持つことと障害のために自分の制御下にないことを慎重に線引きする作業を患者と一緒に行うことである。参加者が自分のアイデンティティ，価値，および目標に関する選択をすることによって，より能力を与えられたと感じる手助けのために時間が使われるべきである。いったん適切な平衡が確立され，その病気の者が症状に対する自己のより十分な感覚を持つと，患者自身が，医学的に治療される必要がある病気を持っていることを受け入れ，同時に，その病気が人生に及ぼしている影響に対処し，それを制限する心理学的方略に従事する可能性がかなり高まる。

　この障害において頻回に見られる恥と欠点の信念は，これら3回のセッション

で完全に転換することはおそらくなく，しばしばこのトピックの領域は，ブースターのグループで再び検討されることになる。そのような信念を変えることは，より多くの時間と注意を必要とし，そのようにすることは，時として後退を含むであろう回復と受容のプロセスを反映することを強調することが重要となる。グループの最後のセッションも，症状の管理の強調から，生活の質と，ほとんど全ての患者にとって，おそらく慢性疾患であるものに対する長期的な適応を高めるための変化に関するより広い質問へと，わずかではあるものの重要な転換を表すものである。

双極性障害および関連障害群の CBT におけるグループ・プロセス要因

　うつ病の集団と双極性のグループ・プロセスの要因には多数の注目すべき類似性があるが，双極性障害および関連障害群のグループを導くためにはより努力を要する固有の課題もある。双極性障害および関連障害群の抑うつ気分状態は，しばしば非常に固定化されているが，治療者は，単極性うつ病と比較して，特異的なうつ病を緩和する介入に対してそれほど強固でない反応を示すことを予期するであろう。しかしながら，うつ病期にある双極性障害および関連障害群のグループのメンバーは，介入と他のメンバーに対して，ほとんどの点で単極性のうつ病を持つ個人と区別できない仕方で反応することがよくある。それゆえに，本書の10章で記述されたプロセスの要因の綿密な理解は，双極性障害および関連障害群を持つ患者の治療に関心のある治療者にとって必須である。しかしながら，他に3つの，双極性障害および関連障害群に比較的固有なプロセスの領域がある。すなわち，その病気の患者のモデル，治療の経過にわたる気分の循環，および困難な過去の治療経験である。それぞれの領域とそのプロセスに対する影響を記述する。

　CBT のグループの標準的な目標の1つは，病気についての教育であるが，患者は，その障害に対するさまざまな水準の理解と場合によっては大きく異なる見解を持ってグループに参加する。何人かのグループのメンバーは，彼らが生物学的な病気とみなしており，しばしばそう言われてきたものに対する「対話」治療に懐疑的になっているかもしれない。CBT は，患者が自分の病気に対処することを助ける重要な心理学的スキルを提供するため，生物学的見解を持つ患者は，CBT をはっきりと探し求めてきた者と比較して，グループの経験への期待とコ

ミットメントの水準が異なる。しかしながら，他のグループのメンバーは，自分が病気を持っていることをまだ全く納得しない段階にいるかもしれない。そのようなさまざまな見解を持つ人々は，お互いの立場についてある程度共有された理解と受容に明確に行きつかなければならない。治療者は，そのような討議が起こる時間を許容し，特に初期の心理教育セッションにおいて，グループのメンバーが共通の見方を持つように手助けする必要がある時に，生物心理社会モデルを再び検討する準備をするように助言する。

治療に懐疑的な患者は，開示や積極的な参加をしたがらないかもしれないが，治療の場に姿を見せるように推奨されるべきである。治療者は我慢強く，これらのグループのメンバーが十分に参加するための時間と機会を与える必要があるかもしれない。他の種類の CBT のグループと対照的に，治療者は，同じように参加しないグループのメンバーに対して，より少ない要求をしようとするかもしれない。それぞれのメンバーは，異なる期待を持ってその経験に来ており，さまざまな方法で参加するかもしれないということをグループに気づかせることで，この問題を直接的に討議することが時として必要になるかもしれない。まだ，積極的に変わる準備ができていない患者は，彼らが全ての治療要素に完全には従事したがらないにもかかわらず，それでもなお価値のある情報と動機づけを獲得するかもしれない。たとえグループのメンバーが異なる段階でグループを開始するとしても，グループが終了するまでには，彼らは，グループそれ自体の経験を通して，懐疑主義と否定を解決するための時間と機会を与えられるため，全てのメンバーが完全な参加者になることは珍しいことではない。

プロセスに影響を及ぼすだけでなく，重要な臨床的意味も持つ第二の問題は，患者が躁病や軽躁病期に移行する時である。多くの場合に患者がそのような循環が始まることについての臨床ケアチームが持つ最初の理解は，その患者が躁病の兆候を示してグループに到着した時である。患者は，おそらくグループと治療者にとってはっきりと分かる形で，1 週間前とは違ったふうに，行動し，話し，着飾っているかもしれない。患者がこの変化を，自分の躁病が急激に上昇したからではなく，「治癒」またはその病気の改善に帰属させる場合には，度量を要する状況となりうる。グループのセッションにおいて，そのような患者は，過度に多弁になり，アジェンダを支配することを望み，またはグループのルールを完全に無視さえするかもしれない。ある特定の重症度では，治療者はその人を 1 対 1 で扱い，より詳細な気分と精神状態のアセスメントの用意をすること以外に選択肢

317

はほとんどないかもしれない。そのような珍しい例では，コ・リーダーの中の1人が，残りのグループと一緒に続行することができる。ともかく，グループ内でそのような兆候が現れ始めた時に，可能であれば，その者に直接質問することによって，彼らが見ているものについて討議することがグループのメンバーにとって非常に有用である。これは，全てのグループのメンバーにとって，急激な上昇の初期の兆候の非常に有用な実演であり，その病気の患者にも，自分たちの出現しつつある躁病や軽躁病に関する洞察を与えるかもしれない。

　最後に，かなりの割合の双極性障害および関連障害群を持つ患者が，おそらくメンタルヘルスの治療場面と実践家に不満足な経験を持ってきたであろう。経験された困難の種類は大きく異なっているが，誤診（または，非常に遅れた正確な診断），問題のある治療手続き，不本意な入院または自分の意思に反して治療されることについての動揺を伴う経験，および症状に影響を与えないのに深刻な副作用を持つ薬物を含むかもしれない。当然のことながら，これらの経験は，その人の治療に対する見方をより一般的に形成する可能性がある。特にグループが病気の経験，恥，および罪を探求する時，疑いようもなく，相当の怒りを表出する患者がいる。治療者とグループ・プロセス一般に対する信頼も，影響を受ける可能性がある。治療者が，治療一般，およびより一般的に，メンタルヘルスケアシステムに関して，防衛的でも冷笑的でもないように見えることは重要である。治療者は，特に双極性障害および関連障害群の理解と治療に関しては，メンタルヘルスケアシステムは欠陥があることを認めるべきである。さらに，たとえば，正確にいつ入院が要求されるか（または，要求されないか），またはいつ，自分の意志に反してでも，治療されるべきかを知ることに関して「正しい答えがない」ということを論じることは有用である。このような困難を認めることは，よいケアが可能であるという希望，および1つの経験のネガティブな集合は，全体のシステムに重大な欠陥があるわけではないという希望を提供することのバランスが取られるべきである。幸いなことでもあるが，これは，多様なグループのメンバーの存在が非常に手助けになる問題である。同様の困難を持ってきた他の人々が，彼らが使ってきた有益な対処方略の「手本」を示しうる。同様の出来事を経験してきたグループの他の参加者は，そのような困難な経験と折り合いをつけた自分の経験を共有するように求められる可能性がある。治療者はとりわけ，ヘルスケアシステムの過去の不正に対する擁護者や弁解者としてではなく，必ず患者の最大の関心事の代弁者として，自分自身を位置づける必要がある。これらの問題は，

治療中ほぼ常に生じる可能性があり，治療者は，たとえそうすることがプロトコルの予期された時刻表から一歩遅れることを意味するとしても，必ずこれらの問題を討議し，探求する時間をとる必要がある。

結論

　標準的な薬物療法に並行して，最近追加された CBT に基づく方略は，双極性障害および関連障害群の管理における重要な前進となった。そのような感情，機能，および生活の質に対する劇的な結果を持つという条件で，気分安定薬の域を超えた治療が，かなり待ち望まれ，必要とされていた。集団 CBT のアプローチは，多数の有用な成分を提供し，その疾患の症状だけでなく，患者の生活と回復に対する望みの文脈において患者を治療する。多くの患者にとって，この生物心理社会的見解は新鮮であり，彼らが薬物を摂取する他に何ができるかということに対しての望ましいニュースである。そのアプローチの証拠はまだ増人しつつあり，この障害のための個人 CBT に対する集団 CBT をより直接的に評価することは有用であろう。双極性障害および関連障害群は，しばしば孤立と，希望を失う感覚に至る病気である。CBT のグループは，患者に「私は独りである」という見解に対する重要な解毒剤を提供し，患者が自分の人生と将来に対する制御を取り戻すことを手助けする多数の方略を提供する。

付録 11.1　CBT の双極性のグループの結果測度

抑うつと躁症状の尺度

ベック抑うつ質問票第 2 版（*Beck Depression Inventory: BDI-II*）（Beck, Steer, & Brown, 1996）

　この 21 項目の測度は，おそらく最も頻繁に使用される抑うつ症状の測度である。項目は DSM-IV の基準に基づいており，悲哀感，罪，自殺の思考，興味の喪失，および睡眠，食欲，エネルギーの減退のような身体症状が含まれる。その測度は，回答に 5 ～ 10 分しかかからず，診断そのものとはならないが，カットオフポイントは，抑うつ症状の範囲を特徴づけるために利用できる（Beck et al., 1996）。0 ～ 13 点は最小限の抑うつ，14 ～ 19 点は軽度の抑うつ，20 ～ 28 点は中等度の抑うつ，29 点以上は重度の抑うつを反映する。尺度の信頼性は優れており，妥当性も高い。たとえば，最もよく知られている，面接者によって実施される，うつ病の尺度であるハミルトンうつ病評価尺度（Hamilton Rating Scale for Depression: HRSD）との相関は，.71 である。

内的状態尺度（*Internal State Scale: ISS*）（Bauer et al., 1991）

　ISS は視覚的アナログ尺度のアプローチを用いた 15 項目の自己報告式尺度である。その尺度は，患者が躁病または軽躁病の時でさえ，よく機能するであろう。患者は，"全くそうでない"，"めったにそうでない"，"非常にそうである"，"たいてい" と書かれた 100 mm の直線に沿って「X」をつけることによって，さまざまな項目に反応する（たとえば，「今日，私はいらだっている」，「今日，私は内的に「速度が上がっている」ように感じる」）。その尺度は回答に 5 － 10 分かかり，4 つの下位尺度を生み，それらは，活発さ（Activation: ACT），安寧（Well-Being: WB），知覚された葛藤（Perceived Conflict: PC），およびうつ病指標（Depression Index: DI）である。それぞれの下位尺度の得点は，下位尺度のそれぞれの項目に対して，X がつけられた直線に沿って距離を測り，これらの距離を合計することによって計算される。これを行うためのアルゴリズムは複雑であり，グループのメンバー内で変化をモニターするために行う必要はないかもしれないが，さまざまな下位尺度の性質のために，患者を抑うつ障害，躁病や軽躁病，快感情，または混合に分類するために，下位尺度を組み合わせることも可能である（Bauer et al., 2000）。妥当性に関しては，この尺度は，医師によって評

定された気分状態と中等度に一致しており（Bauer et al., 2000），良好な正確さで，さまざまな気分状態にある個人を正確に分類できる（Bauer et al., 1991）。それは，提案されたさまざまな下位尺度と一致した因子構造も示し，それらの尺度は優れた α の信頼性を示す（Bauer et al., 1991）。

ヤング躁病尺度（*Young Mania Rating Scale: YMRS*）（Young, Biggs, Ziegler, & Meyer, 1978）

面接に基づいたアセスメントを必要とするが，YMRS は，最も頻繁に使用されている躁病や軽躁病の尺度である。しかしながら，躁症状は時には洞察の喪失，または自己報告式尺度に回答できないことを含むため，この尺度はより客観的な観察に基づき，双極性障害および関連障害群における金字塔と一般に考えられている。YMRS の著者たちは，躁病の重症度の効果的な測度を開発することを意図し（17 項目で，実施に 15 分かかる），その尺度は，定評のある HRSD に相応することを意図された。訓練された面接者が項目を評定し，多数の研究で，信頼性の評価値が高いことが示されてきた（Yonkers & Samson, 2000）。その尺度は，より入念な躁病の尺度とも関連することが示されてきており，治療の結果としての変化に対する感受性が高い（Yonkers & Samson, 2000）。

生活の質の測度

生活の質に関する楽しみと満足度質問票（*Quality of Life Enjoyment and Satisfaction Questionnaire: Q-LES-Q*）（Endicott et al., 1993）

Q-LES-Q は，日常生活の多くの領域で経験される楽しみと満足をアセスメントする自己報告式の尺度（60 項目）として開発された。その測度は 5 つの下位尺度を持ち，それらは，身体的健康，主観的感情，余暇の活動，社会的関係，および一般的活動である。Q-LES-Q は，非常に高い内的一貫性と再検査信頼性を有する。Q-LES-Q は，予期された仕方で，症状と機能障害の測度と関連し，治療に反応しての臨床的変化を検出することが示されてきた（Rabkin et al., 2000）。

生活の質指標（*Quality of Life Index: QLI*）（Ferrans & Powers, 1985）

QLI は，さまざまな生活領域に対する満足を測定するために開発された自己報告式測度（70 項目）である。この尺度は 2 つのセクションを持ち，1 つは，35 項目のそれぞれが満足をアセスメントし，他のものは，これらの 35 の特定の項

目の重要性をアセスメントする。これらの項目によって対象とされる4つの領域は，健康と機能，社会経済，心理または精神，および家族である。合計得点と下位尺度得点の両方に対して内的一貫性が確立されてきており，2週間と1カ月間隔の再検査信頼性はかなり高い。この尺度は，他の生活の満足の測度と相関を示し，QLIは期待された仕方で，症状と対処の水準と関連する（Rabkin et al., 2000）。

機能の測度

疾病侵襲性尺度（*Illness Intrusive Rating Scale: IIRS*）（Devins, 1994）

病気の侵入は，病気やその治療の結果として生じるライフスタイルと活動の途絶を指す（Devins, 1994）。病気の侵入の概念とそれをアセスメントする尺度は，さまざまな内科的疾患と精神医学的疾患の両方で使われてきた（Bieling et al., 2001）。IIRSの測度は，13の異なる領域で，特定の問題が機能障害を引き起こした程度をアセスメントし，それらには，健康，ダイエット，仕事，活動的な娯楽（たとえば，スポーツをすること），活動的でない娯楽，経済，パートナーとの関係，性生活，家族関係，他の社会的関係，自己表現／改善，宗教的表現，および地域と市民への関与を含んでいる。IIRSは，内科的，および精神医学的場面の両方で，良好な信頼性が示されてきており（αの評定値は，.80台と.90台内にある），不安症において症状の重症度と関連するように思われる（Bieling et al., 2001）。

シーハン障害尺度（*Sheehan Disability Scale: SDS*）（Sheehan, 1983）

SDSは，患者の生活における3つの主要な部門である仕事，社会生活および家庭生活が，精神症状によって機能が障害される程度を測定するために考案された3つの自己評定式項目の合成である。その短さにもかかわらず，その尺度は高い内的一貫性とその3項目間で実質的な相関を示す（Williams, 2000）。SDS得点は，精神障害を持たない者と比較して，患者の集団でより高く，重要なことに，感受性（.83），特異性（.69），正の予測値（.47），負の予測値（.92）がこの尺度について示されてきた（Williams, 2000）。尺度は治療に伴う変化に対する感受性も持つ。

社会適応尺度（*Social Adjustment Scale: SAS*）（Weissman & Bothwell, 1976）

　SASは，2カ月（面接）または2週間（自己報告）の期間にわたる社会的機能をアセスメントするために使用される，面接および自己報告である。SASは，6領域をアセスメントし，それらは，仕事，社会活動および余暇活動，拡大家族との関係，配偶者としての役割，親としての役割，家族単位のメンバーとしての役割である。道具における質問は，人が課題を完了する能力，葛藤の程度，対人行動，主観的満足感に集中する（Weissman, 2000）。その尺度は，十分な内的一貫性と再検査妥信頼性を持つ（2週間にわたる：Weissman, 2000）。SASは，精神医学的病気を持つグループと持たないグループを区別することが見出されてきており，治療による変化に対してある程度の感受性を持つ（Weissman, 2000）。

12章

摂食障害

摂食障害の記述的特徴

診断の特徴

現在,「精神疾患の診断・統計マニュアル (DSM-IV-TR: APA, 2000)」による正式な摂食障害のカテゴリーは,神経性無食欲症 (anorexia nervosa: AN),神経性大食症 (bulimia nervosa: BN*),特定不能の摂食障害 (eating disorder not otherwise specified: EDNOS**) を含む。しかしながら,これらのカテゴリーは最も一般的な摂食障害の臨床像を適切に反映していない。むちゃ食い障害は広く研究されているにもかかわらず,現在は EDNOS に分類されている***。加えて,部分的な症候群を表す患者(たとえば,閾値下の AN や BN)も同様に一般的であり,典型的に EDNOS の診断が下される。完全な症候群と部分的症候群を示す患者の類似度を考慮すると,部分的症候群の存在は臨床的に重要であることを示唆する証拠がある (Crow, Agras, Halmi, Mitchell, & Kraemer, 2002)。

AN は,以下の特性によって特徴づけられる。(1) 年齢と身長に対して正常体重の最低限を維持することの拒否(すなわち,期待される体重の 85% 未満あるいはボディマスインデックス [BMI] が 17.5 以下),(2) 体重減少に伴って拡大する体重増加への強い恐怖,(3) 自尊感情が体重や体型に大きく左右されるといった体重や体型の意味と重要性に関する歪み,そして低体重であることの健康上の

---

* 訳注:DSM-5 では神経性過食症。

** 訳注:DSM-5 では神経性やせ症。

*** 訳注:DSM-5 では過食性障害として独立して分類。

重篤な影響に関する認識の欠如，（4）初潮後の女性の場合は，月経周期が少なくとも連続して3回欠如する（無月経）（APA, 2000）。ANの2つのタイプは，制限型と非制限型であり，定期的なむちゃ食い，そして／あるいは，排出行動（自己誘発性嘔吐，下剤の誤用など）の有無によって区別される。

BNはむちゃ食いと少なくとも3カ月間最低週2回生じる体重増加を防ぐための代償行動（自己誘発性嘔吐，下剤や利尿剤あるいはその他の薬剤の誤用，絶食，過剰な運動など）に関する繰り返されるエピソードがあることによって特徴づけられる（APA, 2000）。ANと同様，BNも体型と体重によって大きく影響を受けた自己評価によって特徴づけられる。しかしながら，AN患者と異なり，BN患者は一般的に標準体重かそれ以上である。「むちゃ食い」は摂食行動のコントロール感の欠如を伴う，さまざまな時間帯で客観的に大量の食べ物を摂取することと定義づけられている（APA, 2000）。BNの2つのタイプは，前述した排出行動の有無で，排出型と非排出型に区別される。

EDNOSは，ANとBNの全ての基準は満たさないが，臨床的意義のある症状を持つ摂食障害として確保されたカテゴリーである（たとえば，BNの基準を全て満たすが，むちゃ食いと自己誘発性嘔吐が週に1回の者）。EDNOSはまた，DSM-IV-TRの中では今後の研究を要する障害として分類されている，過食性障害（binge-eating disorder: BED）の症状を報告する者も含む（APA, 2000）。BEDは繰り返されるむちゃ食いエピソード中に，不適切な代償行動がないことを特徴とする。

記述的特徴

摂食障害の有病率は低いにもかかわらず，それらと関連する精神科的，医学的な有病率は高い。摂食障害の疫学研究の最近のレビューに基づくと，平均有病率は若年女性においてBNが1％，若年男性においてBNが0.1％，若年女性においてANが0.3％，BEDが1％である（Hoek & van Hoeken, 2003）。しかしながら，これらの有病率は厳格な診断基準を満たす者のみが反映されており，部分的な症候群を呈しているかなりの個体数を考慮に入れていない。完全な症状と部分的な症候群の両方の摂食障害が精神病理の著しい併発，特に抑うつと関連している証拠が示されている（Lewinsohn, Striegel-Moore, & Seeley, 2000）。

ANとBNの間には多くの類似点があるにもかかわらず，AN障害患者は，典型的に，合併症の医学的な管理はもちろん，回復に必要な体重増加を促すために，

多職種専門チームの環境の中で，より集中的な治療を必要とする。BN は最も研究されている摂食障害であり，それは AN よりも有病率が高いためと思われる。BED 障害患者は，体型と体重に関する不適応的な関心については，BN 患者と非常に類似している。しかしながら，BED は，BN と比べて，大幅に弱まった食事制限によって特徴づけられる。したがって，BED が肥満と有意に関連していることは驚くべきことではない（Wilfley, Schwartz, Spurrell, & Fairburn, 2000）。BED を持つ者と BN を持つ者の間にほとんど差異はないが，BN と比較すると，BED は発症年齢が高く，BMI が高く，目立った性差が少ない（e.g., Rammacciotti et al., 2005; Striegel-Moore & Franko, 2003）。BED はまた併発症の精神障害，特に抑うつと関連している（Wilfley, Friedman, et al., 2000）。

　摂食障害は男性よりも女性において，はるかに多く見られる。女性の美しさの理想として，痩身を社会文化的に重要視することが，非現実的な基準に挑戦し，到達するように女性に圧力を与えている（Striegel-Moore, Silberstein, & Rodin, 1986）。この社会文化的要因が摂食障害の病因の役割を果たしていることは驚くべきことではない。なぜなら，異なる民族的な集団内と集団を横断した外の両方で，摂食障害の有病率と痩身への社会的圧力の間には相関があるからである（Hsu, 1990）。

摂食障害の理解に対する認知行動的アプローチ

　摂食障害の CBT モデルでは，食事制限，むちゃ食い，体重コントロールを目的とした行動などの摂食障害の核となる特徴の発症と維持に，認知的要因が果たす役割に主要な重点を置いている（Garner & Bemis, 1982, 1985）。これらの認知的要因は，体重と体型に関する異常な態度，情報処理バイアス，自己に関する信念を含む（Vitousek & Hollon, 1990; Vitousek & Ewald, 1993）。摂食障害の CBT は認知的，行動的変容の両方に重点を置き，不適応的な摂食障害行動と同様に，ネガティブな思考とスキーマ，摂食障害の核となる精神病理を標的としている（Bowers, 2001; Shafran & de Silva, 2003 を参照のこと）。

　BN に対する CBT は，Fairburn らによって開発され（Fairburn, 1981, 1985; Fairburn, Marcus, & Wilson, 1993），障害の発症と維持において認知的過程と行動的過程の両方が果たす重要な役割を強調している。彼らのモデルの中で，Fairburn et al.（1993）は障害の発症と維持に関連する要因の因果関係を以下の

ように詳述している。すなわち，理想化された体型と低体重に極端な個人的価値を置いた文脈における低い自尊心が，厳格なダイエットの進行を導く。食事制限の失敗は，むちゃ食いエピソードとそれに続く嘔吐のような代償行動を導き，結果的に症状の持続サイクルにつながる。むちゃ食いは短期的にはネガティブ感情を低減する働きをする可能性があり，また，排出行動が体重が増加する可能性についての不安を低減することで部分的に維持される。長期的には，むちゃ食いと嘔吐は，さらなる苦痛と低い自尊感情を引き起こし，それゆえ，さらなるダイエットと結果としてのむちゃ食いを引き起こす。BN のための CBT の実施に関する詳細なマニュアルは Fairburn et al.（1993）を参照のこと。BN のための CBT は，通常 20 セッションである。Fairburn らは治療を 3 段階に構造化した。第 1 段階はセルフモニタリング，毎週の体重測定，体重と食事に関する心理教育，規則正しい食事パターンの指示，セルフコントロール方略を含む。治療の第 2 段階は，ダイエットを排除すること，問題解決スキルを教えること，認知的再体制化の実施，行動的方略に焦点を当てる。治療の第 3 段階では再発防止方略に焦点を当てる。

　AN に対する CBT（Garner, Vitousek, & Pike, 1997）は，体型と体重に関する異常な関心を核となる特徴として概念化する。BN に対する CBT に比べて，AN に対する CBT は対人関係要因をより強調する。Garner & Bemis（1982, 1985）によって開発された AN に対する CBT は，3 つの治療段階を強調している。すなわち，(1) 信頼と治療のパラメーター（たとえば，最低体重の閾値，目標となる体重の幅,食事計画）の確立,(2) 食べ物と体重に関連する信念および症状（たとえば，体重をコントロールするための行動）に関連する信念の変容，続いて，他の関連する問題への拡張（たとえば，自尊感情，セルフコントロール，衝動制御，対人関係機能，情動表出），(3) 再発防止である。

　Fairburn, Shafran, & Cooper（1999）は，Slade（1982）の取り組みに基づいた AN の維持に関する新しい概念化を発表した。それは，食事をコントロールしたいという極度の要求がこの障害の中心的な維持の特徴であるというものである。セルフコントロールに対する全般的な要求は，全般的な無能感や完璧主義傾向が低い自尊心と結びついて突き動かされる。Fairburn et al.（1999）によると，生活のさまざまな側面をコントロールすることの困難さが，いくつもの強力な理由によって，摂食をコントロールすることへ特異的に焦点化される。摂食の制限は，即座に成功したコントロールの根拠を与える。摂食は家族の中で際立った行

動なので，それを制限することは個人の社会的な環境に強い影響を与える。加えて，摂食を制限することは，思春期の中断や逆戻りを許し，体型と体重をコントロールするための手段としてダイエットを強調する西欧的価値観によって強化される。Fairburn et al. (1999) は摂食障害でコントロールが維持される３つのメカニズムを明示している。すなわち，強められた個人のコントロール感，さらなるカロリー制限に駆り立てる飢餓の後遺症（たとえば，強烈な空腹），体型と体重に関する極度の関心である。AN に対する CBT は，通常，BN に対する CBTと比べて非常に長く，１年から２年続く。動機づけの障壁，最低限の健康的な体重に達するために必要な体重増加の程度，臨時の入院あるいは部分的な入院の必要性によって，より長い治療期間が必要とされる（Garner et al., 1997）。

CBT に対する実証的な支持

　臨床実践において，CBT の介入は摂食障害を持つ患者の混成グループでしばしば用いられるが，そのようなサンプルにおける CBT を検討した研究は数少ない。心理教育グループよりも簡易的な CBT の介入を患者が好むために，CBT は摂食障害の入院病棟にいる患者の混成グループによく受け入れられることが示されている（Wiseman, Sunday, Klapper, Klein, & Halmi, 2002）。また，13 週間の集団 CBT の介入が，混成の摂食障害を持つ青年サンプルの症状の軽減に有効であったことが示されている（Charpentier, Marttunen, Fadjukov, & Huttunen, 2003）。

　研究の文献では，摂食障害に対する CBT の介入は，特に BN，AN，BED に対して開発されている。全体的に見て，BN と BED における CBT の効果性に関する証拠がより多く，AN の治療でも同様に役立つ可能性を示す予備的証拠がある。

　CBT は BN 治療の第一選択肢とみなされている（Wilson, 1999; Wilson & Fairburn, 2002）。BN のためのマニュアルに基づく CBT を受けた患者のおよそ50％が，むちゃ食いと排出を止めている（Wilson & Fairburn, 2002）。摂食障害の核となる臨床的特徴（むちゃ食い，排出，カロリー制限，体重と体型に関する不適応的な思考と信念）の改善に加えて，同時に生じる心理的症状の改善も観察されている（たとえば，低い自尊感情と抑うつ，Wilson & Fairburn, 2002）。BNに対する CBT は，治療の高い効果と利得の維持と関連する（Jacobi, Dahme, & Dittmann, 2002）。ある研究では，CBT 後３年のフォローアップにおいて，69％

の患者が摂食障害と診断されず，85％がBNの基準を満たさなかった（Carter, McIntosh, Joyce, Sullivan, & Bulik, 2003）。10年後のフォローアップでは，CBTは統制群と比較して，社会適応の改善と関連していた（Keel, Mitchell, Davis, & Crow, 2002）。CBTに反応しなかった者にとって，対人関係療法（IPT）や薬物療法のような二次的な一連の治療の成功による付加的な利益がほとんどないように思われる（Mitchell et al., 2002）。加えて，CBTと薬物療法（フルオキセチン）の組み合わせは，CBT単独よりも良い結果を導かないという証拠がいくつかある（Jacobi et al., 2002）。BEDのためのCBTは，BNのためのCBTに基づいており，むちゃ食いの軽減に高い効果がある（Wilson & Fairburn, 2002による展望を参照のこと）。

ANへのCBTの適用は，いくつかの理由から代役として行われてきた。すなわち，この障害は有病率が低いため，統計的に有意な効果を検出するために，適切な数を確保するための募集が難しい，治療が長期にわたり，少なくとも平均1年かかる，研究の募集が動機づけの困難さによって妨げられる，併発症に起因する重度の内科的な病気があることで無作為化統制試験へ参加できなくなる，などのためである（Wilson & Fairburn, 2002）。しかしながら，ANのためのCBTが有望であることを示唆する予備的な証拠がある。CBTは標準的な行動的治療が選択される，また，ANにおける有意な症状の軽減と関連するという示唆がいくつかある（Channon, de Silva, Hemsley, & Perkins, 1989; Serfaty, Turkington, Heap, Ledsham, & Jolley, 1999）。BNにおけるCBTの有用性から，CBTがANの治療にとって有益であることを信じるだけの十分な理由がある（Wilson & Fairburn, 2002）。

しかしながら，摂食障害の治療におけるCBTの臨床的な効果性は理想的とは言えない。CBTはBNにとって，明らかに有益な治療ではあるが，症状の改良の程度には限界があり，症状の寛解に至る患者は約50％である（Wilson, 1999）。残りの半分の患者は部分的な改善に至るか，治療に反応しない（Wilson, 1999）。この現実から，Wilsonは，広範な問題（自尊感情，情動制御，対人関係の問題など）に臨床的な焦点を拡張すること，あるいはBNの核となる特徴，特に体重に関する認知と体型に関する認知をさらに強調することで，現在のCBTを改良することを提案している。Fairburn, Cooper, & Shafran（2003）は低い自尊感情，完璧主義，気分不耐性，対人関係の困難さを含む摂食障害を維持する付加的メカニズムを包含するために，標準的なCBTの焦点を拡張する摂食障害の超診断的

理論を提案した。超診断的理論に基づく CBT は，摂食障害を維持する広範囲の
メカニズムを包含し，摂食障害全般にわたって共有される臨床的特徴に重点を置
くことで，診断カテゴリー（AN, BN, EDNOS）を超えて適用されるかもしれな
い（Fairburn et al., 2003）。現在進められている研究では，摂食障害のためのこ
の新しく拡張された CBT の効果を調査中である。

摂食障害に対するグループ治療のエビデンス

　本節では，CBT のみに焦点を当てる。他のタイプのグループ治療の概観は，
Polivy & Federoff（1997）を参照されたい。多くの研究が，過食症状の有意な軽
減を伴う集団 CBT の有効性について実証している（e.g., Leung, Waller, &
Thomas, 2000）。ある研究は，BN の個人 CBT と集団 CBT を直接比較し，どち
らの様式も主要な結果変数と減少率において同等であることを見出した。個人
CBT を受けた患者は，集団 CBT を受けた患者と比べて過食行動を抑える程度が
大きかった。しかしながら，この差異はフォローアップ時には明白でなかった
（Chen et al., 2003）。グループ治療は個人治療と比べて高いドロップアウト率と
関連しているかもしれないという証拠がいくつかあるが（Garner, Fairburn, &
Davis, 1987），メタ分析を含む他の研究（Hartmann, Herzog, & Drinkmann,
1992）は，2 つの様式は本質的に同等であることを示唆している。ある研究では，
集団 CBT は薬物（フルオキセチン）単独あるいは薬物療法と併用した CBT と
比べて，節制率が高かった（Jacobi et al., 2002）。

　AN に対する CBT の研究は限られており，結果もさまざまである。集団 CBT
が症状の低減を導くという証拠を示した研究がある（Aranda et al., 1997）。しか
しながら，10 週間の CBT グループが，短期間の介入の特性のために，動機づけ，
病識，治療に対する両価性のような症状の変化に重要なプロセス要因だけでなく，
有意な症状の低減とも関連しなかったことを報告した研究もある（Leung,
Waller, & Thomas, 1999）。AN における CBT の統制試験の調査が欠けているこ
とを考慮すると，現時点では結論に達しようとするのは尚早である。

　BED に対する集団 CBT を検討した研究はほとんどない。過体重の BED 患者
に対する 20 週間のセッションの集団 CBT と集団 IPT を比較した研究において，
CBT と IPT は同等である（それぞれ 79％と 73％の回復率）という証拠がいく
つかある（Wilfley et al., 2002）。加えて，12 セッションのグループ治療後にむちゃ
食いが止まなかった者に，12 週の治療コースを追加すると治療成果が見られる

ため，CBT の治療コースの拡張が有益である可能性を示唆する証拠がある（Eldredge et al., 1997）。

アセスメントの諸問題

　治療を開始する前に，アセスメントが 1 対 1 で実施される。通常は，摂食障害があり，それが一次障害であることを確かめるために，そしてあらゆる併発症の存在を同定するために，診断面接から開始する。綿密な臨床面接は，摂食障害の重要な特徴をアセスメントするため，そしてグループ治療への適性を決定するために不可欠である。グループ治療への適性を決定する時の問題は，本章の後半の節で討議する。

　臨床面接は，以下のトピックを網羅すべきである。すなわち，人口統計学的特徴，現在の体重と体重の変遷，体重コントロール行動，典型的な 1 日に消費する食べ物と飲み物，むちゃ食いと摂食行動（たとえば，典型的な 1 日の食物摂取），体重と体型に対する態度，活動水準，家族歴，病歴，社会的サポート，自傷歴，トラウマと虐待，併発症の状態，動機づけ，治療目的である。摂食障害症状の強さと頻度の詳細なアセスメントを提供する有用なアセスメントツールは摂食障害調査票（Eating Disorder Exmination（EDE）: Cooper & Fairburn, 1987; Fairburn & Cooper, 1993）であり，過去 1 カ月の症状に関する 62 の質問で構成される半構造化面接であり，5 つの下位尺度（食事制限，過食，食事への関心，体重への関心，そして体型への関心）がある。

　臨床面接を補足するために，以下の領域における初期の症状の重症度と治療反応をアセスメントするために，自記式の測度が推奨されている。すなわち，摂食障害の症状とそれに関連する特徴，自尊感情，抑うつ，不安，パーソナリティ機能である。いくつかの摂食障害のための最も有名な指標がここで述べられている。摂食障害のためのアセスメントツールの範囲に関するより包括的な概観のためには，Allison（1995），Peterson & Miller（2005）を参照されたい。

　摂食障害の特徴をアセスメントするために，Eating Disorder Inventory（EDI: Garner, Olmsted, & Polivy, 1983）と Eating Disorder Inventory-2（EDI-2: Garner, 1991）は，摂食障害の診断で症状をとらえるための優れた測度である。摂食障害患者と非患者の両方のサンプルにおいて，基準が利用できる。EDI の原版は 64 項目の測度であり，摂食障害の特異的な態度や行動をアセスメントする 3 つの下位

尺度（痩身願望，過食，身体不満足感）と，摂食障害に関連する全般的な特徴を
アセスメントする5つの下位尺度（成熟への恐れ，無能感，完璧主義，内部感覚
への気づき，対人不信）を持つ。EDI-2は3つの付加的な下位尺度（禁欲主義，衝
動制御，対人的な不安定）からなる追加の27項目を含む。EDI-3（Garner, 2005）
が最近発表された。しかしながら，私たちの知る限り，まだこの版のEDIを用い
た研究は発表されていない。また，自己報告式のEDEであるEDE質問紙（EDE-Q:
Fairburn & Beglin, 1994）もあるが，EDEとEDE-Qの間の一致度に関するデータ
は一貫していない（Peterson & Miller, 2005を参照のこと）。さらに，多くの研究
において，EDE-Qの信頼性と妥当性は，EDE-Qを実施する前に尋ねる概念の定義
（たとえば，むちゃ食い）を提供することで高められる可能性が示唆されている
（Peterson & Miller, 2005）。加えて，ANのアセスメントのためのEating Attitudes
Test（EAT: Garner & Garfinkel, 1979），BNのアセスメントのためのBinge Scale
（Hawkins & Clement, 1980）とBulimia Test-Revised（BULIT-R: Thelen, Farmer,
Wonderlich, & Smith, 1991）などが摂食障害の診断に特化した測度である。

グループ治療の構造化とプロセスの諸問題

　表12.1に，BNとBEDに対する多くのグループ治療の研究から，グループの
構成と治療形式の詳細を示した。本節では，グループの文脈，構成，グループへ
の統合に関する考慮事項，グループセッションの構造，治療に関する考慮事項に
関する研究文献と私たちの臨床経験に基づいて具体的な提言を行い，さまざまな
側面がどのようにグループ・プロセスに影響するかに注目する。加えて，グルー
プ・プロセスへの挑戦について討議する。

文脈

　摂食障害の集団CBTは，外来患者，デイケア利用者，または入院患者という
環境で実施されるかもしれない。CBTの各セッションでは，スキルの開発を強
調することとともに，前のセッションに基づいて進むことを考慮すると，グルー
プの最初から終了までメンバーが一緒に残っているクローズドグループが求めら
れる。この形式は，外来患者においては上手くいくが，さまざまな時期に患者が
出入りし，在院日数と治療のニーズが異なるためにオープングループが利用され
る傾向にあるデイホスピタルや入院環境では課題になりやすいであろう。クロー

12 章　摂食障害

表 12.1　摂食障害のグループ介入サンプルの形式と構成

研究	セッション数	グループ構成	セッション時間	方略
BN				
Bailer et al. (2004)	18 セッション	8—12 人の患者 2 人の治療者	1.5 時間	心理教育 セルフモニタリング BN の CBT モデル 症状コントロールのための認知的，行動的方略 認知的再体制化，行動実験 再発予防
Chen et al. (2003)	19 セッション	6 人の患者 1 人の治療者	1.5 時間	Fairburn, Marcus, & Wilson (1993) に基づく CBT
Jacobi, Dahme, & Dittman (2002)	16 週間で 20 セッション（最初の月は週に 2 回行い，残りは週に 1 回を 3 カ月継続）	患者の人数不明 2 人の治療者	2 時間	Fairburn (1985); Agras (1987); Jacobi et al. (1996) に基づく CBT
BED				
Wilfley et al. (2002)	20 セッション	9 人の患者 2 人の治療者	1.5 時間	食事の正常化に焦点を当てた行動的方略とセルフモニタリング 認知的再体制化，再発予防テクニック
Gorin, Le Grange, & Stone (2003)	12 セッション	6〜11 人の患者 2 人の治療者	1.5 時間	Telch & Agras (1992) に基づく症状軽減と食事の正常化を促進 認知行動的方略，セルフモニタリング，むちゃ食いへのトリガーの調査 エクササイズプログラムの開発，再発予防を含む

ズドで小さい簡潔なモジュール（認知的方略，行動的方略など）の合併は，デイホスピタルや入院環境に適した形式の 1 つになるかもしれない。

構造と形式

グループの構造

　グループは 2 人の治療者が運営することが一般的に推奨される。CBT の効果

研究に基づくと，BN と BED の研究におけるグループのメンバーの平均数は 6
名から 12 名の範囲である（表 12.1 参照）。AN に対する集団 CBT の研究は不足
しているが，AN を持つ患者は，お互いにグループの時間を配分し，患者の相互
作用を最大化する小規模のグループ（4 名から 5 名の参加者）で，改善すること
が推測されている（Hall, 1985）。グループの脱落率は BED の 11 ％（Wilfley et
al., 2002）から AN（Chen et al., 2003）と BN（Leung et al., 1999, 2000）の 30 ％
以上の範囲にわたり，そのバランスをとるために，グループに余分なメンバーを
数名認めるのは賢明なことである。

セッションの数と頻度

BN と BED に対する集団 CBT の現存する数少ない研究は，通常 1 回 1 時間半
〜 2 時間の 18 〜 20 セッションで構成されており，セッションは週 1 回の頻度で
開かれる（表 12.1 を参照のこと）。本章で提示されるプロトコルでは，20 回の週
2 時間からなるセッションを推奨した。BN，BED，AN，および混成の障害の
ための集団 CBT のセッションの最適数を決定するためにはさらなる研究が必要
である。

包括のガイドライン

本節では，摂食障害がグループで治療される時の理想的な条件についての示唆
を記述している。臨床実践において，これらのガイドラインを考慮することは有
用かもしれないが，理想的なグループの構成において，そのような条件が満たさ
れることはないだろう。

診断と臨床的重症度

無作為化統制試験を用いて治療の有効性を検討する研究では，グループのメン
バー（たとえば，BN 患者のみなど）の同質という要素に焦点を当てているが，
臨床実践においては，これがいつも実現可能，もしくは実践的ではないかもしれ
ない。臨床場面におけるグループの共通点は，幅広い摂食障害の診断を持った患
者を包含するということである。しかしながら，この決定の土台となる研究は非
常に少ない。AN と BN の混成のグループと男性を含むグループが，結果にネガ
ティブな影響を及ぼさないという証拠がいくつかある（e.g., Inbody & Ellis,
1985）。しかしながら，この取り組みは CBT の集団療法に特有ではない。

資源が許せば，プロセスと実践の両方の理由から，診断によってグループを分けることを推奨する。混成グループは，凝集性を損なう可能性のある症状の表出と治療目標の差異がある（たとえば，AN にとっての体重増加に対して，BN にとっての体重目標のなさ）。重い症状がより少ない者がより重度の障害の者に曝された時に症状が重症化する場合，症状の重症度の多様性の要因が治療の利得を減じるかもしれない（Frommer, Ames, Gibson, & Davis, 1987）。さらに，競争は同質のグループにも同様に存在しうるが，混成グループは嫉妬（たとえば，BN と BED の者が低体重の AN 患者を賞賛する）と競争（MacKenzie & Harper-Guiffre, 1992）のグループの文化に影響を及ぼすかもしれない。障害の差異は，同様にグループにおける自己開示に関する安全性と心地良さを低減するかもしれない。たとえば，BN は恥，罪悪感，後ろめたさを持つが，AN ではこれらをそれほど示さない。BN 患者は，自分たちの懸念を共有する患者のグループの中で，気持ちを明らかにすることをより心地良く感じるかもしれない（Roy-Byrne, Lee-Benner, & Yager, 1984）。BN 患者は AN 患者を怖がる気持ちを報告するという証拠がある。したがって，混成グループは BN 患者が自己嫌悪と恥を感じることに寄与するかもしれない（Enright, Butterfield, & Berkowitz, 1985）。BED 患者は年齢がより高い傾向にあり，男性の割合もより多い。したがって，BED 患者はライフステージと生活の問題という点で，より若く，女性が主である AN や BN 患者と関わることができないかもしれない。最後に，AN の患者は，BN あるいは BED 患者が必要とするよりも長い治療経過を必要とする。

たいていの臨床環境において，さまざまな症状を表出する患者で構成された混成グループを運営することが実際的に必要になることを考慮すると，異質のグループ構成にも利益があるということは注目に値する。患者は共通の懸念と恐れを共有しているさまざまな体の大きさのグループのメンバーに曝されることから利益を得るかもしれない。より重度の症状を持つ患者は，それほど重い症状を持たず，症状コントロールをより達成しているグループのメンバーとの相互作用から希望や可能性のある方略を得るかもしれない。AN 患者において，混成グループはグループのメンバー間の競争を少なくし，体重へのステレオタイプと先入観に挑戦するかもしれない。（先に指摘した）異質なグループに生じるかもしれない潜在的な困難は，グループの開始時点で個人差が認められることと共通性や共通の懸念を強調することによって，グループ内で管理できる。

理想としては，グループで摂食障害を治療する時に，摂食障害は一次障害であ

るべきである。他のⅠ軸障害の併発が顕著に認められるため，グループに含めることに個人が適合しているかを決定する時に，付加的な障害の存在を考慮すべきである。たとえば，重度の社交不安症は，グループ形式に十分に参加することを妨げるかもしれない。あるいは，物質関連障害は，グループ治療から利益を得ることを難しくするかもしれない。

　グループのメンバーが混在した診断を持っていたとしたら，症状の重症度と同様に，表された障害のバランスをとることが理想的である（たとえば，同じ診断を持つ者が少なくとも2人いることなど）。たとえば，BN と BED 患者が大半で，AN 症状を持つ者が一人だけで構成されたグループは，うまく機能しないかもしれない。なぜなら，AN 患者は，なじめないと考えるかもしれないし，自分の要求は満たされないと感じる可能性があるからである。非常に重度の症状を持つ者は，治療のニーズと一致する個人治療の方が利益を得られるかもしれない。グループが個人のニーズを扱っていないと感じることは，BN の CBT グループにおけるドロップアウトと有意に関連することが示されている（McKisack & Waller, 1996）。

併発

　治療の結果に対する併発の影響を調査した研究はほとんどないが，併発はグループのメンバーシップにとって無視できない。摂食障害のグループにおいて頻繁に併発がみられることを考慮すると，併発は例外というよりも標準である。一般的に言えば，併発がある場合，治療者は個人の治療ニーズが，個別の治療より適しているかどうか考慮すべきである。加えて，グループの他のメンバーの治療体験に対する併発の影響を，グループ治療への適格性を決定する時に考慮すべきである。たとえば，頻繁に自傷や自殺行動を行う境界性パーソナリティ障害を併発する者は，グループ形式ではそれほど役割を果たさないかもしれない。もしある患者がグループへの参加を妨げる，グループの他のメンバーにネガティブに影響を与える，あるいは治療を最後までやり抜く能力を妨害する可能性のある併発症状を示しているならば，その患者は個人のバイアスを取り扱ってもらうことが最も良い。グループから除外することの正当な理由になるかもしれない併発診断の例として，精神病性障害と物質関連障害が挙げられる。

動機づけとコミットメント

　CBT はセッション間の広範なホームワークエクササイズを通して，患者側の多大な努力を要求する積極的な治療介入である。変化のための介入に従事する準備ができていない場合，集団 CBT はあまり良い組み合わせではない。そのような個人は，変化への動機づけを強化することに焦点を当てた治療の方が利益になるであろう。アセスメントの重要な部分では，個人の変化への動機づけと治療へのコミットメントを測定している。BN の集団 CBT でのドロップアウト率は，Jacobi et al.（2002）によると 42％と高かった。それゆえ，治療者はグループの参加者の関与を準備する必要があり，コミットメントを強化することを試みる。出席，参加，期待に関して，グループのメンバーと契約を結ぶことは役に立つかもしれない（Lacey, 1983）。グループの残りの人の混乱だけでなく，自分の治療に及ぼす混乱を最小限にするために，全てのグループセッションに参加できることはグループのメンバーにとって重要である。潜在的な懸念を扱って，誤った情報を修正するために，治療プロセスが含むことについてはっきりと概略を述べる教育的セッションを提供することも有用かもしれない。

　治療に対する両価性といくつかの症状の自我同調性は，患者が問題とみなさない側面を扱うため，治療者からより多く指示する必要があるかもしれない（たとえば，AN における低体重）。変化への準備性が，BN においてより良い治療結果と関連するといういくつかの証拠がある（Franko, 1997）。さらに，症状の重症度が軽減することは，治療への動機づけに影響を及ぼす可能性が最も高いため，BN が CBT グループにおいてグループからドロップアウトすることと関連している（McKisack & Waller, 1996）。治療の初期段階における有用なエクササイズは，グループのメンバーに摂食障害と生きることと回復に関する個人的なコストと利益を検討させ，その後，グループの中で体験を共有させることである。この動機づけ面接の介入は，気づきを高め，治療への動機づけを強化することに役立つ。

治療者訓練

　共同治療者の訓練と背景に注意すべきである。治療者は，摂食障害の人々への CBT の適用に関して訓練されるべきである。摂食障害の CBT の訓練を受けた栄養士を共同治療者の一人に迎えることは有益になりうる。これは，体重を増やすために，食べ物の摂取を増やすことを重視する AN のグループにおいて特に重要であるが，正常化された摂食が治療に果たす主要な役割を考えると，BN と

BED のグループにおいても同様に役立つかもしれない。栄養士は，食物摂取とカロリーの必要量に関連した問題に関する教育の信用できる情報源としての機能を果たすため，患者が自身の摂食行動を変えることに対する信頼が生じる。

グループセッションの構造

　セッションは2時間を予定すべきである（表 12.1 を参照）。各セッションはアジェンダの設定から始まり，治療者が取り扱うトピックの簡単な概要を提供する。患者はアジェンダに項目を加える機会が与えられるかもしれない（たとえば，質問，前回のセッションから生じた問題など）。次に，材料と先週のホームワークを振り返る。セルフモニタリングが始まるとすぐに，グループのメンバーはホームワークがどのように進行したのかについて討議するために，自分のモニタリング用紙について話すよう要求される。治療者にとっては，フィードバックを提供できるので，モニタリング用紙を集めることは有用である。これは，正常化された摂食の開始時に特に重要である。なぜなら，患者は食べ物の盛りつけ，および食べ物の分類に関する具体的なフィードバックと明確化から利益を得るからである。ホームワークを収集することは，ホームワークを完遂する重要性を患者に強調することにもなる。ホームワークの振り返りは，しばしばセッションの半分を費やす。すなわち，概念が強調され，概観され，グループのメンバーの経験が関連づけられ，障壁と課題がグループ内で同定され，問題解決される。グループセッションの残りは，新しい材料に焦点を当てる。セッションの最後の部分では，認知的再体制化，アサーティブネス，栄養摂取のスキル，活動のガイドラインといったホームワークを次週のために割り当てる。

鍵となる治療要素

　本節では，摂食障害を治療するための主要な CBT の構成要素の概要を提示する。治療のより詳細な記述は，AN に対する Wilson, Fairburn, & Agras（1997）の研究と，BN に対する Garner et al.（1997）の研究と，McCabe, McFarlane, & Olmsted（2003）の研究を参照されたい。表 12.2 に，各セッションで取り扱うことを要約した。このアウトラインは，Laliberté & McKenzie（2003）によって開発された混在する摂食障害のためのグループ治療に基づいている。

12章　摂食障害

表 12.2　摂食障害に対する集団 CBT の治療プロトコルのアウトライン（例）

セッション	適用された方略
介入前の 個人面接	・グループをどのように進めていくのか，期待されることについて説明 ・集団規範とルールを紹介し，実際的な情報（たとえば，場所など）を提供 ・どんな質問にも答え，不安を払拭
セッション 1	・グループのメンバーの紹介 　（グループのメンバーがここに来ることになった個人的な体験を共有） ・介入に期待すべきこと ・心理教育：摂食障害の身体的，心理的結果 ・変化する理由，および利点とコストについての討議 ・ホームワーク：摂食障害を見限ることと，回復へ向かって頑張ることの良い点と 　悪い点を決定するエクササイズの実施
セッション 2	・ホームワークの振り返り ・心理教育：セットポイント理論と食事の正常化 ・これがグループのメンバーにとって何を意味するのか，彼らが頑張り続けるために 　必要なことについての討議 ・ホームワーク：読み物
セッション 3	・ホームワークの振り返り ・心理教育：摂食障害を理解するための CBT モデル ・グループのメンバーは個人的な体験に基づいて，モデルをどのように自分に取り込 　むかについての話し合い
セッション 4	・ホームワークの振り返り ・セルフモニタリングが担う役割の紹介 ・各グループのメンバーは食事の正常化に向けてどう動くかについての個人的な計画 　を立て，次のセッションまでに行う食事の目標を設定 ・ホームワーク：食物摂取の日々のモニタリング
セッション 5	・ホームワークの振り返り ・グループのメンバーは食事の目標について頑張った進行について討議 ・障害や困難をグループ内で同定し，問題解決する ・食事を正常化するための行動的方略を概説する ・ホームワーク：食事摂取と状況的文脈の日常的なモニタリング ・グループの各メンバーは食事の正常化に関する新しい行動的目標を設定する
セッション 6	・ホームワークの振り返り ・状況の文脈と食事のつながりについての討議 ・摂食障害の症状の社会的，対人関係的，感情的トリガーの明確化 ・症状を管理するための行動的方略の振り返り ・ホームワーク：食事，摂食障害の症状，きっかけの日常的なモニタリング ・グループの各メンバーは食事の正常化に関連する新しい行動目標を設定
セッション 7	・ホームワークの振り返り ・グループのメンバーはトリガー，個人的なパターンのつながりを討議 ・高リスクの状況を各メンバーが同定 ・グループの問題解決はトリガーと高リスク状況を管理するために使用 ・ホームワーク：日常的なモニタリング（食事，症状，トリガー） 　行動的目標を食事の正常化と高リスク状況の管理のために設定

第Ⅱ部　特定の障害における認知行動療法グループ

セッション	適用された方略
セッション8	・ホームワークの振り返り ・食事の正常化に向けての進行具合を確認 ・正常化された食事（たとえば，レストラン，ビュッフェ，パーティ，病気，休日の食事）に共通する挑戦について討議 ・これらの挑戦を管理する方略について討議 ・個人の目標の設定 ・ホームワーク：日々のモニタリング（食事，症状，トリガー） 　行動的目標に向かって頑張る
セッション9	・ホームワークの振り返り ・摂食障害の症状としてのエクササイズについての討議 ・グループのメンバーは現在の活動性の水準や自分の摂食障害においてどのような役割を担っているのかについて共有 ・体重コントロール以外のエクササイズを行う理由についての討議 　（たとえば，健康，ストレス発散，楽しみ） ・ホームワーク：日々のモニタリング（食事，症状，きっかけ） 　行動的目標に向かって頑張る，健康的なエクササイズ計画立案 　（注意：AN 患者は，最低限の健康的な体重に達するまでエクササイズは行わない）
セッション10	・ホームワークの振り返り ・感情的なトリガーについて討議し，強い感情と不安を管理する技術を紹介（たとえば，苦痛体制，自己鎮静，リラクセーション，マインドフルネス） ・困難や障害の同定、問題解決，目標設定 ・ホームワーク：日常的なモニタリング（食事，症状，きっかけ） 　行動的目標に向かって頑張る，健康的なエクササイズ計画立案
セッション11	・ホームワークの振り返り ・心理教育：摂食障害において思考が果たす役割 ・認知的方略の紹介（たとえば，思考同定，認知の歪みなど） ・ホームワーク：日常的なモニタリング（食事，症状，きっかけ） 　行動的目標に向かって頑張る，モニタリング書式を完成させる， 　状況，思考，感情を記録する
セッション12	・ホームワークの振り返り ・ホームワークから出たグループの例を用いて，思考に挑戦するための認知的方略の紹介 ・行動目標の設定 ・ホームワーク：日常的なモニタリング（食事，症状，きっかけ） 　行動目標に向かって頑張る，思考記録表の完成
セッション13	・ホームワークの振り返り ・共通の試みや困難を同定するための思考記録表からグループの例の振り返り ・認知的方略の適用に関するさらなる討議 ・行動目標の設定 ・ホームワーク：日常的なモニタリング（食事，症状，きっかけ） 　行動目標に向かって頑張る，思考記録表の完成

12章　摂食障害

セッション	適用された方略
セッション 14	・ホームワークの振り返り ・共通の試みや困難を同定するために，思考記録表からグループの例の振り返り ・核となる信念，根本にあるルール，思い込みと核となる信念を変える方略の紹介 ・行動目標の設定 ・ホームワーク：日常的なモニタリング（食事，症状，きっかけ） 　行動目標に向けて頑張る，核となる信念を同定するために思考記録の使用
セッション 15	・ホームワークの振り返り ・共通の試みや困難を同定するために，思考記録表からグループの例の振り返り ・核となる信念についてグループで討議し，それらの要因を明らかにする ・核となる信念と代償方略とのつながりを紹介する（完璧主義，他人を満足させたいなど） ・行動実験の導入 ・行動目標の設定 ・ホームワーク：日常的なモニタリング（食事，症状，きっかけ） 　行動目標に向けて頑張る，核となる信念を同定するために思考記録を用い，要因と関連する代償方略を明らかにする，行動実験を計画
セッション 16	・ホームワークの振り返り ・心理教育：影響についての基本構成要素についての概説 ・グループの各メンバーの食事の正常化に向けての進行についての概観 ・試みと問題解決についての討議 ・ホームワーク：日常的なモニタリング（食事，症状，きっかけ） 　行動目標に向けて頑張る，思考記録の完成
セッション 17	・ホームワークの振り返り ・試みと問題解決についての討議 ・対人関係のトリガーや衝突を管理する方略についての討議 　（たとえば，アサーティブネス，コミュニケーション，問題解決） ・ホームワーク：日常的なモニタリング（食事，症状，きっかけ） 　行動目標に向けて頑張る，思考記録の完成
セッション 18	・ホームワークの振り返り ・試みと問題解決についての討議 ・ボディイメージ ・ホームワーク：日常的なモニタリング（食事，症状，きっかけ） 　行動目標に向けて頑張る，思考記録の完成
セッション 19	・ホームワークの振り返り ・試みと問題解決についての討議 ・摂食障害の根底にあるだろう論点や問題と，これらの問題への対処方法を討議 　（たとえば，問題解決，さらなる療法の必要など） ・ホームワーク：グループで作られた進行を概観するためのエクササイズを完成させること，持続する目標と脆弱性が現われる領域の同定
セッション 20	・ホームワークの振り返り ・再発の潜在的なトリガーの同定 ・再発防止方略

心理教育

　心理教育は，摂食障害のCBTにおいて重要な構成要素である。短期間のグループの心理教育治療は，個人CBTと同程度に，症状が最も少ないBN患者に対して効果があることを示した研究がある（Olmsted et al., 1991）。多くの不適応的な代償行動は，誤った情報に基づいている（たとえば，嘔吐と下剤は体重をコントロールする効果的な方法であるという情報など）。それゆえ，修正情報の提供は，個人が嘔吐行動を断念する助けとなり，治療の論拠を受け入れる基盤を提供する（たとえば，正常化された摂食は，カロリー制限に起因するむちゃ食いの渇望を減少させるなど）。心理教育は，CBTグループが始まる前に，別々のグループで提供されるかもしれない。あるいは，それはCBTグループに完全に統合されるかもしれない。

　心理教育の材料において多くのトピックを網羅することは重要である。

・摂食障害の発症とその障害を維持している生物学的，心理学的プロセスを理解するためのCBTモデル（たとえば，摂食障害症状は摂食障害を維持する役割を担っている。すなわち，カロリー制限はむちゃ食いを引き起こし，その次に，嘔吐，過剰な運動，下剤の使用，そしてさらなるカロリー制限のような，むちゃ食いで消費されたカロリーを取り除く段階をもたらすため，症状の悪循環を引き起こす）。
・摂食障害の症状（食事制限，むちゃ食い，嘔吐など）と自尊感情と関連する諸問題，摂食障害が個人の人生に役立つかもしれない多くの機能（自己防衛，抗い難い問題からの気そらし，コントロールする方法，注意引きなど）の関連。
・体重制御のプロセスと体重のセットポイント理論（たとえば，体重は，身体が体重の著しい変化を防ぐために「死守」しようとする「セットポイント」の範囲で生理的に調節しているという考え（Keesey, 1993））と，生物学的要因が安定した体重に果たす役割に関する最近の知見。
・厳格なダイエット（少なすぎる食事，楽しい食事の回避）とむちゃ食いの関連。
・摂食障害の生理的，心理的，社会的な結果と，飢餓，低体重，嘔吐，下剤および利尿剤の乱用，過剰な運動に関連する健康上のリスク。
・正常な摂食（規則正しい摂食パターンの回復）および活動性の水準，回復におけるそれらの役割に関するガイドライン。
・健康的な体重範囲（「理想的な」数字に対して），あるいは健康的な生活スタ

イルに関連する個別化された「自然な」体重（規定された「理想的な」体重に対して）に関する考え。

治療セッションの全体にわたって，治療者は教育資源としての機能を果たす。過食に打ち勝つためのワークブック（The Overcoming Bulimia Workbook: McCabe et al., 2003）のような，治療を受けながら読むためのセルフヘルプ治療マニュアルのリストを与えることは，全ての患者にとって同様に役立つ。記載されている心理教育のトピックに関するより詳細な情報のために，Garner（1997）を参照されたい。

毎週の体重測定

定期的な体重測定は AN にとって不可欠である。健康的な体重の確立に向けて努力することは，治療の中核的な目標になる。BN の場合，体重測定は付加的である。患者は毎週 1 回，体重を測定し，その次にグループ内で体重に関する自分の思考と感情を討議するように指示されるかもしれない。毎週の体重測定の論拠は提示されるべきである。体重測定は症状（たとえば，むちゃ食い，過剰な運動）を排除することに関連した変化と，正常化された摂食に向けた努力に対するフィードバックのための資源，体重と体型への関心をアセスメントするための行動的方略である。特定の数字よりも体重の範囲を受容することに力を注ぐ。加えて，体重の自然変動に関する教育が行われる。頻繁に体重を測定する者には，この行動を週 1 回に減らすことが反応妨害の 1 つとなる。過剰な体重測定は行動を誘導し，症状を増悪する情報資源であり，何かについての不安を下げるために体重計の数字を用いる典型的な確認行動である（たとえば，体重が増加すれば，さらなるカロリー制限あるいは過剰な運動を行う）。体重測定はまた，一度患者が摂食と活動を正常化すると有用になる。なぜならば，それは「禁じられた」食べ物への曝露，あるいは大量の食事の後でも，体重の安定性を証明するからである。この情報は，正常な食事に対する不安を軽減するために役立つ。

セルフモニタリング

セルフモニタリングは，CBT のなくてはならないツールである。摂食障害に取り組む場合，セルフモニタリングは症状のトリガー，症状のパターンおよび症状への衝動を見つけること，目標を同定することに用いられる。同様に，セルフ

モニタリングは思考，感情，行動，環境の文脈の間の関連性への気づきを高める。加えて，セルフモニタリングは治療の至るところでホームワークの基礎となる。患者に対して，どのようにセルフモニタリングするのかについてのガイドライン（たとえば，出来事の後できるだけすぐに，具体的かつ正確にデータを記録するなど）だけでなく，その目的となぜこれが大事なのかを含めて，セルフモニタリングに関する治療の論拠を提供すべきである。摂食症状を観察するため，患者は，通常，毎日のように食べ物と飲み物の摂取パターンを記録する。加えて，状況，時間，場所などと関連する思考，感情，行動も記録する。患者には，可能であれば，食事後すぐにデータを記録することを奨励する。セルフモニタリングは大きな労力を必要とするため，治療者は，グループが討議する側面のみを追っていくように焦点づけるべきである。

　グループ場面において，患者は自分のセルフモニタリングの記録を詳細に振り返る。治療者と他のグループのメンバーは，患者がパターンおよびギャップ，状況的なトリガー，文脈を同定できるように手助けするかもしれない。摂食の量および質とタイミングは，ホームワークの目標を確立するために振り返る。次に，認知的，行動的方略を，トリガーと症状への衝動を管理するために，グループの中で適用する。

正常化された摂食

　摂食障害からの回復のための主要な方略の1つは，食行動の正常化の促進と食事制限の低減である。「正常化された摂食」は，変化に富んだ食事，エネルギーの高い食べ物（通常，回避される食べ物），添加脂肪を含んだ食事を伴う，1日あたり3回の非ダイエット食と1回から2回のスナック菓子から構成される食事計画に基づく。通常，起床してから1時間以内に摂食を始め，それから毎回3，4時間後に摂食するように計画する。ダイエット食品を取り除くことは，患者が必要なエネルギー摂取を達成することを認めることに加えて，より正常な食べ物をとり入れるための重要な部分となる。カロリーの合計は年齢，身長，活動水準によるかもしれないが，正常な食事計画は，女性でおよそ2,000から2,200カロリー，男性で2,300から2,500カロリーである。理想的には，栄養士が各個人の正確なエネルギー必要量を推定する。個人は，食事のタイミングと構成，さらなる変化，恐れているもしくは「危険な」食べ物への接触に重点を置いて，自分自身のペースで正常な食事に取り組む。認知行動的方略は衝動を管理するため，ト

リガーとなる症状のようなリスクの高い状況を同定するため，リスクの高い状況に対処するスキルを開発するため（たとえば，刺激のコントロール，食事計画，脅威となる食べ物の導入）に用いられる。患者に正常な摂食から来るかもしれない生理的不快感に耐える準備をさせること，不快感が徐々に通り過ぎるであろうということを強調することは重要である。これは，特に AN 患者あるいは頻繁に嘔吐する患者，胃排出遅延に苦しむ両方の患者に当てはまる。場合によっては，専門家の医学的助言が得られる時，正常な食事の初期の段階において起こる消化管症状の管理を助けるため，薬物は有用かもしれない。

症状コントロールに対する行動的方略

　行動的方略は，症状のコントロールを達成するための鍵となる構成要素である。方略は個別に適応，計画され，具体的かつ簡便であるべきである。患者は衝動と症状的行動を実際に行うこととを区別するように奨励される。衝動を同定するとすぐに，衝動が通り過ぎるまで，あるいは強度が軽減されるまで，方略を適用しうる。症状自体から衝動を分離することで，個人的なコントロール感の増大が促される。患者が用いている方略は，必ずしも不変的なものではなく，回復のために用いる一時的な道具に相当することを気づかせることは有用である。同様に，患者は，症状に関連する行動に対する衝動に共通に関連する環境を予測するために，セルフモニタリングを行うように時間をかけて奨励される。このようにして，その状況を問題解決と計画によって管理でき，それは症状に取り組むよりも容易である。衝動に従って行動することとそうしないことについての利益とコストを概観することも有用である。衝動に従って行動しないという点では，コストは短期的な苦痛であり，利益は長期的で永続的な変化とコントロールの増大である。次に，症状を管理するための行動的方略について討議する。

遅延と気そらし

　遅延は，衝動を体験することと症状に関連する行動（たとえば，嘔吐など）に対する衝動に従って行動することの間に，待機期間を導入することを含む。遅延は通常，気そらしの使用と組み合わされる。たとえば，嘔吐に対する衝動への対応として，衝動が通り過ぎることを期待して，衝動に従って行動することを10分間遅らせようと決意するかもしれない。10分間，衝動に従って行動することから自分自身の気をそらすための活動を行うように教示される（外出する，友人

に電話するなど)。

機械的な摂食

　機械的な摂食は，前もって食事を計画すること（時間と場所，摂取する食べ物と飲み物を含む），その次に，どんなことが起きようと（たとえば，飢餓感を感じなかったり，忙しかったりしても）計画をやり通すことを含む。この方略の目標は，何をどのくらい食べるのかに関して自発的に決断しなければならないことに関連する不安はもちろん，制限を導く可能性のある混乱も取り除くことである（たとえば，何を，いつ食べるか疑問に思うなど）。

エクスポージャー

　エクスポージャーに基づく方略は，脅威的，および／または回避的な状況や食べ物に段階的に直面することを含む。例としては，避けている食べ物（たとえば，リスクのあるデザートなど）を食べること，水着あるいは特定の洋服を着ること，あるいは鏡を見ることを含む。エクスポージャーは，適しているならば，たとえば避けている食べ物の摂取に続いて，体重計で体重の変化を確認する反応を妨害するなど，反応妨害を含むべきである。通常，治療はリスクのある，あるいは避けている食べ物へのエクスポージャーに最初に焦点が当てられる。いったん個人の症状が安定すれば，ボディイメージに関する状況へのエクスポージャーを治療の後半の段階で行う。

対処のフレーズ

　対処のフレーズも，症状としての行動を行いたいという衝動を管理するための有用な方略である。対処のフレーズは，個人に合わせた意味を持つべきで，しばしば回復への目標を組み込むべきである（たとえば，「今制限することは，後でむちゃ食いを引き起こすだけだろう」，「嘔吐は私の回復プロセスの中で助けにならないだろう」，「食べ物は私の薬だ」，「この衝動は，通り過ぎるだろう」，「満腹だと感じることは，太っていると感じることと同じではない」など）。対処のフレーズは，摂食障害に関連した思考に挑むことが難しい時に有用であり，初期のセッションで受けた教育に組み込まれる可能性がある。

環境コントロール

　症状に関連する環境刺激をコントロールすることは，もう1つの有用な方略である。症状を示す行動のトリガーから，環境に関する一覧表を取り上げることを患者に奨励すべきであり，その次にこれらの項目を取り除く計画を作る（動機づけを生み出す冷蔵庫の写真，食物の計量カップ，サイズを測定するために用いられる洋服，薬箱のなかの下剤など）。

　付加的な行動方略として，確認行動の軽減（体重測定，鏡を見ること，外見に関連した安心の探求など），リスクの高い状況に対する計画（たとえば，食料品店で買い物する時にリストを持って行き，支持的な友人と外出するなど），および活動計画（たとえば，新しい興味や趣味を含む活動）を含む。

認知的方略

　摂食障害に対する認知的方略は，食べ物，体重，体型に関連する不適応的な自動思考に焦点を当てる。本書の第3章では，グループセッションにおける認知的方略の適用について詳細に討議した。本節では，第3章で記述された方略の4つのカテゴリー内で，摂食障害の患者を治療する文脈での認知的方略の使用を記述する。

思考，状況的トリガー，感情の間にある関係を探索すること

　治療の初期段階において，グループのメンバーは，自分の感情，状況的文脈，思考の間のつながりを検討するように教示される。思考記録を用いたセルフモニタリングは，このプロセスを促進する。共通する摂食障害の思考の例は下記を含む。

　「私は弱い人間だ。なぜなら一切れのピザを食べたからだ」
　「私は，今日は一食しか食べないだろう。なぜなら，体重が重すぎるからだ」
　「もし私が脂肪のある食物を食べたら，脂肪は直接太ももにつくだろう」
　「私は敗者だ。私は体重を減らす必要がある」
　「私はプールパーティーに行くつもりはない。私は水着を着ることができない。みんなが私のことを気持ち悪いと思うであろう」

証拠を探索することと認知の歪みに挑戦すること

摂食障害患者は，さまざまな認知の歪みを持つ。よく見られる認知として，極端，あるいは白黒思考（たとえば，自分自身を太っているか痩せているか，強いか弱いかのどちら1つで見ること），厳しい自己評価（たとえば，「私は豚だ」，「私は汚らわしい」，「私は変人だ」など），感情に基づく理由づけ（「私はチョコレート1つ食べることで5ポンド体重が増える気がするから，そうなのだ」），現実の生活状況と問題についての本当の感情を隠すために「太った気がする」を用いることなどがある。患者は同様に，通常上向きになって，社会的比較を頻繁に行う（他人はもっと成功していて，もっと細くて，もっと魅力的だなど）。

これらの歪みは，その思考を支持する，あるいは支持しない証拠を調査することと，他の観点を考えること（たとえば，"摂食障害でない誰かは，この状況についてどう考えるでしょうか？"）によって対抗できるであろう。以下の例を考えてみよう。

状況：私は友だちとパーティーにいました。そしてピザを頼みました。私は1日中食べていなかったので，結局3切れ食べました。

感情：嫌悪感：100のうち90

不安：100のうち95

コントロールできない：100のうち98

思考：私はそのピザを食べるべきではなかった。私は弱いブタなのだ。私はむちゃ食いしたい気分だ。私は嘔吐する必要がある。

支持する証拠：私は自分の全てのルールを破った。私は午後6時以降は食べないし，ピザは禁止された食べ物である。

反証となる証拠：私はむちゃ食いがしたい気持ちにはなったが，ピザを3切れ食べることは正常である。摂食障害ではない人はなんとも思っていないだろう。私は1日中食べていなかったことを踏まえると，ピザは実際晩ご飯のようなものだった。私は回復するために禁じていた食物を食べる必要があることを分かっている。コントロールできないだけで，私が嘔吐すべきだということにはならない。嘔吐は物事を本当に解決しないし，嘔吐しても私はその後に具合が悪くなるのだろう。午後6時以降に食べないことは，私の摂食障害のルールの1つであり，それを破ることが回復の一部になっていくだろう。

バランスのとれた思考：ピザを食べたことは大丈夫だ。他の人もみんなそれを食

べていた。それは実際に私の晩ご飯のようなものだった。1日中食べないことは私を制御できない気持ちに仕立て上げる。もし私がこの不快感に耐えたら，嘔吐したい衝動は過ぎ去るだろう。

感情の水準の再評価：嫌悪感：100のうち40

不安：100のうち60

コントロールできない：100のうち50

根底にある信念と思い込みを探索すること

　摂食障害に関連する根底にある思考である中核信念，ルール，思い込みの検討に加えて，摂食障害のテーマ（たとえば，自尊感情）に関連しないスキーマレベルの認知（中核信念）に焦点を当てることは非常に重要でもある。ANとBNにおいて中心となる特徴は，体重が自尊心の重要な決定要因であるということである。食べ物，体型，体重に関連しない中核信念は，治療の結果に関連している（Leung et al., 2000）。中核信念は，自分は価値がない，役に立たない，欠陥がある，あるいは不十分であると信じている者のテーマにしばしば焦点を当てる。対人関係と能力のテーマも同様に共通に見られる。いじめ，あるいは虐待の履歴を持つ者は，拒絶と好ましさに関連した中核信念を持つかもしれない。体重コントロールを目的とした行動は，これらの根底にある信念のための代償方略としての機能を果たす。完璧主義は，無能に関する中核信念のための代償方略としての機能を果たすかもしれない。

　個人にとって「痩せ」と「肥満」が何を意味するかを探索することが重要である。痩せていることは通常，ポジティブなテーマと関連する（たとえば，成功，コントロール，権力，美しさなど）一方で，「太っていると感じること」は，通常ネガティブなテーマと関連する（たとえば，失敗，弱さ，魅力のなさなど）。これらの関連が一度同定されると，患者は，これらの信念がどのように個人の価値と目標に合致しているのかだけでなく，これらの結びつきと妥当性を検討することが奨励される（たとえば，「あなたは『痩せて』いると記憶されたいですか，あるいは，良い人間であると記憶されたいですか？」，「あなたは体重に基づいて他人を判断しますか？　もしそうでなければ，なぜですか？」など）。中核信念を転換するプロセスにおいては，どのようにして，これらの信念が発展してきたのかを検討することが重要である（家族要因，過去経験，トラウマ的な出来事，いじめのエピソードなど）。

349

行動実験

　行動実験は，自動思考，および根底にある思い込みと信念の両方を標的にした優れた方略である。行動実験においては，グループのメンバーは，科学者が仮説を試験する方法で，自分の信念の妥当性を検証するよう奨励される。摂食障害の人にとって有用かもしれない行動実験の例には，以下のものがある。

・何が起こるのか知るために，プールに行って水着を着ること。他の人々が嫌悪感を抱く，あるいは拒絶するかどうかを確かめるために，他の人々がしていることに注意を向けること。
・わざと何かを完璧にやろうとしないことを試みること。
・結果がどうなるか確かめるために，「太っていると感じる」時にパーティー，あるいは社会的行事へ行くこと。
・ある一定の体重に達するまで，保留にしている活動を行うこと（コミュニケーションを図ること，新しい洋服を買うことなど）。
・体重コントロールのための測定を手放すこと。
・正常な摂食と活動を試みること。

再発防止方略

　治療の最終段階では，変化の維持と回復の持続のために，再発防止方略を組み込むことが重要である。これらの方略は，高リスク状況を同定し，準備すること，ストレスを管理するための対処と問題解決スキルを開発すること，学習機会として過去の再発を用いることを含む。グループが終了した後，グループのメンバーが根底にある問題（たとえば，自尊感情，ボディイメージ，虐待，人間関係，怒りとストレスのマネジメントなど）に取り組み続けることができるように，資源の獲得を促すべきである。何が過去の再発を引き起こしていたのかを探索することで，将来，類似した状況を扱う場合に用いることができる重要な情報が得られる。グループのメンバーの回復に対する期待を検討することも有益である。その結果，治療者は，期待は現実的であり，治療期間中の患者の利得を継続し，維持することに役立つということを確実にするかもしれない。

　後戻りすることは大いにありうることなので，治療者は，グループのメンバーが開発したスキルを練習することはもちろん，グループのメンバーがそのような

12章 摂食障害

場合に備えること，学習する機会としてそれらを用いることができるように手伝うことが重要である。脱落した場合に何をするのかについて具体的な計画を立てることは，残りのグループセッションの有用なエクササイズである。

摂食障害のための CBT グループのプロトコルのサンプル

研究では，AN 患者と BN 患者への別々の治療プロトコルの開発に焦点を当てているにもかかわらず，しばしば資源が限られていたり，治療に参加する人がさまざまな症状を持つため，臨床実践においては，さまざまな摂食障害の症状を持つ者を治療することが多く見られる。それゆえ，以下に続く 20 セッションのプロトコルでは，混成グループのための概要を説明する。これは，Laliberte & McKenzie（2003），Garner et al.（1997），McCabe et al.（2003），Wilson et al.（1997）によって記述された CBT の治療に基づいている。治療は，治療前の個別のセッションから始まり，その後に 20 回のグループ治療セッションが続く。各セッションで行うこと（表 12.2 で提供されるサマリーに詳述している）に関する簡単な説明を下記に示す。

治療前のグループのメンバーとの個別的な面接

グループが始まる前に，各グループの参加者が少なくとも治療者の中の一人と面接していることを推奨する。この面接の目的は 2 つの要素がある。すなわち，その人が準備できていることとグループ治療が適切であることを保証すること，グループの各メンバーが，グループが始まる前に少なくとも一人を知っているようにすること（このようにして安心感の程度を高める）である。面接では，治療者が，グループがどのように実施されるのかということと，今後期待されることを説明する。集団規範とルールを簡潔に概観し，実際的な情報（場所，時間など）を提供する。この機会に，個人がグループ治療に関して持っている懸念，あるいは質問に対応する。

セッション 1：治療原理と変化へのコミットメント

セッション 1 では，グループのメンバーがお互いに向き合い，グループの治療に向かう。摂食障害の性質やその生理的，心理的結果に関する心理教育だけでなく，治療に期待すべきことを提供する。グループのメンバーが変化を求める理由につ

351

いて討議し，摂食障害のさまざまな機能をグループ内で探索する。回復（摂食障害を放棄すること）と摂食障害を持ち続けることに関するコストと効果を討議する。ホームワークとして，グループのメンバーは摂食障害をあきらめて回復に取り組むことと，摂食障害を持ち続けることの費用対効果分析を実施する。このエクササイズの目的は，動機づけを高めて，回復への挑戦の現実的な評価を提供することである（すなわち，摂食障害をあきらめることのコストに打ち勝つなど）。

セッション２：正常な食事の導入

　セッション２とその後の全てのセッションでは，アジェンダを設定すること，前の１週間で生じたあらゆる疑問に対処すること，ホームワークを振り返ることから始める。ホームワークを振り返る間，しばしばグループ内の共通したテーマを説明するためにホワイトボードを用いる。治療者は，「誰か他に○○に困難を抱えている人はいますか？」と「他の方は○○に共感できますか？」といった質問を用いて，各グループメンバーが振り返りを提供するように，グループを巻き込む努力をする。加えて，グループのメンバーは，障壁と課題の問題解決を通して，お互いに助け合うように促される。セッション２では，セットポイント理論と体重調整，ダイエットと摂食障害の関連，正常な食事の概念に関する心理教育を提供する。この情報から生じた懸念と問題がグループの討議の焦点である。グループのメンバーは，セットポイント理論に対する自身の反応，正常な自身の食事の正常化に向けた取り組みをどのように始めるかについて討議する。ホームワークとして，グループのメンバーにグループで生じたトピックに関する読み物を提供する。

セッション３：摂食障害の CBT モデル

　ホームワークの振り返りと提起された問題の討議に続いて，摂食障害の理解のために，CBT モデルが提示される。グループのメンバーは，自身の体験に基づいて，どのようにモデルが自分に個別化されるのかを討議する。セルフモニタリングが回復において果たすと想定される役割を紹介する。ホームワークとして，グループメンバーは食べ物摂取の日常的なモニタリングを完成させる。

セッション４：食事の正常化への取り組み

　ホームワークの振り返りと提起された問題の討議に続いて，グループのメン

バーは，食事の正常化に取り組むために，個人に合わせた計画を立てる。グループの各メンバーは，次のセッションに向けて取り組む摂食の目標を設定する。摂食の正常化を援助するための対処の陳述の役割について討議する。ホームワークは食物摂取の日常的なモニタリングである。

セッション５：食事の正常化への行動的方略と計画

セルフモニタリングのホームワークの振り返りと摂食の目標への進捗に続いて，摂食／抑制に対するCBTの方略が紹介される（機械的な食事，食事計画，コーピング方略など）。状況的な文脈と摂食症状との間のつながりを討議する。ホームワークとして，グループメンバーが食物摂取のモニタリングを続け，加えて，状況的な文脈を書き留める。グループの各メンバーは，食事の正常化に関連する新しい行動的目標を設定する（たとえば，量を増やすこと，質／種類を改善すること，規則性／タイミングに取り組むことなど）。

セッション６：症状を管理するための行動的方略

ホームワークの振り返りの間，状況的文脈と摂食のつながりが強調される。グループの討議では，摂食障害症状の社会的，対人的，情動的トリガーの探索に焦点を当てる。衝動と症状の間にある差異に関する心理教育を提示する。摂食障害の衝動と症状（むちゃ食い，嘔吐，下剤／利尿剤の乱用，過剰な運動など）の程度を管理するためのCBTの方略を概観する（たとえば，遅延，気そらし，対処の陳述）。ホームワークとして，グループのメンバーは摂食，摂食障害症状，トリガーの日常的なモニタリングを完成する。グループの各メンバーは，摂食の正常化に関連する行動的目標を設定する。

セッション７：リスクの高い状況の管理

ホームワークの振り返りに続いて，グループのメンバーは自分の摂食障害の症状とトリガーの間のつながりを討議し，パターンを同定する（たとえば，症状を典型的に引き起こすリスクの高い状況／気分状態）。トリガーとリスクの高い状況を管理するための方略と計画を考案するために，グループでの問題解決を用いる。ホームワークとして，グループのメンバーは摂食，症状，トリガーの日常的なモニタリングを続ける。行動的な目標を，摂食を正常化し，症状を制御することに設定する。

セッション8：摂食の正常化に対する課題の管理

　ホームワークの振り返りに続いて，各メンバーは，摂食の正常化に向けた進捗に関して確認する（たとえば，どんな変化が自分に起こったか，どんな目標に取り組み続けるのか）。グループ討議は，レストランでの食事，ビュッフェ形式の食事状況への対応，パーティーでの食事の対処，病気の間の食べ方，休日の食事や家族の集まりでの食事の管理のような，正常な摂食によく見られる課題に焦点を当てる。これらの状況を管理するための方略を概観する。ホームワークとして，グループのメンバーは，行動的目標に向けた取り組みと同様に，摂食，症状，トリガーに関する日常的なモニタリングを続ける。

セッション9：摂食障害における運動の役割

　ホームワークの振り返りに続いて，グループでの討議は，摂食障害症状としての運動に焦点を当てる。グループのメンバーは，自分の現在の活動の水準と，それが自分の摂食障害においてどのような役割を果たしているかを共有する。健康，ストレスの軽減，楽しみのような体重コントロール以外の運動の理由をブレインストーミングで検討する。体重コントロールのために，通常は用いられない「安全な」タイプの運動（たとえば，チームスポーツ，ヨガ）だけでなく，摂食障害に関連する傾向がある運動のタイプも同定する（たとえば，一人での運動）。ホームワークとして，グループのメンバーは，自分の摂食障害症状と回復を考慮に入れて，健康的な運動計画を立てる。AN症状を持つ者にとって，このことは，最低限の健康的な体重に達するまで運動しないように計画すること，結果として，摂食障害の一部ではない活動を選ぶことを意味するかもしれない。BED，あるいはBNの症状を持つ者にとっては，運動が役割を果たさない場合，新しい活動を組み込む計画を立てることになるかもしれない。加えて，グループのメンバーは，行動的な摂食の目標に向けた取り組みを行うことと，摂食，症状，トリガーの日常的なモニタリングを続ける。

セッション10：情動の同定と管理

　ホームワークを振り返り，情動的なトリガーの役割を強調する。他の状態（たとえば，太っていると感じる，感覚がないなど）によって隠されている可能性のある情動を同定することに重点を置きながら，情動について討議する。強い情動

と不安を管理する方略を紹介する（たとえば，不快感に耐える，自己鎮静，リラクセーション，マインドフルネスなど）。セッションの残りは，これまでの問題解決の障壁と課題を同定し，摂食と症状に関連する目標を設定するために費やす。ホームワークのために，グループのメンバーは，摂食，症状，トリガーを日常的にモニタリングし，行動的な目標に向かって取り組み続ける。

セッション 11：認知的方略の導入

　グループの各メンバーの運動計画に関する詳細な討議に加え，セルフモニタリングを通して同定された問題解決への障壁を強調しながら，ホームワークを振り返る。セッションの残りでは，認知的方略の導入に焦点を当てる。取り上げるトピックは，摂食障害症状における自動思考の役割，すなわち思考と感情と行動のつながり，自動思考の同定，認知の歪みを含む。ホームワークとして，グループのメンバーは，行動的な摂食目標に向かった取り組みとともに，日常の摂食，症状，トリガーのモニタリングを続ける。加えて，グループのメンバーは，症状を示す行動をしたいという衝動を体験した時はいつでも新しいモニタリング用紙を使って，その状況，自分の思考，自分の感情を記録する。

セッション 12：自動思考への挑戦

　思考，状況，感情と，症状を示す行動の衝動との間のつながりを強調しながら，ホームワークを振り返る。摂食障害の思考に挑戦するための認知的方略を紹介する（たとえば，証拠探し，費用対効果分析，視点の転換）。これは，ホームワークからグループのメンバーの例を用いて典型的に示される。また，思考記録への取り組みが説明される。ホームワークとして，グループのメンバーは思考記録を記入し，行動的な摂食目標に向けた進捗とともに，摂食と症状の日常的なモニタリングを続ける。

セッション 13：認知的方略の適用

　ホームワークを振り返る。グループは，グループの個々のメンバーが自分の摂食障害に関する思考に挑戦する練習をする時に同定された課題あるいは障壁を問題解決する。セッションの残りの時間では，グループのメンバーの体験を用いて，摂食障害に関する思考に挑戦するための認知的技法の適用を使いこなすことに焦点を当てる。ホームワークとして，グループのメンバーは，思考記録を記入し，

355

行動的な摂食目標に向けた進捗とともに，摂食と症状の日常的なモニタリングを続ける。

セッション 14：根底にあるルール，思い込み，中核信念の検討

　ホームワークの振り返りに続いて，根底にあるルール，思い込み，中核信念の概念を紹介する。それらの起源とそれらがどのように生じるか，それらが自動思考とどのように異なるか，同定の方法（たとえば，下向き矢印法など）などのトピックを討議する。新しい中核信念を確立することとともに，ルールを変え，中核信念に挑戦するための方略を概観する。ホームワークとして，グループのメンバーは，初期の自動思考の根底にあるルール，思い込み，中核信念を同定し，取り組むことに焦点を当てながら，思考記録を完遂する。加えて，グループのメンバーは行動的な摂食目標に向けた取り組みとともに，摂食と症状の日常的なモニタリングを続ける。

セッション 15：中核信念の起源と代償方略（たとえば，完璧主義）

　共通する課題あるいは困難を同定するために，グループのメンバーの思考記録からの例を取り扱うことを強調しながら，ホームワークを振り返る。グループの討議では，同定された中核信念とそれらの起源に焦点を当てる。グループのメンバーは，自分が用いるかもしれない代償方略を同定し，完璧主義と常に他者を喜ばせるための努力のような中核信念と代償方略の間のつながりについて討議する。ホームワークは，中核信念を同定し，それらの起源を探索し，関連する代償方略を同定するために思考記録を用いることに焦点を当てる。加えて，グループのメンバーは，摂食と症状のモニタリング，摂食の正常化の目標に向けた取り組みを続ける。

セッション 16：摂食正常化に向けた進捗

　中核信念の起源と代償行動の同定に焦点を当てながら，ホームワークを振り返る。代償方略を変容するための方略の討議では，わざと間違うこと（完璧主義）と要求を断ること（他人を喜ばせる）のような行動実験に重点を置く。残りのセッションでは，摂食の正常化に向けた個人の進捗の振り返りに焦点を当てる。栄養の構成要素に関する情報を提示する。共通する課題と障壁について討議する。障壁を克服するための方略を同定するために，グループでの問題解決を用いる。ホー

ムワークとして，グループのメンバーは思考記録を完遂すること，摂食と症状を
モニターすること，摂食の正常化の目標に向かって取り組み続ける。グループの
メンバーは，適切であれば，行動実験の目標も設定する。

セッション 17：対人関係のトリガーの管理

　ホームワークを振り返り，グループのメンバーの活動計画に関するフィード
バックを与える。摂食障害における対人関係上のトリガーと葛藤の役割を討議す
る。残りのセッションでは，社会的スキル技法（たとえば，アサーティブネス，
コミュニケーションスタイルなど）を練習し，対人関係に関する状況を管理する
ための方略（たとえば，問題解決）を概観することに費やす。グループは，さま
ざまなコミュニケーションの形式（受動的，主張的，攻撃的）を練習し，その後
に，グループのメンバーは，さまざまな葛藤のシナリオのロールプレイを行う。
ホームワークとして，グループのメンバーは摂食と症状のセルフモニタリング，
思考記録の完遂を続け，行動的な摂食目標に取り組む。

セッション 18：ボディイメージ

　グループのメンバーの代償方略に関連する行動実験の完遂から得た学習へ焦点
を当てながら，ホームワークを振り返る。その次に，グループの焦点は，ボディ
イメージに移る。ボディイメージを取り扱うトピックには，回復に関する長期的
な取り組み，肥満対痩せに関する個別化された意味，ネガティブなボディイメー
ジのトリガー，速度の役割，ネガティブなボディイメージを取り扱う CBT の方略，
社会文化的影響と体重への先入観に対する対処，より健康的なボディイメージを
開発するための方略が含まれる。ホームワークとして，グループのメンバーは，
摂食と症状のセルフモニタリングと思考記録の完遂を続け，行動的な摂食の目標
に取り組む。

セッション 19：根底にある問題の取り扱い

　ホームワークの振り返りに続いて，グループの討議では，グループの各メンバー
のために，摂食障害の根底にあるかもしれない論点と問題に焦点を当てる。問題
解決，あるいは二次障害（社交不安症，心的外傷後ストレス障害など）のための
追加の治療を探索するなどの，これらの問題を取り扱う方略について討議する。
ホームワークとして，グループのメンバーは，グループで生じた進捗を振り返る

ため，継続する目標と脆弱な領域を同定するために設計されたエクササイズを完遂する。

セッション 20：リラプス・プリベンション（再発防止）

グループで形成された強化的な進捗と継続的な回復への取り組みの計画を強調しながら，ホームワークを振り返る。セッションの残りの時間では，再発への共通のトリガー（たとえば，ストレス）とスリップを取り扱うための方略を含む，再発防止の問題に取り組む。最後に，終了の問題について討議する（グループに終わりが来ることについての感情，グループに別れの挨拶をすることなど）。

フォローアップ

進捗を確認するために，定期的なフォローアップセッションあるいはブースターセッションを計画することは重要である。治療の成功後に困難を抱える BN 患者は，再発の管理に役立つ付加的な通院を自発的に求めないということを示唆する研究がある（Mitchell et al., 2004）。計画されたセッションあるいは電話をかけることが，再発防止方略として推奨されている。これは，再発のリスクが高くなる治療終了後の最初の 6 カ月に特に重要である（Olmsted, Kaplan, & Rockert, 1994）。さらなる治療のニーズを同定するため，そして適切な資源の方向性を提供するために，グループの終了後にグループの各メンバーと個別の面接を行うことも有用である。多くの外来病院と外来患者のための摂食障害プログラムには，20 セッションの CBT のグループの後に，ボディイメージグループ，あるいは月 1 回の再発防止グループがあり、非常に有益である。

青年のための治療の検討事項

摂食障害を持つ青年における集団 CBT では，動機づけを高めるため，変化のための支持的な環境を提供するため，再発のトリガーになりうるストレスを緩衝するために，家族の関与を必要とする（Lock, 2002）。より若い患者に対しては，CBT のセッションとともに，家族療法のセッションを開くことが推奨される。（Garner et al., 1997）。BN を持つ青年向けの CBT において，親が関与するモデルは Lock（2002）によって記述されている。成人の患者も同様に，家族の者が教育を受け，治療プロセスについて質問をする機会がある家族のセッションから

利益を得られるかもしれない。

グループの治療者が挑戦するかもしれないグループ・プロセスの問題

　摂食障害の自我同調的な性質のため，摂食障害のグループを運営することは，他の障害（たとえば，パニック症，抑うつ障害）に対するグループを運営することと比較して，グループの治療者にとっては特に挑戦的なことである。個人が変わろうと動機づけられた時でさえ，摂食障害を手放すことは，両価性の期間によって中断される挑戦的なプロセスである。摂食障害群と混合の精神疾患患者の統制群を比較した研究では，摂食障害群は治療に対してより顕著に取り組むだけでなく，治療内容からより顕著に回避するという報告が示された（Tasca, Flynn, & Bissada, 2002）。

　摂食障害のあらゆるグループ，本当にとりわけ同質なグループに対する主要な懸念は，メンバーが互いに技術を教え合い，病理の増悪に寄与する症状を奨励することである（e.g., Hall, 1985）。グループのリーダーは，この可能性に気づき，グループ内でそれが生起することを管理するために準備することが重要である。この問題は，プレグループの個人面接とセッション1においても扱われるべきである。そこでは，グループのメンバーは，回復を達成しようとする試みではお互いを支持し，そして自分の摂食障害をより悪化させる新しい行動をお互いに教えることを避ける努力が奨励される。症状に従事するために用いられる特定の方略（たとえば，嘔吐の方法）を話に出すことなく，難しい症状があった週についてグループのメンバーが記述するような，症状に関する討議を制限することについて，最初に特定のガイドラインを提供することは有用である。このガイドラインは，グループの外でグループのメンバー間に生じるかもしれない討議にも適用される。なぜならば，グループから離れて一人歩きする関係性をお互いに築くことは，グループのメンバーにとってよくあることだからである。グループの外での関係を阻止しようとする治療者の意図にもかかわらず，このよくある出来事は治療者のコントロールを越える。グループの治療者が気づくべきもう1つの潜在的な問題は，グループの他のメンバーとの過剰な同一視によって，グループのメンバーが摂食障害の強いアイデンティティを形成することである（Polivy & Garfinkel, 1984）。これはグループのメンバーに，他者の摂食障害を超えて自分への気づきを拡大すること，自分の自己感覚を多様化するアタッチメントの機会

を開発することを奨励することによって，ある程度対処できるかもしれない。

　グループのリーダーは，ボディイメージと体重に関連する自分自身の信念と個人的な問題を検討する必要がある（MacKezie & Harper-Guiffre, 1992）。グループのリーダーはまた，よく知られているように，摂食障害の患者が治療者の体重と体型に注目することを考慮すると，臨床的なスーパーヴィジョンから同様に利益を得られるかもしれない。そのような詮索を管理することが難しい治療者もいるかもしれない。したがって，そのような問題をデブリーフィングし，討議するというはけ口は，治療的体験を促進するために役立つ。加えて，CBT におけるモデリングの役割を考慮すると，治療者がダイエットをしていない正常な摂食へのアプローチのモデルになることができる非ダイエット者であること，そして自分自身の体重と体型，そしてグループのメンバーから受けるかもしれない詮索に対して非常に安定していることが好ましい。これらの理由のために，摂食障害から最近回復した治療者，あるいは体重および体型が問題になっている治療者は，摂食障害グループにおける治療者としての自身の適切性を再考すべきである。

　グループ・プロセスに影響を与えるかもしれないもう 1 つの問題は，回復に関わる両価性である。両価性が治療を通じてさまざまなポイントで予測されることを考慮すると，グループのリーダーにとって，あるグループのメンバーの両価性がグループの残りの人に与える影響に対する準備と管理が重要である。治療の両価性は，消極的な方法（たとえば，ホームワークの未完遂，常習的な欠席）と明白な方法（たとえば，「回復は不可能だ」とグループの中で言う）の両方といった，さまざまな形で現われるかもしれない。両価性を管理し損なうと，グループの他のメンバーの動機づけの程度にネガティブな影響を与えるかもしれない。両価性を一般化すること，感情を処理すること，自分の回復に直面しているグループのメンバーの挑戦を妥当化することは，グループの環境を維持するために全て有用な治療的方略である。

結論

　摂食障害は，AN，BN，EDNOS を含む。部分的な症候群があることは，同様に臨床的に重要であり，介入を必要なこととする。摂食障害の診断的，および記述的特徴の概要に続いて，本章では，グループ介入を強調するとともに，摂食障害治療への認知行動的アプローチを概観することに焦点を当てる。BN への CBT

360

の効果に関して顕著な証拠があるにもかかわらず，予備的なデータでは，CBT が AN の治療においても同様に役立つかもしれないことが示唆されている。本章では，摂食障害のためのグループ治療の構造化におけるさまざまな問題の概要を提供している。加えて，摂食障害グループのグループ・プロセスに含まれる問題に特に注意が払われている。CBT のグループについての本質的な治療要素は，混成の患者グループを対象とした 20 セッションのサンプルプロトコルとともに提示されている。臨床実践において，グループは，大部分は資源と実施上の制約のために，特定の摂食障害に調整されたグループよりもむしろ，混成の患者グループで運営される可能性がより高い。しかしながら，研究は，「純粋な」診断グループに焦点を当てる傾向にある。今後の研究では，摂食障害を持つ患者の混成グループ向けの集団 CBT の効果性を検討する必要がある。

13章

物質関連障害

物質関連障害の記述的特徴

精神活性物質の誤用は，21世紀のアメリカに最も重大な健康の脅威をもたらした（Robert Wood Johnson Foundation, 2001）。大多数のアメリカ人が，物質使用の結果，生活のある時点でいくつかの重大なネガティブな結果を体験したことになる。それにもかかわらず，ほとんどの物質使用は，使用が慢性化しない限り使用者にとって著しい問題とはならない。ほとんどの物質使用者は使用に関連して持続する著しくネガティブな結果を避けるという事実があり，疫学上のデータは，物質使用障害（SUD）が幅広い人口に最も広まっている精神障害であり，発生率は抑うつ障害に次ぐことを示唆している（Regier et al., 1990）。

診断の特徴

これらの障害（「アルコール依存」と「依存」が最もよく使用される）を表すための通称として使用されるいくつかの単語があるが，DSM-IV-TR精神疾患の診断・統計マニュアル新訂版（DSM-IV-TR: APA, 2000）では，2つのタイプの物質関連障害，すなわち，物質誘発性障害と物質使用障害を特定している。物質誘発性障害は，典型的に，中毒，離脱症状，物質誘発性精神病などといった物質使用の直接的な結果と思われる問題から構成される。これらの障害は一般的には医療的に治療され，以下では討議しないことにする。

より有病率が高く，私たちの討議に直接的に関連するものは物質使用障害であり，DSM-IV-TRは2つのタイプ，すなわち物質乱用と物質依存を取り上げる。

物質乱用は物質依存と比べてそれほど深刻ではないとみなされており、そのよ

13章　物質関連障害

表 13.1　物質乱用の基準

1. 1年以上にわたり，以下の基準の1つ，またはそれ以上：
    a. 役割の障害（たとえば，仕事，または家庭義務の失敗）
    b. 有害物質の使用（たとえば，酩酊した状態での運転）
    c. 物質使用に関する法律上の問題
    d. 物質使用のための社会的，または対人関係の問題
2. 物質依存の基準を満たしたことはない

表 13.2　物質依存の基準

1. 同じ12カ月の期間のどこかで，以下の3つ，またはそれ以上が起きること：
    a. いずれかによって定義された物質の効果への耐性
        ・期待する効果に達するために著しく増大した物質の量が必要
        ・同じ量の物質の持続的使用が伴って効果が著しく減弱
    b. 離脱の症状，または離脱を避けるための物質の使用
    c. 物質が目的とされたより多くの量，またはより長い時期を超えて摂取される
    d. 物質使用を減らす，または制御することの持続した期待，または失敗に終わった試みがあること
    e. かなりの時間が物質を使用すること，入手すること，または物質使用の効果から回復することに費やされた
    f. その人が物質を使用するために，または物質使用の結果として，重要な社会的，職業的，または娯楽的活動をあきらめる
    g. 物質使用によって生じるであろう，または悪化するであろう，持続した，または繰り返し発生する身体的，または心理的問題を持っているというその人の知識にもかかわらず物質使用を続ける

うな使用が自分自身，あるいは他者に危害を加える可能性がある状況において，もしくはそのような使用が著しい社会的または心理学的問題を引き起こすこと，またはそのような問題に関連するという知識があるにもかかわらず，物質の使用が繰り返されることによって特徴づけられている。表13.1 は，物質乱用の診断基準の概要を示している。

　物質依存はより深刻であり，専門家ではないほとんどの人々が「アディクション（addiction）」としてとらえるものに近い。物質依存は，物質の使用が，生活の中で，人間の生活におけるネガティブな結果のリストのうち3つ以上を引き起こしている必要がある。物質依存の診断基準を，表13.2 に要約する。

　物質使用障害を診断するための DSM-IV-TR のアプローチには，いくつかの重要な示唆がある。第一に，これらの障害は単一の病型ではなく，これらの診断基

準に合う全ての人々の症状像が似ているわけではない。第二に，薬物使用は，ベースラインの必要条件（たとえば，飲酒していなければ，アルコール依存にはなり得ない）を除いて，本来，物質乱用，または物質依存の診断基準に含まれないということに注意することが重要である。第三に，人は物質依存と診断されると，診断が完全になくなることは決してない。良くても，その障害が順調に解決されれば，十分な寛解が持続していると見なされる。最後に，物質乱用と依存の解決は，物質使用の停止を必ずしも必要としない。物質使用が障害を構成すると考えられる症状をもたらさないということだけが必要である。したがって，物質使用からの生涯にわたる完全な断酒（断薬）は，物質使用障害の解決の必要条件ではないが，実践的には，物質使用に関連した問題を体験しないことを保証するための確かな方法となる。

　物質乱用と物質依存の表れ方がさまざまであるように，物質の使用者がいずれかの物質使用障害に発展する可能性は，精神活性物質によってさまざまである。したがって，たとえば，ハルシオンが，依存症状が十分に確立されている他の物質（アルコール，オピオイド，覚せい剤）と同様に，依存症状を引き起こすかどうか，そしてそれがどの程度かについては明らかにされていない。特定の薬物の依存症状の本質は，乱用，依存を引き起こす使用のパターンがさまざまであるように，人それぞれである。これらの理由から，個人のアセスメントと治療計画は，SUD のあらゆる認知行動的治療にとって重要な部分である。次節で，アセスメントに関してより詳細に討議する。

SUD の理解に対する認知行動的アプローチ

　SUD を理解する CBT のアプローチは，社会的学習理論（SLT: Rotgers, 2003）に強く基づいている。SLT によると，SUD は主に特定の物質に伴う快体験に関連する生物学的な素因，最初に経験した物質の効果，そして物質の効果をどのように使い，どのように享受するかに関する学習をもたらす条件づけとモデリング要因との間の相互作用の結果として形成される。また，気質とパーソナリティ要因は，精神活性物質を体験した大多数の人々の中で，誰がそれらを乱用する，あるいは依存する可能性があるかを決定する役割を果たしているようである（Rotgers, 2003）。

　SLT によると，最初の物質使用は，個人が物質の使用に対してポジティブな

予期を持つ時に生じる。つまり，最初の物質使用は使用行動の強化の予期によって促進される。この強化は，物質の薬理学的効果といった直接的なものが全てではなく，さまざまな形式をとりうる。たとえば，5，6歳程度の年齢の低い児童はアルコール飲料を飲む効果に関して強い興味を抱くことが示されている（Leigh & Stacy, 2004）。これらの期待は，社会的強化（しばしば「仲間の圧力」と呼ばれる）と結びつき，ほとんどの若者に最初の使用を引き起こす。

　ほとんどの若者は精神活性物質（「初めての」薬物として一般的に試されるタバコとアルコール：Kandel, 2002）を経験し，物質使用に関連した問題へと発展し始める者もいる。将来の問題のある使用のリスクを増大させる経路に，特定の物質の薬理学的効果に反応する本質的な傾向がある者がいることも明らかにされている（Schuckit, Smith, & Tipp, 1997）にもかかわらず，生物学的な変数は，物質使用の持続と使用期間の結果として起こる SUD の形成にほんのわずかの役割しか果たさない。

　SLT によると，使用の持続は個人にとっての物質の強化的な性質に起因する。これらは，使用を増大させるフィードバックと同様に，物質使用のポジティブな結果の期待を強める。長期にわたり使用が繰り返されると，生物学的な変化が起こり（物質の効果への耐性の形成），使用が，個人にとっての物質の強化的な性質における結果の変化によって少なくともある部分では突き動かされ始める。したがって，個人が繰り返し物質を使用すると，物質の効果に対する耐性が形成されるが，物質使用の強力なポジティブな結果の期待が維持されると，期待される効果に達成するためにより多く物質を使用する傾向がある。このプロセスは，期待されるポジティブな結果を達成することと，依存へと発展し始めた時の使用エピソードに続く物質離脱症状のネガティブな効果を減らすことの両方の目的で，より多くの物質を使用する，あるいはより頻繁に使用する「悪循環（vicious cycle）」が始まる。

　SUD の形成プロセスの多くは自覚のないままに進むが，古典的学習とオペラント学習の両方のプロセスによって，物質の存在や不足に対する身体の適応の一部として生じる生物学的な変化とともに，認知的水準も変化していく。期待はしばしば身体的な感覚と感情の両方を合わせた認知として表れる。物質の使用に特異的な強化随伴性に基づき，認知は使用し続けることに対する刺激としての役割を果たすようになる。これらの認知は，しばしば使用の「衝動」，または物質への「渇望」として体験され，物質を入手するための行動に近接する刺激として働

365

きうる（Tiffany, 1990）。

　したがって，アルコール依存の者はアルコール使用に関連した認知の歪みを持つかもしれない。たとえば，「私は飲酒なしでは役に立たない」，「私はリラックスするために飲酒が少し必要だ」といった潜在的な自己陳述を有するかもしれない。物質使用に関する自己陳述や認知の結果がさまざまであるように，物質使用は明らかに個人内と個人間で機能がさまざまに異なる（Khantzian, 1985）。これらの機能とそれに関連する刺激の同定は，人々がSUDを克服することを助けるCBTアプローチの中核的な部分である。

　物質使用が個人の日常の活動の中心になっているほど，物質使用のポジティブな結果の期待を誇張し，ネガティブな結果の可能性を最小化する認知が形成されるかもしれない。しかしながら，通常，その人は物質使用のポジティブな側面とネガティブな側面の両方に十分に気づく。物質使用を変化させる支援では，しばしば，物質使用と変化の損得を重みづけすることを通した「意思決定的調節」によるセルフアセスメントの形式で，結果の期待に働きかける。

　SUDになったら，いくつかの結果が起こりうる。SUDは時間とともに悪化するかもしれない（伝統的には，教訓として，これが最もよくみられる結果と言われている）。すなわち，サポートがない人によってそれが助長されるかもしれない（研究では，これが最もよくみられる結果である；Dawson, 1996）。また，物質使用のネガティブな結果を軽減するための支援を探し求めるかもしれない。SUDの治療に対するCBTアプローチは，変化が生じるためには，いくつかの要因が整っていなければならないということを前提とする。これらは，「準備，意欲，可能性」のある人として要約されている（Rollnick, Mason, & Butler, 1999）。より専門的な用語では，物質使用を減少，中断するために，自分の生活と行動を変化させる準備がなければならない（「準備」）。物質使用行動を変化させる努力と関与を維持したい気持ちもなければならない（「意欲」）。最後に，行動，思考，生活スタイルの変化の計画を実行するために必要なスキルを持たなければならない（「可能性」）。

　物質の問題使用（乱用，あるいは依存）からその物質との健康的な関係（適度（moderation）な使用，あるいは断酒（断薬））へと移行するまでのプロセスは，DiClemente & Prochaska（1998）の動機づけのトランスセオレティカルモデル（TMM）に記述されている。それは，変化は，一連のステージを通じて進歩する時に生じると提案している（図13.1に要点を示す）。

変化を試みるエピソードの中，ステージを順番に通過することから，ステージは連続的に変化しないと仮定されている。TMMにおいて，それぞれのステージは，変化に向けた活動の促進，または抑制のいずれかの役割を果たす異なる認知的，行動的，感情的プロセスを含む。たとえば，問題の再認識が最小限であることとして特徴づけられた前熟考期では，情報提供といった知覚向上の活動は，変化を次のステージに移行させるために特に重要である。CBTのアプローチは，さまざまな初期ステージで作用すると仮定されており，そして，変化の行動を直接的にはっきりと行う活動的ステージで特に適用可能であることから，変化のプロセスとの一貫性があるため，TMMの枠組みの中で著しい利点を持つ。

物質乱用をしている多くの患者にとって，特定の思考パターンが障害を永続させ，変化を妨げるかもしれない。Beck, Wright, Newman, & Liese（1993）は，嗜癖的（Addictive）信念に関連する思考パターンの一般的な2つのカテゴリーを同定した。すなわち，期待信念と許容寛大信念である。期待信念は，患者が感じている使用の利得に関する信念である。これらの信念は，喜びの探索，問題解決，安堵，逃避の考えを含み，生活のかなり早期に形作られるかもしれない（Beck et al., 1993）。許容寛大信念は，正当化，リスクテイキング，権利と関連しており，物質探索と使用のエネルギーとしての役割を果たす（Beck et al., 1993）。Freeman

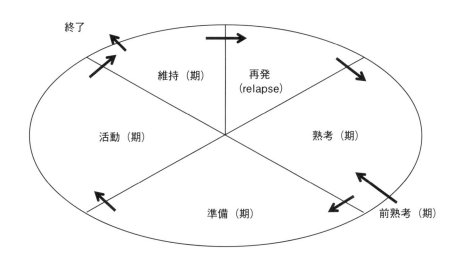

図 13.1　変化の段階

（1992）の追跡研究では，許容寛大信念をさらに（1）否認関連信念（患者が，問題が存在しないと自分に言い聞かせたり，それを最小化したりするために使用する信念）と（2）合理化信念（少なくとも部分的に行動を許容するが，行動と結果の間の結びつきを正当化する，説明する，権利を与える，帰属する，あるいは否認する信念）に分類した。

　SUDと関係した信念は特定の状態，あるいは文脈としばしば密接に結びつき，しばしば「トリガー」として言及される。トリガーは期待信念と許容寛大信念の両方を引き出し，物質探索行動の開始に最も近い刺激としての役割を果たす。トリガーは，物質渇望に関する思考と行動の複雑な集合も引き出すかもしれない。内的（不安，抑うつ，怒り，幸福感といった情動状態：Marlatt & Gordon, 1985），または文脈的（外的出来事と環境を含む）のいずれもがトリガーになりうる。文脈的なトリガーは内的な状態としばしば関連する。葛藤，仲間の圧力，祝いなどの状況は，物質使用を開始させる条件づけられた手がかりになる特定の感情をしばしば呼び起こす。特定の個人にとって最も突出した特定のトリガーは極めて特異的である。つまり，特定の感情状態，あるいは環境的文脈が，渇望と物質探索行動にどの程度関連しているのかによって大きく異なる。したがって，怒りは，ある個人にとってはトリガーになるかもしれないし，他の人にとってはそうならないかもしれない。ある個人は，飲み屋が使用の強いトリガーとなるかもしれないし，一方で，他の人にとってはそれは問題にならないかもしれない。このようにトリガーのパターンは特異的であるから，物質を使用せずにトリガーに対処する方略を形成する援助をするために，個人のトリガーのパターンを同定する必要がある。このプロセスは，SUDを治療するCBTアプローチへの本質である。

　概観では，SUDの治療に対するCBTアプローチは，患者の行動と認知の2つの側面に焦点を当てる。すなわち，変化への動機づけと，変化を促進し，維持するためのスキルである（リラプス・プリベンション）。動機づけ面接（Miller & Rollnick, 2002）のような動機づけ的アプローチは，CBTアプローチとはいくぶん独立して発展してきたにもかかわらず，これらのアプローチの間には自然な親和性がある。動機づけ面接における研究は，治療開始時期の患者の動機と変化の段階の問題に取り組むことが，その後の治療の特定の内容にかかわらず結果を高めることを明らかにした。このため，CBTグループの見本プロトコルに動機づけ的要素を組み込んだ。

　SUDの治療に対するCBTアプローチは広くマニュアル化されている。初期の

マニュアル（Monti, Kadden, Rohsenow, Cooney, & Abrams, 2002）は，主にアルコールの問題の治療に焦点を当てた。CBT アプローチを用いる後期のマニュアルは，主にコカインと精神刺激薬といった，他の薬物の問題の治療に焦点を当てている（Carroll, 1998）。コカイン依存の治療のための Carroll のマニュアルは個人用のプログラムであるが，グループの運用に容易に適応できる。他のマニュアル化されたアプローチは，特にグループの運用のために作成されている。

TMM に動機づけ的アプローチと CBT アプローチを結合したグループ治療形式を組み込んだマニュアル（Velasquez, Maurer, Crouch, & DiClemente, 2001）も刊行されている。グループ運用のための，動機づけ面接のような動機づけ的介入のマニュアル化の試みもある（Ingersoll, Wagner, & Gharib, 1997; Rotegers & Graves, 2004）。これらのマニュアル化された治療はどちらも，グループ形式に動機づけ面接の精神を取り込むことを試みている。

CBT の効果性

SUD の CBT 介入に対する評価は数多く行われており，このアプローチの有効性が高いことを支持している。代替治療とコントロール治療とを比較した研究では（e.g., Miller, Willbourne, & Hettema, 2003），CBT の個人とグループのいずれの運用形式においても効果があることを支持するデータが示されている。事実，最近まで，SUD に対する治療結果に関する文献は，概ね CBT は他のアプローチよりも効果があることを支持している。しかしながら，CBT はある患者にとっては別の効果をもたらす可能性があることが，近年に明らかになった（Maude-Griffin et al., 1998）。他のほとんどの治療アプローチと同様に，最も優れた質問は，「CBT 治療は効果的ですか？」ではなく，「どんな患者に CBT は効果的ですか？ どんな患者には，他のアプローチより効果的ですか？」である。これは，1960年代以来の心理療法の研究に関する Paul の古典的疑問と鏡のように重なる。すなわち，「どのような環境下で，誰によって行われたもので，何が作用しているのか」という疑問である（Paul, 1969）。

そこでこの「Paulian」の観点を適用して，CBT アプローチの効果性について簡潔に概観し，CBT 治療の結果に関連すると思われる患者の変数に焦点を当てて簡潔に概観する。研究では，以下の患者の変数が CBT アプローチによる治療結果に関連することが示唆されている。すなわち，精神病理学，抽象的な推論能力，宗教的信念，嗜癖（addiction）の「疾病モデル」における信念である。

精神病理学，抽象的な推論，CBT の結果

　研究においては，強い精神病理を持つ患者がコーピングスキルの治療を受けた時，弱い精神病理を持つ患者が相互的集団療法を受けた時に，再発（relapse）が著しく遅くなることが示されている。再発の割合は，強い社会病理を持つ者が相互的集団療法を伴う治療を受けた時により低くなった。しかしながら，認知的障害として分類される患者は，相互的集団療法でより良い結果になり，コーピングスキルの治療でより悪い結果になった（Kadden, Cooney, Getter, & Litt, 1989）。

　Kadden et al.（1989）は，より強い精神病理を持つ患者に対するコーピングスキルの治療は，その構造と，治療目標が再発防止に限定されていることから，より良くなることが期待できるかもしれないと提案した。伝統的な治療の構造が比較的欠如していることと，その目標がより広範であることが，強い精神病理を持つ患者を脅かしているかもしれない。社会病理の強い患者は，グループのメンバー間で強い対人的関係を必要とせず，特異的なアンガーマネジメントスキルが提供されるため，コーピングスキルの治療がより良いかもしれない。一方で，社会病理の低い患者は，より伝統的な集団療法の対人的焦点を受け入れるかもしれない。

　Hall らによるコカイン使用者の治療研究は，CBT アプローチが抽象的な推論能力がある患者に対してより効果的である可能性を示唆している（Maude-Guriffin et al., 1998）。集団 CBT と伝統的な 12 ステップアプローチの結果を比較したデータを抽象化能力の観点から分析すると，CBT は抽象化能力が良好な患者に対してより良かった。

　これらの 2 つの知見のセットは（精神病理のより強い患者と抽象化能力のより高い患者が CBT で良くなる），精神病理の併発が抽象化能力を減少させると仮定することは理にかなっているように思えるため，表面的には一致していないように思える。CBT アプローチの内容は，断薬への関与を高めることと，コーピングスキルを教えることを通した体系的な関与などの支援に焦点を当て，同時発生的な障害を克服しようとしており，CBT 治療の技術的な側面を使用すること（より高い抽象化能力のため）ができる患者を助ける構造として動機づけを提供することができる。

信念と CBT の結果

　強い宗教的信念を持つ患者は，伝統的な 12 ステップアプローチに比べて，

CBT アプローチではそれほど良くならない傾向がある一方で，嗜癖（addiction）が悪い習慣ではなく病気であるという見解を支持している患者もそれほど良くならない（Logan & Tonigan, 2003）。いかなる宗教も直接的には関係していないにもかかわらず，Judeo-Christian（たとえば，「崇高なる力（higher power）」の気づきと神に向かう自身の生活の変化についての頻回な言及）の思考から多くの概念とアイデアを組み込む哲学（12 ステップ）を伝統的な治療として非常に強調していることを前提とすると，これは驚くべきことではない。哲学のこのような分類は，12 ステップアプローチのみを提供することが，憲法の信仰の自由の保証を侵害することを基盤としたいくつかの状況において，遵法的な行為が 12 ステップではない代替案を適用することがあるため，多くの患者を当惑させている（Apanovitch, 1998）。

　同様に，研究では，嗜癖（addiction）の疾病概念にそれほど強く同意しない患者が，CBT アプローチでより良くなることが示唆されている。さらに，伝統的な 12 ステップに基づく治療の中心的な信条は，嗜癖は決して治らず，管理のみが可能な疾病であるという考え方であり，すなわち，嗜癖を解決するための唯一の実行可能なアプローチは，生涯にわたる断薬を強調することであるため，このことは驚くことではない。治療アプローチやサポートグループが，中庸に，あるいはハームリダクションのゴールを許可する場合には，それほど信仰もなく，自分の物質の問題が疾病の結果であるという視点をそれほど信じることができない人々に受けが良い傾向にあることが示されている（Humphreys & Klaw, 2001）。

　私たちが概観しているこのような知見にもかかわらず，CBT アプローチは多様な患者に十分に作用することは明らかである。これまでの方法とは差別的に治療を計画するために用いられうる変数の特定の組み合わせを同定する試みが進行している一方で，その結果は圧倒的に肯定的であるというほどではない。CBT アプローチの効果性に関する広大な研究のエビデンスは，効果的なコーピングスキルを学習すること，あるいは体系的に認知的再体制化に従事することができないほどに，抽象的な推論と思考スキルが低い者をできるだけ除外し，実質的に自分のためになる治療を最初に選択させる。

SUD の CBT におけるアセスメントの諸問題

　SUD の CBT の観点，変化，変化の維持に関連する変数は，患者のアセスメン

トで扱う必要がある5つの重要な領域を示唆している。すなわち, (1) 変化への動機づけ, (2) スキルの資源と欠損, (3) 認知の歪みと期待, (4) 物質使用に関連する環境的要因と内的要因 (「トリガー」, あるいは高リスク状況), (5) 治療目標と関与である。これらのアセスメントに重要な領域をそれぞれ簡潔に説明する。

変化への動機づけ

TMM の簡潔な討議で示唆されたこととして, 変化のための患者の動機づけと準備性は治療の結果に欠かせない。患者の変化の段階と介入の不一致は, 治療の失敗の主な要因と考えられている (Prochaska et al., 1994)。それゆえ, 動機づけと変化の段階をアセスメントすることは, 介入が特定の患者に適切であることを保証するために重要となる。

多くのツールが, 変化の段階, あるいは変化への準備性をアセスメントするために発展してきた (Carey, Purnine, Maisto, & Carey, 1999)。これらには, University of Rhode Island Change Assessment (URICA: DiClemente & Hughes, 1990), Stage of Change Readiness and Treatment Eagerness Scale (SOCRATES: Miller & Tonigan, 1996), Readiness to Change-Treatment Questionnaire (RTCQ: Rollnick, Heather, Gold, & Hall, 1992) が含まれる。これらの道具は全て良好な心理計量的性質を持ち, 少なくとも適度に治療結果の予測になることが明らかにされている。全てが刊行された研究文献であるため利用可能である。回答に5分のみで済む RTCQ を除き, これらの道具は患者が回答するのに, 通常10分から20分かかる。

URICA, SOCRATES, RTCQ の得点が治療の従事と維持といった結果を予測することが明らかになっているにもかかわらず, それらは TMM 内の患者の変化の段階を特定する好ましい働きはしていない (Carey et al., 1999)。それらは, 採点と解釈もいくぶん煩わしい。より簡潔で, より直感的なアセスメントの手続きは, Rollnick et al. (1999) によって開発された Readiness Ruler technique である。患者の動機づけを理解する指針として「準備性, 意欲性, 可能性」の臨床的ヒューリスティックスを用いる時に, Readiness Ruler technique によって患者は自分自身の3つの側面を評価するように求められる。すなわち, 標的行動を変えることの重要性, 今から行動を変えることの準備性, 実際に変化をもたらすための自分の能力における自信である。

臨床的な視点から，これらのあらゆるアセスメント道具は，TMM で要約された変化に関連する要因を活用する有用な方法である。

スキルの資源と欠損

　成功に伴う事前の変化の努力を支える患者のスキルを記述することは，標的行動を維持することと成功に導く変化の方法をやり遂げることの両方のスキルの欠損と同様に，最初のアセスメントの重要な観点である。スキルアセスメントに関する討議を妨げるかもしれないが，あえて言うならば，クライエントのスキルの水準をアセスメントできる多くの道具と手続きが，構造化された行動的な面接と同様に発展している（Donovan & Marlatt, 2005）。患者の行動の変化に関するスキルがどの程度あるかについて基礎となる感覚を持つことによって，定期的な再アセスメントを通した，スキルの弱点の領域と患者の進展を観察できる。それによって，患者が報告しないかもしれない患者のスキル（たとえば，コカイン依存の助けを求める患者の喫煙の中止）だけではなく，最近の変化の努力に般化されるかもしれない患者のスキルを治療者に知らせることもできる。

認知の歪みと期待

　物質使用の損失と利得の両方についての患者の視点の変化を測定して，認知の歪みと期待をアセスメントする。物質使用のポジティブな結果期待（そして，それらに伴って生じる認知の歪み）とネガティブな結果期待の両方が，結果と相関することが明らかにされている。とりわけ，ポジティブな結果期待が減少し，ネガティブな結果期待が増加するにつれ，使用（または，変化が起きているとすれば前の使用水準への再発）の可能性が減少する。

　ポジティブな結果期待を測定するために役立つ道具が数多くある（Allen, 2003 を参照）。アルコール使用に焦点が当てられる傾向があるが，他の薬物使用のポジティブな結果期待をアセスメントするためにも使用できる。これらのポジティブな期待をアセスメントすることで，物質使用に関して患者が持つ特異的な認知の歪みが把握できる。物質使用の前の水準への再発がポジティブな結果期待（「ジョイント（手巻きタバコ状のマリファナ）を吸えば，私はそれほど怒りを感じないであろう」，「いくらかビールを飲めば神経質が実際に和らぐだろう」）の賦活としばしば関連するなら，これらの期待が活動した時に，患者が代替となる認知的対処方略と行動的対処方略を同定し，使用することを助けることで，良い

結果を強めることができる。

　前述した通り，ネガティブな結果期待が，結果と相関することも明らかにされている（McMahon & Jones, 1993a）。とりわけ，物質使用のネガティブな結果期待（「二日酔いは本当に具合が悪い」，「私はクラックを吸ったあとは，妄想を取り去ることができない」）が増大するにつれ，治療前の使用の水準に戻る可能性が減少する。定期的に，Negative Alcohol Expectancy Questionnaire（McMahon & Jones, 1993b：もし薬物関連のネガティブな期待をアセスメントするならば置き換える）を使用してネガティブな期待をアセスメントすることで，クライエントのより安定的，永続的な進展をたどることができる。

使用に関連する環境と内的要因（「高リスク状況」）

　物質使用の弁別刺激である，いわゆる「高リスク状況」，あるいは「トリガー」と呼ばれるもののアセスメントは，個別化された対処方略を開発し，患者を支援するために重要である。物質使用のトリガーは，患者と同じくらい多様化し，不均一である可能性があるが，トリガーとなる出来事，状況，内的状態のタイプの多くは，患者と薬物のタイプにかかわらず，以前の使用水準への再発と最もよく関連するようにみえる（Marlatt & Gordon, 1985）。これらは，トリガーを同定するだけではなく，患者が特定の状況，あるいは内的な状態の文脈で使用する可能性を Inventory of Drinking Situations（IDS: Allen, 2003）を用いてアセスメントでき，それはリッカート評価の形式でトリガーの「効力」に関する情報も提供する。たとえば，Drag Abuse Self-Efficacy Scale[DASES]（Allen, 2003）などの道具は，トリガーと物質を使用せずにそれらに効果的に対処するための患者の自己効力期待との相関を念頭に置いた利用もできる。さらに，これらの要因のアセスメントをすることで，患者に対して対処方略と計画の両方を調整し，対処に関する自己効力感の高まりに関しての進展をたどることができる。

治療目標と関与

　多くの研究は，治療結果の最も優れた予測因子が治療参加時の変化の目標（その多くは，断酒（断薬））への患者の関与の程度であることを明らかにしている（Morgenstern, Frey, McCrady, Labouvie, & Neighbors, 1996）。研究では，少なくともアルコール，場合によっては大麻問題の治療において，治療参加の際に，断酒（断薬），あるいは適度（moderation）の使用の間で選択させること，そし

て治療の進展につれて目標を変えることを患者に許容することが，選択された目標にかかわらず，より良い結果と関連することを示されている（Ojehagen & Berglund, 1989）。

治療目標のアセスメントは非常に単純である。臨床家は，患者に自分が達成したい目標が何であるかを尋ねることのみを必要とする。これは，臨床家にとって，患者が断酒（断薬）というよりも適度に関する案を軽視していることが明らかになった時だけ問題となる。治療コミュニティにおける永続的な神話では，適度がほとんどの患者にとって不可能であり，たとえ可能であったとしても，それは望ましくない結果であると主張されてきた。過去30年にわたるアルコール使用に焦点を当てた研究では，この神話が明らかに偽りであるとされている（e.g., Dawson, 1996）。実際に，最近の研究では，比較的深刻な物質使用問題を持つ患者でさえ，治療に伴って使用が効果的に適度になりうることが明らかにされている。それはそれとして，患者に自分の目標を選択させることにこそ責任と倫理があるのであろうか？

研究では，患者の適度の目標を受け入れることに関する臨床家の恐れは，典型的に過剰であると示唆している。患者は治療の目標として適度な設定を選択することはめったになく，そうした者はほとんど治療が進展するにつれて断酒（断薬）へと目標を転換する。もちろん，臨床家の目標選択が最終的には重要であると信じることは，臨床家にとっておそらく臨床的な傲慢である。明らかに，患者が選択することは，患者がするであろうことである！　研究において，治療を始める際の患者と臨床家の間の小さな不一致でさえ，より効果的ではない結果と関連することが示唆されているように，患者が物質使用の問題を解決する援助において治療的同盟が重要であるなら，目標に対して患者の自主性を認め，治療目標の協議で患者が強く関与できる限界の中で取り組むことは，臨床家にとって当然のことである。

臨床家と患者の間の葛藤の可能性を減らすことに加えて，患者に治療目標（それが断酒（断薬）であるか，または適度（moderation）であるかどうか）を課すことがより乏しい結果と関連することを示唆する研究がある（Sanchez-Craig & Lei, 1986）。したがって，患者の目標選択における研究の大部分は，良い結果の可能性が最も高くなることとして，臨床家の側のあまり空論的，規範的ではないアプローチを示唆しているように思える。もちろん，このことは，臨床家が最も安全な方向（断酒（断薬））が長い目で見ればしばしば最も良いと患者に説得

第Ⅱ部　特定の障害における認知行動療法グループ

する努力を放棄すべきということではない。むしろ，臨床家（これは，確かに
CBT の精神である）は，さまざまな目標選択の良い点と悪い点を徹底的に検証
して，患者と目標の交渉をする。

　治療目標が同意されたなら，その目標に関する変化の関与のアセスメントは容
易である。この話題に関するほとんどの研究では，患者が選択した目標に自分が
どのくらい関与しているかを単純に示す時に，単純な 10 件法のリッカート尺度
評価を用いている。より高い評価ほど，患者はより関与しており，長い目で見れ
ば目標に到達している可能性が高い。

グループの治療

　物質乱用の集団 CBT の原型は，Treating Alcohol Dependence の第 2 版にお
いて公刊されている，Monti et al.（2002）によるガイドマニュアル一式である。
これらのマニュアルは，他施設研究プロジェクト MATCH（Matching Alcohol
Treatments to Client Heterogeneity）における CBT 条件で使用された個人治療
マニュアルとも密接に関係している。Velasquez et al.（2001）によって公刊さ
れたグループ治療マニュアルは，変化の TMM の概念の文脈で CBT を使用する。
これらとその他のマニュアルの両方が，ここで要点を述べるセッションの核であ
る。さらに，治療前に収集したアセスメントのデータに基づく動機づけ的フィー
ドバック面接から構成される最初の個人セッションを全ての患者に行うことが研
究によって支持されている。そのセッションの概要を提供する。

　最初の個人的な動機づけ的フィードバックセッションを行うことに加えて，プ
ロジェクト MATCH において使用されたものと類似したアプローチも導入する。
このアプローチは，全ての集団コホートに運用された一連の核となるセッション
があるマニュアルにおけるいわゆる「誘導された」プロセスによって特徴づけら
れる。それらは「必要な場合」，あるいは患者のアセスメントによって，グルー
プにとって特定の領域が必要と示唆された場合に提供される付加的な一連の「任
意の」セッションである。したがって，交際していない独身の個人のグループに
とって，恋人同士のやりとりのグループセッションは関係ないかもしれない。し
かしながら，結婚している患者のグループにとっては，そのようなセッションは
重要かもしれない。変化と再発防止（relapse prevention）のための基本的なス
キルの体系立った核を提供する文脈で，いくつかのグループセッションの内容を

調整する能力は，厳密にマニュアル駆動である状態と非マニュアル化されている状態の間の最適なバランスを提供し，治療を受けている者に特異的なグループのカリキュラムを構成する臨床上の判断を可能にする。臨床上の判断と集団コホートにおける患者の特徴に基づいて特定のセッションを変え，補強するための選択肢を提供し，マニュアルが特定の構造化されたグループセッションを提供するという意味で，このアプローチを「マニュアルに誘導された」と呼ぶ。

セッションの形式

セッションは治療の開始から一貫した形式に従うべきである。グループのセッションには構成要素があり，ファシリテーターがそれぞれの構成要素に充てる時間を決める。したがって，前回，ホームワークを割り当てていないセッションでは，省略される構成要素がある。

次に，集団CBT形式の構成要素を提示する。

歓迎とアジェンダの設定

グループの基盤となるルールを簡潔に概観した後，各セッションの初めの5分，または10分で，ファシリテーターは討議する話題を概観し，参加者に自分のアジェンダの項目を提示するように求める。ファシリテーターは，その日の話題を十分に取り上げることを保証する一方で，グループが各参加者のアジェンダの項目（とても似た内容の項目は整理，統合を試みること）にどのぐらい時間を充てたいかについて簡潔に検討してもらう。参加者のアジェンダの項目にどのくらい時間を充てるかは，グループセッションの長さによる。

ホームワークの振り返り

アジェンダの設定にしたがって，最初の課題は常に，前のセッションのホームワークについて参加者の体験を振り返り，討議することである。グループのこの構成要素では，参加者の成功と参加者がホームワークを試みる中で直面した障壁に焦点を当てるべきである。障壁の討議は，将来それらの障壁を克服する方法についてのブレインストーミングを含むべきである。

参加者のアジェンダの項目

これらはホームワークの討議でしばしば触れるが，次の構成要素で，参加者は

自分の関心，困難，成功を述べるかもしれない。ファシリテーターは，可能な限り，参加者のアジェンダの項目を過去，あるいは将来のグループセッションの内容に関連づけるように試みるべきである。

その日のトピックの提示

90分のグループセッションを前提とするなら，この構成要素は少なくともそのうち45分を占めるべきである。ほとんどの話題では，ファシリテーターによる教育的な概要説明だけではなく，参加者による討議と実践も必要とするため，その日の話題の概要説明を通して，十分な時間を合理的に割り当てることが重要である。

ホームワークの割り当てと仕上げ

ファシリテーターはその週のホームワークを提示して説明し，参加者に実現可能性（割り当ての実行に関する潜在的な障壁を含む）に関して討議するように勧め，詳細に関して質問する。そのセッションの最後は，ファシリテーターはセッションの参加者の考えを尋ねる。役立ったか，役立たなかったか？ 何か分からないことはあったか，あるいはイライラしなかったか？ 最後に，次回の日程，時間，場所を提示する。

この展開のための構造を念頭に置いて，核となる，そして選択可能なセッションの内容についてここで簡潔に要点を述べる（表13.3）。読者は，取り上げるセッションがしばらくの間，集団CBT治療の一部になっていることを覚えておくべきである。これらのセッションはさまざまな状況で幅広く患者にとって実用的であり，この状況では，患者を批判しない，不変ではないとするだけではなく，これらのセッションの話題は，物質使用者のためのあらゆるグループプログラムで最優先とすべきである。

グループセッションの概要

セッション1：個人の動機づけ的フィードバック

この最初のセッションにおいて，その焦点は物質使用を変えることの良い点と悪い点を探索することである。探索をするためのいくつかの技法がある（e.g.,

Miller & Rollnick, 2002；Rollnick et al., 1999；Rotgers & Graves, 2004）。黒板やハンドアウトの意思決定のバランス表に書き込み，最初に，変わらないことを続けることの良い点，変わることの悪い点，次に，変わらないことを続けることの悪い点，最後に変わることの良い点を示すことをグループのメンバーに尋ねる。臨床家はこのエクササイズにおいて中立を保つことが重要である。すなわち，グループのメンバーに変化の動機づけの構造を発展するよう促すことがポイントである。グループのファシリテーターは，グループのメンバーが参加し続けるように働きかけ，促進するために，聞き返し技法（Miller & Rollnick, 2002）を活用すべきである。

セッション2：高リスク状況の紹介

このセッションの焦点は，可能な限り詳細に，患者が物質使用のリスクが増大する状況の同定を手助けすることである。高リスク状況（しばしば「トリガー」と呼ばれる）は，外的な出来事（Alcoholics Anonymous［AA］の口調では，「人，場所，もの」）と感情状態であり，それらの状況は個人内，または個人間に分類される（Marlatt & Gordon, 1985）。患者が物質を使用せずに，高リスク状況に対処するための複数の活動計画を発展し始める手助けをすることにも強調点が置かれる。

セッション3：使用衝動の管理

このセッションの焦点は，物質使用の前兆を早期に同定するための方略を開発し，衝動に対処するための方法を計画することである。このセッションでは，セッション2で紹介された高リスク状況（トリガー）の理解を構築する。物質使用者たちが使用への衝動に抵抗できるよう手助けするために，さまざまな方法を用いる。これらには，使用することの良い点と悪い点を簡潔に挙げる意思決定のバランスエクササイズと，少なくとも15分間，気分に基づく活動を遅らせる，あるいはその気分に従って活動するのではなく単に衝動を観察する「衝動のサーフィン」の組み合わせが共通して含まれる。セッション内の実践によって，参加者はセッションの中核的なポイントを持ち帰ることができるようになる。すなわち，衝動と渇望は，通常自然に治まるということである。

第Ⅱ部　特定の障害における認知行動療法グループ

表 13.3　物質使用の集団 CBT の治療プロトコルの全体像のサンプル

セッション	扱う方略
セッション 1	・個人の動機づけのフィードバック ・意思決定のバランスマトリックス 　1. 変わらないことを続けることの良い点 　2. 変化することの悪い点 　3. 変わらないことを続けることの悪い点 　4. 変化することの良い点
セッション 2	・高リスク状況の同定 　1. 個人内と個人間 　2. トリガー：感情，人，場所，こと ・高リスク状況の対処のための活動計画
セッション 3	・物質乱用の前兆の同定 ・衝動の対処のための方法を計画 　1. 思考停止 　2. 意思決定のバランスエクササイズ 　3. 先送り
セッション 4	・ネガティブに考えることの管理 ・考えることと感情の関係 ・ネガティブ思考パターンの同定 ・ネガティブ思考と認知的再体制化の挑戦
セッション 5	・一見したところ関係のない意思決定 ・高リスク状況への警戒 ・リスクを通して考えるための機能分析
セッション 6	・脱出を計画 ・予期しないトリガー，または高リスク状況の脱出 ・「もし…であれば」活動計画 ・対処方略の階層
セッション 7	・拒否スキルと直接の提案 ・「いいえ，結構です」の原理 ・個人の拒否スクリプトの開発 ・主張的反応のロールプレイ
セッション 8	・批判を与えることと受けること ・批判のための主張的な反応 ・主張的に決定的な批評を述べる ・リラクセーションスキル ・ロールプレイ

13章　物質関連障害

セッション	扱う方略
セッション9	・アンガーマネジメントと物質使用
	・怒りの兆候の同定
	・リラクセーションスキル
	・怒りの思考の認知的再体制化
	・怒りのシナリオにおける問題解決
	・ロールプレイ
セッション10	・喜べる活動と物質使用
	・物質使用の結果として喜べる活動からの離脱の概観
	・健康的な代替案としての喜べる活動の同定
	・喜べる活動を行うための計画
	・計画的な喜べる出来事のための関与を引き出す
セッション11	・物質使用に関する偏見と問題
	・問題解決スキル
	1. 問題の定義
	2. ブレインストーミング解決法
	3. 解決法の選択
	4. 解決法の実施
	5. 解決法の評価
	・セッション内の例
セッション12	・物質に焦点化しない友人関係の再確立
	・損なわれた家族関係の修復
	・損なわれた雇用の関係の修復
	・回復を継続するための援助的・自助グループの発見

セッション4：ネガティブな思考の管理

　治療の初期に物質使用者たちは，自分自身，自らの物質使用を行わずに日常生活することに対処する自分の能力について，さまざまなネガティブな思考をしがちである。しばしば，これらのネガティブ思考のパターンは，次に物質使用の高リスク状況となるネガティブな感情を引き起こす。このセッションで，参加者は，ネガティブ，または不適切な思考パターンを同定し，挑戦することを学習する。最も頻繁に使用されてきた方法は，認知的再体制化のための Ellis の A-B-C-D-E アプローチ（Ellis & MacClaren, 2005）を教示することである。

セッション5：一見不適切な意思決定

　物質使用者が使用を止めれば（おそらく，物質使用の問題を克服する過程の最

381

も容易な部分，つまり，Mark Twain が禁煙に関してそれを何百回も行っていると主張していること），再発（relapse）する可能性がある高リスク状況に慎重になることが重要である。このセッションでは，参加者は，さまざまな意思決定のリスクの可能性を考える手段として機能分析を教わる。しばしば，「一見したところ無関係の決定」が再発を引き起こしうる。そのため，参加者は，対処スキルに負荷をかけるかもしれない高リスク状況を引き起こす程度を見据えながら，活動の潜在的な成り行きを事前に考え，評価することを教わる。

セッション６：緊急時の計画

　物質使用はトリガーとしての役目を果たすさまざまな弁別刺激と関連する。不運にも，トリガーをできるだけ多く同定する最善の努力にもかかわらず，それらの全てが患者にとって容易に明らかになるとは限らない。このセッションでは，予期しない使用への衝動と渇望が，以前に同定された高リスク状況，またはトリガーの文脈以外で生じた時にどうするかという問題に取り組む。「もし・・・ならば」活動計画を作ることに焦点を当て，グループのそれぞれの参加者に個別化された，一連の実行可能な対処方略の階層を作る。つまり，「最初に使う」方略が失敗した場合に頼れる２番目の方略（そして，時には３番目でさえ）を持つようにする。

セッション７：拒否のスキル

　しばしば，物質使用者が直面する最も困難な課題の１つは，他の人からのアルコール，または薬物の直接的な提供である。物質の提供を断ることは原理的にはとても単純であるにもかかわらず（必要ならば，「結構です」のみを繰り返し言うこと），このスキルは，断酒（断薬）が確立するにつれて，多くの患者にとって再発の防止の重要なスキルの１つになる。このセッションでは，参加者は，物質を拒否するための自分の「スクリプト」を開発し，ロールプレイを実践して，グループの他のメンバーが物質を徐々に執拗に提供し，それに対して主張的な反応を用いることに直面させる。主張的な反応の基本的な構成要素が強調される。すなわち，体の姿勢，視線を合わせること，声の調子，陳述の内容である。

セッション８：批判を与え，受け取る

　物質使用者は，物質の提供に対して主張的に拒否するなどのように，他者から

の批判に主張的に，適切に反応できず，問題解決的ではなく，対立と怒りを引き起こす形で他者に批判を述べることがよくある。このセッションでは，怒り，または対立的にならずに，他者に批判的にコメントする方法，他者からの批判的なコメントに反応する時に言うことと言い方に焦点を当てる。このセッションでは，批判への反応や予期に対する心理学的な覚醒（不安，または怒りのいずれか）を静めるために使用するリラクセーション技法について，簡潔に教示する。このセッションでは，ロールプレイの実践が重要な役割を果たす。

セッション9：アンガーマネジメント

さらに，多くの物質使用者にとってもう1つの困難な課題は，物質に焦点を合わせずに，自分の生活を効果的に営むために，他者と，その人らの知覚された無力感に対する怒りの反応を管理することである。セッション8の続きとして，このセッションでは，基本的な怒りの管理方略，怒りの身体的なサインの同定，覚醒を減少するためのリラクセーション方略，怒りの思考を静める認知的再体制化，そして，怒りを引き起こす接触に対して問題解決アプローチを実行することを支援する。さらに，ロールプレイの実践は，このセッションで重要な役割を果たす。

セッション10：快活動の増大

物質使用が次第に患者の生活の中心になるにつれて（たとえば，物質使用がより重篤な依存へと転換する），以前は喜びと生活満足感の源であった多くの活動をあきらめ始めることは珍しくない。物質使用が長期間にわたる患者にとって，これは自分の生活に快活動やはけ口がほとんど，もしかしたら全く残されていないことを意味するかもしれない。したがって，患者が断酒（断薬）を開始する時（一時的だとしても），自分の生活には心理的，感情的な空虚さが残る。このセッションでは，物質使用の代わり（おそらくそれほど強力なものではないが）になりうる快活動を同定し，次第にそれに取り組み従事し始めることを手助けする。次に，治療の残りの期間で，これらの快活動に計画的に取り組み始めるために，参加者の関与を誘発する。

セッション11：問題解決

効果的に問題を解決することは，物質使用者にとって本質的なスキルである。治療提供者，SUD の疾患としての観点を示す他者の超人的努力にもかかわらず，

物質乱用の診断は，いまだに，アメリカ社会に今まさに起こっている著しい偏見をもたらす。物質使用者は物質使用が早期に始まり，展開したため，もしくは，自分たちがかつて知っていたスキルを「忘れて」いるため，解決に活動的，体系的な問題解決スキルを必要とする本物の生活問題としばしば直面する。このセッションで，参加者にいくつかの標準化された問題解決の1つのモデルを紹介する。たとえば，D'zurilla & Nezu（1999）によって開発されたモデルは，効果的に問題を同定し，可能性のある解決策をブレインストーミングし，実行するための解決策を選択し，解決策を実行し，その後，選択されたアプローチの効果を評価するための一連のステップから構成される。参加者が，標準化された問題のシナリオに問題解決モデルを使用してアプローチするセッション内のエクササイズは，このセッションの重要な側面である。

セッション12：サポートネットワークの開発

　快活動と同様に，物質使用者はしばしば物質を使用する生活スタイルとその仲間集団にますます含まれるようになり，物質を使用しない友人との関わりがなくなり始め，物質を使用しない親類からも疎遠になる。このセッションでは，物質に注目しない古い仲間と再会し，損なわれた家族関係を修復し，新しい支持的な関係を確立するための方略に取り組む。このセッションの中心になることは，雇用者，配偶者，パートナーとの損なわれた関係を修復することである。さらに，参加者たち（治療の初期にセルフヘルプサポートグループを試すように助言されている者）には，快適であると感じるサポートグループを探すプロセスを始めるように勧める。物質使用障害のCBTの治療を受ける人々が，12ステップサポートグループに向かうべきかどうかについて，いくつかの臨床上の論争があるにもかかわらず，研究では，持続的な断酒（断薬），あるいは適度の使用を進展させるためには，これらのグループとの提携に利点があることが明確に示されている。

　この節を始める時に示唆したように，グループの話題をこのように選択する目的は，CBTグループの治療の展開のための核となる話題のセットを提供することである。この大要は徹底的，または規範的のいずれでもないことを理解することが重要である。治療者は，グループのメンバーのニーズに基づいて，セッションを加えたり，取り去ったりすることを注意深く考慮すべきである。たとえば，強制された患者（犯罪者，または雇用者によって治療を探索することを強制された者）と取り組む時に変化への動機づけを維持することは，しばしば，1回以上

のセッションを必要とする。強制された患者と共に取り組んでいる治療者は，グループの参加者が意思決定バランスエクササイズの振り返りと改訂を行い，目標と変化に自分が関与することを思い出させるために，定期的な動機づけ的強化セッションを加えることを考慮したいと思うかもしれない。

治療実施とフォローアップにおける諸問題

　物質使用者の治療を実施する時に，さまざまな問題を考慮する必要があり，CBT グループの治療も例外ではない。このセッションでは，物質使用者の治療に最も直接的に関連するいくつかの問題を考慮する。これらには，物質使用とその他の同時に生じる障害（併発）の関係，再発予防とブースターのセッション，患者の長期間のフォローアップ，サポートグループの問題と物質使用者のための変化のプロセスにおけるそれらの役割の問題に関する問題が含まれる。これらのそれぞれについて検討する。

併発

　臨床家は物質使用とその他の精神疾患の密接な関係を長く認識していたが，20世紀の最後の 10 年で，この関係性の問題を定量化する研究が行われ始めた（Regier et al., 1990）。Regier らの研究から，（他の研究と同様に）平均して SUD の治療を受けている患者の 3 分の 1 以上が他の I 軸，または II 軸の障害を持つおそれがあることが示唆された。特に，物質使用と「重症」と呼ばれる精神疾患（統合失調症，双極性障害および関連障害群など）の関連が明確に示された。

　おそらく精神的健康と物質乱用治療，および医療費償還制度が構成された方針のため，ごく最近まで，物質誤用と精神疾患の両方を持つ患者にとって，精神的健康と物質乱用の治療の提供者の間を行ったり来たり往復することは伝統的であり，制度が焦点を当てる特定の障害の治療が可能になる前に，患者の障害（精神疾患，または SUD のいずれか）の 1 つは，治療されなければならないとしばしば言われてきた。このように，精神的健康と物質乱用の治療制度がどちらも同時に生じる障害を持つ患者を扱わなかったため，患者が全く治療されないことが頻繁に生じた。この状況は，1990 年代に変化し始め，別々や続けてではなく，精神疾患と SUD を同時に治療することが現在の好ましい実践となった（Rosenthal & Westreich, 1999）。

　この状況の一因は，しばしば誤って 12 ステップの哲学(特定の 12 ステップミー

ティングと対比して）に帰属されたが，同時に生じる障害を持つ多くの人（多く
の臨床家と同様に）が有する信念であり，その信念とは，物質使用者が使用を止
めるために試した向精神性の薬物治療は，単なる別の薬物にすぎないということ
である。したがって，薬理学的治療が可能な精神疾患を患う物質誤用者は，処方
された薬物を含む，全ての「気分を変える」物質を避けるはずである。AA のよ
うな，この観点を変えるための 12 ステップグループによる効果は，（完全ではな
いが）著しく成功しており，同時に生じている精神科的な問題のために処方され
た向精神薬による薬物治療に反対することは，少なくとも臨床家の間では，現在
はめったにみられない。

　この章の文脈で，CBT グループの治療は，併発する精神疾患を持つ患者に適切
か，どの障害に対して適切かという疑問が生じる。わずかであるが，この疑問を
調べた研究は，明確に同時に生じる精神病理を持つ患者は，CBT グループの治療
から利益を得られる可能性があることを示唆している（Rosenthal & Westreich,
1999）。グループ治療の適用が不必要な可能性のある主要なグループは深刻な社
交不安を患う患者であり，少なくとも治療の開始時には，グループ設定そのもの
が治療の障壁になる可能性がある。

　また，おそらく，集団 CBT のアプローチから利益を得にくい傾向にあるのは，
物質誤用の集団 CBT の治療で教わるスキルのような複雑な新しいスキルを学ぶ
ことを拒む，神経学的疾患を持つ患者である。しかしながら，多くのこれらの患
者は，CBT の支持的な問題焦点アプローチをより効果的に理解できる可能性が
ある。この問題に関する頑健な結果を示す研究は不足しており，臨床家がアセス
メントを通して，物質乱用治療の CBT グループに特定の個人を入れるかどうか
の意思決定を基本とすることを推奨する。

再発防止，ブースターセッション，長期のフォローアップ

　治療が「終わった」時の疑問は多くの障害の治療で重要であり，物質使用障害
においてはなおさらである。臨床と「回復を扱う」コミュニティの大きな論争は，
SUD はいつか「最後には，最終的に」解決されるのかどうか，SUD が形成され，
治療が完遂した人は，永遠に「回復」していると考えなければならないのか，ま
た，治療を完遂した者たちは，がんが取り除かれたがん患者の症状が一定期間戻
らない場合のように，いくつかの点で「治癒された」と考えられるかということ
である。

386

13 章　物質関連障害

　物質乱用の治療領域では，かかわり合いが長いことが，より良い結果と関連することは自明となっている。しばしば引用される研究結果から，治療要因（たとえば，「容量反応」効果）か患者の動機づけ（e.g., Miller, 2000）のどちらに起因するか明らかでないが，患者と継続的に接触することは明らかに重要であると思われる。どの程度の接触，どの程度の頻度で，患者にブースターセッションを提供すべきかに関しては，少なくとも研究では解決されていない。この点については推測となるが，治療終結後，年4回を基本に患者とフォローアップで接触することが，臨床家たちにとって有用かもしれない。

　治療者が定期的に接触して，患者が治療による利得を維持する手助けをするためのその他の手段は，AA，または Self-Management and Recovery Training（SMART）といった無料のサポートグループへの入会を確立するように援助することである。次の節で，この選択肢について論じる。

サポートグループの使用

　サポートグループは1930年代の AA の設立に続き，65年間以上にわたり SUD 克服の手助けの核となってきた。研究では，サポートグループへの参加が，治療後に良い結果が長期間持続することとはっきりと関連することが示されている（McKellar, Stewart, & Humphreys, 2003）。この関連の理由は明らかではないが，動機づけられた患者はほとんどサポートグループへ参加し続け，より大きな利益を受けているため，あるいは良い結果の持続を促進するサポートグループ自体に何かがあるためのいずれかの可能性があるように思われる。ほとんどのサポートグループ（e.g., Alcoholics Anonymous, 1999）における非常に高い脱落率が，前者の仮説を支持する傾向にある。いかなる理由であったとしても，サポートグループのミーティングへの規則的な参加を伴う入会は，治療後のより良い結果と関連するように思われる。

　物質使用から回復することを試みている人々が利用可能なさまざまなサポートグループがある（McCrady, Horvath, & Delaney, 2002）。ほとんどが AA の共同創立者である Bill Wilson と Bob Smith によって開発された12ステップアプローチに従っている。実際，12ステップに基づくサポートグループは，アメリカ合衆国のほぼ全ての大都市圏と海外の多くの大都市で利用できる。このように非常に利用しやすいため，サポートグループを使用することを決めたほとんどの人々が，12ステップグループを最初の選択としている。

12 ステップグループは，いくつかの観点で CBT グループの説明とは基本的に異なる人生と行動の哲学を支持するにもかかわらず，その強い主張が，CBT 治療と一体化したものとして，患者の選択肢となっている（McCrady et al., 2002）。確かに，あらゆるサポートグループは，物質にとらわれない新しい友人を作る機会と，首尾よく SUD を克服するためのモデルを提供する。12 ステップグループがトリガーとその他の高リスク状況に警戒する必要を定期的に知らせることも，長期間の変化を促進している。

近年，多くの 12 ステップではない代替グループが発展している。これらの中の 2 つ，Self-Management and Recovery Training（SMART）と Moderation Management（MM）は，CBT の原理に直接基づいている。これらのグループはどちらも，SUD から「回復」でき，永遠に「回復し続ける」必要はないという見解（AA の創立者たちの文章と一致しない）を支持する。また，これらのグループは，12 ステップグループのスピリチュアルの観点が，個人の価値，信念と一致しないということを患者に示す（他のサポートグループ，Secular Organization for Sobriety［SOS］を行う場合）。

他のサポートグループを行う場合，MM のプログラムは断酒（断薬）というあらかじめ定められた目標を立てない（Rotgers & Kishline, 1999）。むしろ，MM は，目的，個人の生活における物質の役割の誠実な検証，物質使用に関連するネガティブな結果の減少を導くあらゆる経過を支持する。したがって，適度な使用，あるいは使用の減少という目標を承認しないことは推奨していない。それらは適度に関与している者，あるいはいかなる理由があっても，断酒（断薬）を追求する準備がまだない者のために，変化するための重要な部分を考慮している。MM は，たとえ完全な断酒（断薬）ではない，または健康を形成していないとしても，行動におけるあらゆる健康的な変化は支持すべきであるという視点を支持する。しかしながら，MM は断酒（断薬）を選択するメンバーも支持しており，最近のハンドブック（Rotgers, Kern, & Hoeltzel, 2002）では，使用の減少，あるいは断酒（断薬）のいずれを追求する場合にも適用できるさまざまな技法を提供している。

SUD の集団 CBT の利点と障壁
集団 CBT の利点

集団 CBT は物質使用者と共に取り組むアプローチとして多くの利点を持つ。

それは，高い実用性とスキルに焦点を当てていて，グループ形式にもかかわらず，治療の大部分を個別化できることである。CBT，および関連するアプローチ（たとえば，集団動機づけ面接）は，併発する障害を持つ患者に対して十分に施行される。集団CBTは実用的で，現在とスキルに焦点を当てることを強調するため，これらの患者がCBTでないアプローチに対してしばしば示すことがある抵抗を減らす。物質乱用のグループの治療は「否認」を切り抜けるための試みとしてしばしば対立や攻撃がみられるため，患者を尊重して，協同的に患者の変化を助けるCBTのアプローチは，伝統的なアプローチよりも，さらなる利点になる。

ホームワークの不遵守

　セッションの外で新しい行動的スキルを実践するためのホームワークは，グループ，個人のいずれの形式であっても，CBTの基礎である。ホームワークの持続的な不遵守は，いくつかの障壁が患者の進捗の妨げとなっていることの良い指標である。グループのリーダーは，患者の環境と彼らの考えの両方にあるかもしれないホームワークの遂行の障壁を調査し，対処の手助けをすることが重要である。通常，これらの障壁は，治療が十分に成功するために，アセスメントし，取り組む必要がある。ホームワークの遂行に対する典型的な障壁は，（1）動機づけの変化が小さいこと，（2）ホームワークに体系的に注意を向けることを困難にする無秩序や雑然とした生活様式，（3）患者にとって圧倒的に複雑で，困難に思われるホームワーク，（4）変化のプロセスにおけるホームワークの重要性を患者が誤解していることが含まれる。治療者は，患者について特定の場合にどの障壁が操作されるかを（1つ以上のものが操作されることを理解することが重要である）アセスメントすること，そしてそれらの障壁を克服することとホームワークの遂行を促進することとを手助けする計画を作り始めることが重要である。

　動機づけの問題は，患者自身によって変化すること，治療で変化すること，および治療者とグループが変化を促進する手伝いをすることについての良い点と悪い点について患者に考えるように尋ねることで，十分に取り組むことができる。無秩序な，雑然とした患者が，基本的な秩序化されたスキルを学習する手助けをすることは，障壁を減らすことにしばしば役立つ。患者があまりに難しく，複雑に感じる不完全なホームワークの割り当ては，割り当てを単純化し，詳細に説明し，患者が割り当てについて自分の理解したことを繰り返すように求め，患者が割り当てを正確に理解したかを確認することで対処できる。同様に，ホームワー

クの重要性についての患者の誤解は，割り当ての必要性，患者にそれをすることを求める理論的根拠を患者に明確に示すことで対応できる。

スピリチュアルを強調しないこと

患者の一部，特に特定の信仰を持たない者たちにとって，スピリチュアルを強調しないことはCBTの利点となりうる。自己効力，個人的自律性，スキルを強調することは，12ステップアプローチと関連するスピリチュアルなアプローチよりも，患者の視点との相性が良いことが多い。しかしながら，特に12ステップの哲学に従うことで，一時的にでもポジティブな結果が得られた患者，あるいは，12ステップの性質を持つプログラムでは，CBTプログラムを受けている者たちにとって，スピリチュアルを強調しないことは不利益になる可能性がある。

治療の初期に取り組まれるそのような関心事は重要である。スピリチュアルに方向づけられた患者にとって，CBTの治療にスピリチュアルがないことは，本質的に12ステップと不一致であるとそれとなく示すことは有用である。「無力であること」を述べるステップ1の表現でさえ，使用者の生活の「管理し難い」特質，過去（私たちは無力で「あった」），物質の使用そのものに焦点を当てる。CBTは対処するために物質を使用せず，困難な環境とネガティブな情動状態をしっかり進むための必要なスキルを教示することで，直接的にこれらの問題の両方に取り組むということを説明することは，この観点に関する患者の関心事をしばしば軽減することができる。もちろん，CBTは12ステップのグループへの参加を止めないことを患者に伝えることも役立つ可能性がある。

より遅いメンバーのための進捗のモデル

サポートグループと同様に，CBTグループは，初期に行動の変化プロセスに困難を抱く，あるいは新しいスキルを効果的に獲得，活用することがゆっくりであるグループのメンバーにさまざまなモデリングの機会を提供できる。CBTのアプローチを迅速に「得られる」グループのメンバーは，たとえば，グループの相互作用とロールプレイの両方によって，他のメンバーの役に立つことができる。集団CBTとサポートグループの両方が，メンバーが困難に出くわした時に共用的な問題解決の機会を提供できる。このプロセスを促進するために，グループのファシリテーターは，すぐに進捗しないことと過ちに寛大であり，安全で，受け入れるグループの雰囲気を良くするように，懸命に取り組むことが重要である。

結論

　物質使用障害者のための集団 CBT は，その効果性を支持する物質研究を集約
しているアプローチである。そのアプローチは，本質的に尊重的，協同的であり，
患者の自己効力感を促進する。また，物質使用者のために最も広く適用されてい
るサポートグループ（たとえば，12 ステップに基づくグループ）と両立できる。
強力なスキルに主眼が与えられていることから，集団 CBT は，物質使用への直
接的な関係性，あるいは物質使用のきっかけとなるかもしれない生活状況に対す
る対処への直接的な関係性のいずれかで，特定の対処スキル（たとえば，飲酒や
薬物の拒否スキル，感情的コーピング）が欠如している人にとって理想的なアプ
ローチである。このアプローチは，柔軟であり，個人のニーズに適応可能であり，
物質使用に関係する要因の強固なアセスメントに基づいている。極端な社交不安，
あらゆるグループのアプローチに問題を起こすその他の障害を除き，事実上あら
ゆる患者に検討する価値があると信じている。

14章

パーソナリティ障害

パーソナリティ障害の記述的特徴

　パーソナリティ障害（以下，PD）とは，ある者の環境と自分自身についての知覚，解釈，反応の，長期にわたる複雑で，柔軟性のないパターンであり，個人の機能的特徴であり，一般に広範囲の生活状況で示される（Freeman, Pretzer, Fleming, & Simon, 2004）。PD は広範で，柔軟性に欠ける，持続的な認知のパターン，貧しい情動統制，不適応的な行動的反応から構成される（APA, 1994; Beck, Freeman, & Associates, 1990; Beck, Freeman, Davis, & Associates, 2003; Millon, 1981; Young, 1990）。しかしながら，パーソナリティ障害を持つ者の顕著な特徴は，他者，社会的スキルの欠損，より一般的には対人関係の困難さに関わる問題である（APA, 1994; Beck et al., 1990, 2003）。Millon（1981）は，PD を有する患者は，新たな学習機会の制限，無害な出来事に対する誤った解釈，「以前の問題を再び活性化する他者からの反応」の誘発という結果をもたらし，「保守的抑圧，認知の歪み，行動の一般化」から構成される自滅的な結果に至るプロセスを記述している（Millon, 1981, p.9）。

　患者の潜在的な信念と，続いて起こる認知の歪みの持続，変化（あるいは治療）に対するしばしば限定された動機づけ，有効な薬理学的介入の不足，患者の対人関係上の困難のため，ほとんどの臨床家たちは，一般に，PD を有する患者を，臨床家たちが関与する患者の中で最も難しく，もどかしい 1 人と知覚している。

　PD を有する患者はメンタルヘルスの資源の利用率が非常に高いが（Bender et al., 2001; Hoffman, 2002），彼らの治療の効果は，通常，限定的，もしくは低い（Beck et al., 2003; Freeman, Pretzer, Fleming & Simon, 1990; Freeman et al.,

2004）。PD を有する患者は，障害の広範で変化しにくい性質のため，よりエピソード的な障害（たとえば，Ⅰ軸）の患者と比較して，治療がより難しく，個人の認知，情動，行動のスタイルが一般に自我同調的であるため，その個人の視点の変化や変容を求めない（Hoffman, 2002; Millon, 1981; Young, 1990）。治療結果に関する実証的なデータは，全体的な社会的機能と PD 診断に特有の不適応的なパーソナリティ特性よりも，特異的な症状の方が早く改善することを示している（Leichsenring & Leibing, 2003）。もしかすると，これは多くの PD に明白な，感情的，認知的回避と関連しているかもしれない。すなわち，多くの患者は，彼らの深く根ざした認知と情動を取り扱うことを積極的に回避している。なぜなら，それらはあまりに苦痛である（Young, 1990），あるいは，このような情動に関連する信念は簡単にはアクセスしにくいためである。彼らの強固な認知的防衛の多くは，まさにこの理由で大きくなり，治療のプロセスを潜在的に難しくする。なぜなら，治療の焦点は，不適応的な思考‒情動‒行動パターンにアクセスし，気づき，理解し，再体制化することを目指しているからである。

　その上，患者のドロップアウトの問題は，PD を持つ患者の間で特に嘆かわしい共通点である。そのため，コーピングの改善，言いかえれば彼らの精神病理の緩和を妨害し，苦痛をもたらす中核的な認知や情動にアクセスするために，患者とともに取り組む治療者の能力を限定的なものにする。しかしながら，一般的に，心理療法は PD を持つ者に対して，有効な治療になりうるという証拠がある（Bateman & Fonagy, 2000; Beck et al., 2003; Perry, Banon, & Lanni, 1999）。文献では，治療の結果は心理的治療の形式（Hardy et al., 1995; Liberman & Eckman, 1981）と，特異的な障害（Karterud et al., 1992; Stone, 1983）によって異なる可能性も示されている。

　したがって，PD を持つ患者を治療する臨床家は，患者と彼らの問題について明確に理解しなくてはならない。そして，概念化に基づいて，治療方略と，それに伴う結果として生じる介入を計画し，他の患者グループと比べ長期間にわたる治療を継続する準備をしなければならない。加えて，この障害に特有である対人関係上の困難のため，臨床家は治療関係に特別な注意を払わなければならない（Beck et al., 1990, 2003; Freeman et al., 1990, 2005; Young, 1990）。Young（1990）によると，患者を短期の認知療法に割り当てるのに不可欠な能力または特徴は，(1) 簡単なトレーニングでの感情へのアクセス，(2) 簡単な教示での思考とイメージへのアクセス，(3) 焦点を当てる特定可能な問題，(4) ホームワークの割り当

てを行うこととセルフコントロールの方略を習得することへの動機づけ，（5）治療的関係ではない治療の主要な問題の焦点化，（6）介入と実践を通して，（おそらく徐々にではあるが）変容可能な認知と行動の問題を含む。ほとんどの PD の本質のために，このような患者は，このような基準にはほとんど，または全く当てはまらない。その上，CBT はある程度の患者の柔軟性を前提としているため，PD を持つ多くの者には必ずしも適用可能ではない。それとは反対に，彼らの非機能的パターンは強固で，スキルのレパートリーは限定されている（Beck et al., 1990, 2003; Freeman et al., 1990, 2005; Millon, 1981; Young, 1990）。

　介入の主要な様式として CBT を検討する時の1つ目の疑問は，「適合度」に関連する。CBT モデルは感情に対する気づきと同定，患者の認知の歪みや不合理な思考の変化に対する患者の気づき，同定，理解，動機づけに頼るため，これらの能力の欠如と深刻な対人関係障害と関連していることそのものが障害である患者に対して，CBT モデルを用いることが適切であるかどうかは疑問の余地がある。CBT モデルによると，このような患者が経験する困難は，彼らの強力で根底にあるスキーマ，自分自身と他者に対する非現実的な信念，彼らの世界観の結果である。このような考え方の全てが，非効果的な感情反応，不適応的な行動，対人関係困難に至らせるのである。その上，CBT アプローチには，患者の基本的な思い込み，問題場面における彼らの即時的な認知，彼らの困難を概念化する方法，直接的な適応的行動への焦点が含まれる。理想的には，治療的介入は治療場面内外の両方において患者がコーピング行動を実践する前に，現存するスキル欠損を修正し，新たなスキルの獲得を促進することを目的とする。

PD に対する集団療法

　最も一般的に実践される3つの集団療法モデルには，（1）精神内界の問題に焦点を当てるグループ文脈内での個人療法，（2）対人関係問題に焦点を当てた集団力動アプローチ，（3）幅広く一般的な症状の問題を標的とするグループアプローチがある。1つ目のモデルでは，治療者はグループにおいて「ホットシート」モデルを用いてそれぞれの参加者と取り組む。治療者は，全ての参加者にグループの時間と努力を配分し，それぞれの患者に対応する。治療者は，ときどき，グループのメンバーに，今「ホットシート」にいる者に反応し，関わるように促す。しかしながら，治療の取り組みの大部分を行うのは治療者である。2つ目の集団力

動モデルでは，理想的には，グループのメンバーとしての対人関係問題，グループにおける他者とのメンバーの関係性，その人が他者と出会う方法を討議と説明の焦点にする。このモデルでは，グループは実体となり，その人がグループにおけるメンバーであることとその人のグループのメンバーとの関係性（または，その欠如）は取り扱うべき基本的な問題である。

　3つ目のアプローチは，理想的には，個人を同様の問題（たとえば，抑うつ，または，不安症）を持つグループ内に位置づける。場合によっては，「共有される」問題は，グループの全てのメンバーが同じ治療ユニットにいることかもしれない。「問題を共有する」グループは，一般的に病院，または地域の精神保健センターで開かれ，いくつかの領域の共通の関心事（たとえば，不安の低減）に特異的なグループワークによって，個人内および個人間の両方の焦点が結びつけられる。たとえば，入院患者の病院ベースのユニットでは，公式な集団療法が指示されていなくても，患者は自動的に心理教育グループに入れられる。

　多くの場面において，グループは治療プロトコルの標準的な要素になってきている。これは多くの理由から起こっている。集団療法は，経済的な治療を供給する方法である。これらのグループはさまざまなタイプがあるかもしれないが，短期的で問題志向的な目標を持っている。グループを活用するための，さらに重要ないくつかの理由をこれから討議する。

治療への従事

　治療の理想は受け身であり，治療は「受ける」ものだろうと人は考えているかもしれない。このようなタイプの人たちは，彼らの「ため」，または彼ら「に」，治療において何かが行われるであろうという信念を持つかもしれず，この考えは治療者によってさえ強化されるかもしれない。集団療法は，この思い込みに挑戦する機会を提供する。グループのリーダーとグループのメンバーは，思考，感情，行動のセルフコントロールが可能であるだけでなく，それが治療の本質的な目標でもあるという前提を保証する。グループは患者に自分の治療に積極的に参加することを奨励し，グループ場面はアジェンダの設定，ロールプレイ，セルフヘルプエクササイズを含む多くの手続きを通して，協同を促進する。

診断的機能

　グループの経験は，評価プロセスに異なる様相を加える。社会的なレベルにお

ける参加者の仲間との行動的相互作用を直接観察することによって，臨床家は参加者の対人的反応のレパートリーを垣間見る。1対1の面接において全く正常であるように見える参加者が，グループ場面の付加的な刺激に直面した時に，自身の安定を保つことにより困難を抱えるであろう。反対に，共感スキルのような個人の強さは，個人療法では簡単にはわからないかもしれないが，グループにおいて引き出されるかもしれない。

普遍性

グループで知覚と反応を共有することで，参加者が自分の苦悩が一人ではないことや，同様の性質の問題を他者も抱えていることを理解できるようになる。「標準化」行動は，Yalom（1985）が普遍性の感覚として述べたものであるが，集団療法の最も役立つ特徴の1つである。個人療法において直面する共通のテーマは，このような陳述によって説明される。すなわち，「あなた（治療者）は，私が経験していることを，わかっていない」。しかしながら，グループ場面において，同様の問題を共有する他者の意見をはねつけることは，はるかに難しい。

関係性とサポート

グループは慢性的に孤立している参加者の関係性を促進することを助け，個人的な損害または心的外傷を経験しているかもしれない個人や，意思決定または決定したことをやり遂げることのどちらにも「支え」を必要とする個人に対してサポートを提供できる。適切な社会的スキルを持っているが，家族や友人から離れている個人にとって，グループは，いろいろな意味で，社会的な虚しさを解消できる。グループは外的世界のストレッサーの変容に取り組まざるを得ない状態に直面する個人にとって，サポートとしても作用する。

心理教育の形式

グループ形式は特定の話題に関する情報提示に特に適している。特別な心理教育的プログラムは，心理教育的問題を共有する参加者のグループのために考案できる。多くのグループプログラムでは，参加者がスキルを順序立てて学ぶことを助けるために，ユニットへの承認として贈られるフォルダ，またはノートにしばしば綴じられる文書による材料を開発する。さらに，CBTアプローチの基本的原理は，体験やグループエクササイズの多様性の中で教えられ，強化される。認知的アプローチ

の基本的原理は，体験やグループエクササイズの多様性の中で教えられ，強化されるため，グループにおける認知療法の基本的な心理教育的性質は非常に明白である。Mind over Mood（うつと不安の認知療法練習帳：Greenberger & Padesky, 1995）は，これに関するすばらしいワークブックである。

実験のための実験室

グループは参加者が比較的安全な環境で，自動思考と行動実験を試すことができる実験室としての役目を果たしうる。グループが幅広い認知と行動実験の機会を提供できるとはいえ，非機能的な行動を繰り返したり，または未発達な攻撃性あるいは自己愛的テーマを表現したりする1つの領域となりうる可能性もあると指摘することは重要である。構造化された問題指向的アプローチでは，十分に訓練されたリーダーの明敏な管理のもと，これらの問題は避けられる傾向にある。

モデリングと社会的スキルの実践

参加者たちは，グループの他のメンバーまたは治療者の行動をしばしば手本にする。この過程の中で，有効なコーピング方略（たとえば，主張性，共感的反応，目標設定，問題解決）を学ぶことができる。基本的な社会的スキルは，グループにおいて教えられ，討議され，ロールプレイが行われる。これらのスキル全てを実践することが重要であり，グループは実践の機会を提供できる。深刻な社会的スキルの障害を持つ人たちは，高次の社会的能力の形成において最も援助が必要になる。

個人療法への動機づけ

グループは個人療法のための動機づけとしても役立てられる。グループのメンバーが個人療法で得た助けや，自分の治療を自らのために利用できた方法について話すため，全てのメンバーが恩恵が受けられる。同様に，グループでの経験を討議し，処理する機会を参加者に提供することによって，グループの治療者は，個人治療者にフィードバックを提供することができ，個人治療者はグループの情報を用いて，孤立している参加者とより効果的に取り組むことができるかもしれない。実際に，参加者は昔の記憶と体験を報告することではなく，グループの治療体験から得た材料を個人療法のために用いることができる。

気づき

集団療法のもう1つの重要な様相である気づきは,グループのメンバーが内的（思考,知覚）あるいは外的（環境刺激）に生じる情報に,より注意深くなることを助ける。これは,いくつかの要因を含み,（1）これらの情報の存在を認識すること,（2）これらの情報に基づいて行動する準備をすること,（3）情報源を同定すること,（4）可能な限り情報を客観的に見ようとすること,（5）どのように早期の学習がそれらの情報にフィルターをかけるかに気づくこと,（6）過去の苦痛な経験,そのような経験に関する内的な表象にさらに気づくようになることがある。

新たな行動のリハーサル

自分の環境で新たな行動を試す時に,「実生活で」それを早急に試す前に,グループでロールプレイと練習をすることができる。グループは,現実検討と参加者の責任を増やしていくための手段を提供できる。

資源マネジメント

最後に,グループはスタッフの時間,資金,資源不足の点で,費用対効果を提供する。今の生活の問題に焦点を当てることや安定した構造を維持することで,治療は今ここの問題を取り扱い,参加者の時間,努力,資金を節約する。参加者は通常2回の個人セッションを予約することもある。

PD を有する患者の CBT グループの治療

それぞれの障害を別々に検討する前に,PD を持つ患者に対してこの介入モデルを適用する時に関連する事項について明確に重点を置いて,集団 CBT の基本的要素を概観する必要がある。CBT は,結果的に情動的ストレスと不適応的な行動をもたらす,自己,他者,世界に関連した不合理な,または歪んだ認知や信念の同定と再体制化を含む。グループ形式で CBT を実施することは,それぞれのクライエントに対して基本的な同じ目標を保持するが,クライエントにサポートの体験,モデリングの機会,共通性の感覚,セッションで学んだ対人スキル（たとえば,適切な自己開示,葛藤マネジメント）や他のスキルを実践する環境を提供する。PD を持つ患者にとって,グループ様式に特有なこの社会的要素は,有

効な治療のために重要かもしれない。個人形式で実施される CBT と同様に，集団 CBT は治療の方向性と過程に積極的であるように患者を奨励する。目標設定，思考パターンや不合理な信念の誘導による発見への参加，グループエクササイズでのスキルの練習，セッション外で新たなスキルの練習を続けるためのホームワークの作成，不快あるいは困難を伴う領域に関して治療者と討議することにおいて，集団 CBT は患者の積極的な参加に大きく依存する。

　PD を持つ患者のグループにこれらの要素を適用することは，成功し，ありがたく受け入れられるかもしれないが，患者の対人関係スキルの不足，有効でないコミュニケーションスキル，他者視点取得能力の欠如，苦痛耐性の低さ，動機づけの低さ，不安，この障害の特性や重篤度に関する全てによって，著しく影響を受ける状況もまた作り出すかもしれない。

　前述した対人的な問題を考慮すると，グループに割り当てられる前に，PD を持つ患者がこの介入に同意することが重要である。外部の職員または機関の要求を満たすために，強制されたり，強要されたり，または命じられた患者は，診断にかかわらず，グループであまりうまくこなせないことが起こるだろう。グループのメンバーの意見の相違についての認識に反して，患者が団結して取り組むことができる，あるいは取り組むことに前向きである場合を除き，グループ治療は勧められないようである。グループの各メンバーの参加の重要性に気づき，配慮するように，患者を手助けすべきである。グループ治療の形式は，問題となる状況と体験を処理するため，患者に，より多数の「相談役となる」聴き手を提供する。グループのメンバーは，問題解決的討議において，たとえば，問題に対する複数の多様な代替の解決法やアプローチを提案することによって，お互いに助けとなりうる。PD を持つ患者は，Ⅱ軸障害に特有の対人関係の問題のため，仲間（もしくはグループのファシリテーターさえも）からの示唆やフィードバックを受け入れることに，より苦労するであろう。対人関係の相互作用に関連する歪んだ認知のため，集団療法を避けたり，拒否したりする患者もいるかもしれない。グループ・プロセスと治療結果に関する見込みを変える可能性があるため，性格学的な障害の特徴やグループ介入の複雑な様式を考慮すると，この後者の問題は重要である。

CBT 治療の諸問題

　PD を持つ患者のグループにおいて，フィードバックは他の母集団よりも建設性が低く，感情的であり，利己的であるかもしれない。PD を持つ患者の中には，他者に対して建設的に批判する時に，心もとなさと不安定さ，もしくはスキルの不足を感じている者もいるであろう。治療者を相手にする時には，治療者を権威のある立場とみなすため，拒否または報復の恐れという点で特に問題となるかもしれない。一方で，もし病理の一部が自己愛的な思考と他者視点取得能力のなさに関連する場合に，仲間からのフィードバックを受けることに困難を抱える患者もいるであろう。これらの患者は，他者に建設的なフィードバックを与えることもできないかもしれないし，グループの他のメンバーとの治療同盟の発展が潜在的に限定されるかもしれない。患者はこれまで実際に確かめることなく，自分たちの決まった仕方で（たいていはネガティブに）とらえられているとしばしば思い込んでいる。グループの環境は，患者が強固に抱くこのような信念を再編できるようにする。治療的なやりとりのポジティブな側面は，フィードバックを受けるグループのメンバーに限定されない。すなわち，患者は，他者にサポートを提供する際に，以前は気づかなかった自分の能力にしばしば気づくのである。

　認知行動的モデルによる PD の概念化によって，病理を持続している認知スタイルと確固として保持しているスキーマの歴史的な発展を理解し，このような患者の情動や対人関係上の問題に関して詳細に理解できるようになる。PD に関する精神力動的な概念化がより適しているとみなす文献においてしばしば示唆されているように，不合理的で歪んだ信念システムの起源をつきとめることは確かに重要であり，CBT においてもそれは却下されることはない（Freeman et al., 1990, 2005; Hoffman, 2002）。正確な概念化によって，臨床家が，集団 CBT が役立つであるかどうかを含む，特定の患者グループに対する適切な治療介入を決めることも可能になる。

　それぞれの患者はニーズ，能力，適応的な行動，情動的困難，変容が必要な認知の歪みに関する個別的なプロフィールを示すとはいえ，さまざまな PD の基準の開発を進める文献において，患者間に共通して示される機能と障害のパターンがあることが報告されている。加えて，あるグループに特有な例を除いて，多くの心理療法の環境では，同じ PD の診断を持つ患者を単一診断の治療グループに十分な人数を含めることは稀である。PD を持つ患者に対する有効な集団 CBT

のその他の弊害は，PD の自我同調的な性質に関連する。すなわち，PD を持つ患者は自身の行動を問題がある行動と見ていない。したがって，これらの患者は，自らの障害の性質（すなわち，疑念や不信）と相まって，めったに治療に参加せず，たいていは著しく機能しないため，入院治療が必要となる（Freeman et al., 1990, 2005）。

CBT セッションの一般的構造

アジェンダがグループの取り組みの構造と方向づけの両方を提供することを助けるために，効果的で実行可能なアジェンダを設定することは，CBT グループのセッションにとって重要である。患者のグループによって引き起こされる問題は，通常，それらの重要性やグループへの関連性によって順位づけられたカテゴリーに分類される。治療者は，特定のセッションを扱いやすくしたり，グループのための全体的な目標に合致させたりすることを有効にするアジェンダを進展させる方向にグループを促す。アジェンダ設定のプロセスは，そのセッションのトピックの単なる選択よりもはるかに多くのことを達成する。すなわち，患者は問題を同定し，他者に対する自分の懸念を言語化し，グループの中で折り合いをつける経験を増やす。選択された全てのアジェンダ項目について，少なくとも簡潔に討議することは試みるものの，セッションの大部分は，より一般的に関心を持たれ，グループのメンバーにとって明らかに重要であり，認知療法の原理の実例となるトピックのいくつかに取り組むことに充てられる。グループ全体に対して教える手段として役立つ限られた数の項目を選択することは，表面的に全ての問題を扱うよう試みるよりも重要である。

問題解決，自己表現とコミュニケーション，情動的コーピング，共感的反応，関係維持といった PD を持つ患者の典型的な障害の領域に関する特異的なトピックやスキルに関わる情報が提示されるかもしれない。グループは幅広い認知的実験や行動的実験，社会的学習のための機会を提供することができるものの，PD を持つ患者と協働する時に考慮すべき非機能的行動あるいは未発達な攻撃性や自己愛的なテーマの表出を繰り返す場になる可能性もあることを指摘することは重要である。

グループは「今ここ」の焦点を維持しなければならない。患者によって示される非機能的パターンは過去にそれらのルーツがあるかもしれないが，Freeman et al.（2005）は現在の機能が治療介入の対象であるべきであると示唆している。CBT グループは，過去の問題を，活性化した広範にわたるスキーマの影響を通して，さらに表面化させながら，個人 CBT においても強調される「今ここ」へ焦点化している。PD を持つ者におけるスキーマのいくつかは，非常に明らかであり，治療者やグループのメンバーによってすぐに認識されるであろう。その他のスキーマは，それほど明確に表現されず，グループ内での患者の習慣的な認知スタイルや行動から推論されるはずのものもある。多くの PD を持つ患者は過去の現実に言及するが，このように確固として固持された不適応的な信念を持ち，初期の経験から発展したスキーマの「学習」に焦点を当てることで再構築する必要がある（Beck et al., 1990, 2003; Freeman et al., 1990, 2005）。このため，焦点を現在にとどまらせるように，認知行動的グループの治療者は懸命に努力するかもしれない。

障害特異的な諸問題

　以下のそれぞれの PD の認知行動的概念化は，介入の出発点や特定の患者に対して集団 CBT が有益であるかどうかを決定する出発点を臨床家に与えるための提案である。それぞれの障害に特異的なグループ治療の示唆を提案する。

妄想性パーソナリティ障害
　妄想性パーソナリティ障害（以下，PPD）は，他者の動機づけや行為に関する一連の非現実的で極端な信念によって特徴づけられる（Beck et al., 1990, 2003; Freeman et al., 1990, 2005）。このような患者が遭遇する，他者についての彼らの信念や他者の行為についての解釈に関連する問題は，彼らの全体的な機能の特徴である。この PPD のグループの顕著な特徴は，他者に関する持続的で，広範で，不当な疑念と不信であり（APA, 2000; Freeman et al., 1990, 2005），用心深さ，あるいは不信が根拠のない不適切な状況で生じる。PPD を持つ患者は，矛盾する証拠に直面して，彼らの疑わしい思考に挑戦することが非常に困難である。彼らは他者に関する自分の不信や疑念と矛盾するかもしれない証拠を，たいていは見過ごしたり，拒否したりする。彼らの警戒は，人生への妄想的なアプローチを持続させながら，他者についての自分の思い込みに対する「証拠」を継続的に同定させる。加えて，治療的介入において考慮することとして，PPD を持つ患者

は自分の長期にわたる信念に挑戦しようとする他者に対してもまた疑い深くなりやすい。

PPD は，他者の悪意に関して異常に警戒したり，疑ったりすることで自分を守っており，かつては適応的で必要であったものの結果である。これは，自己についての不適応的で，不十分で，不完全なものとしての信念と，それに続く恥と屈辱感の結果として認知行動的に概念化される（Colbu, Faught, & Parkinson, 1979）。妄想性の認知スタイルは，苦痛低減効果によって動機づけられ，持続される（Colby et al., 1979; Freeman et al., 1990）。このような理由で，特有の疑い深い思い込みに直接的に挑戦することは，困難で，非効果的であるように思われ，この障害を持続させている根底の要因は取り扱えそうにない。そして，患者の個人的な領域への「不当な」侵入のため，怒りや攻撃性（あるいは，受動的－攻撃的行動）を引き起こす。

これらの反応は，治療場面において，また特に，治療者（たち）やグループの他のメンバーとの期待される作業同盟で複数の潜在的な「攻撃者」を参加者に含むグループ様式においても問題となる。

したがって，CBT 指向の治療において不可欠な変化への動機づけが，この一群においては不足しているかもしれない。なぜなら，PPD を持つ患者にとって，ネガティブな感情を低減することに「うまくいく」と証明されてきた信念に挑戦することで，変化が達成されるからである。治療の中での挑戦のプロセスは，不快さや不安定さを引き起こすかもしれない。すなわち，彼らの感情調整の困難を考えると，PPD を持つ患者の多くにとってはリスクが大きすぎるのである。

この障害の認知的性質を前提とするとしても，PPD を持つ患者の示す問題は，患者の対人関係の問題が主要な問題であるとする CBT の枠組みによる介入によく合致するように思われる。心理療法の実施が，この一群の障害に特化したグループを形成するのに充分な PPD の患者を含むことはありそうにない。たとえ実際に，最初の段階では良い考えであったとしても，である。このような患者を複数の診断の PD グループに含めることは，彼らの他者への不信と疑念，PD を持つ他の患者の対人関係スタイルの困難さ（つまり，演技性パーソナリティ障害を持つ患者の誘惑や，反社会性パーソナリティ障害を持つ患者の攻撃性や自己中心的スタイル）を考慮すると，効果的ではないようである。PPD を持つ患者は，他者は不正で，不誠実で，欺まん，敵意的でさえあると予想し，しばしばこれらの患者から，他者に対する自分の前提が正しいかのような結果が得られる。その結

果，これらの患者は，他者から不誠実で，欺まんで，頑固で，受け身で，妥協することを嫌がり，攻撃的でさえあるとみられる（Freeman et al., 1990, 2005）。これは彼らのすでに緊迫している対人関係を悪化させ，集団療法における治療関係を妨害するであろう。

　不可能ではないものの，PPDを持つ患者と，信頼のある作業関係を築くことは難しい。実際に，このような患者は「彼らは自分たちが共有した情報が，自分を攻撃することに使われるのではないかと恐れているので，秘密を打ち明けることに気が進まないか，または他者と親密になりすぎる」とされている（APA, 2000, p.634）。PPDを持つ者は，CBTグループにおいて不可欠であるルールや構造にも抵抗するが，これは彼らがこのような規則を自らの自由を規制するものであり，無防備でとらわれていると感じるからである。したがって，集団CBTは，意味のある個人治療の後に行うのがより望ましい。変化への動機づけが確立され，患者が治療者を信じようとする機会を持った時に，集団療法が有用になるかもしれない。全般的に見て，PPDを持つ患者はグループワークの対象者とはならない。

スキゾイドパーソナリティ障害

　スキゾイドパーソナリティ障害（以下，SPD）は，もしかするとPDの中で最も混乱するもののうちの1つであり，その定義は数十年にわたり変化してきている。歴史的に，SPDを有する者は，シャイで，控えめで，静かで，「統合失調様」として示されていたが（Freeman et al., 1990, 2005），より堅苦しく，「堅物」で，社交上手なサブタイプを記述する文献もある。すなわち，孤立して，奇人で，社会的に無関心または無知である者と，より過敏で，傷つきやすく，デリケートである者がいる（Kretschmer, 1936）。精神疾患の分類と診断の手引き新訂第4版（DSM-IV-TR: APA, 2000）は，その前身と同様に，SPDを異なる障害としてとらえている。すなわち，SPDとは慢性的に引きこもりがちで，孤立している患者であり，感情的搾取，無関心，対人関係を形成する欲求が欠けていることを含む基本的特性で特徴づけられるパーソナリティスタイルを持つ者である。

　SPDを持つ者は，基本的に一人ぼっちで自分に閉じこもっているので，一般的に奇妙で奇抜な者として社会的状況（仕事場面，近所，学校）の外にいる（Freeman at al., 1990, 2005）。認知行動的概念化から考えると，これらの患者の孤立気質や感情的狭窄は，親密さに関するポジティブな信念の欠如と，それと同時に一人でいることに対するポジティブな信念の結果である（Beck et al., 1990,

2003)。これらの患者は，社会的相互作用にほとんど利益を見出しておらず，そのため社会的な交流をしない。彼らは一般的に親密な関係を持つことに対する恐怖を否定するが，ネガティブな社会的体験のせいで彼らの信念はでき上がり，保持されている可能性がある。介入では，社会的相互作用のポジティブな信念を増やし，ネガティブな信念を論破し，さらに孤立に関するポジティブな主張を弱めることを目指す。したがって，集団療法の様式は，これらの目標を達成するためには理想的であるように思える。

　しかしながら，集団療法にSPDを持つ患者を含めることの潜在的な障壁は，これらの患者が治療を求める見込みの低さと関連する。1つの臨床場面において，診断固有のグループとして，SPDを持つ患者が多くいるということはありそうにない。したがって，SPDを持つ患者は，複数の診断のグループに入ることになるであろう。集団療法の環境から，治療者はこのような患者の社会的行動に関連する観察データを得られるだろうが，彼らの対人関係への切望が欠如していることを考慮すると，一般的にグループへの関与に社会的に無反応で，回避的である患者には，グループは嫌悪的であるかもしれない。その上，グループの他のメンバーは，このような社会的な抵抗や感情的な親密さが限られている患者と協力することに抵抗があるであろうし，治療関係において対等なパートナーにはなれないであろう（Freeman et al., 1990, 2005）。この様式においては，この一群の認知を再構成して不適応的な社会的行動を適応的にすることはポジティブな選択肢であるように思えるであろうが，病理の性質を考慮すると非現実的な選択肢であるようである。加えて，SPDを持つ患者は，障害の自我同調的な性質を考慮すると，変化への動機づけがほとんどないであろう。彼らの治療プロセス，特に社会的相互作用を含む治療に携わる動機づけの不足は，グループにおける積極的参加に対する見込みに対してネガティブに影響するであろう。

　集団療法は，SPDを持つ患者が治療者と良好な対人関係を築くことを学び，基本的な社会的理解やスキルを身につけ，彼らのSPDに関連する現在の機能（このような患者においては，たとえば抑うつや不安など，通常，治療に参加する結果をもたらす症状）を受け入れた後にのみ考えられるべきである。

統合失調型パーソナリティ障害
　おそらく治療プロセスに従事することが最も難しい人物の一人は，統合失調型パーソナリティ障害（以下，STPD）の診断を受けた者である。この障害を持つ

者は，治療の成功の可能性を限定する複数の問題となる特徴を示す。彼らの統合失調症と密接に関係する記述的特徴や鑑別診断は，症状の重篤度の主観的判断（Beck et al., 2003; Freeman et al., 1990, 2005），または，持続的な精神病性症状の存在（APA, 2000）に基づく。このような患者が有する他者との首尾一貫した関係性の特異な困難と，「この障害を特徴づける奇妙な思考過程が，特異的な自動思考と根底にある思い込みを同定する（CBT に必須の）プロセスを大いに複雑にする」ため，STPD の認知的側面の完全な概念化を提示することは難しい（Freeman et al., 1990, p.170）。社会的に適切な方法で他者と関係するための，または，効果的に意思疎通するための能力は，彼らの奇異な信念や魔術的思考，親密な関係における深刻な社会的不快感，独特な認知的および知覚的歪み，関係念慮,奇抜な行動,貧弱な発話,不適切な情動,疑い深さによって低減している（APA, 2000; Freeman et al., 1990, 2005）。

　介入方略は，思考プロセスのモニタリングや再構築ではなく，社会的スキル，コミュニケーションスキル，問題解決スキルの習得に焦点を当てるため，実際はより行動的になる傾向にある（Freeman et al., 1990, 2005）。これは，適切な選択肢として，似たような困難を持つ患者からなる社会的スキルグループに焦点を置く集団 CBT を除外しない。グループは社会的スキル訓練に取り組んだり，習得したスキルを練習したりする社会的な環境を提供できる。しかしながら，この障害の特徴を考慮すると，診断名が混在しているグループは賢明とはいえないであろう。加えて，もしグループが，認知の歪みや非合理的信念に焦点を当てた場合，この一群に効果的にはなりそうにない。もし複数の PD 診断のグループに参加したら，このような患者は，彼らの妄想や社交不安を増加させながら，他の患者から誤解され，拒否され，冷やかされさえするであろう。

反社会性パーソナリティ障害

　反社会性パーソナリティ障害（以下，ASPD）は，いらだたしさ，不満耐性の低さ，怒りとともに，無責任で，衝動的で，攻撃的な行動の一貫したパターンによって特徴づけられる（APA, 1994; Freeman et al., 1990）。ASPD を有する患者は，個人的問題をすぐに否定し（彼らは自分自身の意思で治療を求めているようではない），自分の問題を他者によるひどい扱いのせいにする。ASPD を持つ患者は，他者の権利を軽視し，侵害し，社会的規範に従えず，操作し，偽ることを含む行動の持続的なパターンを持つ（Beck et al., 1990; Freeman et al., 1990）。

このような患者は，自分たちの行動を変化させる動機づけがないようである。なぜなら，そうすることで，他者が「自分たちが自分たち自身のためにできることをやっつけようとする」という敵意的な世界で，もはや用心することができなくなるからである（Freeman et al., 1990, p.227）。彼らは，自分自身の興味のみに最も動機づけられ，有効な治療は，自分の最も興味のあることに変化が生じると彼らが理解するように，治療者が助けることによってもたらされる（たとえば，もし彼らがより社会的に適応するようになるために必要なスキルを習得し，長期的な結果を予想することを学んだら，自分たちの目標を手にしやすいであろう）。

　治療への動機づけの欠如に加え，集団 CBT に含めることに対する障壁として，ASPD を持つ患者は，PPD を持つ患者と同様に，他者への不信，彼らの脆弱性が露呈することの回避，自分たちは他者にひどい扱いを受けるであろうという思い込み，親密さの回避がある。他者へのこのような思い込みや信念は，集団療法における治療同盟に必要な信頼関係を形成する能力を限定する。すなわち，彼らはこの介入様式への対象者になりそうにない。このような患者は，一般に「強者」の役割を担い，自分が恐れていることの認識や，他者に対する気づかい（もし感じているのであれば）を実演することを拒否する。このような対人関係上の困難が組み合わさると，ASPD を持つ患者はグループ・プロセスに特有の情緒的，または社会的サポートを示さないため，グループの他の患者が嫌悪や怒り，居心地の悪さや恐れを感じるかもしれない。

　さらに，ASPD を持つ者は，常軌を逸した行動をする前に自分が知覚した恐怖への反応にみられる衝動性や，自分の行動の結果を考えることができないため，長期的な目標（たとえば，治療的状況において，脆弱性を認識し，表出すること）に向かって取り組むことが難しい。その結果，ASPD を持つ患者は，一般的に，前もって計画を立てることや，ルールや手順に従うことに失敗する。すなわち，このような失敗は，一般的な規範やルールに対して彼らが既に持つネガティブな見解を支持することになるため，CBT の集団療法の構造に対する彼らの反応性を制限する。このような潜在的な障壁にもかかわらず，もしグループが ASPDを持つ患者のみで構成される場合，同じ考えを持つ患者に，お互いの行動の影響についてのフィードバックや，より効果的なコミュニケーションや問題解決スキルを発展するためのロールプレイを行う機会を提供するため，集団 CBT は効果的な介入の様式であるかもしれない。その上，ASPD を持つ患者は，特に「グループの他のメンバーの回避や操作に関する試みに直面することに敏感であり」，「反

社会的行動は非生産的な方法であると指摘することには説得力がある」ようである（Freeman et al., 1990, p.234）。実際，もし初期の段階で適切に用いられれば，この様式は個人治療よりも優れてさえいるということが判明するかもしれない。

境界性パーソナリティ障害

　境界性パーソナリティ障害（以下，BPD）を持つ患者に関する提示，臨床的概念化，利用可能な文献に関することだけで，1つの完全な章を書くことができるが，ここではBPDに対するCBT治療における主なテーマのいくつかに焦点を当てる。BPDの本質的な特徴は，機能の全域で「対人関係，自己像，情動の不安定および著しい衝動性の長期的で持続的なパターンである」（APA, 1994, p.650）。全てのケースにおいて，常にあらゆる単独の特徴が存在するわけではない。しかしながら，最も顕著な特徴は，反応の激しさと脆弱性，気分の不安定さを含み，それらは独特な障害の診断の根拠となる（Beck et al., 1990; Freeman et al., 1990; Linehan, 1993）。BPDを持つ患者は，必ずしも危機にいる必要はないが，一般的に危機にいる時に治療を開始する。すなわち，結果として，彼らはたいてい複雑で混沌とした臨床像を示す。概念的に，このような患者の困難は，全ての対人関係について等しく異常で非現実的な期待や思い込みをもたらす，保護者との不完全に統合された，異常な，あるいは虐待的な幼少期の関係性から生じている。このような不合理で，そして／または，歪んだ期待，信念，思い込みは，不合理な行動や情動反応をもたらす。Millon（1981）は，社会的学習理論に基づいたBPDの状態像の説明を提案し，BPDを持つ患者は明確で一貫したアイデンティティと個人的目標が欠如しており，結果として，一貫して目標を成し遂げているわけではないことから，衝動コントロール，努力の調整，効力感が欠如していることを示唆している。この自己効力感の欠如のために，彼らの不安定なアイデンティティは，（自らであろうがなかろうが）サポート資源から引き離された場合に，他者への依存と過剰なストレスに対する脆弱性をもたらす（Freeman et al., 1990）。

　この分離に関する問題は，BPDを持つ患者の特徴であり，見捨てられること（知覚であろうが，現実であろうが）に対する彼らの恐れ，およびそれに続く見捨てられることを回避するための感情的および行動的試みが，彼らを動機づける顕著な要因である（Linehan, 1993）。認知的プロセスと信念システムに関連した多くの不適応的な行動，情動調節異常，対人関係困難のため，BPDを持つ患者は，

CBT に理想的にポジティブに反応するであろう。しかしながら，グループ様式にはいくつかの挑戦を投げかけ，患者の変化への準備，患者の感情不安定性，対人関係困難，患者の安全，衝動コントロールに関連した，参加に対するいくつかの考慮を必要とするかもしれない。

　おそらく，BPD を持つ患者の集団 CBT の最大の問題は，グループのメンバー間の協同的治療同盟の確立である（Freeman et al., 1990）。見捨てられることに関する信念と恐れに伴う対人関係困難のため，これらの患者は集団 CBT に典型的な親しいやりとりを行うことが難しいかもしれない。逆説的に，他のメンバーと治療者を信頼に値するか，拒否するかを「試す」方法として，彼らはまた個人的な情報をあまりにも急に開示するかもしれない。望んだ，あるいは見込んだ反応が受けられなかった場合，彼らの対人関係スタイル，やりとりへの抵抗，衝動的開示は，BPD を持つ患者に，不安，罪悪感，恥，怒り，そしてまさに拒否といった，グループの他のメンバーへの疑念，あるいは脆弱性に関連するさまざまな情動反応の感覚を残すだろう。集団 CBT に BPD を持つ患者を含めることに対するその他の潜在的問題は，治療を管理することやグループの全てのメンバーの安全性を守るために，集団 CBT にとって重要な要素である合理的な制限や構造を受け入れることの限界と，患者の能力および意欲（または両方）の欠如である。

演技性パーソナリティ障害

　演技性パーソナリティ障害（HPD）患者は，陽気で，芝居がかっており，情動的に興奮しやすく，刺激と絶え間ない注目をとても求める（APA, 1994; Beck et al., 1990; Freeman et al., 1990）。このような患者は誇張する傾向があり，しばしば深刻でない状況に対して過度な情動的，行動的反応を示す（すなわち，怒りの爆発やかんしゃく）。彼らの対人関係の困難は，他者からの注目を絶え間なく要求することと関連しており，他者は一般的に，HPD を持つ患者は浅はかで，要求が多く，わがままで，未成熟で，過度に依存しているととらえている。加えて，このような患者は，初めは友好的で，思いやりがあるが，彼らの表面的な注目への要求のため，彼らの相互作用は，より自己中心的で，表面的で，誠実でないようにみえる。他の PD 同様，HPD を持つ患者はめったに PD への治療を求めないが，代わりに，抑うつの症状と強度の不満もしくは不安への治療を求める（Beck et al., 1990; Freeman et al., 1990）。

　HPD を持つ患者の表現は，不適切さ，配慮，安全のために他者に依存する要

求や，それと同時に「自分がする全てのことを全ての人に愛される」（Freeman et al., 1990, p.208）必要性と関連する根底にある信念から生じる。彼らは存在感が脆弱であり，知覚されたあらゆる拒絶に過剰に反応する傾向があり，それは彼らにとって重要でない人からの拒絶であっても生じる。したがって，このような患者は，芝居がかった，注意を引く方法によって積極的に自分たちの要求を手に入れようとする。彼らは拒絶を恐れるため，自分たちの要求を直接的に伝えることができないので，しばしば操作したり，彼らが他者から欲しいものを引き出すために脅迫さえ用いる。HPD を持つ患者は，一貫した自己意識が不足しており，外的な承認や外的な出来事の重大性を唯一重視している。彼らは自分たちの思考や気持ちを詳細に，明確に説明できず，結果として全般的な認知スタイルや同様に全般的な情動経験をもたらし，しばしば誇張され，強烈で，不安定であるようにみえる。

　HPD を持つ患者の対人関係スタイルのため，集団療法に彼らを含むことには潜在的な障壁がある。なぜなら，彼らは他者の要求に関心を向けることがほとんどできない可能性があり，グループを支配しようとし，また，彼らの努力が成功しなかったら，強烈に，誇張した感情で反応するからである。加えて，彼らの焦点は常に外的であるため，彼らは自分たちのアイデンティティや要求，好み，情動，あるいは認知に気づかない。HPD を持つ患者は，彼らがどう管理すればいいか分からない情動的な不快さをもたらす自己認識を得ようとする試みを積極的に避けるであろう。その結果，このような患者は，協力的な集団療法の作業関係といった深い対人関係が求められる時に一般に途方にくれる。集団 CBT に対して HPD を持つ患者を考慮する時の最大の懸念は，CBT モデルの構造的で，焦点的で，体系化された性質が，患者の人生に対する広範囲で，拡散し，誇張したアプローチと全く正反対であることであり，治療とうまく合致しない結果をもたらす（Beck et al., 1990; Freeman et al., 1990）。これは HPD を持つ患者に対して CBT を実施することが不可能であるというわけではないが，このスタイルの不一致は徐々に解決しなければならないし，それには患者の側の変化への動機づけが求められる。変化への準備と動機づけの点で，このような患者は他の PD と同様にしばしば変化の必要性を認識せず，また，彼らは情動的な不快さ（認知や行動の変化の自然な産物である）への反応が非常に乏しいので，治療的プロセスに取り組むことに真に動機づけられていない。動機づけは十分であるべきであるが，HPD を持つ患者に対する集団 CBT の利点は，コミュニケーションスタイルに関

するフィードバックや新たなスキルをロールプレイする治療的な対人関係の環境を利用できることである。このような患者は，能力や対人関係スキルを検証することを通して，他者から独立した彼らのアイデンティティの確立に取り組むことができる。CBT グループでは，このような重要な社会的スキルを育むことを促進するための十分な構造と境界も提供する。しかしながら，この場合も，このような潜在的な利益は，患者の動機づけの程度や，このプロセスに取り組むために自分のスタイルを修正する能力に完全に依存している。

自己愛性パーソナリティ障害

ASPD を持つ患者と同様，自己愛性パーソナリティ障害（以下，NPD）を持つ患者は本質的に自己中心的で，他者への共感性に欠ける。しかしながら，このような患者は，自分たちの壮大な見方を経験し，他者からの評価にもとても敏感である（APA, 1994; Beck et al., 1990; Freeman et al., 1990）。彼らは芝居がかった，風変わりで，そして感情的な仕方で世界と関わり合いを持つ。NPD を持つ患者は，一般に，彼らの自己愛性ではなく，抑うつや不安といった症状のために治療に現れる。このような人は，他者や自分の環境からの認識や承認を絶えず追求しており，そのような努力を使い果たすため，彼らに抑うつ感や満ち足りなさを残す。彼らは達成してもほとんど喜ばない。それは彼らが，自分の成功は自分の能力の証というよりはむしろ，自分に成功の資格があると信じているからである。対人関係においては，彼らは他者に対して過剰に反応し，競争心が強く，他者の成功に嫉妬する。

概念的には，NPD を持つ患者の中心的な非機能的な信念は，自分は「特別な」人である，あるいは，そうであるに違いないというものである。その結果，他者からのあらゆる相容れない示唆が個人的な侮辱であり，特別な治療の参加の障壁になると知覚され，通常，怒り，欲求不満，行動化をもたらす。また，このような患者は，選択的抽出や全か無かスタイルという歪んだ思考を示す（Beck et al., 1990; Freeman et al., 1990）。すなわち，彼らは環境の中で自分の優位性を支持する「証拠」を絶えず探し，それのみに関心を向け，大いに誇張する。彼らは普通であることの証拠を無視するか，「平均的である」ことに不安を抱き，怒り，言語的に過度な反応をする（たとえば，自分の達成を誇張するかまたは，「自己顕示」する）。このような選択的な情報の見方は，問題解決能力や現実検討能力の乏しさを示す過剰な反応をもたらす。

NPD を持つ患者は，他者への共感が欠如し，欠点や短所が明らかになることを恐れたり回避し，特別な治療を望み（そして期待し），共通ルールに抵抗し，知覚された権威者（すなわち，治療者）と権力闘争したりすることから，集団 CBT に含める対象者として適切ではないように思われる。彼らは，「問題」を持った人は地位が下であると信じているかもしれないので，治療グループに参加しても抵抗するかもしれない。彼らは，他者を喜ばせたいという経験や，「正しい」ことをする経験がないため，他のメンバーやプロセスに対する責任感からグループの場において積極的なメンバーとして参加することはない。一方で，NPD を持つ患者の自己愛性が和らぎ，その人が治療プロセスに積極的に参加できることが明確になるところまで個人療法が進展したなら，誠実なスキルを形成したり，他者の問題を手伝うことによって他者を再認識する機会となるため，グループ様式から利益を得るかもしれない。すなわち，利己的な動機ではあるものの，その人は共感的反応の発展を促進し、集団療法の利益を証明するかもしれない。

回避性パーソナリティ障害

回避性パーソナリティ障害（以下，AVPD）は，患者が社会的に引きこもっているという点において PPD や SPD と類似している。しかしながら，その動機は異なる。これらの人は，広範な臆病さ，社会的な不快感，他者からネガティブに評価されるという恐れのために，引きこもっている（APA, 1994; Freeman et al., 1990）。他者からの批判や非難はいかなるものでも特に辛く，また APD を有する患者は他者の前で恥をかくことをとても心配しているので，彼らはほぼ全ての社会的な相互作用を回避する。これらの患者は，対人関係を切望しているが，拒絶や恥をかくリスクが大きすぎるという点において，SPD を持つ患者と異なる。関係を発展することに対するその能力のなさは，APD を持つ患者にとってさらなるストレスとなり，強いネガティブな自己観や絶望感を持続させる。

概念的に，APD を持つ患者は，もし自分が親密な関係を築こうとしたなら，他者から受け入れてもらえず，そのため恥をかかされ，傷つけられ，拒絶され，破滅させられるであろうと信じている（Beck et al., 1990; Freeman et al., 1990）。したがって，彼らは社会的に引きこもるという積極的で自己防衛的な決定をし，この不合理的な思い込みに基づく強度の苦痛を避けている。彼らは，自分は恥をかかされ傷つけられるであろうと確信しているため，他者の行動を過剰に警戒し，害のない行動を誤って解釈し，他者からのあらゆるポジティブな反応は全て無視

する。したがって，彼らの不適応的な認知は，選択的注意が非常に強いため，再体制化に強い抵抗を示す。また，苦悩に適切に対処することができないという信念の結果，彼らの自己防衛本能は，苦痛をもたらす自身の思考や感情に向き合うことの回避にまで及ぶ。

APDを持つ患者に対して集団CBTを実施することに対する主な障壁は，患者の認知の歪みや彼らのネガティブな自己観や拒絶の予期に関連した不安のために，治療的作業関係の形成ができないことに関連する。APDを持つ患者は，自分が確実に好かれない限り，対人関係に関わることを嫌がる。複数のメンバーがいるグループ環境はおそらく圧倒的すぎるであろう。その上，これらの患者は頻繁に対人的相互作用の回避に頼ってきたため，一般に，彼らは他者との簡単な相互作用やコミュニケーションのための重要な基本的な社会的スキルが欠如している。これらの患者は，グループの無害な相互作用をネガティブで，拒否として明確に解釈するが，これは早期の終結のリスクになる。個人治療の期間で，これらの基本的な関係の懸念を扱い，社会的スキルが改善し，歪んだ認知が再構成し始めた後であれば，集団CBTは新しい態度やスキルを安全で穏やかな環境において練習することができるため，ストレスフルではあるが，有益となるであろう。そして，受容的で支持的な環境を保証するグループとグループのメンバーたちの性質を考慮することも重要であろう。

依存性パーソナリティ障害

依存性パーソナリティ障害（以下，DPD）は，依存と従順さ，優柔不断さ，一人でいる時の顕著な不快感，そして一人でいることを避けようとする過剰な努力の広範なパターンによって特徴づけられる（APA, 1994; Beck et al., 1990; Freeman et al., 1990）。DPDを持つ患者は見捨てられることに心を奪われており，非難に過敏であり，また他者の承認を得るために大げさな試みを行う。これらの患者はネガティブな自己観を持っている。特に，彼らは自分を不適切で救いようがないと信じ，また，孤独で冷たく，危ない世界に対処することができないと信じている。この自律性に関する全か無か思考は，DPDにおける主な認知の歪みであるが，これらの患者は結果的に自分をケアする責任を放棄し，自分の要求を却下するため，患者の視点から見てより能力があり有能な誰かが彼らをケアするであろう。その結果，患者にとってストレスフルな状況で，自分自身が適切で能力があることを経験する機会が常に限定的になる。彼らは独立に向けて必要なス

キルを身につけたり，習得したりする機会，または自身が持っているスキルに気づく機会さえもほとんどない。彼らは，見捨てられることにつながる能力を持つことを恐れているため，積極的にスキルの習得を避けることで治療的介入を妨害するかもしれない（Freeman et al., 1990）。

　不適応的な対人関係のパターンは，DPD を持つ患者にとって顕著な問題の一部であり，この一群を集団 CBT に含めることに対する最も大きい潜在的な障害である。これらの人は，他者を喜ばせることに異常に関心があるが，これは彼らの治療的つながりに関する信頼性に疑いを持たせ，自分の問題に焦点を当てる能力を最小化する。その上，DPD を持つ患者は，治療文脈内での関係に過度に依存し，自分の対人的および情動的問題に取り組んだり，自暴自棄で愛情に飢えていると自分をみなしているかもしれないグループの他のメンバーを圧倒する可能性がある。これらの患者は安全や自分の能力を発展させることに非常に苦悩しており，他者に依存する必要があると信じているため，変化に不可欠な動機づけの不足によって集団 CBT からの潜在的な利益を弱める。しかしながら，これらの患者は治療者への依存を低減し，関係を穏やかにするだけではなく，特定の人よりもむしろ仲間に頼ることを促進する手段としていくつかの基本的スキルを習得したら，集団療法の様式において成功するかもしれない（Beck et al., 1990; Freeman et al., 1990）。その上，グループの他のメンバーは，新しいスキルや自立の発展や練習のモデルとしての役目を果たすことができるかもしれない。

強迫性パーソナリティ障害

　強迫性パーソナリティ障害（以下，OCPD）を持つ患者は，一般的に，抑うつ，不安または対人関係に関連した症状のために治療に参加する。彼らの対人関係の困難さは，柔軟性がなく，反すう的で，決断力のない思考スタイルや，自分や他者に対する完全主義的な期待によって生じるが，それは患者にとっては問題にならない（APA, 1994; Beck et al., 1990; Freeman et al., 1990）。彼らは，一度に，特定の１つの細部に熱心に，またあからさまに注意を向け，しばしば大きな全体像を見落とすため，意固地で，独断的で，社会的状況において頻繁に「ずれている」と他者からしばしばみられる。このような患者は，決められた方法に正確に従わないこと，十分に慎重に考えないこと，瑣末な「仮の事態」について心配することに関する不安を経験する。彼らはまた，自分や自分の環境をコントロールすること，つまりミスを避けるための中心的な「要求」を妨害された時に彼らが

感じる苦悩を管理することが難しい。

OCPD を持つ患者の不適応的な機能は，彼らは「いかなる代償を払っても失敗を避けねばならない」や，全ての状況には「正しい」行為と「間違っている」行為があるという中心的で歪んだ思い込みの結果である。彼らは，コントロールを失うことや誤った行動は失敗であり，失敗は絶対的に批判を受けると信じている（Freeman et al., 1990）。その上，このような患者は自分の行動が完璧にならないことを予想した場合，失敗するリスクが上回るので，何もしないことを選択するかもしれない。つまり，彼らは成功が保障されている時にだけ，しばしば選択または行動をする。これは，職業上および対人関係上の相当な困難を引き起こすかもしれない。これらの患者の変化への動機づけは，彼らの「正解」と「間違い」，あるいは成功と失敗に関する不合理で歪んだ見方ではなく，不安や対人関係の問題を扱うこと，またはパフォーマンスを改善することに対する彼らの要求に関連づけることで，変化へと動機づけられるかもしれない。

集団 CBT に対する適切性に関して，彼らの最大の問題（一般的に，治療にネガティブに影響する変化への動機づけが欠如していることの他に）は，おそらく「信念，価値，または自分と異なることをする方法」に対する耐性不足に関連する（Freeman et al., 1990, p.254）。OCPD を持つ患者は，彼らが自分に課しているものと同じ不合理なルールに他者も従うという非現実な期待を抱いており，また他者が正しく行わないであろうと確信しているため，他者に物事をさせることに抵抗する。その上，集団療法の状況では，「正しい」ことが明確である必要はなく，グループのメンバーの問題に対して複数の可能な解決方法があるかもしれない。このような状況において，OCPD を持つ患者は，相当な不快感を経験するであろうし，その状況から撤退しやすいであろう。問題に対する新たなアプローチを試すことに抵抗するため，失敗を避けたいという彼らの強固な欲求も，集団 CBT の成功を妨害するであろう。不確実な解決方法を考えたならば，このような患者は成功に対する非現実的に高い基準（全か無か思考）や，解決方法の遂行の詳細に固執するため，課題を完遂することは相当に難しいであろう。

PD に対する既存の集団 CBT アプローチ

PD を持つ患者の症状に通常示される特徴だけではなく，PD を持つ患者の治療にグループ様式を含めることに固有の，伝統的な CBT への潜在的な障壁をも

踏まえて，CBTはこのような対象者にほとんど実践されてきていない。多くの文献（十分ではないが）で，集団療法を含めたPDを持つ患者に対するCBTの有用性が実証されているが（Leichsenring & Leibing, 2003），これらの研究は，通常，サンプルサイズや単一の集団に多様なPDの診断が含まれているという限界がある。PDを持つ患者単独で構成されているあらゆるグループは，常に，さまざまな診断，さまざまな病理の程度，動機づけ水準の違いを持った個人から構成されるであろう。加えて，文献に示された多くのCBT指向のグループは，基本モデルの原則に従っており，独創的ではなく，特定の障害に対するマニュアル駆動型の介入プログラムである。

診断，専門用語，分類に関する問題は，診断カテゴリー内の過剰な，また過小な基準および種々の障害に最も適した治療アプローチに関する予測的妥当性の不足とともに，PDに関する文献において問題となる（Higgit & Fonagy, 1992）。最も一般的に引用され，実証的に検証されたアプローチは，Linehanの弁証法的行動療法（DBT：Linehan, 1993）である。このモデルは実践において唯一広く発展したアプローチであり，これを概観することで，PDを持つ者にCBTを提供する様式として，集団療法を含める有用性や利益に関するこの討議にいくつかの洞察が得られるかもしれない。

Linehanの弁証法的行動療法

治療を求めているグループにおいて報告されているPDの出現率にもかかわらず，理論駆動型のモデルが，特にこの患者グループを扱っていることはほとんどなく，治療選択肢やPDの下位分類を超えた治療に関する研究は不足している（Endler & Kocovski, 2002）。主要なCBTモデルであるLinehanのDBTは，元来，BPDと診断された女性の自殺や自殺企図に関する治療に特異的に発展してきた（Endler & Kocovski, 2002; Linehan, 1993; Swales, Heard, & Williamns, 2000）。LinehanはBPDの診断基準を体系化しうる，または通常示される症状を概念化するかもしれない調節障害に関する5つのサブシステムあるいはカテゴリーを概説した。すなわち，情動，行動，対人関係，自己，認知である（Linehan, 1993; Swales et al., 2000）。このモデルの理解を促すLinehanの生物社会学的理論は，感情調節障害に対する生物学的脆弱性と有効でない環境の組合せがBPDをもたらすと提案している。基本的に，このモデルは受容（患者の現在の生活状況そのまま，患者のあるがまま，作業関係そのまま）と変化（治療の連続性に不可欠な

ものとして）の両方の重要性を強調している（Linehan, 1993; Swales et al., 2000）。現実は変化に関する連続したプロセスであり，関係はその中（やはり，BPD を持つ患者が成し遂げることが最も難しいものである）に含まれているということを患者が理解するようになることの重要性を強調している。

　DBT モデルは，CBT モデルのように，特に BPD を持つ患者群において，構造を保つことの重要性を強調している。なぜなら，BPD を持つ患者は，しばしば危機の後に危機が現れるからであり，また，治療者は，スキルを発展させる構造的アプローチなしでは簡単に焦点を失うためである。Linehan のモデルは，5 つの主要な治療課題を場面にかかわらず概説したことを前提とすると，さまざまな場面に適応可能である。すなわち，患者の能力を高めること，患者にこれらの能力を使うよう動機づけること，関連する文脈に沿ってこれらのスキルを般化すること，進展を促進するためにその人の環境を再構築するよう助けること，そして治療者の動機づけや能力を取り扱うことである（Linehan, 1993; Swales et al., 2000）。加えて，Linehan は，病理の程度によって，治療が進展すべき 5 つのステージについて概説した。前治療段階では，患者が治療に積極的に取り組むように関与することが目標になる。ステージ 1 では，安定性，つながり，安全性（重篤な病理には，自傷行為が焦点となるであろう）に焦点を当てる。ステージ 2 では，過去へのエクスポージャーと過去の情動プロセスに焦点を当てる（たとえば，心的外傷後ストレスを低減する）。ステージ 3 では，自尊心の増加と目標達成に焦点を当てる。ステージ 4 では，仕事の維持の能力（実存する生活の問題の解決）に焦点を当てる（Linehan, 1993; Swales et al., 2000）。これらのステージによって進展し，変化を最も効果的に促進するために，Linehan は問題解決方略をこのモデルの中心として強調した。さらに，主要部をなす受容するための方略は認証である（Linehan, 1993）。

　DBT は，標準的でマニュアル化されていない治療よりも治療継続率が高く，自傷行動と入院を減らすことに有効であることが示されている（Endler & Kocovski, 2002; Linehan, Armstrong, Suarez, Allmon, & Heard, 1991; Linehan, Heard, & Armstrong, 1993; Linehan, Tutek, Heard, & Armstrong, 1994; Swales et al., 2000）。BPD への集団療法アプローチとしての DBT の効果性は，より最近では，物質関連障害，摂食障害，怒りを含む潜在的なグループへの拡張が促進されている（Endler & Kocovski, 2002）。しかしながら，このモデル（そしてこれが BPD 治療の特徴になるかもしれない）の効果性を実証する文献は，今後さ

らに必要である。DBT の効果性は諸文献で実証されているにもかかわらず，Hoffman（2002）は，BPD を持つ患者は，集団療法に割り当てられた時にしばしばドロップアウトするので，この治療形式を PD グループのサブグループに強要すべきではないと主張している。

さらなる考慮

　PD を持つ患者を集団 CBT に含めることに対する多くの障壁にもかかわらず，もし患者自身と病理の程度が，有効なグループへの患者の参加を妨げなければ，いくつかの潜在的利益は検討に値する。

直接的な対人観察

　私たちが討議してきたそれぞれの障害は対人関係困難によって特徴づけられるため，集団 CBT の利点は，他者との言語的および行動的な相互作用を直接観察する機会が得られることであり，対人関係反応に関する患者のレパートリーを見る枠組みが提示されることである。シナリオが治療者の目の前で展開するため，治療者は，他者が患者にどのように反応するか，あるいは患者が他者にどのように反応するかということについて，患者の報告に頼る必要はない。それは CBT で推奨される今ここの形式における直接的な介入を可能にする。たとえば，DPD を持つ患者が見境なく何度も特定のグループの主張的なメンバーに同意していた場合，討議のトピックかどうかに関係なく，それに気づくであろう治療者と仲間が，それが起こっている間に，その患者にそのことを指摘できるため，自分の対人関係の傾向に関して単なる仮説的な自覚以上のものを得ることができる。また，即時的な介入と代替反応についても討議し，リフレーミングとロールプレイングを通して練習するかもしれない。

スキル形成とモデリング

　治療者にとっての都合が良く，有利な点に加えて，集団 CBT は動機づけの高い PD を持つ患者に，社会的気づき，自己表現やコミュニケーション，主張性，共感的反応，問題解決能力，交渉と対人関係での譲歩に関連するスキルを習得したり練習したりする社会的な場を与えるであろう。仲間のフィードバックを利用できるため，適切さの証拠を得る手助けになり，不適切な初期の思い込みに代わっ

て，他者が持つその患者に対する知覚をより現実的に理解できるようになるであろう。患者は試行錯誤を通して，より大きな自立感や自己効力感を発展させ，その過程に関連した苦悩を管理できるようになるであろう。

テーマ循環グループ

テーマ循環グループは，特に病院場面の使用で発展してきた（Bowers, 1989; Freeman, Schrodt, Gilson, & Ludgate, 1993; Freeman & Morgillo-Freeman, 2005）。この種の集団認知療法（以下，GCT）では，治療アジェンダの形式的な構造が，参加の急なくつがえし，患者の限定された動機づけ，混成の PD グループに内在する幅広い患者の病理に起因して出くわすいくつかの問題を避けるために用いられている。複数のステップがテーマ循環グループの展開に含まれている。説明のために，治療グループが一般に週に 1 回か 2 回開かれると想定する。テーマのサイクルは 12 セッションごとに代わるため，患者は可能な限り（または出席を選択する限り），少しまたは多くのセッションに参加する。12 セッションのそれぞれの特定のテーマ（たとえば，PD を持つことに関するスティグマ，子どもを世話すること，両親とうまくやること，学校または仕事での問題，その他の一般的な困難の領域）に焦点を当てることで，治療者は包括的な GCT 体験を構築できる。最初は，セッションのトピックは，この混成グループのタイプで一般的に出くわすさまざまな参加者との経験に基づいて，グループの治療者が開発する。トピックのリストは，そのグループに合致しているべきである。たとえば，抑うつ障害で治療に来たグループにおける GCT のためのテーマは，自尊心の形成，快活動の選択，または喪失への対処を含むかもしれない。一方で，多くが摂食障害を持つ患者のグループにおける GCT のテーマは，ボディイメージ，食事計画，または食べることに対する思考を含むかもしれない。トピックリストは，グループの治療者がさまざまなグループのテーマを試みる機会を持つように展開する。

参加者グループの構成が変われば，セッションのテーマを変更する必要があるだろう。多くのプログラムでは，特定のタイプの参加者の参加の急増を経験することがある。グループは情動障害患者によって構成されることもあり，パーソナリティ障害，物質関連障害，または他の疾患が多い場合もある。

各セッションのトピックを全ての患者に提供し，患者は各グループミーティングの前に，グループの選択されたテーマに関連する 2 つの質問，問題，あるいは

思考を準備して，次のセッションの時に持って来るように求められる。インデックスカードをアイデアを書くために配る。全てのテーマが全ての患者に十分に関連するわけではないが，トピックの領域は多くのグループのメンバーを引きつける，幅広く，興味を起こさせるものであるべきである。しかしながら，自分の主要な問題に取り組む前に，先のセッションを待たなければならない患者もいる。質問またはアイデアを書くことで，グループで自然体でいることが難しい参加者や，問題を同定することが難しい参加者に，自分を表現する仕方を経験させることができる。

　アジェンダが設定されたら，グループの治療者と共同治療者がカードを読み，グループの「筆記係」がボードに項目を書く。それから，治療者は同様の意味を持つ複数の項目をまとめる。次に，グループのメンバーは自分の索引カードに書いたことを読むよう求められる。通常，10人のメンバーは，異なる20の問題を提供しない。すなわち，必ずかなり多くの問題が重複する。アジェンダ項目の階層が成立したら，グループは作業を始める。

　他の治療グループにいる参加者は，より構造的でないアプローチに慣れているため，おそらく，テーマに焦点を当てる形式に移行することが難しいかもしれない。伝統的な集団療法の形式では，積極的に発言する者が自身の問題を中心として押し進め，グループを占有できるかもしれない。

　治療者は，それぞれのテーマに関連した心理教育的材料を用意し，事前にセッションの全体的な内容や手順を概説するかもしれない。しかしながら，アジェンダを設定することや治療の方向性の情報を提供することにグループのメンバーを巻き込むことも重要である。テーマ循環グループでは，オープンエンドのグループよりも構造的ではあるが，自発的であいまいなグループ相互作用もやはり推奨される。

　前述のオープンエンドのグループに対する全ての指針や手続きも，テーマ循環グループに適用される。唯一の主な違いは，一般的なトピックがアジェンダを設定するプロセスを促進したり，グループセッションにテーマを持つ構造を与えるために用いられるということである。たとえば，以下のテーマ循環グループの第1週のスケジュールのサンプルを見てみよう。

　セッション1　パーソナリティ障害であることへの反応
　セッション2　絶望感　対　楽観主義

セッション3　自分を受け入れる

セッション4　再びやる気になる

セッション5　恐れと不安に打ち勝つ

セッション6　目標の設定と達成

セッション7　家族と友だちに対処する

セッション8　仕事または学校の問題

セッション9　絶望感　対　楽観主義

セッション10　フラストレーションへの対処

セッション11　怒りのコントロール

セッション12　自分を受け入れる

　セッション5からグループに参加した患者は，セッション5～12に参加し，その後，全てを体験するためにセッション1～4を循環することができる。それぞれのセッションは完結型であり，患者はセッションや治療体験からどれかを減じることができる。最後に，数カ月間グループにいる患者は，複数回プログラムを循環するかもしれない。

結論

　GCTは，患者が治療過程の全体においてより十分に取り組み，治療者（たち）が参加者の障害の多面的な実態を直接知ることを助け，グループのメンバーに仲間のフィードバックを提供しうる。また，この形式の認知療法では，参加者の孤独や恥と責任の負担を軽減することを助け，普遍性の感覚を促進する。しかしながら，GCTの主な貢献は認知行動的病理学の同定と修正を通した症状の解明である。本章では，パーソナリティ障害を持つ患者へのGCTに対する基本的な手続きを記述した。集団療法に参加者を選択することや準備すること，セッションの長さや頻度の構成をすること，「今ここ」への焦点を維持することといった問題は，このグループにとって最も重要となる。参加者の急な転換や症状の苦痛の程度が多様であるため，グループセッションのペース配分は，集団CBTの最も複雑で難しい問題の1つである。それでもなお，自動思考の同定，特定の行動維持の長所と短所の一覧作り，または，代替案の検討のような認知的介入は，グループセッションの大部分で利点として用いられうる。段階的な課題の割り当てやリ

第Ⅱ部　特定の障害における認知行動療法グループ

ハーサルのような標準的な行動的手続きは，GCT においてもまた幅広く用いられる。GCT の 3 つの主要なカテゴリーが詳述された。すなわち，コアグループ（オープンエンド，テーマ循環，プログラムされた），プログラム-コミュニティミーティング，特定の目的を持つグループである。参加者グループの等質性や認知療法で運用されている他の方法の有効性は，GCT の集団療法の構成要素を計画する時に考慮されなければならない。

　構造化の程度が高いほど，グループの成功可能性も高い。このような目的で，集団療法のテーマ循環モデルは価値がある可能性がある。このモデルは，多くの患者の要求を考慮に入れている（全ての患者に対して，全てのセッションにおいてではないが）。これは，強力に保持された，また自我同調的な多くの信念に挑戦せずに，機能の心理教育的側面に焦点を当てている。

　パーソナリティ障害を持つ患者に対する全般的な治療プログラムの一部として，集団療法が役立ちうると結論づける。患者の障害の本質がグループの潜在的成功を損なう可能性があるので，参加者の選択やグループに焦点を当てる時に配慮する必要がある。

422

15章

統合失調症

統合失調症の記述的特徴

　統合失調症は，人口の約1％の人が発症する重篤な，日常生活に支障をきたす疾患である。統合失調症は，さまざまな陽性症状（幻覚と妄想），陰性症状（意欲の低下，感情の平板化，そして会話能力の低下を含む），および認知の機能障害によって特徴づけられた多次元の病気である（Andreasen, 1995）。その疾患の中核的症状に次いで，抑うつと，それよりは少ないものの不安もまた体験されるかもしれない（Siris, 2000; Tollefson & Sanger, 1999）。統合失調症の行動的関連要因は，社会的引きこもり，奇妙でまとまりのない行動，そして職業的，社会的機能の低下を含む（Mueser & Bellack, 1998）。統合失調症の症状は，発症した者がこれらの兆候と症状のさまざまな組み合わせと広範でさまざまな障害の水準を示すことから，異質的である。統合失調症の発症は，一般に，10代後半から20代後半の間に生じる（Gottesman, 1991）。元来，慢性的で退行性の病気であると見られていたが，研究では統合失調症の経過と結果において幅広い可変性があることが示されている（Carpenter & Strauss, 1991）。

　1960年代以降，抗精神病薬の投与が，統合失調症に対する第一選択の治療となってきている（Smith & Docherty, 1998）。その普及にもかかわらず，投薬治療には，いくつかの短所がある。第一に，陽性症状を弱め，入院期間を減らすことはできる一方で，その障害の陰性症状と他の機能的予後に与える効果はより小さい。たとえば，統合失調症における現在の機能と最も強く関連する要因の1つであり，そして長期的結果の最も強い予測因子の1つである社会的機能を薬物療法が改善しうるという根拠はほとんどない（Amminger et al., 1999; Baum &

Walker, 1995; Halford & Hayes, 1995; Macdonald, Jackson, Hayes, Baglioni, & Madden, 1998)。第二に，統合失調症を有する者の25％から50％は，最適な投薬量に安定した後でさえ，残存する陽性症状を体験し続ける（Kane & Marder, 1993; Pantelis & Barnes, 1996; Wiersma, Nienhuis, & Slooff, 1998)。そして第三に，患者の45％から60％は，しばしば副作用に苦しむため（Hoge et al., 1990），自身の投薬計画を遵守しない（Fenton, Blyler, & Heinssen, 1997)。したがって，特に治療抵抗性の症状を持つ場合に，統合失調症に対するCBTのような付加的な心理社会的介入への強いニーズがある。

統合失調症に対するCBT

　統合失調症の残遺症状を治療するために，特にCBTを適用する強力な理論的根拠がある。第一に，CBTは，統合失調症を有する多くの者の具体的な志向性に合った，比較的直接的な問題解決アプローチを用いていることである。第二に，認知行動的治療は，他の精神疾患に有効であり（DeRubeis & Crits-Christoph, 1998)，そして統合失調症の陽性症状の治療において，いくぶんかの有効性をすでに示している（Bustillo, Lauriello, Horan, & Keith, 2001; Dickerson, 2004; Gould, Mueser, Bolton, Mays, & Goff, 2001; Jones, Cormac, Mota, & Campbell, 2000; Pilling et al., 2002; Rector & Beck, 2001)。第三に，CBTは，統合失調症の異質な症状に対して重要となるクライエントの個別のニーズに合わせることが可能である。第四に，統合失調症を有する多くの者は，症状を管理するための対処方略をすでに用いており（Falloon & Talbott, 1981; Tarrier, 1987; Tarrier, Harwood, Yusupoff, Beckett, & Baker,1990)，それらはCBTアプローチで増強されうる（Tarrier et al., 1993)。以下の段落では，統合失調症に対するCBTについてさらに深く討議する。

　過去50年間，統合失調症に対する厳密な行動的介入は，とくに入院治療場面において普及してきた。これらの治療は，一般にオペラント条件づけ理論に従っており，特定の行動を修正するために統制された強化スケジュールを用いている（Curran, Monti, & Corriveau, 1982; Haddock et al., 1998; Mueser, 1993; Paul & Lentz, 1977)。しかしながらここ10年は，地域治療への移行が，ある程度，外来患者ケアの文脈において行動上の強化を提供することに対しての困難さを強調してきているため，統合失調症の認知療法に関心が高まってきている。統合失調

症の認知療法は，Beck（1952）の初期の取り組みにさかのぼるが，この介入の
比較対照試験が出てきたのは，わずかここ 10 年余りである。統合失調症におけ
る認知理論は，認知的治療と同様に，抑うつや不安のような他の障害ほど十分に
は発展してこなかった（Morrison, 2001）。それにもかかわらず，統合失調症の
認知モデルは，より幅広い認知的枠組みと一致しており，体験の媒介変数として
の信念と帰属を強調している。以下の節では，最近の統合失調症の認知モデルを
概観する。

　陰性症状と他の欠損とは対照的に，陽性症状に対する統合失調症研究の従来の
強調と矛盾することなく，統合失調症の認知モデルは，一般に幻覚と妄想に焦点
を当ててきた。幻聴は，統合失調症の他の症状と比較して，その高い有症率のた
めに，特別な注目を集めてきた（Slade & Bentall, 1988）。数人の研究者は，幻聴
は発話処理の欠損によって生じる内的思考の誤った帰属であるかもしれない
（David, 1994; Hoffman, 1986）ということを示唆しており，その考えはいくつかの
実証的な支持を得てきている（Haddock et al., 1998 を参照）。他の研究者は，統
合失調症の発話過程は正常であり，幻聴はもっぱら認知的バイアスによって生じ
ると仮定している（Bentall, 1990）。病因はさておき，認知研究者は，幻覚が機能
障害にどのように寄与し，維持しているかに関する私たちの理解に対して，重要
な貢献をしてきた。たとえば，幻覚は，一般人口においてかなり広くみられるこ
とが認められており（5 ％近い：Tien, 1991; van Os, Hanssen, & Vollebergh,
2001; Morrison（1998）の概観を参照），統合失調症に関連する苦痛と能力障害の
ある部分は，幻覚に対する不適応的な反応に起因しているかもしれない。

　妄想に関するいくつかの認知モデルもまた提案されているが，これらのほとん
どは，他のタイプの妄想に比べ，より共通して生じるように見えるため，被害妄
想 に 特 別 な 強 調 を 置 い て い る（Bentall, Corcoran, Howard, Blackwood, &
Kinderman, 2001; Garety, Everitt, & Hemsley, 1988; Garety & Freeman, 1999;
Stompe et al., 1999）。Bentall, Kinderman, & Kaney（1994）は，被害妄想の内容
が，ネガティブな自己評価から自分自身を防御するために動機づけられた試みに
起因していると仮定した。幻覚に関する別の認知理論では，Bentall のモデルと
は異なり，妄想の動機づけ，あるいは機能的役割と内容の重要性は強調せずに，
認知過程の役割を強調している。たとえば Maher（1988）は，異常な知覚体験（た
とえば，幻覚）を説明しようとする中で正常な推論が用いられる時に妄想が生じ
ると仮定した。その一方で，Garety, Hemsley, & Wessely（1991）は，歪んだ推

論を用いて形成された信念に起因すると仮定している。

　他の障害（たとえば，不安：Wells, 1995）における認知理論の発展に促され，研究者は，近年，幻覚と妄想の両方の維持についてメタ認知過程の重要な役割を示唆している。「メタ認知」とは，自分自身の思考と思考過程に関する信念を指す。統合失調症の文脈における特別な関心は，自身の幻覚や妄想に関するコントロール可能性，影響力，そして恩恵や悪意についての個人の信念である。たとえば，Morrison, Haddock, & Tarrier（1995）は，自身の思考をコントロールする能力についての個人の信念が，認知的不協和を弱めるために外的原因に帰属される幻覚を導きうると仮定した。この理論と他の理論は，声と妄想に関する個人の信念が，関連した苦痛や能力障害を媒介して，これらの異常体験への情動反応に影響を及ぼすことを示唆するものである。

　統合失調症における認知理論と研究が発展するにつれて，実証研究を統合し，理論的な論争点を解決するためのいくつかの努力がなされてきた。Bentall et al.（2001）は，より幅広い一連の研究知見とメタ認知理論を結合することによって，被害妄想に関する自身の先行理論を広げている。「帰属-自己像サイクル」とよばれるこのモデルは，パラノイアを有する者は非現実的な自己イメージを支持するために出来事に関する歪んだ原因帰属を用いており，それはさらに歪んだ帰属の生成を促進することを仮定している。この理論は，パラノイド的妄想が，低い自尊感情（Lyon, Kaney, & Bentall, 1994），性急な結論づけ（Garety et al., 1991; Huq, Garety, & Helmsley, 1988），帰属バイアスの外在化（Kaney & Bentall, 1989）と個人化（Kinderman & Bentall, 1997），そして脅威情報に対する注意バイアス（Bentall & Kaney, 1989; Fear, Sharp, & Healy, 1996）に関連しているといった一連の実験的知見の文脈の中にあてはめられる。その一方で，Morrison（2001）は，不安症，パニック症，身体症状症および病気不安のような他の障害の認知モデルとの類似性を共有する統合失調症における陽性症状の統合モデルを示唆している。このモデルにおいて，幻覚は，健常な人のかなり少数によって体験される意識への侵入として扱われている。これらの侵入は，睡眠遮断，生物学的異常，そして個人的要因と環境要因との相互作用を含む多様な要因によって生じるかもしれない。妄想は，侵入が文化的に容認されない方法で解釈される時に生じる。その次に，苦痛と能力障害が，即座に妄想的反応を持続させ，それは，苦痛を高める非機能的なメタ認知の文脈において侵入と妄想が解釈された時に生じる。Bentall の理論と Morrison の理論は，どちらも目覚ましい量の実

証的研究を統合している。これら2つの理論は，異なる説明を仮定し，異なる焦点を有しているが，それらは，かなり重複している部分があり，それは，統合失調症の認知理論が収束してきているかもしれないことを示唆するものである。

統合失調症に対する個人 CBT

　統合失調症の認知理論と同様に，統合失調症に対する CBT の大部分は，妄想と幻覚に焦点を当ててきた。いくつかの治療特異的な配慮が，この焦点に寄与してきた。第一に，CBT は，障害された思考を治療するために計画されており，それ自体，陰性症状よりも妄想と幻覚の治療に適している。第二に，これらの症状に対して CBT を用いた初期の事例報告と一連の事例は，一般に成功している（e.g., Beck, 1952; Haddock et al.（1998）の概観を参照）。第三に，統合失調症を有する多くの者は，陽性症状を管理するためにすでに CBT スタイルの技法を用いていることである（Falloon & Talbott, 1981）。以下の節では，無作為化比較試験に限定した文献の全体を簡単に概観する。文献に関する包括的な概観については，他著が利用可能である（Bouchard, Vallieres, Roy, & Maziade, 1996; Dickerson, 2000; Garety, Fowler, & Kuipers, 2000; Gould et al., 2001; Pilling et al., 2002; Rector & Beck, 2001）。

　5つの研究が，薬物抵抗性の陽性症状を有する者に対する CBT と非特異的介入を比較している。Kuipers et al.（1997）は，9カ月間の通院患者試験において，通常治療（TAU）+ CBT と，TAU 単独を比較している（$n = 60$）。CBT は，全般的な症状を弱めることと臨床的改善を生じさせることに優れていたが，妄想と幻覚の減弱において CBT を支持する傾向は有意ではなかった。9カ月後のフォローアップ（$n = 47$）では，CBT 群は，全般的症状が低い状態を保っており，妄想に関連した苦痛と幻覚の頻度において，統制群を上回った彼らの利得は有意に達していた（Kuipers et al., 1998）。Tarrier et al.（1998）は，10週間の通院患者試験において，CBT + TAU を支持的カウンセリング（SC）+ TAU と TAU 単独と比較している（$n = 87$）。CBT 群は，陽性症状の重症度と量に関する測度において，ベースライン期と治療終了3カ月後の間に，有意に大きな改善を示した。12カ月後および24カ月後のフォローアップでは，SC を上回った CBT の有意な優位性は消失したが，TAU を上回ったその優位性は保たれていた（Tarrier et al., 1999, 2000）。Sensky et al.（2000）は，9カ月間の試験において，

CBT + TAU と非特異的な親交（befriending）介入 + TAU を比較している（*n* = 90）。どちらの介入も，治療終了時の陽性症状において有意な改善を示した。しかしながら，9 カ月後のフォローアップでは，CBT 条件のみがこれらの効果を保持していた。Pinto, La Pia, Mennella, Giorgio, & DeSimone（1999）は，通院患者に対して，CBT + 社会的スキル訓練が SC と比較して，治療終了時および 12 カ月後のフォローアップの全般的な症状に優れた効果が得られることを明らかにした（*n* = 37）。最後に，Rector, Seeman, & Segal（2003）は，6 カ月の試験において，CBT +「強化された」TAU と，「強化された」TAU 単独を比較している（*n* = 42）。CBT は治療終了時と 6 カ月後のフォローアップで，症状の改善において有意な傾向を示さなかった。

　他の研究では，短期介入として，急性期精神病からの回復，再発予防，そして初期の精神病における CBT の有効性を検証している。Drury, Birchwood, Cochrane, & MacMillan（1996a, 1996b）は，CBT が，レクリエーション活動 + インフォーマルサポートに比べて，急性の再発の後の症状回復の速さと程度において優れていることを明らかにした（*n* = 40）。Gumley et al.（2003）による前向き無作為化比較試験は，12 カ月にわたる再発の予防における，CBT と TAU を比較している。CBT 群は再発が有意に少なく，精神病性症状および全般的症状が有意に少なかった。Turkington, Kingdon, & Turner（2002）は，短期介入として，422 人の通院患者に対して，精神科看護師によって提供される 6 週間の CBT と TAU を比較している。短期 CBT は，全般的症状および抑うつを弱めること，そして病識を改善させる点において有意に優れていたが，精神病性症状を弱めるといった点ではそのような結果は得られなかった。最後に，Haddock, Tarrier, et al.（1999）は，発症して間もない 21 名の入院患者に対して，短期 CBT と支持的カウンセリング + 心理教育の比較を行っている。最長で 5 週間の治療期間を通して，入院期間，2 年以内の再発，または精神病性症状に関して両群に差異はみられなかった。さらに高い検定力を持つ同様の 5 週間の試験において（*n* = 315; Lewis et al., 2002a, 2002b），同じ研究グループは，幻聴において，CBT が支持的カウンセリングに比べ，より早い改善と関連することを明らかにした。この優位性は，18 カ月後のフォローアップでも保持されていたが，他の結果指標，あるいはフォローアップの指標では有意に優れているとする結果は確認されなかった。なお，両群ともに TAU と比べて優れていた。

　要約すると，研究は統合失調症における付加的な CBT の使用を支持している。

CBT と統制条件を比較した最近のメタ分析（Gould et al., 2001）では，陽性症状の減弱に対して 0.65，またフォローアップでの症状において継続的な利得を示すことに対して 0.93 の平均効果サイズの差異を算出した。したがって，CBT は残遺する陽性症状の治療において，他の介入に比べて効果的なようである。また，とくにフォローアップの分析において，CBT は，他の心理学的介入に比べて，全般的症状と抑うつ（Sensky et al., 2000）と同様に，陰性症状をよりよく弱めるという証拠もある（Drury et al., 1996b; Pinto et al., 1999; Rector et al., 2003; Sensky et al., 2000; Tarrier et al., 1999, 2001）。技法に関しては，CBT の道具の中の特定の介入が，他の介入に比べて有効であるのか，あるいは全ての CBT 介入によって共有されているさらに幅広いアプローチが有効性の鍵であるのかは不明なままである。とはいえ，利用可能な研究に関する革新的な最近の分析は，より行動志向の CBT 介入（行動実験と行動目標の設定が強調されている）が，認知的に焦点化された介入（すなわち，人生の早期におけるスキーマの形成を強調したり，自動思考に関して記録したりすること，など：Tarrier & Wykes, 2004）に比べて，効果的であるかもしれないことを示唆している。

統合失調症に対する集団 CBT

個人 CBT の成功が，残遺する精神病性症状に対する CBT の実施に関するより効率的な手段の検証を研究者たちに促してきた。このような手段の 1 つとして，グループ形式での介入を提案することがある。Gledhill, Lobban, & Sellwood（1998）は，グループのメンバーと同様の体験を共有することが自身の症状によって個人が孤立しているように感じることを少なくするために役立つこと，他のメンバーの存在がホームワークに従わせるための肯定的な仲間の圧力となるかもしれないことを指摘している。グループ場面はまた，参加者が肯定的な対処方略を手本にすること，そしてお互いに学びあい強化しあうことを可能にするかもしれない（Johns, Sellwood, McGovern, & Haddock, 2002）。したがって，統合失調症治療へのグループアプローチは，一般的なソーシャルサポートを超えて，個人治療では容易に提供されない多くの利点を有すると思われる。

統合失調症に対する集団 CBT 介入の効果を調べた研究では，さまざまな症状に対する肯定的な知見が報告されている（集団 CBT 研究の詳細は表 15.1 を参照）。たとえば，全般的な症状，気分，自尊感情，知識を扱うために集団 CBT を用い

第Ⅱ部　特定の障害における認知行動療法グループ

表 15.1　統合失調症への集団 CBT に関する研究

研究	参加者	研究デザイン	結果
Daniels（1998）	統合失調症（15 名）あるいは感情失調感情障害（12 名）を含む通院患者 40 名（男性 27 名）；平均年齢 33.7 歳	CBT16 セッション＋グループ・プロセス介入群　対　待機統制群	CBT 群は全般的，心理社会的，および職業的機能に有意な増加，また陰性症状の低減傾向を示した；待機統制群では有意な変化はなかった
Gledhill, Lobban, & Sellwood（1998）	継続紹介された統合失調症の通院患者 4 名（男性 2 名），投薬は安定；平均年齢 41 歳	8 週間の CBT の非統制プレ・ポスト研究	参加者の半数は症状対処が改善した；全員が抑うつの軽減を報告した；過半数は統合失調症の知識と自尊心がより良くなったことを報告した
Lecomte et al.（1999）	統合失調症（85 名）あるいは統合失調感情障害（10 名）の入院および通院患者 95 名（男性 75 名）；平均年齢 40.6 歳	12 週間の自尊心・エンパワメントグループ＋ TAU 群（*n* = 51）対　TAU 群（*n* = 44）の無作為統制研究：フォローアップアセスメントを含む	実験群は陽性症状における短期の有意な減少を示し，また統制群に関連して積極的な対処スキルにける有意な改善を示した
Wykes, Parr, & Landau（1999）	統合失調症で，苦痛感を伴い薬物抵抗性の幻聴がある患者 21 名；平均年齢 40 歳；全員が服薬中	6 セッションの CBT 対待機統制条件の統制研究；フォローアップアセスメントを含む	待機統制条件に関連して，幻聴体験における有意な軽減はフォローアップ期まで維持し，幻聴に対するコントロール知覚の増加
Andres, Pfammatter, Garst, Teschner, & Brenner（2000）	統合失調症（22 名）あるいは統合失調感情障害（10 名）の継続患者（男性 21 名）；平均年齢 31.5 歳	24 セッションの対処志向療法（*n* = 17）と支持的療法（*n* = 15）との統制比較；フォローアップアセスメントを含む	両群で認知域，精神病理全般，および陰性症状の改善における中程度の効果サイズを示した；効果は対処志向療法群の方が大きかった
Chadwick, Sambrooke, Rasch, & Davies（2000）	統合失調症あるいは統合失調感情障害で，苦痛感を伴い薬物抵抗性の幻聴がある患者 22 名；全員が服薬中	幻聴に対する 8 セッョンの集団 CBT の非統制プレ・ポスト研究	幻聴の全能性における信念と幻聴はコントロール不可能という信念が減少した
Halperin, Nathan, Drummond, & Castle（2000）	通院患者 20 名（男性 13 名，平均年齢 39.6 歳）	週 1 回 8 セッションの CBT，6 週間のフォローアップ	社交不安と回避，気分，生活の質における有意な改善；改善はフォローアップ期まで維持；7 名の参加者は症状管理が増加し幻聴関連の苦痛や気そらしが低減したと報告した
Perlman & Hubbard（2000）	統合失調症を有する通院患者 9 名（男性 3 名）；年齢幅 35 ― 50 歳；全員が服薬中	23 セッションの CBT に基づいたセルフコントロールスキルグループ非統制プレ・ポスト研究	

15章　統合失調症

研究	参加者	研究デザイン	結果
Johns, Sellwood, McGovern, & Haddock（2002）	統合失調症で，陰性症状に苦しんでおり目立った陽性症状のない患者4名	CBT16セッションの非統制プレ・ポスト研究	意欲の低下，感情の平板化において有意な減少，陰性症状の低減傾向；半数は陰性症状関連の苦痛の減少を報告した
Kingsep, Nathan, & Castle（2003）	通院患者33名	CBT24セッション 対待機統制対照群	社交不安，精神病理全般，および生活の質が待機統制群と関連して有意な減少
Bechdolf et al. (2004)	ICD診断基準で統合失調症あるいは関連障害とされた急性期入院患者88名（女性48名）；平均年齢32歳	8週間のCBT（16セッション；n = 40）あるいは心理教育（8セッション；n = 48）への無作為割り付け；6カ月のフォローアップアセスメント	両群でPANNS得点が有意に改善；CBT群では再発全般（13％から20％）と遵守性の改善に有意差なし，フォローアップ期の再発において有意に改善（0％から12.5％）
Pinkham, Gloege, Flanagan, & Penn (2004)	慢性期の統合失調症（5名）あるいは統合失調感情障害（6名）で，苦痛感を体験している薬物抵抗性の幻聴がある入院患者11名（男性8名）；平均年齢39.6歳；全員が服薬中	7週間（n = 5）と20週間（n = 6）の幻聴に焦点化したCBTの非統制プレ・ポスト比較研究	両群に結果の差異はなし；群を合成したところ，参加者は幻聴についての苦痛を感じる信念において有意な低減を報告；20週間の群において幻聴の頻度が減少傾向
Newton et al. (2005)	薬物抵抗性の幻聴があり，18歳までに発症，持続3年未満の通院患者22名（女性17名）	待機統制群（6週間），その後6週間の治療と12週間のポスト治療；"治療期間合計"は6週間から24週間	PSYRATS-AHでは待機期間と治療期間とで変化を示さなかった，しかし治療期間合計では有意な減少を示した幻聴のコントロール知覚と苦痛感の低減は有意に相関していた

注：研究は年代順に一覧化している。
AH, 幻聴；ICD, 国際疾病分類；TAU, 通常治療

た研究では，グループのメンバーの半数は自身の症状に，より良く対処できると感じ，全ての参加者は，より少ない抑うつを報告し，グループのメンバーの大多数は治療終結時に，より高い自尊感情を持ち，統合失調症についての知識がより増大していたことが示されている（Gledhill et al., 1998）。

　その上，いくつかの研究では，集団CBTが持続的な幻聴への対処を学ぶことに対して特に有用でありうることも明らかにしている。待機統制群を用いた統制試験において，Wykes, Parr, & Landau（1999）は，集団CBTの直後に，参加者が幻聴の体験の減弱と幻聴に対するコントロール知覚の増大を報告したことを明

らかにしている。同様に，CBT に基づくセルフコントロールスキルのグループに
参加した9名のうち7名が，治療終結時には，自身の幻聴が苦痛を感じさせ，動
転させるものではなくなったと報告している（Perlman & Hubbard, 2000）。
Chadwick, Sambrooke, Rasch, & Davies（2000）は，幻聴に対する集団CBTに参
加した者は，幻聴が絶大な力を持っている，そして幻聴に対するコントロールが
ない，という信念に対する確信が有意に減弱したことを認めている。より最近の
2つの研究では，さまざまな患者群における幻聴を標的とした Wykes et al.（1999）
のプロトコルを用いている。入院患者サンプルを用いた1つ目の研究では，幻聴
の頻度の減弱と同様に，幻聴についての苦痛をもたらす信念において有意な減少
を示している（Pinkham, Gloege, Flanagan, & Penn, 2004）。2つ目の研究では，
幻聴体験が3年未満である21歳未満の者に対して待機統制群計画を実施してい
る（Newton et al., 2005）。この研究では，全研究期間にわたり精神病性症状評価
尺度（PSYRATS: Haddock, McCarron, Tarrier, & Faragher, 1999）の幻聴得点に
有意な減弱があったことを明らかにしており，また，幻聴へのコントロール知覚
と苦痛感の減弱との間に有意な関連に言及している。このように，エビデンスは，
比較的高い機能を保つ通院患者と同様に，初回エピソードの若年者や慢性的に病
気を抱える入院患者の幻聴に対して集団CBTの肯定的な効果を支持している。

　陰性症状に対する集団CBTを調査した研究は比較的少ない。Johns et al.（2002）
は，初期に動機づけを増大させようとした集団CBT介入の直後に，参加者の意
欲低下と全体的な陰性症状が減弱することを示している。また，グループの4名
中2名は，陰性症状に関連した自身の苦痛の減弱も報告している。この研究の非
常に小さなサンプルサイズ（$n = 4$）やそれに伴う注意喚起にもかかわらず，こ
れらの知見は，陰性症状を治療する他の集団心理療法アプローチとCBTを組み
合わせた2つの研究から，さらなる支持を得ている。Daniels（1998）は，CBT
と相互作用的な行動訓練を組み合わせたグループに参加した者が，陰性症状の減
少傾向を示し，一方で待機統制群の者は示さなかったことを明らかにしている。
同様に，Andres, Pfammatter, Garst, Teschner, & Brenner（2000）は，対処志
向的集団療法に参加した者における陰性症状の減弱を明らかにしている。すなわ
ち，この改善に関する効果サイズは，支持的療法群（0.80）に比べて，対処志向
的集団療法群（1.46）のほうが大きいことを示すものであった。

　CBT 志向のグループ介入はまた，社交不安の併発（Halperin, Nathan,
Drummond, & Castle, 2000），低い自尊感情（Lecomte et al., 1999），そして初回

エピソードの統合失調症（Lecomte, Leclerc, Wykes, & Lecomte, 2003）を扱うためにも調整されている。Halperin et al.（2000）は，20名の通院患者を対象とした研究で，待機統制群に比べて，CBT群では，社交不安と回避，気分，そして生活の質における有意な減弱が確認されたことを報告している。同じ研究グループ（Kingsep et al., 2003）において，33名の通院患者を対象として同様に計画された研究では，待機統制群に比べて，CBT条件では，社交不安，全般的な精神病理，そして生活の質において有意な減弱が確認されたことを報告している。Lecomte et al.（1999）は，95名の患者を対象とした研究において，グループの自尊感情とエンパワメントモジュールに認知的技法を組み入れている。通常治療に加えてこのモジュールを受けた参加者は，通常治療のみを受けた者と比べ，陽性症状が有意に減弱し，対処能力が有意に増加したことを示しているが，自尊感情における差異は見られなかった。最後に，Lecomte et al.（2003）は，ストレス，不安，薬物乱用のような二次的な困難と同様に，症状への対処を標的とした初回エピソードへの介入を開発している。小規模試験からの質的結果は有望であったが，追試が必要とされる。

　比較的大規模な無作為化比較試験において，Bechdolf et al.（2004）は，症状の再発を最近体験した者に，再発，症状，そして服薬遵守を標的としたTarrier et al.（1990, 1993）によって開発されたCBT技法を用いている。期間（8週間）を一致させた心理教育群と比べて，集団CBT条件の者は，治療後において，より少ない再発と，よりよい服薬遵守の傾向を示し，また治療後と6カ月後のフォローアップの間の再発が有意により少ないことを示している。陽性・陰性症状評価尺度（PANSS: Kay, Fizbein, & Opler, 1987）を用いた測定では，両群ともに症状において有意な改善を示している。

　全体的に見ると，統合失調症に対する集団CBTは，陽性および陰性どちらの症状に対しても有望な介入であるように思われる。しかしながら，これらの研究に限界がないわけではない。これらの症状を標的とした統制試験研究は1つのみ（Wykes et al., 1999）であり，入院患者サンプルを対象に集団CBTを用いた研究も1つのみ（Pinkham et al., 2004）である。その上，これまでに言及した研究の多くは，小規模で同質のサンプルを用いており，標準的な統合失調症を有する者に一般化することは難しい。しかしながら，このような限界はあるものの，これらの研究における発見的な価値を無視すべきではなく，また統合失調症に対する集団CBTが実行可能で有望な治療であるとみなされるべきである。

第Ⅱ部 特定の障害における認知行動療法グループ

集団 CBT への適合性と治療の利得のアセスメント

参加に対する適合性のアセスメント

統合失調症は異質性の疾患であり，そしてこの病気の表現形は広く異なる。介入の有効性と適切性を最大限にするために，集団 CBT の実践者は，治療に対する特定の領域を標的とし，その標的とした領域における実証可能なニードを持つ患者を募集すべきである。治療の標的は，幻覚の重症度あるいは頻度，妄想的信念に関連した確信，そして幻覚あるいは妄想に直接関連した苦痛や能力障害，陰性症状（たとえば，動機づけ），対処能力，問題解決，再発予防，社会生活機能，社会的スキル，洞察，自尊感情，および疾患関連の不安や抑うつを含む（しかしこれらに限定されない）。その上，表現形，欠損，治療のニーズは疾患の経過で異なるため，疾患の同じ段階にある者たちを対象としてグループを構成することが最も望ましい（すなわち，前駆期，初回エピソード，急性期，慢性や安定期，もしくは残遺期）。これらの方法によって「ノイズ」を減らすことは，メンバーの共有された体験の水準や，彼らの「合った場所にいる」という感覚を最大限にするものであり，それは言い換えれば，社会的学習の機会や従事の水準を増大させる。その上，それはセッション内の表現形の異質性—この母集団において考慮すべき重要な事項である—を減少させる。

統合失調症は，基本的認知能力（注意，集中，および実行機能を含む）に特異的に影響を及ぼすため，同等の知的能力を持つ者のグループを構成する努力がなされるべきでもある。ほんのわずかな認知的欠損を持つかもしれない者もいる一方で，深刻なほど認知的に障害されているかもしれない者もいる。また，たいていの患者グループに比べて，統合失調症の患者は学歴が低い傾向にあるため（Hafner et al., 1995; Isohanni et al., 2001），この領域における多様性もまたグループのメンバー間の格差を広げうる。それゆえ，私たちは，グループ内の認知能力における異質性を最小限にするために，短縮版の IQ 測度（たとえば，Wide Range Achievement Test-Reading ［WRAT-R］，または Wechsler Abbreviated Scale of Intelligence ［WASI］の 2 つの下位テスト）によって，個人をスクリーニングすることを推奨している。患者の集まり具合によっては，正常の IQ を持つ者たちと正常以下の IQ を持つ者たちとでは異なるグループを運営するかもしれない。

434

15章 統合失調症

　治療に対する動機づけは統合失調症治療におけるもう1つの重要な領域である。精神的な病気を有する多くの者とは異なり，統合失調症を有する者は，自身の疾患に対する病識の乏しさに苦しむ。彼らは，自身が病気を有するということ，あるいは治療が必要であるということを認識しないかもしれない。実際，彼らは精神保健の従事者に否定的な連想を持ち，治療に反感を持つかもしれない。統合失調症に対する多くのグループ治療は入院治療場面において実施されており，仕方なく参加しているグループのメンバーもいるため，動機づけられた者だけを募集するといった提案は非現実的であろう。とはいえ，可能であれば，1つのグループの中で動機づけられていない者を動機づけられた者で相殺することを強く提案する。動機づけられた楽観的なメンバーたちは，あまり動機づけられていないメンバーたちに肯定的な影響を与えることや，治療にあまり従事しない者たちへのお手本として役に立つ可能性がある。私たちは，治療に対する動機づけに関する1つの測度である Daiuto Treatment Questionnaire を知っているが，それは限られた認知能力を有し，病識や精神病症状の水準が異なる入院患者での使用に適している（Jennifer Snyder, 私信，2004年11月）*。

　認知能力と治療に対する動機づけの両方に関連するもう1つの問題は，認知的柔軟性である。認知的柔軟性が非常に制限されている者は，CBT の性質もあって，この介入の認知的要素に対しては得るものが少なそうだということを私たちは見いだしている。出来事に対して代わりとなる説明を生成するというような，多くの認知的エクササイズは，これらの者には難しすぎる傾向があり，効用も限られる。最後に，行動や会話が慢性的に非常にまとまりのない，あるいは攻撃的なメンバーを，グループへの参加から除外することを提案する。症状悪化の時期に解体した状態になるメンバーもいることが予想される。しかしながら，慢性的に解体した状態にある患者は，CBT から得るものはより少なく，会話を脱線させたり会話に割り込んだりすることで他の者の進捗を妨げうる。

　グループ募集に関するこれらの原則を説明するために，私たちは，最近のCBT グループにおける私たちの選択基準を概観する。このグループは，慢性であるが安定した統合失調症，あるいは統合失調感情障害を有する通院患者を対象として，薬物抵抗性の幻聴にともなう，頻度，重症度，そして症状に関連した苦

---

* Daiuto Treatment Questionnaire の問い合わせは，Jennifer Snyder，jennifer.snyder@ncmail.net へ。

痛を標的とするために計画されている。治療目標に精通している地域のサービス
提供者が候補者を紹介する手続きをとっている。候補者はその後，確定診断のた
めの，また少なくとも中等度の幻聴を体験したことを保証する（PANSS で測定）
ための面接を受ける。参加者はまた，自身の幻聴が生活上問題となっており，治
療でそれらを扱いたいということを伝える必要がある。私たちはまた，短縮版の
IQ 測度（WRAT-R）を用いてこれらの者たちをスクリーニングし，IQ が 70 以
上と評価された者のみを構成した。

治療結果のアセスメント

　これまでに討議したように，精神病における認知理論の発展は，介入に対する
具体的な標的の増加と，それに伴う結果変数の測定の急増につながってきた。潜
在的に有用な全ての結果指標を概観することは本章の範囲を超えているため，私
たちは，私たちが統合失調症に対する集団 CBT の有効性を評価するのに有用で
あることを見いだしてきた，主要な検討事項，結果変数の領域，そして測定に関
する概説を提供する。

　全ての治療介入において同じであるように，結果の評価は，介入によって標的
とされた具体的な領域の変化を測定すべきである。統合失調症に対する CBT に
おいて最も頻繁に標的とされる領域は，妄想と幻覚である。過去 20 年にわたり，
これらの症状に関する概念化は，研究者たちが，それらを「あり／なし」として
見ることから離れてより多元的なアプローチに向かっており，そして，それぞれ
の症状のタイプにおける多次元性の重要性を確立するにつれて複雑さを増してい
る（Garety, Dunn, Fowler, & Kuipers, 1998）。それゆえ，現在，妄想は，妄想に
おける患者の確信，妄想への没頭，妄想の結果として体験される苦痛，そして妄
想に対する反応に取り込まれた行為についての評価がなされている。幻覚に関す
る多元的な視点は，頻度，日常生活機能における妨害の程度，幻覚に起因する苦
痛，そして幻聴に帰属される全知全能感に関する測定を考慮に入れている。

　私たちの経験上，PSYRATS は，妄想と幻覚の多様な次元を評価するために（ま
た PANSS で得られた情報を補完するための道具としても）有用である。
PYSRATS は，構造化面接として実施され，妄想と幻覚用の独立した版を含む
ものである。各版は実施するのに 20 分から 30 分を要する。幻聴信念質問紙改訂
版（BAVQ-R: Chadwick, Lees, & Birchwood, 2000）は，自己報告式の測度で，
幻聴に関連する個人の信念，情動，そして行動を評価する。参加者は，「私の声

は自分のしたことに対して私を罰している」や,「私の声は私を減入らせる」といった陳述文に,自分がどの程度同意するかを述べるよう求められる。この測度は,頻度よりも妄想に関連した苦痛や信念を評価するために特に有用である。したがって,この指標を用いることによって,誰であっても,症状の単なる減少ではなく,むしろ幻聴への対処に関する改善を調べることが可能である。

　次第に注目を受けてきている結果領域である社会生活機能は,妥当性を評価することが依然として困難である。社会生活機能尺度（SFS: Birchwood, Smith, Cochrane, Wetton, & Copestake, 1990）は,15分から45分続く,特別な訓練を必要としない半構造化面接であり,日常生活,セルフケア,職業準備性,および社会的統合を測定する。この道具は,地域生活に基づく機能の指標（たとえば,買い物や求職活動,多様なレクリエーション活動など）に重点を置いているため,入院患者というよりは通院患者に対して有用である。結果指標としてのSFSの不利な点は,個人の社会生活機能における一定の生態学的な顕著な変化を反映しないかもしれないことである。たとえば,治療が終わり,新しい1人の友人ができた者は,SFSにおいては比較的小さな質的変化が反映されるにすぎないが,自身の社会生活の質においてはかなりの増大を体験するかもしれない。

　最後に,結果の評価は,統合失調症の症状に関する全般的な測度を含むべきである。最も一般的に用いられている測度は,PANSS（Kay et al., 1987）と簡易精神症状評価尺度（BPRS: Ventura, Green, Shaner, & Liberman, 1993）である。PANSSとBPRSはいずれも,信頼性のために訓練を受けた面接者によって,30分から60分で実施できる半構造化面接である。PANSS,もしくはBPRSの使用が現実的でない場合,簡易症状目録（53項目の自己報告式測度：Derogatis, 1993）が症状と症状に関連した苦痛に関する広範な指標を提供しうる。

　アセスメント・バッテリーを計画する際,長時間にわたる評価は,統合失調症を有する者にとって非常に苛酷で,苛立たせ,嫌悪的でありうるということを,研究者は念頭に置くべきである。この理由から,あるいはこの母集団の測度の多くは実施に相当の時間を必要とすることから,私たちは通常,ベースラインとエンドポイントの評価を実施するが,治療の間にクライエントを1回以上評価することはめったにない。プロセス変数に関心のある研究者や臨床家は,より高頻度にデータを収集することの必然性と,このアドバイスとのバランスを保つべきである。

　最後に,以下の点に言及しておく。すなわち,変化しやすい病識,パラノイア,

そして陽性の精神病性症状を含む統合失調症の性質のために，この母集団における自己報告式の測度は，妥当性が疑わしいかもしれない。したがって，可能であれば，クライエントと親しい家族成員や他のケアワーカーから情報を求めることが有用となる。これは，クライエントの報告を支持するための収束的妥当性に関する測度を提供し，また，とくに機能水準を測定する際には，知見の生態学的妥当性を増大しうる。臨床的測度や家族あるいはスタッフの報告に加えて，しばしば情報的価値のある統合失調症の機能に関する広義の指標として，再発回数（すなわち症状の顕著な増悪），入院回数，また在院日数を含む。

幻聴グループに対する CBT のプロトコルのサンプル

　本節（および，表15.2）では，幻聴に対する CBT 介入で用いたサンプルプロトコルを提示する。集団 CBT 介入の特異的な焦点に関係なく，私たちはいくつかの広義のガイドラインを遵守することを推奨する。これらのガイドラインは，非精神病性の臨床サンプルに対する CBT グループにおいて用いられているものと同様である。一般的に，初回セッションでは導入に専念し，そのグループの内容と目標に関する概説を提供し，基本原則を設定する。構造化された治療マニュアルは，以下のセッションを導くべきである。各セッションの中では，以下の構造が続く：(1) あいさつ；(2) アジェンダの設定；(3) ホームワークのふり返り；(4) そのセッションの内容を通じたワーク；(5) 内容の要約；(6) 参加者のフィードバックの要請；(7) 次のセッションに向けたホームワークの出題，である。

　本章の共著者の Penn は，入院患者の臨床的ニーズによりよく合致させるために，Wykes et al. (1999) によって開発された CBT マニュアルを改訂し，拡張している。この改訂版マニュアルでは，介入の形式を，7回から12回のセッションへと引き延ばしている。原版マニュアルの内容に対しては，軽微な変更のみであり，すなわち，主な変更点は，むずかしいトピックに対してより長い時間を費やすことと，追加のホームワークを出題することであった。

　介入の全体的な目標は，幻聴に対して認知行動的技法を適用することである。そのグループは，2人の治療者からなり，1人は討議を促進することに主な責任を持ち，もう1人はロールプレイや実施上の業務（たとえば，そのグループによって案出された対処方略をフリップチャートに書き出す）を補助する。グループは，グループの全てのメンバーに比較的「個別化された」配慮を与えられるように，

意図的に小規模に維持されている（5～7名のクライエント）。

　初めの5回分のセッションでは，グループのメンバーたちとのラポールを形成することに，幻聴についての基本的な知識を提供すること，そしてメンバーの幻聴の内容を探求することに焦点を当てている。第一に，治療者を含む全ての参加者は，自己紹介と自分自身のことを少し話すことが求められた。第二に，グループは『Hearing Voices（聞こえる声）』を視聴した。BBCが制作したその映像は，幻聴が聞こえる，精神疾患を有する者と有さない者の両方を紹介している。グループが，映像内の人々の体験がグループのメンバーの体験とどのように合致するかを討議できるように，その映像は，治療者によって頻繁に停止された。第三に，その映像に続いて，グループのメンバーは，声が聞こえることに関する自身の体験を討議するよう奨励される。幻聴の内容に特別な注目が払われ，メンバーたちはその幻聴の内容に共通したテーマについてコメントするよう求められた。出てきたテーマの内容が否定的で傷つける発言であったり，活動に対する説明であったりするものがある。幻聴体験に関連した他のテーマには，気そらし，スティグマ化，そして恐怖，というものもあった。最後に，グループのリーダーは，幻聴の生じ方，ストレス脆弱性モデル，そして幻聴が連続体上に位置するものとして（たとえば，寝ている時に音が聞こえるというものから，部屋に誰もいない時に大きな声を聞くというものまで）理解可能な方法に関する討議を促した。

　セッション6と7では，幻聴のABCモデルに関する討議にあてられる。すなわち，幻聴の先行事象，幻聴への個人的な信念あるいは反応，そして幻聴の結果，について理解することである。この行動的な分析は，グループのメンバーたちに，自身の幻聴が無作為ではなく特異的な文脈において生じるということを理解させるのに役立つ。幻聴のABCを同定するために，グループの各メンバーは，少なくとも1，2週間の間，自身の幻聴を観察するよう求められた。たとえば，あるクライエントは，自身の幻聴が夜ベッドで横になって，幻聴が浮かんでくることを心配している時（先行事象）に生じるようだと報告した。それから，否定的で非難する幻聴がはっきりしたものになった後，前日の自身の行動に対して罰せられていると考えた（信念）。それは恐怖，不安，そして不眠を招いた（結果）。

　残りのセッションは，対処方略の開発と実践に費やす。これは幻聴を悪化させることと改善させることに関してよりよく理解することの両方を含むものである。たとえば，あるセッションで，治療者は，グループの各メンバーが幻聴を悪化させるであろう行いは何かということを評価した。もしあるクライエントが，ひと

第Ⅱ部　特定の障害における認知行動療法グループ

表 15.2　統合失調症における幻聴の集団 CBT の治療プロトコルの全体像のサンプル

セッション	扱われる方略
セッション 1	治療同盟の確立 ・グループのメンバーの紹介（治療者を含む） 　　1．氏名と出身 　　2．当該グループに参加したい各個人の理由 ・グループの頻度と形式の概説： 　　1．当該グループの目的に関する議論：自分たちの幻聴によりうまく対処するのに役立てて，生活の質を高めること 　　2．当該グループは週1回会う，1時間のセッションで，合計 12 回のミーティング 　　3．治療のトピック／段階の概観 　　4．グループの質問の取り扱い ・グループの基本ルールの決定
セッション 2	幻聴についての教育と幻聴体験の共有 ・「幻聴が聞こえる（セッション2）」の映像の最初の半分を視聴：定期的に映像を止めて，当該映像で見ているものへの反応をグループのメンバーに質問 ・映像に映っている自分たちの体験との類似点をグループのメンバーに質問：映像の中で報告されている体験のいずれかはなじみがあるか
セッション 3	幻聴についての教育と幻聴体験の共有 ・映像の後半の視聴 ・原理のノーマライジングの導入（セッション3） 　　1．映像の中の幻聴を有する者の広範な体験への気づき。 　　2．"体験の連続性"のノーマライジングの導入：一般人口の相当の割合が幻聴を報告；幻声あるいは幻聴は入眠時，起床時，感覚遮断，等の際に生じうる。 ・映像で討議されている基本的な心理教育の振り返り 　　1．幻声のモデル（たとえば，医学モデル・心理学モデル）。 　　2．投薬の役割。 　　3．幻声に対する治療。
セッション 4 〜 5	幻声の内容 ・グループのメンバーの幻声体験を誘導 ・幻声のテーマを引き出すのを手助けするために以下のプローブを使用： 　　1．幻声は好意的ですか，そうではないですか？ 　　2．それらはたいてい，あなたに何と言いますか？ 　　3．幻声はあなたをどんな気分にさせますか？ 　　4．あなたは幻声を強力だとみなしますか，弱いとみなしますか？ 　　5．それらを無視する，またはそれらに従わないとあなたに何が起きますか？ ・共通する幻声のテーマに関する当該グループからの反応の誘発 ・幻声の内容を幻声内容フォームに記録するよう，クライエントを誘導

15章　統合失調症

セッション	扱われる方略
セッション6～7	幻声の行動分析
	・ABCモデルの教育
	1．モデルを図示するためのフリップチャートを使用する。
	2．出来事（A）への反応における信念（B）システムがネガティブな結果（C）をもたらしうる仕組みの一般的な例を提供する。
	・ABCモデルの日常的な（しかし精神病性ではない）例を提供するようグループのメンバーを誘導
	・幻声に関する討議にモデルを移行
	1．ボランティアを求め，（応じた者に）どこにいて，その時に何をしていて，どんな時に幻声を聞いたかを尋ねる。
	2．クライエントが幻声を聞く前に起きていることが明らかにできるかを理解する。これは行動，思考，また／あるいは気分を含む。
	3．メンバーが幻声を聞く（すなわち，行動的，認知的，情動的）結果を同定する。結果は対処方略を討議する際に扱われるべき領域である。
	・幻声が生じた時のABCを日常単位でモニターするホームワークをグループのメンバーに出題
セッション8～9	方略の増加と減少
	・グループの各メンバーにとって鍵となる先行事象を振り返り，討議：
	1．どのような状況／出来事が幻声を増悪させるのか？
	2．何がそれらを改善させるのか？
	・自分たちの幻声の強度に影響を与える要因をモニターするのに役立つホームワークに"改善／増悪フォーム"を出題
セッション10―12	対処方略
	・グループの各メンバーが自分で使えそうないくつかの対処方略の選択肢を質問フリップチャートにこれらを書き出し
	1．一貫して作用する方略は何ですか？
	2．どのような状況でそれらは作用しますか？
	3．フリップチャートに知見を要約する。
	4．グループのメンバーに各方略を評定し，一貫性があるかを理解することを求める。
	・リストが集められたら，現在使っている方略は何かを各メンバーに尋ね，また新しい方略を見つけるような働きかけ
	・グループのメンバーをペアにして，幻声に対処することをロールプレイ
	・対処方略の練習をホームワークに出題（それからグループのメンバーに対処方略ワークシートを完成してもらう）
	・対処方略に対するフィードバック
	1．計画した対処方略とそれらがうまく行ったかをグループの各メンバーと振り返る。
	2．実施した方略がうまく行かなかった場合，別の方略を同定する。グループにフィードバックと当該プロセスの手助けを求める。
	3．セッション内でロールプレイを続ける。

りの時に幻聴が悪化すると報告したなら，そのクライエントは，ひとりになることによって幻聴が悪化しうることを確かめるよう求められる。第二の目的は，幻聴の強度あるいは頻度を弱める方略を開発することであった。そのために，グループのメンバーはまず，自身が現在用いている方略を記述し，それらの有効性を評価することが求められた。もしメンバーたちが幻聴の強度が弱まる感覚を持っていない場合，気分が良いと感じた回数や，幻聴が自身を悩ませなかった回数を，１週間の間，観察することが奨励された。もしクライエントが用いている方略が非効果的，あるは不適応的（たとえば，幻聴に向かって叫ぶ）であると評価された場合は，通常，グループの手助けを借りながら，代わりの方略が同定された。たとえば，夜に幻聴に悩まされたクライエントは，効果的な対処方略を同定することが困難であった。グループの各メンバーは，そのクライエントが使えそうな方略を同定するように求められた。

　問題解決アプローチを維持する場合においては，ブレインストーミングが奨励され，対処方略は十分な項目が集まるまで評価されなかった。そして，このクライエントにとっての潜在的な対処方略には，（1）違うベッドに寝る，（2）違う時間に寝る，（3）幻聴を無視する，（4）幻聴と言い争う，（5）リラクセーション技法を用いる，が含まれていた。

　一旦対処方略が同定されたならば，次の課題は，それらを行動に移すことであった。そのため，各クライエントは，自身の新たな対処方略をホームワークで練習すること，およびその有効性について報告することが求められた。ホームワークでやり抜いた全ての取り組みは，称賛とともに強化された。もしあるクライエントがホームワークを完遂させること（あるいはそうしようとすること自体）が困難である場合は，想定される障壁が同定され，そしてホームワークが再び出題された。

　最近の論文（Pinkham et al., 2004）で報告されているように，この非統制的な集団 CBT 介入は，PSYRATS の幻覚用によって測定された苦痛な幻聴，および BAVQ-R（Chadwick, Lees, et al., 2000）によって測定された幻聴の強さと影響力についての信念の減弱と関連していた。これらの知見は，持続する幻聴を有する入院患者に対する集団 CBT は実行可能であり，付加的な心理社会的治療としての裏づけを有することを示唆するものであった。

統合失調症に対する CBT におけるグループ・プロセス

統合失調症は，病気の性質のために，グループ・プロセスに影響を及ぼす独特な一連の障壁と機会が生じうる。考慮すべき障壁は，(1)認知障害と陰性症状；(2)限られた病識，パラノイア，そして防衛性（しばしばスティグマやセルフスティグマの体験と関連している）；(3) セッション内での幻覚と妄想の増悪，を含んでいる。集団 CBT によって提供される重大な機会とは，しばしば孤立や孤独に苦しむ人たちに対しての社会的な場を作り出すことである。

全員でないにしても，グループのメンバーの多くが，注意，集中，そして抽象的思考における認知的欠損を示す傾向にある。認知的能力における等質性を最大限にするための取り組みをした後でさえ，顕著な異質性が予想される。認知的欠損と重複するのは陰性症状であり，薬物療法の副作用（たとえば，眠気など）とならび，意欲の低下や会話能力の低下，アンヘドニア（無快楽，無動機，無気力），および感情の平板化が含まれる。これらの欠損には，いくつかの密接な関係がある。第一に，それらは，CBT の概念の理解に対するグループのメンバーたちの困難さに影響する。したがって，介入の心理教育的な構成要素の繰り返し，具体的な説明，そして積極的なリハーサルが行われるべきである。材料は，言語的教示，フリップチャート，ホワイトボードもしくは黒板を用いた視覚的呈示，およびメンバーに提供されるハンドアウトなどを含む多様な形式で提示されるべきである。

第二の障壁は，認知的欠損と陰性症状が，積極的な参加から個人的な離脱へと導きうるということであり，それは材料の熟達，同盟の形成，そして全般的な社会的統合に影響を与えるものである。二次的な影響はまた，士気の低下，出席の乏しさ，そして乏しいホームワークの遵守を含む可能性がある。したがって，さまざまな水準でグループへの従事を最大限にするための努力がなされるべきである。最も基本的な水準として，出席を最大限にするために各グループの間に軽食を提供することを推奨する。基本的なコミュニケーションに関するレベルでは，より低機能のクライエントに関与している時には，単純で閉じられたプロンプト（はい-いいえ質問）の使用は，クライエントを圧倒したりストレスを感じる機会を減らし，回答する可能性を増大させる。概念の教示のレベルでは，グループのメンバーたち自身の生活や体験に焦点を当てることで関与を最大限にする可能性がある。したがって，先行事象-信念-結果（ABC）モデルのような抽象的な

概念を説明した後には，その概念をさらに説明する例題として用いるために，グループのメンバーたちの生活における出来事を求める。最後に，グループのリーダーは，各セッション中，各メンバーによってもたらされた情報の量に関してマインドフルであり続けるべきであり，可能な限り，参加のバランスを取るよう努めるべきである。どんなグループでも，たくさん話そうとする傾向があるメンバーもいれば，黙っているメンバーもいる。無口なメンバーたちが自身を表現する場や，各メンバーが各ミーティングで話すという期待を作り出すことは，どちらもグループのリーダーの仕事である。

　最善の努力をするとはいえ，グループのリーダーは，週によって，異なるメンバー間，および個人メンバー内の両方で変化する動機づけの水準を予測すべきである。治療者たちは，離脱の指標に用心深くあり続け，アイコンタクトや質問への反応を求めることを通じて，クライエントたちを再び関与させようと試みるべきである。しかしながら，心に留めておくべきことは，実際にはとても関心がありコミットしているにもかかわらず，認知的欠損と陰性症状によってグループにおける関心がないように**みえて**しまう者がいるということである。すなわち，あるグループメンバーは会話にほとんど関与しておらず，そのグループに関心がないように見えるかもしれない一方で，尋ねてみると，そのグループのメンバーがグループを1週間楽しみにしており，グループが提供する社会的接触を大事にしていることをグループのリーダーが確認できるかもしれない。

　統合失調症治療におけるもう1つの一般的な障壁は，病識の乏しさであり，もしクライエントが認識していない疾患を有していると伝えられることを不快に思うのであれば，それは防衛性と関連しているかもしれない。防衛的な姿勢は，パラノイアに苦しんでいる者の場合に，さらに悪化するかもしれない。集団CBTでは，病識を改善するための強力な機会を提供する。しかしながら，グループのリーダーたちは，治療同盟を傷つける危険性とこの目標とのバランスを保つべきである。第一に，グループのリーダーたちは，統合失調症を有する者の防衛的否認を，スティグマが作り出す役割を担っているという，非常に現実的な役割に敏感になる必要がある。統合失調症が誘発しうる疎外感の水準を考慮すると，当然，病気の存在を否認することによって自身の自尊感情を守っているかもしれない者もいるということになる（Bentall et al., 1994）。CBTにおけるグループ・プロセスは，自己防衛としてのこの形式の必要性を減らすために，思いやりのあるノーマライゼーションの機会を提供する。グループのリーダーたちは，自身の体験を

共有するために，個人に，より深い洞察を奨励し，良好な自尊感情と健康的な疾患管理と合致した病気を認める方法のモデルを示すべきである。

病識の乏しい者との協同作業において重要となる原則は，「クライエントのいるところに合わせること」である。集団CBTの文脈では，これは，各個人が自身の病気に関連した体験を記述するために用いることばを書き留めたり反映したりすることを含む。たとえば，多くの人々は，自身の体験に対して「統合失調症」という言葉を使わない代わりに，「私のエピソード」もしくは「私の病気」と呼ぶことを選ぶ。病識をはぐくむこととクライエントの心地良さを深めることとの間の繊細なバランスは，心理教育に焦点を当てるセッションの間に強調される。私たちの経験上，病識が乏しい者は，一般には，心理教育によってもたらされた不協和に耐えうる。しかしながら，グループのリーダーたちは，統合失調症に関する事実を提示する際に，手荒なアプローチを用いることを避けるべきである。たとえば，ソクラテス式問答法はこの文脈で有用であるが，クライエントをだまして，自身が統合失調症を有しているということを認めさせるためにそれを用いるべきではない。より良好で穏便なアプローチは，個人が病気に関連した体験を有しているかを尋ね，彼らの反応を中立的に反射する。これは，グループのリーダーが，自身の体験に関するグループのメンバーの報告を額面通りに受け入れるための準備をし，症状の協同的改善に対する段階を設定することを示すものである。

グループ治療における第3の潜在的な障壁は，セッション内での陽性症状の悪化が混乱を招いてしまうことである。グループの参加者は，一般的には安定した投薬計画の中にあるが，症状が増悪する時期はよくあることである。陽性症状が一日の特定の時間に増悪する傾向にある者もいれば，症状の重症度がストレスレベルと関連する者もいる。そのような悪化は，大きな声で，順番を無視して，支離滅裂に，あるいは攻撃的に，個人が話すことにつながりかねない。それらはまた，風変わりな，攻撃的な，あるいは破壊的な行動をも導きかねない。私たちは，CBTグループで，初回か2回目のセッションの間に，一連の「グループのガイドライン」あるいはルールを協同して確立し，これらを治療経過にわたって部屋の壁に貼っておくことを推奨する。グループがこのリストを考案している間，グループのリーダーは，グループ中に誰かが症状の悪化を体験する時に，それにどう対処するかという問題を提起するかもしれない。グループが初発エピソードの者かそうでなければ未治療の者から構成されている場合を除いて，たいていのメンバーは，自身あるいは他者の症状悪化を体験しているであろうし，そして，こ

の問題を取り扱うことの有用性を認識するであろう。ガイドラインは，他者が当事者に対して混乱を指摘し，グループを混乱させないための同意を思い出させる，当事者が中座する，部屋の外で休憩を取る，あるいは，当事者が自身の破壊的な行動をコントロールできるのであれば，部屋にとどまるかどうかを協同して決めるようグループのリーダーが当事者に尋ねる，といった内容を含む。グループが決めたプロトコルが何であっても，グループのリーダーの目標は，悪化を体験している者を尊重する姿勢を保ちながらも，グループに生じた混乱を最小限にすることである。

　グループ・プロセスに関する本節を終える前に，統合失調症治療に関するこの様式の主な利点を強調しておくことが重要である，すなわち，統合失調症に対するグループ治療は，社会的接触を提供することによってこそ，利益を与えるように思われるということである。統合失調症に対する支持的療法と CBT を比較した最近の概観では，その２種類の介入は，おおよそ同等の結果を生じさせることを明らかにしている（Penn et al., 2004）。さらに，治療における患者の要求に関する研究では，社会生活機能が，統合失調症を有する者にとって最も重要な領域の１つであることを示しており（Coursey, Keller, & Farrell, 1995; Slade, Phelan, Thornicroft, & Parkman, 1996），それらの多くは，社会生活機能はまだ対処されていないニーズとしての重要な領域であるとみなしている（Middelboe et al., 2001）。したがって，念頭に置くべきことは，治療において概念や技法を完全に理解していないように思える場合でさえも，単なるグループへの出席や必要最小限の参加にすぎないことが，統合失調症を有する多くの者に対して相当な利得を与えうるということである。

結論

　統合失調症に対する集団 CBT に関する研究の大部分は，小規模で非統制的試験を必然的に含んでいる。これらの試験の結果は期待できるものであり，集団 CBT が，症状と疾患に関連した二次的な苦痛に，個人が対処するのを助けるかもしれないことを示唆している。個人 CBT の文献は，さらに強固であり，CBT の結果として，多様な症状と機能領域における持続的な改善が達成されうることを示している。総合すると，これらの研究の主要部は，集団 CBT に関する大規模な統制研究が実施されるべきであることを示唆するものである。

CBT に関するこれらのデータの範囲を越えて，統合失調症に対する心理療法のグループ様式に関する研究を継続することへの強固な理論的根拠がある。第一に，対人的欠損はこの病気の顕著な特徴であり，グループ場面は，特異的なものでなければ社会的スキルの発達にとって重要な場を提供する。第二に，グループ場面は，個人に対して，他者との関係を発展させる，ソーシャルネットワークを増やし，そして意味のある対人的相互作用を体験するための機会を提供する。相当な社会的機会を含む介入は統合失調症を有する多くの者によって高く評価される傾向にあり，ドロップアウトを抑え，参加を最大にするかもしれないことを自己報告のデータが示唆している。第三に，集団療法は個人療法に比べて費用対効果に優れており，統合失調症を有する者は公的負担で治療を受けることの方が多いことから，このことは彼らにとってさらに特別な意味を持つ。

　方法論上の厳密性が改善されることに加え，私たちは，統合失調症に対する集団 CBT の今後の研究がいくつかの重要な領域を扱うことを示唆する。まずは，グループ様式が，統合失調症を有する者について述べられた社会的ニーズを扱うことに実際に役立つかどうかを決定することであり，集団凝集性あるいは同盟関係の測度が，今後のアセスメント・バッテリーに含まれるべきである。同様に，この病気に関連した特異的でない領域への効果を評価するために，社会生活機能の測度が含まれるべきである。また，今後の研究は，集団 CBT と個人心理療法の脱落の割合を比較すべきである。最後に，私たちは，今後の研究が限局的な病気の領域（たとえば，幻覚，あるいは社会生活機能）に焦点を当て続けること，そして包括的な CBT モデルに従うマニュアル化されたアプローチを用いることを推奨する。

Part **3**

第Ⅲ部

併発症と未来の方向性
Comorbidity and Future Directions

16章

併発症と集団 CBT

　併発症は，ここでは DSM 精神疾患の I 軸に 2 つ以上の症状が同時に存在していることと定義されるが，CBT においては決定的に重要な意味を持つ。なぜならば，併発症の存在は治療のプロセスと結果に影響を及ぼすからである。併発症は，多くのメンタルヘルス場面でよく出くわすものである。すなわち，さまざまなクリニック，および臨床場面における知見では，精神疾患を持つグループにおいて I 軸疾患の併発は驚くほど高率であることが報告されている（e.g., Bieling, Summerfeld, Israreli, & Antony, 2004）。不安症に特化したクリニックの外来患者 670 人の併発症率に関する最近の包括的研究では，一次性抑うつ障害であると診断を受けた者の中で，不安症の生涯診断を受けていなかったのはわずか 5%であった（Brown, Campbell, Lehman, Grisham, & Mancill, 2001）。また，全般不安症（GAD）患者は，生涯診断において，73%が抑うつ障害群と双極性障害および関連障害群，71%が強迫症（OCD: Brown, Campbell, et al., 2001）の追加の診断がついた。

　併発症は，治療，すなわちグループにおいて用いられる技法やプロセス要因と関連する多数の変数に影響を及ぼすために重要である。治療結果も影響を受けるかもしれない。個人 CBT においては，併発症は治療反応性に負の影響を及ぼすことが示されてきた。この領域における研究では，通常，一次疾患に対する CBT の効果を検討する治療研究の文脈において，併発症を伴う患者と伴わない患者を比較している。これによって，併発症を伴う者と伴わない者の治療反応性，あるいは症状の変化を直接比較できる。概して，併発症状を伴う患者の方が CBT に対して確実に反応が劣るようであるが，影響の程度は研究間で異なっている（Brown, Antony, & Barlow, 1995; Erwin, Heimberg, Juster, & Mindlin, 2002;

Newman, Monffitt, Caspi, & Silva, 1998）。社交不安症と，抑うつ障害群と双極性障害および関連障害群の併発症は，社交不安症のための集団 CBT 後の機能障害の持続と関連しているようである（Erwin et al., 2002）。パニック症の治療研究においては，併発症を伴う参加者は治療研究が終了した後にも，さらに治療を求める傾向が認められた。さらに，治療の直後に併発症の水準が一時的に低減したにもかかわらず，24 カ月後のフォローアップ時には，併発症率は治療前の水準に戻っており，併発症患者は長期間の改善が維持されないことが示唆されている（Brown et al., 1995）。抑うつ障害と OCD の併発症は，曝露反応妨害法を含む CBT の治療効果が少ないことが示されている。すなわち，抑うつ障害との併発患者は治療後における OCD 症状得点がより高かった（Abramowitz & Foa, 2000; Abramowitz, Franklin, Street, Kozak, & Foa, 2000）。広範囲の治療結果研究の概観においては，パーソナリティ障害の併発は，パーソナリティ障害の併発を伴わない患者と比べて，パニック症に対する CBT の結果に決定的な影響を持つことが示されてきた（Mennin & Heimberg, 2000）。同様に，これらの併発症と CBT の研究において，重複する障害があるにもかかわらず，CBT は症状と機能を改善する有意な臨床的影響を及ぼしていることは特筆すべきである（Barlow et al., 2004）。この知見は，共通する I 軸疾患の基盤となる潜在的な構造の研究に従って，広く「負の感情症候群（negative affect syndrome）」と記述するように提案されており（Barlow et al., 2004），ほとんどの CBT プロトコルの中に存在する共通の治療方略から利益を得ていると考えられる。

　併発症があることは，明らかに症状の種類や症状の重症度だけでなく，他の種類の精神病理学的指標と関連している。たとえば，GAD を併発している社交不安症患者は，GAD を併発していない患者よりも，社交不安が重症であり，抑うつ障害気分が重症，かつ機能障害が大きいことが見出されてきた（Mennin, Heimberg, & McAndrew, 2000）。さらに，併発症は単に付加的となるだけではない。パニック症単独，抑うつ障害単独，パニック症と抑うつ障害の併発症の患者の認知的側面の研究では，単一障害の患者はそれらの障害に一貫した思考や信念を持つことが支持された。併発症患者は純粋な障害群には見られない評価の恐怖に関連した付加的で，異なった認知を持っていた（Woody, Taylor, McLean, & Koch, 1998）。併発症は高水準の非機能的な完全主義とも関連しており，そのことでさらなる苦痛や症状への脆弱性を持つだけではなく，さらなる治療の焦点になるかもしれない（Bieling et al., 2004）。

第Ⅲ部　併発症と未来の方向性

　これらの併発症研究は，重複する疾患は治療から得られるものがより少ないだけではなく，治療プロセスに影響する他の個人差とも関連することを示唆している。私たちはさらに，これまでの研究では，重複する疾患の意味するものを過小評価しやすいということを示唆する。すなわち，大部分の治療効果研究では，併発症が顕著に認められる患者，特にⅠ軸とⅡ軸の疾患の組み合わせ，およびⅠ軸の疾患に2つの組み合わさった主要診断がある状況は排除されている。現実の臨床実践においては，臨床家は，より複雑な診断的側面を持ち，ほとんど確実に効果性の試験から除外されるであろう患者と直面する。したがって，どのタイプのCBT方略を用いるべきか，そして単一障害のプロトコルがそのようなケースでも適切かどうかについて，困難な決定を行うことが必要とされる。したがって，併発症の問題は多くの興味深い疑問とジレンマを生じる。患者が重複するⅠ軸の問題を伴う場合，どのようにこれらを最もよく理解し，どの問題を第一に扱うのか。併発症を持つ患者はグループの文脈で扱うべきか。グループで用いる技法でこれらの併発症に影響を与えるものは何か。患者が重複する疾患を持つ場合，グループのプロセスはどのように変わるのか。本章では，これらの疑問に順に言及しており，この領域のデータはいまだ十分に展開していないと認識している。

併発症の理解と治療

　併発症を正確に管理するための鍵は，適切な認識，診断，障害の優先順位をつけることである。日々の実践においては，患者の鍵となる訴え（たとえば，治療のために，どのようなことでクリニックに来たか）に焦点を当てた臨床面接は，治療を迅速に開始する欲求に加え，効果性の関心によって動機づけられやすい。これらの面接においては，主要な点はクリニックやグループで治療される，該当する障害を持っているかどうか（選択基準）を定めることかもしれない。しかしながら，全ての（除外される，あるいは除外されない）障害カテゴリーに関する包括的で広範な質問はしない可能性があるので，そのような範囲が限定された臨床面接はまた，併発症を認識する重大な障壁となる可能性がある。完全な構造化面接，あるいは半構造化面接はかなり多くの情報を得ることができるので，併発症をかなり同定しやすい。

　最近の20年で診断面接における大幅な進歩が生じ，オープンエンドな臨床面接への不満から，具体的な診断基準や質問，臨床的，研究的妥当性を有する完全

で包括的な標準化された面接の開発に移行してきた（Nezu et al., 2000）。臨床場面における包括的診断面接のゴールドスタンダードは，精神科診断面接マニュアル（SCID-IV: First, Spitzer, Gibbon, & Williams, 1997）である。SCID は DSM-IV 疾患に沿って構成された半構造化面接であり，質問と決定のルールは型通りの診断，そして完全に操作的に定義された I 軸診断にたどりつくように構成されている。臨床実践における SCID の限界は，実施のために特別な訓練と相応の時間を要し，通常は 60 〜 90 分，重複する疾患を伴う者に対しては 2 時間ほどの時間を要することである。完全な SCID の代替物は，いくつかの妥協すべき点が含まれるが，より効率的になりうる。

　たとえば，精神疾患簡易構造化面接法（MINI: Sheehan et al., 1998）も臨床で施行され，構造化された面接であり，DSM-IV と国際疾病分類第 10 版（ICD-10: World Health Organization. 1993）に即している。この面接では，いくつかの I 軸カテゴリーと並行して，大部分の不安症と，抑うつ障害群と双極性障害および関連障害群が網羅されている。MINI の利点は非常に簡便であり，実施が 10 〜 15 分程度であること，そして疫学的研究や多施設研究を念頭において構成されていることである（Summerfeldt & Antony, 2002）。SCID よりも効果的でありうる第 2 の選択肢は，精神疾患のプライマリケア評価（PRIM-MD: Spizer et al., 1994）であり，プライマリケアにおいて共通してみられる 5 つのタイプの疾患（気分，不安，身体化，アルコール，摂食）を評価するために構成されている。PRIM-MD では，2 つの段階プロセスが用いられ，「はい－いいえ」形式のスクリーニング質問紙からなる患者用質問紙と 18 の診断カテゴリーについての質問からなる臨床家によるフォローアップ面接とがある。全プロセスに要する時間は 20 分以内である（Spitzer et al., 1994）。これらのより簡略なツールは，より包括的な臨床面接でフォローアップされる可能性のある診断の同定，あるいは少なくともスクリーニングに非常に役に立つであろう。

　これらの面接方略以外では，I 軸や II 軸の症状についてのスクリーニング，あるいはさらに詳細なアセスメントのための数多くの自己報告尺度がある。これらの測度，あるいは全テストバッテリーの構造についての十分な討議は本章の概観を超えている。それでもなお，CBT グループのスクリーニングや実行を行う実践家にとって，診断手続きや少なくとも併発症のためのスクリーニングは十分に価値があるであろう。正確なアセスメントは，臨床家が臨床場面における数多くの困難を回避するために役立つであろう。それらの困難とは，併発症が既に治療

が始まった後に発見されることであり，さらに悪いことに，患者の複雑性が単純に理解できないために，治療が意味のある結果を生み出せない状況になることである。

併発診断の存在の確立は，CBT の治療の最適化の最初の段階にすぎない。次の課題は，注意深く臨床情報を収集し，併発症を十分に認識し，変容可能性を最大化するための治療計画を決定することである。第 1 のステップは，どの診断が一次的であるかを明確にすること，すなわち，どの診断が障害や苦痛を最大限に説明するかである。いくつかの場合，このことは非常に明らかである。患者は，自分が症状や機能についての情報を伝達する方法で，どの疾患が最も困難の原因となっているかを明らかにする。その他の場合，患者（および治療者）がどの併発症を最も煩わしく感じており，どのように優先順位を決めるかを特定することは難しいかもしれない。

CBT の治療計画の文献は，さまざまな領域を取捨選択したり，決定したりするために非常に有用である。たとえば，Woody, Detweiter-Bedell, Teachman, O'Hearn（2003）は，何を治療するか決定する時に考慮すべき重要な領域について記述している。以下の項目が CBT グループアプローチに最も関連する項目である。

1．特異的な課題を変容する必要性があることをクライエントが認める程度
2．問題が重要な他者に与える影響（そして，その課題がどの程度その人の職場を含む心理社会システムの中で問題を引き起こしているかということを，私たちは加えたい）
3．特異的な問題に取り組むことの成功可能性とこの成功の一般化可能性
4．特異的な問題を変容する動機づけの程度

これらの点は，症例で討議することが有用かもしれない。

　　ジョンは43歳の男性で，さまざまな不安や気分に関連した問題の既往があるが，最近では働くことができ，制限されてはいるものの，社会的関係，すなわち家族との関係を維持できている。SCID では，広場恐怖を伴うパニック症，全般不安症，抑うつ障害が同定されている。ジョンは，自分は非常に強い孤独感を感じており，戸惑いを感じている。彼は，一人で家に残される

16章　併発症と集団 CBT

ことと戦っており，新しい人々と会う際に非常に強い不安を感じるため，新たな関係を見つける必要があることが自分の最大の問題であると言っている。言及されたいずれの障害もおそらく一次的なものとなり得たが，診断のフィードバックセッションでは，ジョンは抑うつ障害の診断を信じてはいなかった。ジョンにとっては，自分の低い気分は，大きなストレッサーとそのような高い不安を抱えてきた誰もが経験するであろうものであった。したがって，彼は自分では抑うつ障害を認めず，抑うつ障害に取り組むことに対する動機づけもないのである（第1と第4の点）。抑うつ障害に対する CBT治療，特に行動活性化から始めるグループに含まれるものも考えてみよう。ジョンは仕事に行く時以外は自分の家に一人で居続け，厳密には，その他の社会活動が制限されているために，行動活性化は強い抵抗にあう可能性がある（第3の点）。同様に，社交不安症のグループでの社会的場面へのエクスポージャーでは，ジョンはパニック発作への恐怖を持ち，気が進まないことも，外出するために最初に克服しなければならない（第3の点）。一方，広場恐怖とパニックに取り組むことは，彼が自分の家から外出することをさらに助け，このことはすぐに，社会的な出来事に一般化できるであろう（第2と第3の点）。最後に，もしジョンが自分の抑うつ障害は不安の問題から引き起こされていると信じているのならば，不安を最初に治療することは，最も受け入れやすい選択肢である。治療のこの段階がひとたび成し遂げられると，抑うつ障害は再びアセスメントされ，もしそれが解決していなくても，ジョンは残りの問題に取り組むことに動機づけられるであろう。

　すなわち，この特別な例にみられるように，広場恐怖を伴うパニック症が一次的な診断であることを厳密に言明する必要性さえないのである。むしろ，この障害を最初に治療することは，最も論理的かつ機能的な出発点にみえる。また，しばしば「より容易に」解決する（しかし，重要である）問題は，より困難な問題に取り組むための準備を整えうる（Woody et al., 2003）。優位性に基づくか，あるいはより洗練された機能分析に基づくかどうかにかかわらず，障害の治療の優先順位をつけることは，提案される治療のタイプの選択，そして個別の治療計画の考慮のための準備を整えることになる。

併発症患者に対する治療計画

　これまでグループ様式に特異的な治療計画については，ほとんど記述されてきていない。これはおそらく，治療計画は，個人治療では最大限に柔軟性があり，グループ治療を考慮した場合には，外見から判断すると柔軟性がなくなるためである。理論的には，1対1の形式で取り組む治療者は，特定の問題に任意のセッションを割り当てることができ，先行する各問題に取り組み終わった後に，第2の領域，第3の領域へ移行する。CBTグループについて考察すると，これらの決定は，通常，個人を1つのタイプの単一障害グループに配置するのか，あるいはもう1つのタイプのグループにそのプロトコルの期間中に配置するのかということを含む。したがって，グループ場面における治療計画は，どのタイプのグループを第1にすべきか，第2にすべきかなどについての単純な決定を含む可能性がある。しかしながら，これらの問題は，それらが最初にとらえられるよりも，かなり微妙で複雑であろう。

　たとえば，個人CBTと集団CBTの両方を提供する場面があるかもしれない。可能であれば，通常，後々のことをあらかじめ計画する前に，様式の組み合わせを提示するであろう。たとえば，グループの開始に先立って，併発症患者は，自分が特定の問題を最初に扱う必要性を理解することを助けるために，個別に動機づけ面接や動機づけの向上が必要であるように見受けられるかもしれない。別の場合では，患者は，まずあるグループに最初に参加するように依頼されることもあるであろう。それに続いて，そのグループでは対応されない問題と折り合いをつけるために，個別化されたいくつかの介入を行うことは，その患者に対してより特有である。併発の問題を持つ者に少なくともある個人治療を提供する特異的な必要性を認識している一方で，グループの内在的な効率性を保ってグループを行う場面では，この種のアプローチは妥協点に達することに役立ちうる。

　患者が一連の複数のグループ場面に割り当てられる場合もあるであろう。同時に2つのグループに参加することは，通常推奨されない。なぜならば，このような状況は，患者が2つのグループのメンバーや技法に注意を分割させることになり，グループ・プロセスの観点から見ると非常に戸惑わせることになるからである。しかしながら，連続して2つのグループに参加する計画は作成されることがある。そのような場合，1つのグループが終了し，もう1つのグループが開始される前に，再度面接を行うことが推奨される。これによって，優先すべきことが

変化したかどうか，そして一方のアプローチからの治療的利得が他方の領域に般化しているかどうかを確立することができる。

　併発症の症例が複数の様式，あるいは可能性としてそれに続いてグループに割り当てられるかどうかにかかわらず，治療者は特定の疾患グループのプロトコルを見直すべきであり，どのようにその患者が考慮された各々の介入に反応するのかについて検討すべきである。これはかなりの詳細な記述とケースフォーミュレーションを要するが，基本的には患者の表現，症状，グループで用いられた技法との相互作用を評価することが含まれる。治療者はどのようにその患者のある一連の問題と表現がグループに影響を与えているかについても熟考すべきである。特に，そのグループがその人のニーズに全く合致していない可能性が高い場合は，そのようにすべきである。再度，私たちの症例について考えてみよう。抑うつ障害と広場恐怖を伴う患者に抑うつ障害の治療を提供したなら，患者は回避パターンや不安を引き起こすことなく行動活性化を成し遂げることができただろうか？広場恐怖を伴う患者が，行動活性化に応じることができない可能性がある場合，あるいは実行する時にパニック発作が生じる可能性がある場合，それらのことは抑うつ障害グループの他のメンバーにどのような影響を与えるであろうか？これらのことは抑うつ障害グループのメンバーの効果を低減する可能性があるであろうか？同様に，患者の抑うつ障害は広場恐怖のグループにどのような影響を与えるであろうか？これらの疑問は，各ケースに対して個別の回答をしなければならない。すなわち，回答は，各疾患の重症度や機能障害の水準を含む多数の特異的な要因に依存するからである。個別化された分析に基づいて，最も適合し，最も障壁が少ないプロトコルを開始することが，患者と患者が所属するグループの双方にとって役立つかもしれない。

　２つ以上の異なった種類のプロトコルを続けて行うことは，おそらく最もよくみられる併発症を取り扱う解決法であるが，その他の可能性が存在する。実際に，特定の併発症グループを構成することが可能であり，かつ効率的な場合がある。たとえば，類似した併発症の数多くの場合を同定する３次医療クリニックである。そのようなグループでは，同時に生起している障害を伴う者を対象として，２つのプロトコルの連続，あるいは，より可能性が高いこととして，統合を含みうる。いくつかのプロトコルは，とりわけ，２つの不安症，あるいは不安症と抑うつ障害の合併では，このようなプロセスに容易に合致させられるであろう。

　説明のために，抑うつ障害と社交不安症プロトコルの統合とセッション構造の

第Ⅲ部　併発症と未来の方向性

表 16.1　抑うつ障害と社交不安症の併発に対する CBT の治療プロトコルの概要例

セッション	扱われる方略
セッション1	・治療者とグループのメンバーの紹介 ・グループにおける「規則」 　1. 守秘義務 　2. チェックインと評価尺度 　3. ホームワーク 　4. 予約の欠席 ・抑うつ障害と社交不安症への CBT アプローチへの導入 　1. 行動的介入：活性化とエクスポージャー 　2. 認知的介入 ・抑うつ障害と社交不安症の生物心理社会モデルの描写と 5 つの要素への導入 　1. 行動 　2. 思考 　3. 情動 　4. 生物学 　5. 環境 ・社交不安症の概観，含まれるもの 　1. 恐怖と社交不安の性質（たとえば，偶発的に生じる社交恐怖は正常であり，生存機能を持つ） 　2. 恐怖と社交不安に関する神話と誤解 　3. 恐怖の 3 要素（たとえば，身体的，認知的，行動的） ・ホームワーク：生物心理社会モデルの完成と手引マニュアルの購入
セッション2	・目標設定 　1. 患者から目標を引き出す 　2. 目標に沿った行動変容の特定 　3. 目標の追跡と進捗のモニターの仕方 ・気分の状態と行動との間の関係の概要 ・気分 / 情動評定システムの導入 ・活動と気分の間の関係の提示（たとえば，気分を良くする活動，気分を悪化させる活動） ・ホームワーク：活動と気分の評定を伴った活動計画の完成
セッション3	・行動的介入：気分を良くする活動の修正 ・習得（完遂の意味）と楽しみの概念について，過去のこれらのタイプの活動を提示することによって紹介 ・さらなる習得と楽しみとなる可能性のある活動へ。強化のバランスを作り上げるための焦点づけ。 ・ホームワーク：新たな行動を加えた活動計画と気分評定の完成

16章　併発症と集団 CBT

セッション	扱われる方略
セッション4	・行動変容の結果を検討し，必要とされる場面に適用する ・「気分の変化」と「不安の変化」を同定し，認知的介入の標的とする ・例を挙げて，困難な状況で体験される情動へのラベルづけと評定 ・共通する情報処理バイアスの記述（たとえば，黒か白か，恣意的推論，選択的抽象化，破局的思考），自分の不安および抑うつ障害思考を同定する方法の患者教育 ・ホームワーク：非機能的思考記録の最初の2つのコラム（DTR：状況と気分）の完成
セッション5	・思考記録の例の振り返り：状況の記述と感情の同定 ・解釈と「セルフトーク」状況と抑うつ障害や不安の感情間をつなぐものとしての「セルフトーク」の記述；患者の例の使用 ・自動的そして「ホットな思考」：感情と最も関連のある思考に焦点づけ ・不安のモニタリングフォーマットの3つの要素の導入 ・ホームワーク：DTR の最初の3つのコラム，そして不安のモニタリングフォーマット
セッション6	・思考記録の例の振り返り：状況，気分，思考の記述 ・不安と抑うつ障害思考に対する認知的再体制化の導入 ・根拠を検討する技法とホットな思考を「支持する」そして「支持しない」根拠を見つけることへの導入 ・手に負えない思考に論駁し，その他の思考に挑戦する技法 ・ホームワーク；根拠を集め，思考に論駁すること
セッション7	・思考記録の例の振り返り：状況，気分，思考，自動思考に対する根拠と反証 ・思考論駁方略の振り返りと実践 ・患者の例を用いて，自動思考に対する根拠と反証を引き出す質問の提示 ・ホームワーク：思考論駁を含む思考記録の完成
セッション8	・効果的なエクスポージャーの理論的根拠，そして一般的原則の提供 ・エクスポージャー階層表の作成：グループのメンバーと治療者は，ホームワークとセッション間のエクスポージャーとして行われるエクスポージャーの実践に用いるための場面の詳細な階層表の作成 ・セッション内のエクスポージャーについて討議 ・ホームワーク：認知的再体制化の実践の継続
セッション9〜12	・セッション間のエクスポージャーも含まれる： 　1．場面のロールプレイ（たとえば，模擬職業面接） 　2．公的な会話 　3．社会場面の模擬実験 ・自動思考を追跡しながらエクスポージャーを行い，フィードバックとして論駁をグループで討議 ・必要ならば社会スキルの討議

第Ⅲ部　併発症と未来の方向性

セッション	扱われる方略
セッション 13	・現在のストレッサーに対する行動計画，あるいは問題解決の導入 ・解決すべき問題と解決策を作るためのステップについての討議 ・ホームワーク：問題解決プランの構築
セッション 14	・社交不安と抑うつ障害の前提となる仮説および中核信念といった「深い認知」概念の導入 ・下向き矢印法を用いた深い認知の提示 ・下向き矢印法を用いて，自己，他者，世界に対する前提となる仮説を記述 ・ホームワーク：下向き矢印法の完成
セッション 15	・前提となる仮説と中核信念のつながりを説明する ・中核信念の「連続体」モデルを提示し，前向きに中核信念を変容させる技法を強調する ・事実を集めること，経験，典型的な対処パターンを変えるための問題解決計画の記述と中核信念の代わりとなる信念を支持する情報を集め，記述する ・不安の信念を変容するためのエクスポージャーを継続することを強調する ・ホームワーク：中核信念の連続対を一般化し，代わりとなる中核信念に関連する事実を追跡することを維持
セッション 16	・中核信念に関連する対処方略の導入 ・患者の例を用いて，対処方略の自己破滅的な側面の可能性を提示 ・患者に対して代わりとなる対処方略の提案 ・ホームワーク：代わりとなる対処方略の実施と代替案の結果のモニタリング
セッション 17	・隔週の後，学習したスキルの統合と実施のためのブースターセッションを患者の意向に沿って実施
セッション 18	・隔週の後，学習したスキルの統合と実施のためのブースターセッションを患者の意向に沿って実施
セッション 19	・1カ月後のブースターセッション ・経過と再発の概念を導入 ・経過と再発を扱う方略を導入 ・再発予防対処に対する患者特異的な方略の計画 ・まとめ

　概要を表 16.1 に示す。そのプロトコルは行動活性化，および自動思考とネガティブな信念体系を対象とした認知方略を含む，抑うつ障害治療の諸側面を組み合わせている。同時に，不安の3つの要素を統合している。すなわち，エクスポージャーの要素，階層表の作成とグループにおける模擬実験，不安の認知を論駁するための認知方略である。統合しているため，セッション数は 19 となっており，標準的な抑うつ障害のプロトコルより3つ多いセッション数となっているが，標準的

な抑うつ障害のプロトコルと社交不安症のプロトコルを加えたものよりは少なくなっている。これはいくつかの技法や討議，たとえば自動思考と論駁，深い認知は，抑うつ障害と不安の両方に含まれる内容であるという事実に基づいて可能となっている。

　同様の統合が，２つの不安症でも可能である。これは，それぞれに対するエクスポージャー（例：パニック症状に対する内部感覚エクスポージャーと社交不安症状に対する社交的なエクスポージャー）の変形が含まれる。しかしながら，プロトコルの組み合わせを用いて治療することが困難な障害もある。たとえば，OCDグループのプロトコルにおいては，思考論駁の方略は含まれておらず，思考論駁は抑うつ障害の治療において中心的，かつ必要な特徴であるため，抑うつ障害とOCDプロトコルを組み合わせて構築することは困難であろう。最終的な結果として，患者が一貫せず，混同して誤った反応方略を用いること，たとえば，患者が強迫的思考を論駁しようとすることがありうる。

　２つの障害のプロトコルを統合する時の第２の困難は，このアプローチは，特異的な問題の組み合わせを持つ多くの患者とさまざまなプロトコルを実施するための訓練された治療者がいることに依存するということである。さらに，このアプローチでさえ，同じ診断を持つ２人の患者が，同じ治療に同様の反応を示さないという困難に打ち勝つものではない。多くのことが，連続した治療，あるいは統合された治療に関して決定する前に，２つの障害とこれまでに記述したその他の要因との機能的な関係に依存する。より一般的な疾患非特異的なグループアプローチを，選択肢の１つとして考慮すべきであろう。

一般的な集団 CBT アプローチ

　併発症や異なった症状群を伴う患者と協働するための別のアプローチは，症候群からグループの焦点を外し，代わりに多くの領域に役立つ技法やスキルに焦点を当てることである。このアプローチは，CBTに関する学派の伝統を活用しており，技法に焦点を当てたBeck（1995）やケースに基づいたCBTのアプローチ（Persons, 1989）を含んでいる。異なった障害の多くの共通性については，最近一貫して強調されており，ネガティブな情動性の潜在的な構造（Barlow et al., 2004）についても同様である。Barlowらは１つの障害の治療がしばしば他の障害に影響を与え，そして多くの情動的障害が根底に類似した病因を持っているこ

とを論じている。このことは，情動的障害の統合された治療モデルの概念（Barlow et al., 2004）につながり，それは３つの「基礎的な治療因子」，すなわち（1）出来事に対する認知的評価の変容，（2）情動的および行動的な回避を低減すること，（3）ネガティブな情動状態に対抗する活動を促進することを強調している。かなりの程度，これらの３つの要素は CBT の潜在的な構造を表している。すなわち，それぞれが特異的な障害に対して，本書の中で記述されているプロトコルで組み合わさり，混合していることは明らかである。

　したがって，これらの CBT の「共通要素」に基づいたグループプロトコルを発展させることが可能となる。各要素はグループにおいて，ある種の領域に適切に用いられた一連の技法として導入されるであろう。たとえば，認知的評価技法は悲しみだけでなく，不安，怒り，その他の強いネガティブな感情が生じる状況に適用されるであろう。この要素に含まれる特定の方略は，患者に自分の思考をモニタリングし，記録すること，より客観的な評価を創造すること，苦痛を導く歪みを同定することの価値を患者に教えることが含まれていた。第２の要素は，感情を引き起こす経験へのエクスポージャーに焦点を当てることであり，その経験は，不安を引き起こす状況だけではなく，誤った，そして最終的には成功しない情動を抑圧する試みよりは，より広い，情動性の受容の概念を含んでいる。この治療要素は，体験や状況に対する回避，あるいは引きこもりではなく，接近を促す。回避は患者の機能するための能力に対して重要な因果関係を持つようである。最後の治療要素は，対処や機能を弱める通常の行動を変容させ，代わりに，より肯定的な行動を増やすことを含む。行動実験と同様に，計画あるいは問題解決は，より一般的にこの分類に該当する。これらの介入の根底にある全ては，問題を悪化させる通常の反応を克服すること，および問題の改善や解決に導くタイプの行動を強めることである。表 16.2 に，これらの３つの要素を含むプロトコルの概要を示す。そこには，さまざまな顕在化している症状に対して適用されるよく知られた伝統的な CBT 技法も含まれている。このアプローチの全体的な流れは，最初に患者に自分たちの体験とは異なった見通しを持つことを教えること，強い感情を引き起こす状況から離れるより向かっていくこと，自分たちの困難を作り，維持しているそれらの領域に活動を起こすことである。

　最初のセッションでは，一般的な概要を提供し，後に続く４回のセッションで認知的技法を導入する。これらのセッションでは，どのような１つの感情領域にも焦点を当てることはしない。むしろ，全てのネガティブな感情的な体験と関連

する状況や思考を記録することに焦点を当てる。伝統的な技法，すなわち根拠を集めること，歪みのラベルづけ，（行動）実験も教える。実践においては，治療者は抑うつ障害，不安，怒りが生じた状況を直ちに扱い，これらの全ての感情のタイプに対して，共通した技法を適用する。すなわち，特定の領域の討議にグループを「引っ張る」ことはない。伝統的な不安症，あるいは抑うつ障害のグループにおいても同様であろう。また，各患者は毎週，例を討議できる。それらの中のいくつかは抑うつ障害などの1つの徴候であるかもしれないが，翌週は，同じ患者がパニック症に関連した思考について討議することを望むかもしれない。この意味で，併発症を考慮するグループ，およびグループの治療者は，実際にグループにおける問題の範囲を網羅するさまざまな例に取り組む努力をするであろう。

　次に，セッション6から10では，エクスポージャーの討議，あるいは撤退や回避から接近することへと移行する。これは行動的モデル，馴化，エクスポージャーの必要性についての心理教育から始まる。グループの参加者は，彼らにとって特有の不安，すなわちエクスポージャーの領域を選択するように求められる。そしてたいていは，不安症を持つあらゆるグループと同様に，各メンバーの階層表を作成する。その後のセッションでは，流れに応じる必要はあるが，全体としては，グループのメンバーの階層表を克服することに焦点を当てる。セッション内のエクスポージャーを含むセッションもあり，現実エクスポージャーの支援や討議を含むセッションもあるであろう。柔軟性が鍵である。すなわち，あるグループメンバーは内部感覚エクスポージャーを必要とするであろうし，一方でその他のメンバーは社会的な場面へのエクスポージャーが含まれることもある。

　最後の5つのセッションは，対処，そしてある程度，個人のネガティブな感情に対する脆弱性となっているより長期間の視点を要する問題解決に焦点を当てる。これらのセッションでは，生活環境に対する普段の反応の仕方について考え，見方を広げること，ストレスを感じる，あるいは動揺した状況に対して異なった方法で反応することを考えるよう患者に促す。問題解決と行動計画方略は，治療の最初の2段階で同定されやすい現実の問題を解決することを目的としている。主張スキル，もしくはその欠如は，Ⅰ軸症状を持つ者においてしばしば問題になるため，1つのセッションがこの領域に焦点を当てている。これらの最後の5つのセッションでの全体的な目的は，患者が自分たちの生活において，健康的に，そしてより肯定的な側面を作るように環境を変化させることである。

　多重的，および異質な状態を持つ個人を治療するためのこの「統合された」，

第Ⅲ部　併発症と未来の方向性

表 16.2　重複する症状に対する単一治療プロトコルの概要例

セッション	扱われる方略
セッション1	・治療者とグループメンバーの紹介 ・グループにおける「規則」 　1．守秘義務 　2．チェックインと評価尺度 　3．ホームワーク 　4．予約の欠席 ・生活上の問題に対する CBT アプローチへの導入 ・治療の3つの要素の描写 　1．認知的方略 　2．エクスポージャーとアクセプタンス 　3．問題解決 ・個別の目標，問題領域の検討 ・ホームワーク：個人の目標と取り組む問題／症状の領域についてのワークシートの完成
セッション2	・目標と領域の振り返り ・ネガティブな感情を伴う状況の同定と認知的介入を伴う標的のための「気分あるいは不安のシフト」 ・例から困難な状況で体験される感情のラベルづけと評定 ・解釈と「セルフトーク」を状況と関連したものとして記述し，グループのメンバーが思考を明確に述べることを助けるために例を用いる ・ホームワーク：非機能的思考記録（DTR）の最初の3つのコラム（状況，感情，思考）の完成
セッション3	・思考記録の例の振り返り：状況，感情，思考の同定 ・自動的で「ホットな思考」：感情に最も関連した思考に焦点を当てる ・共通した情報処理バイアスの記述（たとえば，黒か白か，恣意的推論，選択的抽象化，破局的思考），患者が自分の不安および抑うつ障害の思考を同定する方法を教える ・ホームワーク：DTR の最初の3つのコラム，そして歪みの同定を行う
セッション4	・思考記録の例の振り返り：状況，気分，思考，歪み ・根拠を検討する技法を導入し，ホットな思考に対する「支持する」根拠あるいは「反対の」根拠の発見 ・「手に負えない」思考に論駁し，他の思考に挑戦する技法 ・ホームワーク：DTR を用いて，根拠の収集と思考論駁
セッション5	・収集した根拠の例の振り返り ・自動思考を検証するための実験の導入 ・グループのメンバーの例を用いて実験の構築 ・ホームワーク：DTR に基づいた実験

464

16章 併発症と集団CBT

セッション	扱われる方略
セッション6	・引きこもり，回避，抑圧方略とそれらの非効率性について記述 ・不安と「虚偽の警告」反応に関わる心理教育 ・エクスポージャーの理論的根拠と一般的原則の提供 ・回避領域の検討 ・ホームワーク：エクスポージャーの練習のための領域のリスト
セッション7	・エクスポージャー階層表の作成：グループメンバーと治療者はエクスポージャーの実践計画に用いるための場面の詳細な階層表を作成 ・セッション内のエクスポージャーでは，続いて自動思考を追跡する検討，フィードバックとして論駁をグループで討議 ・ホームワーク：階層表の第1段階
セッション8—10	・階層表のエクスポージャーの振り返り ・セッション内の実践と討議 ・エクスポージャーと動機づけにまつわる問題解決 ・ホームワーク：階層表に沿って進む
セッション11	・現在のストレッサーに対する活動計画／問題解決の導入 ・個人の問題領域の同定 ・各領域における問題解決，行動計画，主張行動を記述 ・ホームワーク：問題解決の目標を構築
セッション12	・問題解決技法の導入 　1．問題の同定 　2．ブレインストーミング 　3．選択肢の長所と短所 　4．行動とフォローアップ ・グループのメンバーの例について討議 ・ホームワーク：問題解決のステップ
セッション13	・行動計画と積極的な行動の障壁の導入 ・グループの例について行動計画のワークシートを使用 ・ホームワーク：個人の行動計画
セッション14	・主張行動の理論的根拠の導入 ・主張行動の領域の検討 ・理不尽な要求を拒む ・要求に応じているかの質問 ・主張行動のステップとスキルを描写 ・グループのメンバーの例について討議 ・ホームワーク：主張行動の実践
セッション15	・まとめと要約 ・治療で扱った3つの領域の概観 ・明らかな問題へスキルを応用

あるいは「包括的な」アプローチは，利点と欠点がある。利点の1つは，それが組み立て方によって柔軟性を持つことである。すなわち，それは，併発する状態を持つそれぞれの患者を治療するためだけではなく，単一であるが異質な状態を有する人々のグループにも用いることができる。2つ目の利点は，このような1つのプロトコルは，異なった障害に対する多数のプロトコルと比べて学びやすく，訓練しやすいことである（Barlow et al., 2004）。しかしながら，治療者は，また，異なった障害，および技法に対する卓越した知識を必要とする。治療者は，抑うつ障害の領域におけるネガティブな思考を論駁する技術を持っていることが必要であるし，またパニックに対する内部感覚エクスポージャー階層を構築する方法も知っておく必要がある。このグループが，併発症を持つ患者に対して十分ではない可能性を示す非常に多くの例もある。たとえば，曝露反応妨害法，あるいは栄養的原理をこのプロトコルに統合することは難しいので，このようなアプローチは強迫症，あるいは摂食障害に対しては適さないであろう。物質関連障害については，ここでは適切に対処できず，パーソナリティ障害特性についても困難である。統合されたアプローチは，さまざまな抑うつ障害群と双極性障害および関連障害群と不安症が組み合わさった場合に最もよく作用するであろう。

　統合されたプロトコルの出現は，CBTにとって重大な転機となることが示されるかもしれず，そのグループに対する適用は伝統的で有効性が実証されている単一の障害に対するプロトコルからの著しい逸脱を含むかもしれない。確かに，そのようなアプローチが十分に理解され，承認されるまで，有効性があることを示す実証的研究を蓄積すべきである。しかしながら，併発症を考慮した場合，CBT治療者は治療を決定するための有用な研究がいまだ数少ない領域で，しばしば活動せざるを得ない。明らかに，CBTにおける併発症は，それ自体で研究の重要な領域として出現している。そのような研究が得られるまでは，治療者は，各個人に対する注意深い臨床的判断，および注意深い結果の追跡に頼らなければならない。

併発症とグループ・プロセス

　併発症はグループ形式において多くの課題を持つ。本書の第6章で，見分けられていない併発症がグループに与える影響について記述した。併発症が十分に理解されているケースでさえ，1つの障害に対するグループ治療に参加している

人々が，その他の障害の症状を呈している可能性は避けられない。たとえば，社交不安症グループに参加している個人が，併発している抑うつ障害が悪化し，絶望的および自暴自棄的になるかもしれない。症状の重症度のそのような変化，あるいはむしろ症状の優先性のそのような変化が持続している場合には，現在の治療を再考すべきであり，グループの参加を継続しないこと，および，どのようなものであれより適切な治療を提供することを含むかもしれない。さらに，抑うつ障害群と双極性障害および関連障害群と自殺のリスクの悪化に加え，物質関連障害の再発，双極性エピソードの生起，あるいは急性精神病症状も，重大な併発症状を持つ患者のグループ治療を中断する根拠となるであろう。異なる障害の増悪と寛解が認められた場合に，おそらくグループの実施者が自問自答する最も重要な疑問は，「その患者を今，アセスメントするなら，私はその患者をこのグループにとどめることを選択するであろうか？」であろう。もし回答が「いいえ」であるならば，別の戦略を導入すべきである。しかしながら，しばしば併発症はグループの開始前に十分に理解された，グループ内での患者の表現の単なる事実である。そのような場合，その併発症がグループの肯定的な機能にどのように貢献するか，あるいは損なうかについて考慮することが重要である。

　集団 CBT に併発症が与える影響としてほとんどの明らかな状況は，併発症を持つ者に，グループが意図していない，障害と関連した問題が生じている場合である。たとえば，抑うつ障害のグループがネガティブな思考に対する根拠を集めることに取り組む際に，抑うつ障害と強迫症を持つ患者は，ネガティブな自動思考よりも，強迫的思考を例に挙げるかもしれない。社交不安症のグループで抑うつ障害を併発する患者は，社交的なエクスポージャーの練習を行うより，動機づけの欠如について記述するかもしれない。いくつかのケースでは，技法と患者の間のこのような不適合は問題にする必要がないであろう。たとえば，抑うつ障害と多くの不安症における思考論駁方略は，正確な思考内容が異なる疾患によって違っていたとしても，非常に類似している。いくつかの例では，治療者が１つの障害と他の障害に関連した思考を区別することは困難である。心配の思考は全般不安症に共通しており，悲観的思考は抑うつ障害に共通しているが，同じ技法で扱うことができる。したがって，全体として，グループの学習は比較的影響を受けない。同様のプロセスは行動的技法でも生じる。グループのメンバーがありうる微妙な差異に気づかないほど，社交不安症とパニック症における社交的なエクスポージャー階層表は，純粋な社交不安症の患者の階層表と十分に類似したもの

であろう。

　しかしながら，分類を「またぐ」例を患者が用いることは，グループとそのメンバーにとって興味深い課題になる。抑うつ障害に強迫症が加わった場合と抑うつ障害単独の例に戻ると，強迫症を持つ者は，論駁の例として強迫的思考を示すかもしれない。強迫症では再保証希求を意味するため，この技法は一般的には支持されない。さらに，汚染についての強迫的思考は，抑うつ障害を持つグループのメンバーとは異質であり，関連づけることができないであろう。最も良い活動方針は，グループの治療者がこのような思考の起源を同定し，もし必要であれば，そのグループのメンバーとグループに対して，なぜこのような思考が論駁できないのかについての心理教育を提供することである。これは効果的に行う必要があり，その結果，グループは意図していたことに再度取り組むことが可能になり，同時に，強迫症を持つグループのメンバーは，援助を受け，自分の例が歓迎され，真剣に扱われたと感じることができる。

　また，併発症に関連した問題は有用な討議のきっかけとなることがある。パニック症のグループで，抑うつ障害を伴うグループのメンバーは，沈んだ気分，およびそれがエクスポージャーをどのように妨げるのか質問するかもしれない。他のグループのメンバーは，彼らが臨床的な抑うつ障害を持っていなかったとしても，低い動機づけに容易に関連づけることができるかもしれない。したがって，これはより一般的な問題としてグループ内で討議されるであろう。このことは，併発症を伴う個人とグループ全体の両方にとって有用である。

　著しい併発症を伴う者は，自分たちの独特の表出のために，グループのその他のメンバーから飛び出してしまうことがある。抑うつ障害の人々のグループは，強迫症をも持ち，汚染と洗浄に気を取られていることを記述するグループのメンバーを，容易には同一視できないであろう。同様に，社交不安症のグループにいる著しい物質使用の問題を伴う者は，その他のグループの人々が物質を使用したことがなければ，ほとんど共感は得られないかもしれない。ここで，グループの治療者は，グループのメンバーの経験の普遍性と人々の症状の異質性を強調する特別なワークを行わなければならない。併発症を伴うグループのメンバーには，治療者が心理教育で補いながら，これらの他の問題の特質について記述するように求める。併発症について隠し立てをせずに話し合うことによって，グループのメンバーは排除，あるいは非難するのではなく，より理解し，共感するようになるであろう。

結論

　臨床家は長い間，併発症を持つ人々への介入を調整する必要性を認識してきたが，併発症はまだCBTにおいてはいくぶん探索下にある，未研究の分野である。これを理解することは，併発症を伴う患者に対する効果的な随伴性を発展させるための鍵となる。また複数の併発症に対する治療計画は努力を要し，治療を順序づける時，あるいは複数の様式が示されているかどうかを確認する時に，かなりの創造性が必要となる。治療の優先順位をつけることが，最も一般的な実践であると思われるが，複数のアプローチを単一グループのプロトコルに統一し，そこで多重領域を取り扱うことも可能である。併発症に対するアプローチを妥当なものとするためには，まだ多くの作業が必要であるが，Ⅰ軸上に併発症を呈する人々の治療決定を行うための経験的に妥当性のある段階的手順に向けて移行しつつある。たとえば，Ⅰ軸症状がⅡ軸症状，器質的，医学的問題，あるいは発達障害などと同時に生じている時のような，併発症のより広い定義に取り組んでいる研究はまだほとんどない。これらは，明らかに多くの適応と修正が必要である特別な人々における併発症を表している。疑いようもなく，このような複雑なタイプの併発症に対するCBTの調整は，近い未来に主要な領域となり，努力を要する治療決定を行わなければならないグループの治療者に大きく貢献するであろう。

第Ⅲ部　併発症と未来の方向性

17章
CBT グループ介入のよくある質疑応答集

　この本における私たちの目標は，3つのことが含まれていた。第一に，私たちは包括的な方式を用いて，グループ・プロセスの文献から CBT モデルのグループ介入に，概念を統合することを試みた。私たちは，私たちがよく機能するCBT グループの保証であると信じる対人的，相互作用的要因の差異について提示し，注意深く定義するという，私たちの知る限りでは最初の試みを行った。第二に，私たちは，数多くの障害特異的，あるいは問題特異的なグループプロトコルを提供し，実施される特異的な CBT 技法とそのようなグループで起こるプロセスの問題について記述した。第三に，私たちは，集団 CBT の良好な結果を損ないうる共通した課題と問題点，たとえば，グループ内における問題行動や併発症に注意を払うことを試みた。これらの目標に向けての取り組み，あるいは私たちが関心を持っていた疑問に対する回答のプロセスにおいて，さらに多くの疑問が持ち上がった。その他の問題も，振り返りや編集のプロセスで持ち上がったが，私たちは，これらの数多くの問題を提起してくれた多くの匿名の書評家に対して感謝している。

　私たちが直面した未回答の疑問のいくつかは非常に重要であり，かつ明確な回答はほとんど得られないだろう。本書を終えるにあたって，本章では，重要な残された疑問のいくつか，あるいは未来に解決する必要のある問題のいくつかを要約する。これらのうちの大部分は，残念なことに，いまだにデータをもって適切に回答することができない。なぜならば，そのような研究を計画する，あるいは実施することが困難な場合があり，また，単に研究がまだ存在しない場合があるからである。続くページでは，私たちは，5つの最も重要と思われる疑問を提示し，この領域で既にわかっていることを記述する。そしてまた，これらの疑問に

470

17章　CBT グループ介入のよくある質疑応答集

対してさらに包括的に回答するためになすべきことについて提案を行う。まず私たちは，おそらく単一の，そして最も重要な疑問から始めることとする。

1. 他の全てのことが同じであるならば，集団 CBT は個人 CBT と同じように効果があるのでしょうか。

　この疑問は，この取り組みに対する基本的なテーマを反映している。すなわち，もしこのアプローチが個人 CBT より明らかに劣っているとするならば，グループ・プロセスの詳細と，どのように CBT グループを施行するかについて検討することは，ほとんど意義がない。しかしながら，どの程度私たちがこの疑問に回答することができ，どの程度データが私たちに明らかで説明可能なメッセージを与えてくれるであろうか。抑うつ障害の例が部分的に説明に役立つのは，抑うつ障害の治療研究が最も一般的に行われているものの一部であるからである。しかしながら，ここでさえも集団 CBT と個人 CBT の間の直接的な比較をすることは困難である。非常に包括的なメタ分析とボックススコア（データの一覧）の概観において，CBT 対その他の治療，そしてグループ対個人治療について比較を行った研究がある（Burlingame et al., 2004; McDermut, Miller, & Brown, 2001; Robinson et al., 1990）。しかしながら，これらの概観は一般的に，直接的に疑問へ回答してはいない。なぜならば，最も関心のある比較は，集団 CBT 対個人 CBT ではない。それらの概観が私たちに教えてくれることは，CBT は一般的に有効であり，集団療法は，抑うつ障害に対して有効であるということである。集団 CBT 対個人 CBT といった，より特異的な質問において，私たちのグループは，この「直接的」アプローチを行っている 7 つの研究を見出し，メタ分析を行った（Grant, Bieling, Antony, & McCabe, 2006）。全般的に見れば，様式間の効果サイズの差異は，わずかに個人 CBT の方が絶対値という意味においては優れていた。しかしながら，より重要なことは，この差異は有意とみなされるほど大きなものではなく，すなわち，差異に対する信頼区間はゼロが含まれている（効果サイズは，個人 CBT は 1.20，集団 CBT は 0.79：Grant et al., 2006）。重要なことに，これは大部分の展望論文の著者たちが結論づけていることであるが，抑うつ障害に対する個人 CBT は，グループ介入に比べわずかに効果が高いように見受けられるが，差異は辛うじて有意であるか，あるいは，しばしば有意傾向でしかない。

　類似のパターンは，他の疾患でも認められる。たとえば，社交不安症（SAD）について，3 つの直接的な比較を行った研究（本書，第 9 章に詳細が記述されて

いる）においてもまた，混在した知見が見出されている。私たちが概観した３つの研究では，SAD に対する個人 CBT がわずかに優れていると示唆されたが，最もよく確立されたグループ治療（Heimberg の集団認知行動療法）は，これらの３つの試行のいずれにおいても検討されていなかった。また，私たちは，第７章においてパニック障害に対する集団 CBT と個人 CBT との「直接的」比較を行った２つの研究を概観した。ここでも，わずかに個人治療の方が優れていたが，このことは，異なった結果測度とフォローアップ期間においては，結果が一致しなかった。

　ここで，これらの知見を要約する私たちの意図は，これらの研究について詳しく述べることや，どの治療がより良いのかについての最も信頼のおける結論に到達することではなく，いくつかの一般的なパターンを判別することである。私たちが結論づけたことは，全ての疾患にまたがって，どちらが「勝者」あるいは「敗者」であると宣言するには，集団 CBT 対個人 CBT の直接的な比較研究は，あまりにも少ないということである。しかし，両アプローチは明らかに効果的である。この領域の研究について，３つの重要な点を付け加える。

　第一に，直接的な比較研究がないという事実は，政策的観点や臨床試行計画の通常のパラダイムにおいて驚くべきことではない。２つかそれ以上の治療に関する研究の大部分は，たとえば，１つの薬物療法対１つの心理療法の形式など，互いに異なる２つの異なった様式を対抗させる傾向がある。集団 CBT と個人 CBT が異なるかどうかという質問は，いくぶん特定分野の関心ごとであり，CBT コミュニティ，そしておそらく集団療法研究家だけに関連したものである。私たちは賛成の立場ではないが，臨床試行の資金提供者は，この問題がとりわけ重要であるということに納得しないかもしれない。

　第二に，個人 CBT と集団 CBT を比べた場合，いくつかの結果については，わずかに個人 CBT の方が優れているようにみえるが，それはわずかなものであるため，実際には有意差はないのかもしれない。このことは，臨床的，そして現実世界の効果性の文脈において，集団 CBT と個人 CBT を比較する臨床試験で観察された差異の重要性に疑問を投げかける。もし，差異がより大きい，あるいは集団 CBT が効果的でなく，個人 CBT が効果的であるとしたら，臨床家，クリニック，そしてそれらの利害関係者は，そのエビデンスに基づいた個人 CBT に引き寄せられるであろう。しかしながら，もし個人 CBT が本当に集団 CBT よりもほんの「わずかに」優れているとしたらどうであろうか。時間や治療者が

不足している場面においては，わずかな差異は，グループ様式を用いる方策へ変容する十分な原因となるのではないだろうか。個人治療が単純に可能ではない場合，たとえば，公衆衛生の場面，あるいは普遍的なヘルスケアを有する国々においては，特別待遇になってしまう個人治療に対して，グループと個人アプローチの差異は大きく，そして明らかにならざるを得ないであろう。確かに，集団CBTの擁護者が，このアプローチが臨床的に有用な方法において効率的であると示すことは困難ではないであろう。それにもかかわらず，より確実性を持たせるために，効果サイズの小さな差異を検出する適切な力を持つ大規模なグループ研究は，より明白な方法で「直接対決の」疑問に回答できるであろう。少なくとも，それらは臨床のコミュニティに，グループ形式を用いることを選択することによって，結果の点で，もしあるとすれば，私たちがあきらめたことについて，情報を提供するであろう。それから，その結果の差異は，費用節約と効果の議論とのバランスを保たれるべきであろう。

　最後に私たちは，集団CBT対個人CBTを比較する未来の研究がこの本において記述したグループ・プロセス要因を説明するために必要であることを付け加えるであろう。同様の点について議論をしてきた人々は多いが，明らかに，集団CBTの研究は，このアプローチの影響をまだ最大化していない。なぜならば，CBT研究者や臨床家は，非常に強力な技法に加えて，並行しているグループ・プロセスの力を十分に活用していないからである（Burlingame et al., 2004）。したがって，直接比較の試行において，全ての条件が可能な限り最良の方法で実行されることが重要である。すなわち，研究チームにおける集団CBTと個人CBTのいずれに対しても等しく表出される，経験と忠実性とのバランスがとれた注意深く訓練された臨床家と研究者とともに，最も研究された厳密なグループプロトコルを採用することである。

2. 結果の予測において，CBT技法は，プロセスと比較して，どれぐらい重要でしょうか？

　本書を通じてのもう1つの主題は，「結果において説明された分散」が，特定のCBT技法と比較してどの程度グループ・プロセスの問題に起因するのかということである。もちろん，集団CBTの文献は，この点についてだけ取り上げているわけではない。同様の討議が，個人CBTにおいて見てとれ，そこでは「効果的な要素」についての疑問が残されている。何人かの研究者は，症状における

変化が，認知的媒介と情報処理過程における実際の変化，または共感，期待，そして行動における直接的な変化といった治療同盟と比較したスタイルにどの程度起因しているのかという疑問を有している。疑いようもなく，これらの質問は重要であり，研究において操作することができるものである。提供された技法の質，およびこれらの方略における患者の実行の程度は，グループ・プロセスの並行測度と同時に測定することが可能であり，そして測度の両方のセットが，症状の変化における分散を分かちあうことを可能にできる。

　この質問は概念的にどれほど重要であったとしても，私たちは，この点について臨床的に議論の余地があると信じている。簡単にいえば，私たちは，良い技法と良いプロセスは高い相関があり，両者は良い臨床実践における重要な要素であることを強く主張する。グループのメンバーの現在の体験を無視するような，あるいはグループのリーダーが10人の異なる個人に講義をするような，相互作用的でない方法における技法の提示は，熟練者の評定によって「技法の良い使用法」として得点化されない可能性がある。同様に，いくつかのCBT技法が討議されない限り，良いグループ・プロセスは存在しないであろう。すなわち，効果的な集団CBTは，グループのメンバーの間において，いい加減な自己開示，情緒的混乱，あるいは，CBT方略，または技法がない状態における深い感情的表出に巻き込むことは含まない。良い技法が良いプロセスと関連しているように，グループのアジェンダにおいてCBT技法がない場合に，プロセスは「良い」ものとはなりえない。それゆえに，臨床的には，技法対プロセスの討議は，私たちにとってはいくぶん上辺だけの討議であり，ある場合には勝つようにできており，その他の場合には負けるようにできている。実践においては，その2つは調和し，そしてこのことが治療へのアプローチ，そしてCBT臨床家の訓練に反映されることが必要である。

3. CBTのプロセス要因で最も重要なものは何でしょうか？

　私たちは，私たちがCBTプロセス要因から記述し始めたことを認識している。私たち自身の臨床経験を抽出し，そして注意深くYalom & Burlingameの研究に移行した。それは，私たちがCBTの文脈におけるプロセスと最も共通した関連を持つと信じられるものであり，私たちは7つのプロセス要因を導き出した（本書2章，表2.1に要約する）。これらの7つの要因は，どの程度CBTにおけるプロセスの論点の領域を記述するのであろうか。そのリストは大きすぎるであろう

か。いくつかの要因が，重複するか，あるいは他の要因と非常に強く相関しているため，区別される必要がないのであろうか。同様に，私たちの分類法におけるプロセスのいくつかの側面を見落としたのではないだろうか。どちらの疑問に対しても，回答は「はい」であろう。どのような最初の試みにおいてもそうであるように，私たちは，私たちの枠組みや定義が著者たちや研究者たちの素材となることを望んでいる。私たちは，確かにこの取り組みにおける次の段階の1つは，関心のある構成概念の測定を行い，プロセスの真の因子構造を得るためによく使用される心理測定分析を用いること，そしてより良い意味でのこれらの構造間の関係を確立することであると確信している。実際のところ，この段階は絶対に必要である。なぜならば，残念なことに，科学的な精査の欠如が，一般にグループ・プロセスの論点における主要な問題として認識されているからである（Burlingam et al., 2004）。過去においてCBTのとても多くの側面が注意深く研究されてきたということを考慮すると，私たちは，この種の挑戦に容易に着手するであろうと信じている。

　私たちは，また，プロセスの論点はこのようなアプローチの数的分類学を超えうること，そしてグループ・ダイナミックス，長期にわたる個人とリーダー間の相互作用のパターンも研究において重要な論点となることも信じている。本書の第6章において，私たちはグループ・プロセスにおける問題を導きうるグループにおける特定の個人の側面について記述した。同時に，グループ・ダイナミックスは，1人の個人とそのメンバーから始まった「波及」効果だけではなく，グループ全体からも生じる。これらのさらに複雑なダイナミックスは，グループがとる特定の経路を表し，その経路は，各々のメンバー，全体的な相互作用のパターン，そしてリーダーを含むだけではなく，その他の人々の影響と外的環境と時間とともに生じる変化を含む，多くの力によって決定されるものである。たとえば，Motherwell & Shay（2005）は，潜在的に破壊的なグループ・ダイナミックス（そして潜在的な解決策）の多くについて記述している。すなわち，特定のリーダーシップアプローチ，治療者の自己開示の水準，境界に関する問題，逆転移反応，そして破滅的なグループの軌跡に根ざしている。これらの同じ問題が，CBTにおいてもある程度一翼を担うだろう。そして，Motherwell & Shay（2005）は，より伝統的な，長期間の治療グループに焦点を当てる傾向がある場合もあるが，彼らの研究は，CBTのグループ治療者にとっていまだに重要な見解である。確実に将来の研究は，これらの「グループ・ダイナミックス」のような問題にCBT

第Ⅲ部　併発症と未来の方向性

の観点から取り組むことができるであろう。

4. 集団CBTにおいて研究上のエビデンスが欠けている最も重要な問題は何でしょうか？

　この本を書く際に，私たちはたびたび集団CBTを実施する際に「最良の実践」に対する特異的な提案をする必要性に直面する。そして集団CBTの効果と有効性の全体的な問題は，現存する研究によって大部分は解決されているが，私たちの知る限りにおいてかなりの不足がある。そのような場合には，私たちは，標準的な臨床的知見，私たち自身の経験，そしてその他の専門家の推奨を信頼した。それにもかかわらず，私たちの知っていることがいかに少ないことであるか，そして，疑問のいくつかがいかに基本的なことであるか，ということは非常に特筆すべきことである。

　第一に，理想的なCBTグループの規模はどのくらいだろうか。これは特定の障害に対して変化するものであるかもしれないが，この推奨を行うための基礎となる研究もまたない。確かに，効果的な試行からグループごとの参加者の数を引き合いに出すことは可能であり，現実世界において効果を再現するための最良の可能性を提供することになるであろう。しかしながら，これらのような研究は，私たちにグループにおける人数に関しての「天井」あるいは「床」効果については，あまり明確にしてくれない。臨床的には，グループが12人以上になる場合，実際に2時間のグループセッションにおいて，何人かのメンバーは話す機会がなくなり，グループが6人になると，全てのメンバーが発言権を持つ時間と空間がほとんど不可避的に生じるであろう。このことが真に結果に対して差異を生じさせるかどうかは，未だ知られていない。しかし，これは私たちが臨床場面において日常的に回答する必要のある基本的な疑問である。

　ほとんど明確なデータが存在しないその他の問題は，CBTグループの構成に関連している。私たちは，ある程度の不均一性がほとんどのグループにとって最適であることを一般的に論じたが，これは臨床的経験に基づいている。異なる背景と経験，異なる地位と社会経済状態を持つ個々人は，グループを通じて彼らが全て同じような問題を持つことを認識しているが，意味があると私たちが考える方法で他者と結びつきを持ち，そして，高い動機づけとより大きな症状の変化に導かれる。男女両方の性の人々がいることは，もしそこで可能ならば，有用となりうる。なぜなら，異性との関係性は，たいてい必ず，グループがCBT技法を

476

学習するにつれ，そして例や経験を共有するにつれて，ほとんど必ず生じるからである。男性と女性がグループにいることは，男性のみ，あるいは女性のみで構成されるグループにおいては存在しないであろう性や性別の相談役を作り出す。しかしながら，私たちはグループメンバー間のいくつかの差異は，あまりに不均一性が大きすぎる場合，克服できないであろう。最近の例では，私たちのうちの1人は，一連の成り行きによって，ドメスティックバイオレンスの経験があることの困難さを持つ女性が，犯罪の種類は違うけれども，逮捕歴のある男性と同じ抑うつ障害のグループにいたという，グループを運営した。これらの問題がグループにおいて持ちあがった時，結果は惨憺たるものであった。グループは，暴行を受けたことのある女性の周りに全体が一致団結し，グループとしてその男性をグループから排除することを要求した。グループ治療者は，さらに数回のセッションを維持することを試みたが，最終的にはその男性を個人治療に移させる必要が生じた。

　これらの問題についての研究は，もちろん困難であるが，不可能ではない。どのような次元における個人差についても，治療に先だってアセスメントすることが可能であり，これらの次元における多様性は，プロセス変数，あるいは結果変数の予測のために用いることが可能である。残念ながら，私たちはCBTにおいて，この問題についての研究を全く知らない。

　その他の研究されないまま残されている問題は，CBTグループの適合性と治療のマッチングである。本書の第II部において，私たちはグループメンバーのスクリーニング，および個人と集団CBTアプローチの間の適合性を決定する際の手助けとなるために用いることができる基準について記述した。しかしながら，この大部分はデータよりも，むしろ臨床的英知と経験に基づいている。この領域における研究の検討課題は，比較的単純なものであろう。想定された適合性基準は，治療に先立って注意深くアセスメントされ，これらの変数は，結果，出席，治療とホームワークの遵守，そして脱落を予測するために用いることができる。もちろん，これらの同じ疑問のいくつかは，個別のCBTに対して，さらに言えば，ほとんどの心理療法に対して，概して回答されないまま残されている。

　しかしながら，おそらく，私たちが答えを持っていない問題の最も重要な疑問は，「CBTでグループ・プロセスの問題に注意を払うことは重要であるか？」である。再び，本書における私たちの基本的な議論は，そのようなグループにおいてそのプロセスが生じること，それは集団CBTの文献において過小評価されて

きていること，そして，良いグループ・プロセスを支持し，促進することは，より良い結果を導くということである。しかしながら，私たちの知る限り，CBTの文献の中には，この問題に関する実質的な研究や調査の伝統はない。プロセス変数が結果に与える影響性についての疑問に加え，この領域における研究は，脱落率，変化への動機づけ，そして同様にクライエントと治療者の治療に対する満足度が含まれるその他の変数を調べることができる。

5. どのように，将来的に技法とプロセスの両方を考慮する集団CBT治療者を訓練するのがよいでしょうか？

　CBTの訓練の問題における入門書は，本書の範囲を超えている。しかしながら，個人CBTを実施する「能力」を決定することに言及することは重要であり，そしてこの点に到達するためにどのように訓練を行うかについては，それ自体が困難な問題である。広く同意されていることとしては，熟達した，認定されたCBT治療者になるためには，教訓的な訓練といくつかの症例について直接的なスーパービジョンとの組み合わせが必要であるということである。そして私たちは，同じことが集団CBTについても真であると論じるであろう。私たちもまた，個人CBTを実施するための知識と能力がグループを実施するための前提条件であることを提唱するであろう。なぜならば，提供される技法は同じであるにもかかわらず，個別の実施と比較してグループにおいてプロセスを追跡する問題において，さらに内在する複雑性があるためである。理想的には，グループを実施することを学習しているCBT治療者は，CBT技法のメカニズムについて精神的エネルギーをより使わないように実施しているであろう。なぜならば，これは既に十分学習されていることだからである。このことは，治療者にグループの形式に注意を向ける余地をもたらす。すなわち，どのように素材を教訓的にグループに提示するのか，どのようにプロセスの問題を追跡するのか，そして肯定的なプロセスを促進するために介入を工夫するのかなどが含まれる。しかし，この訓練もまた，グループ・プロセスの問題に関する，これから出てくるであろう教科書への出会いと関連して行う必要がある。

　理想的な設定は，訓練生が，最初は，自分の指導者が主治療者として実施する場において共同治療者となることである。これは，「生の」スーパービジョンとなるだけでなく，より経験豊かな治療者からの観察学習となることを可能とする。時間と共に，訓練生は徐々に臨床的な取り組みを行うことを要求されるであろう。

そして，それは自分の能力と確信に基づいて行われる。各セッションを計画するための時間，そしてグループ後の振り返りもまた，学習を強固にするために非常に価値がある。ひとたび，訓練生が自分の指導者の同席なしにグループを運営する状況であるならば，可能ならば，グループセッションを録画することが，スーパービジョンの理想的な様式となるであろう。

最終的な見解

　私たちは，この本がCBT グループプロトコルとグループ・プロセス要因の統合の始まりを提供すると信じている。しかし，それは始まりにしかすぎず，最終的な陳述にはなり得ない。私たちが記述した問題は，私たちが望むところとしては，理論家と研究者によって同様に，さらに学術的な探究のための課題となることである。さらに，集団CBT の分野が発展するように，プロセスについてのこれらのアイデアも発展するであろう。CBT の上に構築された新たに出現した「第3の波」，たとえば，マインドフルネスに基づいたアプローチ，あるいはアクセプタンス＆コミットメント・セラピーは，多くの疾患に対して受け入れられ普及している数多くの新しい方略や技法を含む。興味深いことに，マインドフルネス介入は，定義によると，グループに基づく傾向がある。これらの介入は，それらの由来は仏教の瞑想訓練にあるが，グループの実践と相互作用の利点に対して，伝統的な CBT グループ，あるいは心理療法グループの構造とさえも非常に異なる独特のアプローチをとる。これらの第3の波のアプローチは，CBT 治療者と，関連するグループ・プロセスに対して，新たな，そして異なった種類の課題を示すであろう。

索 引

あ

愛他主義　9, 15, 36
アセスメントの諸問題　グループメン
　バーのスクリーニングも参照
　強迫症と　206
　社交不安症と　241
　摂食障害と　331
　双極性障害および関連障害群と　297
　統合失調症と　436?
　パニック症と　162
　物質使用障害と　371
　併発症と　452–455
　抑うつと　265
アドバイス　33, 34, 138–140
新たな行動のリハーサル　398, 443
新たに人と出会う　254
アンガーマネジメント　370
安全確保行動　101, 155
医学的疾患　162, 169
依存性パーソナリティ障害　413
イメージエクスポージャー　93
運動　354
エクスポージャー階層表
　「in vivo」エクスポージャー　90, 92,
　93, 175, 176
　概観　95
　強迫症と　216
　社交不安症と　255

進行のガイドライン　95
　併発症と　467
エクスポージャーにおける予測可能性
　99
エクスポージャーに基づく方略
　概観　90
　ガイドライン　98
　強迫症と　213, 215, 216, 223
　グループ・プロセスへの注意と　45
　グループワークへの利点　88
　社交不安症と　238, 253, 258, 260
　摂食障害と　346
　パニック症と　174, 183, 184
　併発症と　463
エクスポージャーの強度　101
エクスポージャーの持続時間　100
エネルギー水準　274, 275, 315
演技性パーソナリティ障害　154, 403,
　409
汚染恐怖　192, 198
オペラント条件づけ　198

か

快活動　383
開示　16, 27, 317
改訂版ベック抑うつ調査票　266, 300
快適な出来事のリスト　276

回避　広場恐怖も参照
　概観　155
　強迫症と　197
　社交不安症と　233
回避性パーソナリティ障害　412
会話スキル　105, 254
学習理論　198
拡大解釈　63
確認行動　215, 343
確率の過大評価　174, 182, 251
過剰な責任感　196, 199
過小評価　63
仮説を検証する　70
家族の問題　231
カタルシス　11, 17
活動水準　276
葛藤スキル　105, 254
過度の一般化　63
簡易症状目録　437
簡易精神症状評価尺度　437
環境コントロール　347
関係性　396
患者の特徴
　Burlingame らのモデルと　13, 19
　グループの機能と　23
　グループメンバーのスクリーニング
　と　477
　デモグラフィック要因と　113
患者の年齢　168, 358
患者の有用性　246
感情　57-61, 250-251, 347
完全主義的思考　196, 215, 349

記憶　299
記憶バイアス　194
機械的な摂食　346
儀式　101
儀式の遅延　219
儀式妨害　217　曝露反応妨害法も参照
帰属-自己像サイクル　426
帰属スタイル質問票　289
帰属バイアス　426
気そらし　345
期待　31, 365, 373
気づき　398, 418
機能
　結果測度と　297, 472
　強迫症と　231
　統合失調症と　436
　抑うつと　266
機能の全体的評価　297
気分障害　450　特定の障害を参照
希望　31
希望をもたらすこと　8, 14
教育的要素　147
脅威に関する認知　155
脅威への過大評価　196
強化　364
境界性パーソナリティ障害　408
共感性　307, 409, 411
協同的経験主義　54
強迫観念　192
強迫症（強迫行為）
　CBT グループのプロトコルと　221
　アセスメントの諸問題と　206

481

エクスポージャーに基づく方略と
201
　概観　192
　グループワークへの利点　203
　双極性障害および関連障害群と　298
　治療　200
　治療の障壁と　226
　薬物療法と　200
　治療要素　211
　併発症と　451, 466, 468
　理解に対する認知行動的アプローチ
198
強迫性パーソナリティ障害　414
恐怖　94, 198, 215
恐怖の生起プロセスの2要因モデル
198
拒否　409, 412
グループ環境　19, 147
グループで使用する例題　123, 148
グループにおける競争　335
グループの規模
　概観　476
　グループの機能と　23
　強迫症と　208
　社交不安症と　242
　摂食障害と　333
　双極性障害および関連障害群と　301
　抑うつと　268
グループの固有性　49
グループの発展　47, 48, 49–51
グループの予定を立てる　109

グループのルール
　概観　120
　双極性障害および関連障害群と　303
　統合失調症と　445
　反社会性パーソナリティ障害　406
　併発症と　458
　抑うつと　271
グループ発展の移行の段階　47, 48, 50
グループ発展の最終段階　47, 48, 51
グループ発展の作業の段階　47, 48, 50
グループ発展の準備の段階　47, 48, 177
グループ発展の初期の段階　47, 48, 49
グループ・プロセス
　CBTグループ治療における　31
　CBTの枠組みにおける定義　30
　概観　22
　課題　23
　グループメンバーの異質性　188,
226
　研究の方向性　52
　摂食障害と　332
　双極性障害および関連障害群と　316
　統合失調症と　443
　パーソナリティ障害と　394
　パニック症と　147, 188
　物質使用障害と　375, 380–381
　併発症と　466
　問題に関して　5
　抑うつと　283
グループ・プロセスへの注意
　新しい情報の提示と　40, 42
　治療方略と　46

ホームワークと　40-43, 46

グループ環境　106

グループベースの学習　心理教育を参
照

グループメンバーの異質性

概観　113, 476

強迫症と　226

摂食障害と　334, 359

双極性障害および関連障害群と　298

パニック症と　188

抑うつと　284

グループメンバーの均一性

概観　476

摂食障害と　334, 359

パニック症と　168

抑うつと　284

グループメンバーの個人差　20, 115

グループメンバーのスクリーニング

アセスメントの諸問題も参照

概観　110

患者のデモグラフィック要因と　113

強迫症と　209

グループ発展と　49

摂食障害と　334

双極性障害および関連障害群と　297

統合失調症と　434

パーソナリティ障害と　393

パニック症と　167

抑うつと　265

グループリーダー

Burlingame らのモデルと　19

新しい情報の提示と　42

概観　114, 478

数　117, 148, 268

課題　148

強迫症と　208

グループ・プロセスと　12, 30

グループの機能と　23

社交不安症と　242

摂食障害と　333, 360

双極性障害および関連障害群と　302

統合失調症と　438

ホームワークの概観と　40

抑うつと　268

グループワークに対する患者の準備

プレグループの準備を参照

グループワークに対する患者の選定

グループメンバーのスクリーニング
を参照

形式的変化理論　11

軽躁病　双極性障害および関連障害群
も参照

概観　292, 303

リラクセーションスキルと　307

認知的方略と　310, 312

傾聴スキル　105

欠点の信念　315

幻覚

CBT グループと　429, 438, 440–441

グループ・プロセスと　443

グループメンバーのスクリーニング
と　434

治療結果と　436

理解に対する認知行動的アプローチ

483

424

幻聴　幻覚を参照

幻聴信念質問紙改訂版　436

幻聴フィルム　439

攻撃的な強迫観念　193, 214, 215

攻撃的なコミュニケーションスタイル
　172

構造化されたグループ　27

抗精神病薬の投与　423

行動　37

行動活性化　274, 275

行動実験
　社交不安症と　252
　摂食障害と　350
　パーソナリティ障害と　397
　抑うつと　274

行動的方略　認知行動的方略，エクス
　ポージャーに基づく方略も参照
　概観　87
　グループにおける　87
　社会的スキル訓練　88, 104
　摂食障害と　345, 353
　セルフモニタリング　103, 104
　双極性障害および関連障害群と　307
　問題解決訓練　106
　抑うつと　274

行動日誌　103, 104, 211

高リスク状況　トリガーを参照

呼吸法の再訓練　176

個人化　64

個人的な好み　171, 210, 246

コミュニケーション
　演技性パーソナリティ障害と　409
　摂食障害と　357
　治療者の　115
　統合失調症と　443
　パニック症と　172

コントロール可能性　99

さ

再発　370　再発予防を参照

再発予防
　強迫症と　224
　グループ発展の最終段階　51
　社交不安症と　259
　摂食障害と　350, 358
　双極性障害および関連障害群と　300
　パニック症と　186, 187
　ブースターグループセッションと
　19
　物質使用障害と　382, 386
　抑うつと　283

再保証希求　215, 220, 468

サポートグループ　387, 396

サポートネットワーク　384

参加　135, 443

恣意的推論　63

シーハン障害尺度　289, 322

自我同調性　337, 401, 405

自己愛性パーソナリティ障害　411

思考　250, 347

思考記録
　　社交不安症と　241
　　双極性障害および関連障害群と
　303, 312
　　パニック症と　183
　　抑うつと　271, 279, 280
思考と行為の混同　194
思考の歪み　62, 70
自己開示　開示を参照
自己効力感　408
自己焦点の転換　35, 39
自己報告式症状尺度
　　摂食障害と　331
　　双極性障害および関連障害群と　300
　　統合失調症と　437
　　併発症と　453
　　抑うつと　287
自殺のリスク　291, 416
持続性抑うつ障害　263
自尊心　327, 429, 445
下向き矢印法　74, 282, 305
疾病侵襲性評価尺度　288
質問のプロセス　15, 55, 63　ソクラテ
　ス式問答法も参照
自動思考
　　実験と　70
　　摂食障害と　350, 355, 356
　　認知的方略と　57, 62
　　抑うつと　277
　　情動処理と　37
支配観念　193
自分との会話　57

嗜癖の疾病モデル　371
シミュレーションによるエクスポー
　ジャー　92　エクスポージャーに基
　づく方略を参照
社会生活機能　434, 437
社会生活機能尺度　437
社会適応技術の発達　7, 14, 36
社会適応尺度
社会的スキル訓練　対人スキルを参照
社交恐怖　3, 19, 87, 449
社交不安
　　CBT グループと　242, 243, 244–248,
　256–260, 471
　　アセスメントの諸問題と　371
　　エクスポージャーに基づく方略と
　92
　　概観　233, 261
　　グループワークへの障壁　261
　　グループワークへの利点　260
　　治療要素　237–241, 248, 249, 250–
　254, 255
　　統合失調症と　432
　　物質使用障害と　386
　　理解に対する認知行動的アプローチ
　235
宗教的信念　370, 390
宗教的な強迫観念　199, 214, 215, 230
終結
　　強迫症と　224
　　社交不安症と　259
　　摂食障害と　358
　　グループ発展の最終段階　51

485

パニック症と　186, 187

従事　395, 443

就職面接　254

集団 CBT のクローズド形式　19, 119, 268

集団凝集性
　CBT グループ治療における　16, 36, 39
　境界性パーソナリティ障害と　408
　グループの機能　10, 23, 48, 49, 50
　パニック症と　167, 188
　ブレインストーミングと　276
　妄想性パーソナリティ障害と　403

集団認知療法　419

主張スキル
　社会的スキル訓練と　105
　社交不安症と　254
　摂食障害と　357
　併発症と　463

出席　120, 142–144

守秘義務　120

障害の行動的特徴　155, 197, 235

障害の認知的特徴　154, 193, 234

証拠集め
　CBT グループと　15
　思考の歪みと　62
　社交不安症と　251
　摂食障害と　348
　双極性障害および関連障害群と　310
　抑うつと　280

症状
　強迫症と　193, 206, 209, 226

グループメンバーの均一性　359

グループメンバーのスクリーニング　168

重症度と　170

症状調査票　269

摂食障害と　345, 353

統合失調型パーソナリティ障害と　405

統合失調症と　423, 434, 445

誘導の検査と　184

抑うつと　262

症状エクスポージャー　94　エクスポージャーに基づく方略を参照

情動　354

衝動コントロール　408

情動処理　37, 39

情報の伝達　8, 14

白黒思考　64

神経性大食症　摂食障害を参照
　CBT グループと　330, 338, 339–341
　概観　324
　グループ・プロセスと　332, 333
　理解に対する認知行動的アプローチ　326

神経性無食欲症　摂食障害を参照
　CBT グループと　330, 338, 339–341
　概観　324
　グループ・プロセスと　332, 333
　理解に対する認知行動的アプローチ　326

身体感覚　155, 157

身体感覚質問紙　163

診断
  CBT グループの構造と　119
  患者の選定と　110
  強迫症と　192
  グループ選出と　20
  グループメンバーのスクリーニング
  と　144
  社交不安症と　233, 244
  摂食障害と　324, 334
  双極性障害および関連障害群と
  291, 298
  パーソナリティ障害と　395
  パニック症と　151, 170
  物質使用障害と　362, 364
  併発症と　452
  抑うつと　262
進展のモニタリング　162, 164, 165
侵入思考　193, 197
信念　中核信念も参照
  強迫症と　194
  社交不安症と　253
  情動処理と　37
  摂食障害と　349
  双極性障害および関連障害群と　314
  探索すること　74
  認知的方略と　282
心理社会的治療　201, 238
心理教育
  強迫症と　212, 225
  社交不安症と　248
  摂食障害と　342, 343
  双極性障害および関連障害群と

302, 303, 306, 317
  テーマ循環グループ　419
  統合失調症と　438, 440
  パーソナリティ障害と　396, 420
  パニック症と　173, 180
  併発症と　463, 468
睡眠の問題　307
推論
  社交不安症と　253
  情動処理と　37
  摂食障害と　349, 356
  探索すること　74
スキーマレベルの認知　295, 349
スキゾイドパーソナリティ障害　404
スキル欠損　373, 418
スキルの実践　45
スクリーニングの面接　110, 241, 331,
  452
スピーチ　254
性
  社交不安症と　242
  グループの構成と　476
  グループメンバーのスクリーニング
  と　167
  パニック症と　153
生活の質　266, 288, 301, 321
生活の質指標　288, 321
生活の質に関する楽しみと満足度質問
  票　288, 321
正常化された摂食　337, 338, 342, 344
精神科診断面接マニュアル　162, 453
精神疾患簡易構造化面接法　453

精神疾患のプライマリケア評価　453

精神病性症状　406

精神病性症状評価尺度　432

精神病理　370

性的な強迫観念　215, 310

青年　358

生理学的脆弱性　157

責任の転嫁　229

世間話　254

摂食障害

　CBTグループと　330, 338, 351

　アセスメントの諸問題と　331

　概観　324

　行動的方略と　345

　グループ・プロセスと　332, 359

　青年期と　358

　治療要素　338

　認知的方略と　347

　併発症と　466

　理解に対する認知行動的アプローチ
　328

摂食障害調査票　331

セッション後のデブリーフィング　117

セッションのアジェンダの要素

　概観　127

　強迫症と　211

　摂食障害と　338

　テーマ循環グループ　420

　パーソナリティ障害と　420

　物質使用障害と　377

　抑うつと　270, 274

セッションの状態チェックの要素　125

セッションの長さ

　概観　119

　強迫症と　211

　摂食障害と　334

　双極性障害および関連障害群と　302

　パニック症と　172

　抑うつと　268

セッションの橋渡しの要素　127

セッションのプロトコル

　強迫症と　221

　社交不安症と　256

　摂食障害と　351

　選択　120

　双極性障害および関連障害群と　301

　統合失調症と　438, 440

　パニック症と　177, 178, 186

　併発症と　456, 458, 464

　抑うつと　271, 273,

セッションの明確化の要素　126

セッションの要約の要素　128

セルフモニタリング　103, 104, 343

全か無か思考　307, 413, 415

洗浄の強迫観念　215

漸進的筋弛緩法　308

選択的セロトニン再取り込み阻害薬
　200, 237

選択的注目　63

全般不安症　106, 450

双極性障害および関連障害群

　CBTグループの構造と　301

　アセスメントの諸問題　297

　概観　291

488

グループ・プロセスと　316
結果測度　320–323
認知行動的方略と　293, 296, 302–309
抑うつと　262
壮大な思考　311
躁病　双極性障害および関連障害群も
参照
概観　292
双極性障害および関連障害群と　303
グループ・プロセスと　316
結果測度と　320–323
認知的方略と　310
リラクセーションスキルと　308
ソクラテス式問答法
概観　54
CBT グループと　15
グループベースの学習と　34
思考の歪みと　62
統合失調症と　445
パニック症と　173
抑うつと　279
尊大なタイプ　137

た

代償方略　356
対処方略
信念と思い込みを明らかにする　82
摂食障害と　346
双極性障害および関連障害群と
303–305, 312
統合失調症と　424, 440–441, 442

パーソナリティ障害と　401
物質使用障害と　370, 382
併発症と　466
抑うつと　271–273
対人関係様式　110, 115
対人スキル
強迫症と　210
社交不安症と　247
摂食障害と　357
パーソナリティ障害と　398, 404,
408, 418
パニック症と　172
不適応な　36, 39
物質使用障害と　365
遅延方略　345
中核信念
CBT グループと　18
摂食障害と　349
双極性障害および関連障害群と
303–305
探索すること　81
認知的方略と　282
抑うつと　273
抽象的な推論　370, 371
重複うつ病　263
治療期間
強迫症と　208
社交不安と　244
摂食障害と　334
双極性障害および関連障害群と　303
パニック症と　166
治療契約　121, 337

489

治療結果　アセスメントの諸問題も参照
　　集団 CBT を個人 CBT と比べて 471
　　双極性障害および関連障害群と　300
　　統合失調症と　436
　　パニック症と　132-134
　　物質使用障害と　370
　　プロセスと比較した CBT 技法
　　抑うつと　266, 287-290
治療原理
　　儀式妨害　217
　　強迫症と　222
　　社交不安症と　257
　　摂食障害と　351
　　パニック症と　180
治療後の評価　187, 224, 259
治療者　グループリーダーを参照
治療者のトレーニング
　　概観　114, 478
　　グループの課題として　147
　　グループの共同治療行為　117
　　摂食障害と　337
　　残っているプロトコル　4
治療同盟　36, 374, 440, 444
治療における家族の関与　176, 302
治療に関わる両価性　337, 359, 360
治療方略　46, 49-51
治療要素
　　強迫症と　211
　　社交不安症と　248
　　パニック症と　173

ツァン自己評価式抑うつ尺度（Zung SDS）　287
抵抗
　　強迫性パーソナリティ障害と　414
　　強迫症と　218
　　グループの課題として　132
　　グループ発展の初期の段階　49
　　パニック症と　189
デートスキル　105
テーマ循環グループ　419
適合度　394
動機　415
動機づけのトランスセオレティカルモデル　366
動機づけ面接　134
統合失調型パーソナリティ障害　405
統合失調症
　　CBT グループと　429, 430, 446
　　CBT グループのプロトコルと　438, 440
　　概観　423
　　グループ・プロセスと　443
　　グループメンバーのスクリーニングと　434
　　社交不安症と　434
　　治療結果と　436
　　理解に対する認知行動的アプローチ 424
統合失調症とスティグマ　443
逃避　155
投薬
読心術　64, 70

トリガー

  社交不安症と　250

  摂食障害と　347, 353, 354, 358

  物質使用障害と　368, 374, 379

な

内的状態尺度　301, 320

内部感覚エクスポージャー　163, 175
  エクスポージャーに基づく方略を参
  照

内部感覚の不安　162

二分思考　64

入院　291, 417

入院治療計画　119

認知機能　436, 443

認知行動的方略　行動的方略, 認知的
  再体制化, 認知的方略, 認知行動療
  法を参照

認知行動療法

  概観　1

  社交不安症と　235

  双極性障害および関連障害群と　291

  グループを個人と比べて　471

  パニック症と　158

  抑うつと　263

認知的儀式　219

認知的再体制化

  回避性パーソナリティ障害と　412

  強迫症と　220

  社交不安症と　238

  スキゾイドパーソナリティ障害と

404

  物質使用障害と　381

認知的テーマ　74

認知の歪み

  抑うつと　280

  摂食障害と　348

  情動処理と　37

  証拠集めと　62

  パニック症と　174, 182

  社交不安症と　251, 258

  物質使用障害と　355, 366, 373

認知的方略

  概観　53, 86

  強迫症と　220

  思考を状況と感情に結びつける　57

  実験　70

  双極性障害および関連障害群と　309

  自動思考と　277

  社交不安症と　250, 258

  証拠集めと思考の歪み　62

  信念と思い込みを明らかにする　74

  摂食障害と　355

  中核信念と　282

  パニック症と　174

  抑うつと　277

認知の3要素　277, 303, 309, 347

認知の歪み

  社交不安症と　251

  情動処理と　37

  証拠集めと　63

  摂食障害と　348

  パニック症と　174, 182

物質使用障害と　366, 372, 373

抑うつと　277

ノーマライゼーション　444

は

パーソナリティ　144, 172

パーソナリティ障害

　CBT グループと　19, 398, 402–415, 416

　CBT グループの構造と　401

　概観　392

　グループワークへの利点　418–421

　集団療法と　394–398

　併発症と　451, 466

　理解に対する認知行動的アプローチ　400

パーソナリティの精神病理　159

排出　345　摂食障害を参照

破局化　156, 174, 182, 251

破局的認知尺度　163

曝露反応妨害法　201, 223,

恥の信念　315

パニック症

　CBT グループのプロトコルと　177, 178, 186

　アセスメントの諸問題と　162–164

　エクスポージャーに基づく方略と　90

　概観　151, 190

　グループ・プロセスと　188

　事例　27

治療要素　157, 173

併発症と　449

理解に対する認知行動的アプローチ　156

パニック障害重症度評価尺度　162

パニック症が発症する年齢　153

パニック発作　151, 190　パニック症を参照

パニック発作記録　104

パニック発作認知尺度　163

反社会性パーソナリティ障害　383, 406

反復的行為　215

ピア・スーパービジョン　117

悲観的な患者　140, 285

非機能的思考　57

非機能的思考記録表　271, 304

非機能的態度尺度　290

非言語的コミュニケーション　105

人前での飲食　254

批判　382

病気の否認　299

病識

　強迫症と　193, 210

　社交不安症と　246

　双極性障害および関連障害群と　428

　統合失調症と　435, 443, 444

　パニック症と　171

費用対効果分析　352

広場恐怖

　CBT グループのプロトコルと　177–180, 186

アセスメントの諸問題と　162-164
概観　152-156, 190
グループ・プロセスと　187-190
事例　27
治療要素　156, 173
理解に対する認知行動的アプローチ
156
広場恐怖認知尺度　163
不安
CBT グループと　18
エクスポージャーに基づく方略と
94, 95
感受性　154
事例　27
双極性障害および関連障害群と　298
不安感受性尺度　163
不安症　4, 102, 106　特定の障害を参
照
不安の3要素モデル　181
フィードバック
グループのルールと　120
グループベースの学習と　33
対人関係パターンと　36
パーソナリティ障害と　398, 400,
418
反社会性パーソナリティ障害　407
物質使用障害と　378
抑うつと　277
ブースターグループセッション
Burlingame らのモデルと　19
摂食障害と　358
双極性障害および関連障害群と　305

物質使用障害と　386
パニック症と　166, 187
抑うつと　273
夫婦間の苦痛　176
フォローアップ　358, 386
深い認知　282, 305
不遵守　229, 389
物質使用障害
アセスメントの諸問題と　371
概観　362
グループワークへの利点　388
併発症と　466
理解に対する認知行動的アプローチ
364
負の強化　198
普遍性　8, 14, 396
ブレインストーミング　276, 442
プレグループの準備
患者の特徴　20
強迫症と　221
グループ発展と　49
集団凝集性と　10
社交不安症と　257
摂食障害と　339, 351
治療者と　114
プロジェクト MATCH 研究　376
プロセスと比較した CBT 技法　473
併発症
CBT グループと　119, 461-466
CBT グループのプロトコルと　464-
465
概観　470

493

強迫症と　206, 209

グループ・プロセスと　406

グループメンバーのスクリーニング
と　145, 265

社交不安症と　245

摂食障害と　336

双極性障害および関連障害群と　297

治療計画と　456, 458–459

統合失調症と　432

パニック症と　154, 170

物質使用障害と　370, 385

抑うつと　265

理解と治療　452

併発症と治療計画　456

ベック抑うつ質問票第2版　287, 320

変化に関する治療上の要因　31, 39

変化の機序　変化への動機づけを参照

変化へのコミットメント　337, 351, 374

変化への動機づけ

Burlingame らのモデルと　19

強迫症と　210

社交不安症と　246

摂食障害と　337

統合失調症と　432, 434, 444

パーソナリティ障害と　403, 405,
410, 415

パニック症と　172

物質使用障害と　372

併発症と　454

偏執性妄想　妄想を参照

弁証法的行動療法　416

防衛性　443–445

ホームワーク

CBT グループの構造　120

エクスポージャーに基づく方略と
103

概観（overview）　122, 128

概観（reviewing）　40, 42, 103

強迫症と　211, 221, 229

グループのルールと　120

グループワークへの利点　88

計画　46, 51, 128

社交不安症と　257

摂食障害と　338, 344

パーソナリティ障害と　399

パニック症と　182–187

不遵守と　229, 389

物質使用障害と　377, 378, 389

抑うつと　284

ボディイメージ　357

ま

毎週の体重測定　343

魔術的思考　195

ミーティングの頻度

Burlingame らのモデルと　19

強迫症と　208

社交不安症と　244

摂食障害と　334

双極性障害および関連障害群と　302

むちゃ食い障害　摂食障害を参照

メタ認知　194, 199, 312

妄想　425, 434, 436, 443

妄想性パーソナリティ障害　402
目標設定
　境界性パーソナリティ障害と　408
　摂食障害と　353
　反社会性パーソナリティ障害と　406
　物質使用障害と　374
　抑うつと　271
モデリング
　エクスポージャーに基づく方略と　102
　グループベースの学習と　34
　治療者と　115
　パーソナリティ障害と　397, 418
　物質使用障害と　364, 390
　抑うつと　279
モノアミン酸化酵素阻害薬　157, 237
模倣行動　10, 15
問題解決
　グループベースの学習と　33
　訓練　106
　出席と　143
　摂食障害と　353, 357
　パーソナリティ障害と　398, 418
　双極性障害および関連障害群と　295, 303, 312
　物質使用障害と　383
　抑うつと　271

や

ヤーロムモデル　7, 8, 13

薬物療法
　CBT の併用　160, 161
　強迫症と　200, 205
　社交不安症と　237, 240
　双極性障害および関連障害群と　293, 298, 306, 311
　パニック症と　157, 190
　統合失調症と　423
ヤング躁病尺度　301, 321
誘導による発見　34, 56, 173
ユーモアの必要性　311
抑うつ不安ストレス尺度　287
陽性・陰性症状評価尺度　433

ら

楽観主義　31, 39
ラポール　439　治療同盟も参照
リラクセーションスキル　176, 238, 308
臨床的重症度
　強迫症と　209
　社交不安症と　244
　摂食障害と　334
　双極性障害および関連障害群と　300
　パニック症と　170
　抑うつと　263
ロールプレイ
　演技性パーソナリティ障害と　409
　概観　92
　グループ・プロセスへの注意　45
　社交不安症と　256, 258
　摂食障害と　357

パニック症と　174
反社会性パーソナリティ障害と　406

記号

「*in vivo*」エクスポージャー　エクスポージャーに基づく方略を参照
概観　90
社交不安症と　239, 258
内部感覚エクスポージャーの併用　176
パニック症と　175, 183
併発症と

数字

12 ステップグループ　384, 387, 390
2 元論的アプローチ　11, 12

アルファベット

ABC モデル　440, 441, 443
Binge Scale（むちゃ食い尺度）　332
Bulimia Test-Revised（神経性大食症テスト改訂版）　332
Burlingame らのモデル　11, 12, 19
CBT グループ
課題　23
強迫症と　203
個人 CBT と比べて　471
社交不安症と　239
摂食障害と　330

双極性障害および関連障害群と　296
伝統的な集団因子　13
統合失調症と　429, 430, 446
パーソナリティ障害と　398, 402-415
物質使用障害と　378, 380, 388
併発症と　461, 464,
抑うつと　264
CBT グループ治療における一体性　32, 39
CBT グループにおける一連のスキル　19
CBT グループの構成　グループメンバーの異質性を参照
CBT グループの構造
概観　23, 109, 119, 129
課題　147
患者の選定　110
境界性パーソナリティ障害と　408
強迫症と　207, 208
社交不安症と　242, 243
摂食障害と　332
セッション内　124
双極性障害および関連障害群と　301
パーソナリティ障害と　401
パニック症と　165
反社会性パーソナリティ障害と　383
物質使用障害と　374, 380, 378-390
抑うつと　267
CBT グループの実施　109, 128　CBT グループの構造も参照
CBT スキルの維持　51

CBT の適合性　19, 434　グループメン
　バーのスクリーニングを参照
Daiuto Treatment Questionnaire（ダ
　イウト治療質問紙）　435
DSM-IV-TR 精神疾患の診断・統計マ
　ニュアル
　強迫症と　192
　社交不安症と　233
　スキゾイドパーソナリティ障害　404
　物質使用障害と　362
DSM-IV 精神疾患の診断・統計マニュ
　アル　453
Eating Attitudes Test（摂食態度テス
　ト）　332
Eating Disorder Inventory（摂食障害
　調査票）　331
Eating Disorder Inventory-2（摂食障
　害調査票第 2 版）　331
IQ 測度　434
Linehan の弁証法的行動療法　416
Mobility Inventory（回避行動検査）
　164
Moderation Management（節酒管理）
　388
Negative Alcohol Expectancy
　Questionnaire（飲酒への否定的予
　期質問紙）　374

Obsessive Compulsive Cognitions
　Working Group（強迫的認知ワーキ
　ンググループ）　193
Readiness Ruler technique（準備性物
　差し技法）　372
Readiness to Change-Treatment
　Questionnaire（治療変化への準備
　性質問紙）　372
SAD における事後の処理ステージ
　236
SAD における状況内の処理ステージ
　236
SAD における予期プロセスのステー
　ジ　236
Secular Organization for Sobriety（断
　酒のための非宗教組織）　388
Self-Management and Recovery Training
　（SMART: 自己管理と回復訓練）　387
Stages of Change Readiness and Treatment
　Eagerness Scale（SOCRATES；変化の
　準備性の段階と治療意欲尺度）　372
Treating Alcohol Dependence（アル
　コール依存の治療）　376
University of Rhode Island Change
　Assessment（ロードアイランド大
　学変化アセスメント）　372

著者について

　ピーター・J・ビーリング（**Peter J. Bieling, Ph D**）は，マックマスター大学精神医学と行動神経科学部の准教授であり，オンタリオ州ハミルトンの聖ヨセフヘルスケアの気分と不安サービスの所長である。Dr. Bieling は，ブリティッシュコロンビア大学で臨床心理学の博士号を取得し，ペンシルバニア大学の認知療法センターとベック認知療法研究所で博士課程修了後の訓練を行った。彼はうつ病の領域，特にうつ病に関連する心理学的要因とうつ病の脆弱性に関する多くの論文を執筆してきた。Dr. Bieling は，認知療法アカデミーの創立フェローでもあり，うつ病の認知行動療法について幅広く執筆を行ってきた。彼の研究活動と学術的な作品に加えて，彼は活発な治療者であり，認知行動療法の教師であり，開業におけるコンサルタントである。

　ランディ・E・マケイブ（**Randi E. McCabe, Ph D**）は，マックマスター大学健康科学部臨床行動科学過程の心理療法訓練における専門職業後期学位課程の代表である。彼女は，マックマスター大学精神医学と行動神経科学部における准教授であり，オンタリオ州ハミルトンの聖ヨセフヘルスケアの不安の治療と研究センター専門不安クリニックの副所長である。Dr. McCabe は，不安，摂食障害，および認知行動療法に関する多数の論文，書籍の章，会議のプレゼンテーションを執筆してきた。彼女は，消費者を対象とした 3 冊の書籍を執筆してきた。「過食症を克服するワークブック」，「パニックに対する 10 個の簡単な解決法」，「あなたの動物恐怖と昆虫恐怖を克服する」。Dr. McCabe は，他のメンタルヘルスの専門家の訓練に積極的に関与しており，認知行動療法の遂行，および不安と摂食障害の治療に関する多くのワークショップを実施してきた。彼女は，「臨床心理学者」の編集委員であり，また摂食障害に焦点を当てた開業を続けている。

　マーチン・M・アントニー **Martin M. Antony, Ph D**）は，トロント州のライアーソン大学心理学部の教授であり，オンタリオ州ハミルトンの聖ヨセフヘルスケアの不安の治療と研究センターと心理学研修課程の心理学者長であり，代表である。彼は，ニューヨーク州のアルバニー大学から臨床心理学の博士号を取得し，ジャクソン郡のミシシッピー医療センター大学でインターンシップ訓練を修了した。Antony 博士は，認知行動療法，強迫性障害，パニック障害，社交恐怖，特定の

恐怖症の領域で，20 冊の書籍，100 編以上の論文，書籍の章を出版してきた。彼
は，臨床心理学協会（アメリカ心理学会），カナダ心理学会，不安障害学会，ア
メリカとカナダ心理学会のフェローから専門職賞を受賞した。彼はまた，臨床心
理学協会と行動・認知療法学会の理事を務め，行動療法の発展学会とアメリカ不
安障害学会の過去の大会におけるプログラム長を務めた。Antony 博士は，不安
障害の領域における臨床研究，教授，および教育に取り組み，開業を続けている。

寄稿者

Arthur Freeman, PhD,
ペンシルバニア州フィラデルフィアのフィラデルフィア整骨医学大学心理学部
Trinh An Nguyen, MS,
ペンシルバニア州フィラデルフィアのフィラデルフィア整骨医学大学心理学部
David L. Penn, PhD,
ノースキャロライナ州チャペルヒルのノースキャロライナ大学心理学部
Amy E. Pinkham, MA,
ノースキャロライナ州チャペルヒルのノースキャロライナ大学心理学部
David L. Roberts, MA,
ノースキャロライナ州チャペルヒルのノースキャロライナ大学心理学部
Frederick Rotgers, PsyD,
ペンシルバニア州フィラデルフィアのフィラデルフィア整骨医学大学心理学部
Jessica L. Stewart, PsyD,
マサチューセッツ州マタポイセットのオールドロンチェスター地域学区

監訳者

嶋田　洋徳（しまだ　ひろのり）

　早稲田大学人間科学学術院教授。早稲田大学大学院人間科学研究科博士後期課程修了，博士（人間科学）。広島大学総合科学部助手，新潟大学人文学部講師，同助教授，早稲田大学人間科学部助教授を経て現職。専門は，認知行動療法，健康心理学。主な著書に，『性犯罪者への治療的・教育的アプローチ』（共編著，金剛出版，2017），『マイ・ライフ・デザイン：自立へのナビゲーション』（共著，東京都教育委員会，2017），『60 のケースから学ぶ認知行動療法』（共編著，北大路書房，2012），『認知行動療法家のための ACT ガイドブック』（共訳，星和書店，2011），『中学・高校で使える人間関係スキルアップ・ワークシート：ストレスマネジメント教育で不登校生徒も変わった』（共著，学事出版，2010），『学校，職場，地域におけるストレスマネジメント実践マニュアル』（共編著，北大路書房，2004），『児童心理学の進歩（2016 年版）』（共著，金子書房，2016）などがある。

野村　和孝（のむら　かずたか）

　早稲田大学人間科学学術院講師。早稲田大学大学院人間科学研究科博士後期課程単位取得満期退学，博士（人間科学）。日本学術振興会特別研究員（DC2），医療法人社団祐和会大石クリニック臨床心理士，横浜刑務所分類教育部処遇カウンセラー（薬物担当），千葉大学社会精神保健教育研究センター特任研究員を経て，現職。専門は，臨床心理学。主な著書・論文に『使いこなす ACT（アクセプタンス＆コミットメント・セラピー)』（分担訳，星和書店，2017），『累犯刑務所におけるマインドフルネス方略と目標設定に焦点をあてた集団認知行動療法プログラムが覚せい剤再使用リスクの高い累犯受刑者に及ぼす影響』（共著，犯罪心理学研究，54: 13-29, 2016），『ギャンブル依存のための認知行動療法ワークブック』（共訳，金剛出版，2015），『病的賭博に対するセミオープン形式の集団認知行動療法プログラムの取り組み』（共著，日本アルコール関連問題学会雑誌，14: 95-100, 2012）などがある。

津村　秀樹（つむら　ひでき）

　島根大学医学部助教。早稲田大学大学院人間科学研究科博士後期課程単位取得満期退学，博士（人間科学）。日本学術振興会特別研究員（DC2），国立精神・神経医

療研究センター精神保健研究所研究員を経て，現職。専門は，臨床心理学。おもな著書・論文に，『NEW 予防医学・公衆衛生学』（分担執筆，南江堂，印刷中），『ヒューマンインタフェースのための計測と制御』（分担執筆，シーエムシー出版，2010），『ストレス百科事典』（分担訳，丸善，2012），『Relationship among automatic thoughts, activities and events, and affect in children』（共著，International Journal of Cognitive Therapy, 9: 203–216, 2016），『Effects of distraction on negative behaviors and salivary α-amylase under mildly stressful medical procedures for brief inpatient children』（共著，Journal of Health Psychology, 19: 1079–1088, 2014）などがある。

翻訳者

橋本　塁（はしもと　るい）国立精神・神経医療研究センター精神保健研究所精神医療政策研究部　流動研究員（第1章，第4章）

野村　和孝（のむら　かずたか）監訳者（第2章，第13章）

田代　恭子（たしろ　きょうこ）NPO法人　性犯罪加害者の処遇制度を考える会　性障害専門医療センター（SOMEC）臨床心理士（第3章，第12章）

蓑﨑　浩史（みのさき　こうじ）広島修道大学健康科学部　准教授（第5章，第6章）

津村　秀樹（つむら　ひでき）監訳者（第7章，第11章）

山本　哲也（やまもと　てつや）徳島大学大学院社会産業理工学研究部特任講師（第8章，第10章）

佐藤　友哉（さとう　ともや）比治山大学現代文化学部社会臨床心理学科講師（第9章）

若林　彩香（わかばやし　あやか）アメリカニューヨーク州　The Summit Center臨床心理士（第14章）

千葉　裕明（ちば　ひろあき）医療法人社団ラルゴ三木メンタルクリニック臨床心理士／精神保健福祉士（第15章）

山野　美樹（やまの　みき）桜美林大学心理・教育学系講師（第16章，第17章）

集団認知行動療法の理論と実践

2018年8月27日　　初版第1刷発行　　　　　　　　　　　　　　　　　　　　検印省略

著　　　者　　　　ピーター・J・ビーリング，ランディ・E・マケイブ，
　　　　　　　　　マーチン・M・アントニー
監 訳 者　　　　嶋田洋徳　野村和孝　津村秀樹
発 行 者　　　　金子紀子
発 行 所　　　株式会社 金子書房
　　　　　　　　〒112-0012　東京都文京区大塚3-3-7
　　　　　　　　TEL03-3941-0111　FAX03-3941-0163
　　　　　　　　振替　00180-9-103376
　　　　　　　　URL　http://www.kanekoshobo.co.jp
印刷／藤原印刷株式会社
製本／株式会社宮製本所

©KANEKO SHOBO　2018　　　　　　　　　　　　　Printed in Japan
ISBN978-4-7608-2667-4　C3011